평등 사회를 향하여

김중섭金仲燮 kimjs@gnu.ac.kr

　연세대학교에서 공부하고, 영국 헐(Hull)대학교에서 박사학위(사회학)를 받았다. 현재 경상대학교 사회학과 교수로 가르치며, 인권사회발전연구소 소장을 맡고 있다. 영국 에섹스대학교, 미국 콜럼비아대학교, 일본 교토대학교에서 방문교수로 연구하였고, 경상대학교 사회과학대학 학장 및 행정대학원 원장, 국제지역연구원 원장, 전국 국공립 사회과학대학 학장협의회 회장, 국가인권위원회 정책자문위원, 한국인문사회과학회(학술지《현상과 인식》발간) 회장을 역임하였다.

평등 사회를 향하여 한국 형평사와 일본 수평사의 비교

초판 1쇄 발행　2015. 8. 14.
초판 2쇄 발행　2016. 9. 27.

지은이　　김 중 섭
펴낸이　　김 경 희
펴낸곳　　(주)지식산업사
　　　　　본사 ● 10881, 경기도 파주시 광인사길 53
　　　　　　　　　전화 (031) 955-4226~7　팩스 (031) 955-4228
　　　　　서울사무소 ● 03044, 서울특별시 종로구 자하문로6길 18-7
　　　　　　　　　전화 (02) 734-1978　팩스 (02) 720-7900
　　　　　한글문패　지식산업사
　　　　　영문문패　www.jisik.co.kr
　　　　　전자우편　jsp@jisik.co.kr
　　　　　등록번호　1-363
　　　　　등록날짜　1969. 5. 8.

책값은 뒤표지에 있습니다.

ⓒ 김중섭, 2015
ISBN 978-89-423-2083-7　(93910)

이 책을 읽고 저자에게 문의하고자 하는 이는
지식산업사 전자우편으로 연락바랍니다.

이 저서는 2010년도 정부재원(교육과학기술부 학술연구조성사업비)으로 한국연구재단의 지원을 받아 연구되었음(NRF~2010~812~B00029).

평등 사회를 향하여

한국 형평사와 일본 수평사의 비교

김 중 섭

차별 철폐와 평등 사회를 위하여 애써온 인류 사회의 선각자들,
특히 한국의 백정과 일본의 부락민의 인권 증진을 위하여 애써온 활동가들에게
이 책을 바칩니다.

글을 시작하며

　내가 일본에 처음 간 것은 1993년 2월이었다. 부락해방연구소 (1998년 부락해방인권연구소로 개칭)의 초청을 받아 형평운동의 역사를 강연하기 위해서였다. 부락해방연구소에서는 형평사 창립 70주년 을 맞이하여 정기총회 프로그램의 하나로 형평운동의 역사를 이해 하는 자리를 마련한 것이었다. 수백 명의 연구소 회원들이 나의 강 연을 열심히 청취하던 모습이 인상적이었다.

　그때 나는 오사카(대판, 大阪) 지역의 여러 부락을 방문하여 부락 민[1]들의 삶과 산업 현장을 둘러볼 기회를 가졌다. 그들이 겪어온 여러 형태의 차별을 보고 들으면서 충격을 받았던 기억이 지금도 생생하다. 부락 소재지 책자를 만들어 팔아 채용이나 승진, 결혼에 서 부락민 차별에 이용하였다는 믿기 어려운 이야기도 들었다. 사 랑하는 사람들이 부락 차별로 결혼을 못하게 되자 스스로 생을 마 감하였다는 이야기에 가슴이 아팠던 기억도 있다. 오늘날에도 인터 넷에 부락민을 비난하고 부락 소재지를 유포하는 일들이 벌어진단 다. 과연 인간 평등과 존엄을 강조하는 현대 사회에서, 국제 사회가 인권의 보편성을 약속하고 실천하고자 노력하는 오늘날, 일본의 인 권 수준은 별세계 같았다. 그것은 감출 수 없는 일본 사회의 한 모 습이고, 해결되어야 할 과제라고 생각한다. 물론 인권의 보편성을

---

1) 마을 사람을 뜻하는 부락민(部落民)은 전통 사회에서 차별받던 집단을 가리키는 호칭 으로 쓰이면서 새로운 의미를 갖게 되었다. 역사적 배경을 반영하여 '피차별 부락민'이 라고 지칭되기도 한다. 이 책에서는 간결한 서술을 위해서 부락민으로 쓰고자 한다.

실현하기 위한 인권 보호와 증진은 일본인만이 아니라 인류 사회 구성원 모두가 관심을 기울이며, 또 연대하여 해결하여야 할 사안이다.

나는 지난 20여 년간 도쿄(동경, 東京)로부터 규슈(구주, 九州)에 이르기까지 일본의 여러 곳을 방문하여 부락민들을 만나고, 연구자들을 면담하고, 부락민들의 삶과 역사, 그리고 사회적 환경을 이해하고자 하였다. 부락민들은 왜 차별을 받고 있나? 그들은 차별 철폐를 위하여 어떻게 행동하였고, 또 활동하고 있나? 이런 문제의식의 연장선상에서 차별 철폐와 인권 신장을 위한 근대 부락해방운동의 역사에 큰 발자취를 남긴 수평사에 관심을 갖게 되었다. 수평사의 역사 탐구는 오늘날의 부락해방운동을 이해하는 밑거름이라고 판단된다. 이제 부족하지만 그 탐구의 한 매듭을 짓고자 한다.

이 책은 한국의 형평사와 일본의 수평사를 비교하여 논의하려는 것이다. 수평운동에 관한 한국어 연구서는 아직 찾아볼 수 없는 상황에서 수평운동만을 논의하는 것도 충분히 의미가 있을 것이다. 그러나 두 단체의 역사를 비교 논의하는 것은 그 나름의 이점이 있다고 생각한다. 주체 세력인 백정과 부락민은 비슷한 직업을 갖고 있었을 뿐만 아니라 수백 년 동안 최하층민으로 차별과 억압을 받으며 살아왔다. 그러한 역사적 경험과 사회적 지위를 공유한 그들은 차별 철폐와 신분 해방이라는 비슷한 목적을 갖고 비슷한 시기에 제각기 단체를 조직하여 활동하였다. 그래서 그들의 활동을 비교하여 논의하는 것이 그 둘에 대한 이해의 깊이를 더해줄 것이다.

이 두 단체의 활동인 형평운동과 수평운동은 전통 사회에서 근대 사회로 이행되는 과정이었고, 차별받는 당사자들이 '차별 철폐와 평등 사회'를 만들기 위한 주체적인 투쟁의 역사였다. 한국과 일본의 인권 역사의 금자탑으로 평가되는 이 두 운동은 모든 사람이 공평하게 대우받는 사회를 만들고자 한 인류의 꿈을 구체적으로 실현하고자 한 실천 활동이었다. 아울러 비서구 사회에서는 인권 발전의 능동적, 주체적 활동이 없을 것이라는 편견을 깨는 쾌거였다.

가까운 이웃나라인 한국과 일본은 식민지 지배와 피지배의 아픈 역사를 갖고 있다. 형평운동과 수평운동의 비교 연구는 식민지 시기의 두 나라를, 특히 두 나라에서 활발하게 일어난 사회운동을 이해하는 하나의 준거점을 제공하게 될 것이다. 이 연구가 해방 이후 백정 차별의 자취를 찾을 수 없는 한국과, 부락 차별이 지속되고 있는 일본의 역사와 사회에 대한 이해의 지평을 넓히는 데 이바지하기를 기대한다. 아울러 차별 철폐와 평등 사회에 대한 소망을 갖고 활동한 두 단체의 역사가 식민지 지배와 피지배의 아픈 역사를 극복하고 인간 존엄을 실현하는 양국의 미래상을 설정하는 데 도움이 되기를 기대한다.

이 연구를 시작한 지 오랜 시간이 흘렀지만 이제라도 매듭짓게 된 것에 기쁜 마음을 감출 수가 없다. 오래 전부터 형평운동의 역사를 탐구해온 연구자로서(김중섭 1988; 1992ㄱ; 1993; 1994; 2001; 2009; Kim 1999; 2003; 金仲燮 2013), 두 단체의 역사를 비교하는 것은 특별히 즐거운 일이었다. 더욱이 국사편찬위원회와 고려대학교 아세아문제연구소가 정리하여 쉽게 접근할 수 있게 된 조선총독부 자료를 활용하여 형평운동 연구의 미진한 부분을 보완한 것도 의미 있었다. 또한 일본의 대표적인 반차별 인권운동인 수평사의 역사를 한국에 소개하게 된 것도 기쁜 일이었다.

이 연구를 수행하는 과정에서 헤아릴 수 없이 많은 사람으로부터 도움을 받았다. 그동안 도움을 주신 분들에게 이 자리를 빌어 마음 깊이 감사드린다. 특히, 일본 곳곳의 부락을 안내하고 설명하며 호의를 베풀어 주신 많은 분들에게 감사의 마음을 표하고자 한다. 그때그때 따뜻하고 친절하게 도와주신 것에 대한 고마움을 지금도 마음 깊이 간직하고 있다는 것을 말씀드리고 싶다. 도움을 주신 분들

의 이름을 다 적을 수 없는 결례에 용서를 구하며, 그 가운데 몇 분
의 이름을 적어 기억하고자 한다.

우선, 평생 동안 부락해방운동의 한 길을 걸어온 도모나가 겐조
(우영건삼, 友永健三) 전 부락해방·인권연구소 소장님은 20여 년 전
나를 일본에 처음 초청한 이래 지금까지 부락과 부락민, 부락해방
운동의 역사와 현황에 관한 정보를 찾아주고 설명해주는 등 여러
측면에서 많은 도움을 주었다. 이 책을 쓰는 마지막 단계에는 수평
사 관련 일본어 지명과 인명의 읽는 방식에 대하여도 자문해주었
다. 그동안 다양한 활동을 통하여 한국과 일본의 상호 이해와 인권
증진 활동의 활성화에 기여한 도모나가 선생님의 노고를 기억하고
자 한다. 그리고 오랜 친구이자 수평사 연구가인 영국 옥스퍼드대
학교의 이안 니어리(Ian Neary) 교수는 내가 30여 년 전 형평사 연
구를 시작할 때부터 교유해 오면서 수평사 이해를 도와주며 학문
적 자극을 주었다. 또 수평사 연구 발전에 크게 기여한 오사카인권
박물관(리버티 오사카)의 아사지 다케시(조치무, 朝治武) 관장, 동화교
육을 비롯한 인권교육과 후쿠오카(복강, 福岡) 지역의 수평운동 연
구에 크게 기여해온 후쿠오카현립대학의 모리야마 세이치(삼산첨일,
森山沾一) 교수 등을 비롯한 여러 선생님들은 수평사와 부락의 자료
를 제공해주며 심층적으로 이해하는 데 많은 도움을 주었다. 교토
(경도, 京都)대학의 다케자와 야스코(죽택태자, 竹澤泰子) 교수는 내가
2011년 1년 동안 교토대학 인문과학연구소에서 연구할 수 있는 여
건을 제공해주었고, 재일동포 고정자 박사는 내 학술 발표와 현지
조사에서 통역을 맡아 일본을 이해하는 데 많은 도움을 주었다. 이
기회를 빌려 모든 분들에게 마음 깊이 감사드리며, 이 책의 출간이
그 분들의 도움과 협력에 대한 고마움을 표하는 조그마한 정표가
되기를 기대한다.

마지막으로, 한결같은 마음으로 내 연구에 성원을 아끼지 않는

아내 지정옥과 아들 우강, 딸 은지에게 마음 가득 고마움을 표한다. 내 연구와 삶에 대한 가족의 성원은 언제나 큰 힘이 되었고, 내가 하는 일에 든든한 버팀목이 되었다. 계획보다 늦어졌지만, 이 책을 출간하는 기쁨을 온 가족과 함께 나누고자 한다. 그리고 오랫동안 병상에 누워 계시며 내 연구 활동을 기쁘게 바라봐주신 아버님께 감사드린다. 아버님께서는 자녀들이 사회에서 제 몫을 하며 온전하면서도 바람직하게 살기 바라면서 평생을 보내셨다. 이제 연로하신 몸으로 병상에 계시지만, 항상 평안한 마음으로 지내시기를 기원할 따름이다. 그리고 이 연구의 저술을 지원해준 한국연구재단에 감사드린다. '인문저술지원사업'이 없었다면 이 연구는 더욱 늦어졌을지도 모른다. 또한 이 책을 오랜 역사와 전통을 가진 지식산업사에서 선뜻 응낙해주어 출판하게 된 것을 기쁘게 생각하며, 한국학을 비롯하여 인문사회과학 발전의 밑거름이 되는 출판문화를 살찌우는 데 평생을 헌신하신 김경희 사장님께 특별히 감사드리며, 실무를 맡아준 편집부에 고마움을 전하고자 한다.

형평사와 수평사의 역사를 비교하는 이 책에 있을 오류와 한계는 오로지 연구자의 능력 부족에서 비롯된 것이며, 그 책임은 전적으로 나에게 있다는 것을 밝힌다. 이 책의 출간을 계기로 앞으로 백정이나 부락민 같은 피차별민, 그리고 형평운동이나 수평운동 같이 새로운 사회를 꿈꾸는 활동에 대한 관심이 더욱 확산되기를 기대한다. 또한 한국과 일본의 비교 이해에 대한 연구가 활발해지기 바라며, 아울러 양국 사회에서 인권 존중과 증진을 위한 노력이 더욱 큰 결실을 맺을 수 있게 되기를 기대한다.

광복 70주년이 되는 2015년 초봄에
김중섭

〈일러두기 - 일본어 표기 방식〉

　　일본의 지명과 인명을 발음대로 표기하되, 각 장마다 처음 나올 때 괄호에 우리식 호칭과 한자 원어를 적었다. 그리고 가까이 나온 경우에는 성만 표기하기도 하였다. 예를 들어, '사이코 만키치(서광만길, 西光万吉)'로 쓰고, 그 다음부터 '사이코 만키치'라고, 때로는 '사이코'라는 성만 표기하였다. 곳에 따라서는 일본어 발음으로 표기한 뒤 괄호에 우리 식 읽기를 덧붙여서 독자의 이해를 돕고자 하였다. 예를 들어, 도쿄(동경)라고 적었다. 그리고 책 뒤의 '찾아보기'에 이 두 표기 방식의 연계를 밝혀 도움을 주고자 하였다. 요컨대, 인명과 지명의 일본어 한자 읽기에서 일어나는 혼동을 줄이려는 목적으로 한자의 우리말 읽기를 덧붙여 놓은 것이다.

차 례

13

자료 목록

표

그림

머리글

1. 평등 사회를 향한 집합행동

사람은 누구나 평등하다. 이 개념은 인권의 핵심 내용으로 발전
하였다. 곧, 차별 없이 평등 대우를 받는 것은 모든 사람이 갖고 있
는 기본 권리 가운데 하나이다. 그런데 인권은 관념의 세계에 머무
르지 않고 일상생활에서 보장될 때 그 가치를 갖는다. 곧, 인권 보
장은 관념이나 인식의 수준이 아니라 사람들의 삶 속에서 실행되어
야하는 것이다. 인권 보장과 실행 증진을 위한 인류 사회의 노력은
근세, 특히 20세기에 활발하게 일어났으며, 또 획기적인 성과를 이
루었다.

인권 보장은 혼자의 노력으로 만들어지지 않았다. 여러 사람이
함께 행동하는 집합행동을 통하여 인권이 보장되고 증진되었다. 모
든 사람이 차별과 억압에서 벗어나 존엄을 누리는 사회를 만들고자
한 집합행동은 여러 형태로 일어났다. 그 역사는 서구에서 먼저 시
작되었다. 그리고 서구인들이 인류 사회의 인권 발전에 많은 기여
를 하였다(Robertson · Merrills 1996). 그런 탓으로 인권 개념이 서
구 문명에서만 발전하고, 인권 증진 활동이 서구에서만 일어난 것
으로 인식하는 경향조차 있다. 그러나 인간 존엄에 대한 인식이 서
구에만 있었던 것은 아니고, 또 인권 증진을 위한 집합행동이 서구
에서만 일어난 것도 아니다. 인권 사상과 실행은 세계 곳곳에서 다

18

양한 형태로 발전해왔다. 한국의 형평사와 일본의 수평사 활동도 그러한 사례 가운데 하나이다.

형평사(衡平社, 1923~1935)[2]의 목적은 조선 사회의 최하층 신분 집단으로 갖가지 차별과 억압을 받아온 백정(白丁) 집단의 평등 대우와 신분 해방이었다. 명칭 그대로 그들은 저울(衡)처럼 평등한 사회를 만들고자 하였다. 수평사(水平社, 1922~1942)[3]는 일본의 도쿠가와(덕천, 德川) 사회에서 '버림받은 집단(outcaste)'으로 취급되던 부락민(部落民)에 대한 차별 철폐와 신분 해방을 목적으로 활동하였다. 곧, 형평사와 수평사는 모든 사람이 차별 없이 사는, 저울처럼, 또 수평선처럼 평등한 사회를 만들고자 하였다. 그 역사는 한국과 일본의 전통 사회에서 차별과 억압을 받으며 '버림받은 집단'으로 살아온 백정과 부락민의 인권 보호와 실행을 도모한 구체적인 실천 사례였다.

요컨대, 이 두 단체의 집합행동은 억압과 차별을 받아온 집단이 주체적으로 '사회'를 바꾸려고 벌인 활동이었다. 특히, 세습적인 신분 차별에 저항하며 평등 대우가 실현되는 새로운 사회를 만들려는 것이었다. 이와 같이 형평운동과 수평운동은 모든 사람이 차별 없이 평등하게 대우받으며 인간 존엄을 누리며 사는 사회를 주체적으로 만들고자 한 역사였다. 그것은 엄격한 신분 질서에 기반을 둔 한국과 일본의 전통 사회의 유산을 해결하고, 인간 존엄과 평등을 실현하는 근대 사회로 이행해 가는 과정이었다. 곧, 두 운동은 두 나

2) 앞으로 살펴보겠지만, 통상 형평사로 지칭되는 이 조직의 명칭은 시대에 따라 형평사 중앙총본부, 조선형평사, 때로는 분립되었을 때에는 형평사 혁신총동맹, 형평사연맹 총본부 등 여러 이름으로 불렸고, 급기야는 1935년에 대동사로 개칭되기도 하였다. 이 글에서는 맥락에 따라 구체적인 명칭을 언급하기도 하지만, 일반적인 관행을 따라 형평사로 지칭하고자 한다.

3) 1922년 창립 당시의 정식 명칭은 전국수평사였다. 이후 이로부터 분파된 일본수평사 란 별도 단체가 생겨나는 등 지역에 따라 수평사 관련 여러 단체가 있지만, 이 글에서 수평사는 일반적인 관례에 따라 융화운동에 대비되는 자력 부락해방운동의 대표적인 단체인 전국수평사를 지칭하는 것이다.

라의 근대 역사에서 대표적인 인권 증진 사례로서, 비서구 사회에
서도 인권 증진 노력이 활발하였다는 것을 실질적으로 보여준다(니
어리 1993). 그렇기 때문에 형평운동과 수평운동에 대한 탐구는 단
순히 과거 사실을 파악하는 것에 머무를 것이 아니라 미래 사회를
향한 사회 구성원들의 의지와 그 내용을 살펴볼 것을 요구한다.

형평사와 수평사의 역사는 여러 측면에서 닮은 점이 많았다. 우
선, 두 단체 활동의 주체 집단이자 수혜 집단인 백정과 부락민은 역
사적, 사회적으로 비슷한 경험을 하였다. 그들은 엄격한 신분제 사
회에서 최하층의 신분 집단으로 취급되면서 갖가지 차별과 억압을
겪었다. 또 도살이나 피혁 가공 및 피혁제품 생산 등 비슷한 직업에
종사하였다. 그리고 비슷한 시기에 자신들에 대한 차별을 철폐하고
평등 대우를 주창하는 단체를 결성하여 활동하였다. 1920년대 초
에 창립된 두 단체는 활발하게 활동하다가 1940년대 초 일제의 대
륙 침략과 제2차 세계대전 도발 시기에 활동을 중단하였다.

이와 같이 비슷한 배경의 피차별 집단이 주축이 된 형평운동과
수평운동은 차별 철폐와 신분 해방이라는 목적 아래 비슷한 시기에
진행되고, 더 나아가 서로 교류하며 협력 활동을 벌였지만, 한국과
일본의 역사 경험이나 사회 여건이 다른 탓으로 그 과정과 양상에
서 다른 점도 많았다. 우선, '근대' 사회로 바뀌어가는 격변의 시기
에 일어난 두 운동은 두 나라의 시대 상황으로부터 많은 영향을 받
았다. 오랫동안 쇄국 정책을 유지하던 한국과 일본은 19세기 후반
외국의 강압 아래 개방하게 되었고, 그 이후 전통 사회 질서의 와
해, 서구 문물과의 접촉, 근대 사회로의 이행 등 복합적인 성격을
가진 다양한 변화를 짧은 기간에 경험하였다. 일본에서는 도쿠가와
막부가 무너지고 천황의 실질적인 통치가 복원되면서 근대 사회를
지향하는 움직임이 활발하게 일어났고, 또 서구 제국의 전철을 밟
으며 이웃나라를 침략하였다. 한국에서는 오백 년 동안 지속되어오

던 조선 왕조가 멸망하고 일제의 식민지로 전락하였다.

형평운동과 수평운동의 바탕에는 전통 사회의 모순과 유산을 극복하고 근대 사회로 이행하고자 하는 사회 조류가 깔려 있었다. 또 식민지의 피지배와 지배 관계에 놓여 있는 한국과 일본의 상황이 작용하였다. 그러므로 형평운동과 수평운동에 대한 탐구에는 통치 집단의 지배 체제, 다른 사회 구성원의 대응과 탄압, 사회 전반에 확산된 이념적 조류, 사회운동 단체와의 협력 등 사회 전반의 여건이 고려되어야 할 것이다. 곧, 이러한 요소들이 두 단체의 활동 목표와 전략, 구성원의 결속력과 충원 방식, 파벌 싸움을 비롯한 내부 갈등 등에 여러 형태로 영향을 미쳤다는 점을 간과해서는 안 될 것이다. 이런 점에 유의하여 형평사와 수평사의 활동 과정을 역사 사회학의 관점에서 비교 분석하려는 것이 이 저술의 목적이다.

이 책의 주요 내용은 한국과 일본의 전통 사회에서 백정과 부락민이 겪은 역사적 사회적 상황, 형평사와 수평사가 만들어지는 과정, 차별 철폐와 인권 증진을 위한 두 단체의 목표와 이념적 배경, 조직 확대와 활동 내용의 발전 과정, 지도 집단의 특징과 파벌 갈등, 보수 세력과의 충돌, 다른 사회운동과의 연대와 협력, 일제 지배 체제의 영향 등에 관한 비교 분석이 될 것이다. 이에 덧붙여 두 단체의 교류와 연대 활동을 논의하고자 한다. 지배와 피지배의 적대 관계에 놓인 모국의 상황에도 불구하고, 그들은 전통 사회에서의 역사적 경험이나 사회적 상황뿐만 아니라 미래 사회에 대한 목표와 이념을 공유하면서 서로 동지(同志)로 인식하며 교류하고 협력하였다. 이러한 활동은 차별 철폐와 평등 사회를 위한 인권운동의 국제적 협력의 본보기였다는 점에 주목하고자 한다. 마지막으로, 일제 지배 아래, 특히 일제 침략 전쟁의 소용돌이 속에서 본래 목적을 상실하는 궤적을 보였지만, 그들의 역사는 제2차 세계대전 이후 차별 없는 평등 사회를 지향해가는 디딤돌로 쓰이는 값진 유산이라는 것을 살펴보게 될 것이다.

2. 연구 지평의 확장

형평사와 수평사에 대한 연구 상황은 한국과 일본이 크게 다르다. 우선, 한국에서는 형평사에 대한 연구가 그다지 활발하지 않았다. 1980년대 후반, 90년대 초에 역사사회학적 측면에서 형평운동을 전체적으로 조망하는 박사 학위 논문(Kim 1989)과 그것에 기초하여 간행된 저서(김중섭 1994)가 나오기 전까지 개괄적으로 소개하거나(김의환 1967; 1968; 강정태 1981), 부분적인 주제를 다룬 연구가 나왔을 뿐이다. 형평운동의 자유주의적 성격을 논의하거나(진덕규 1976), 공산주의 역사를 한 부분으로 다루어졌다(김준엽 · 김창순 1973). 또 형평사 형성 과정과 초창기 활동(고숙화 1984; 김중섭 1988), 지도 세력의 구성과 변화(김중섭 1992ㄱ), 1926년 이후의 전개 과정(고숙화 1989), 예천의 충돌사건(고숙화 1992) 같은 특정한 주제를 다룬 논문이 나왔다. 1993년에 형평운동 70주년을 기념하여 열린 학술대회는 여러 연구자들이 관심사를 공유하는 최초의 기회가 되었고, 발표 논문을 묶은 책이 발간되면서 연구 활성화의 기반이 되었다(형평운동70주년기념사업회 1993). 그 뒤 박사 학위 논문(고숙화 1996; 김재영 2007ㄱ), 부분적인 주제를 다룬 논문(강창석 1993; 조미은 1995ㄱ; 1995ㄴ; 조휘각 1995; 1999; 김일수 2003; 최영성 2006; 김재영 2006; 2007ㄴ; 2009; 이용철 2012), 형평운동 전체 역사를 개관한 저서(김중섭 2001; 고숙화 2008)가 나와서 형평운동에 대한 연구의 질과 폭이 크게 향상되었다. 영어로 발표된 논문(Passin 1956; Rhim 1974; Neary 1987; Shaw 1991; Kim 1999)과 단행본(Kim 2003)이 지속적으로 나온 것은 영어권 학계에서도 형평운동에 대한 관심이 적

지 않음을 보여준다.[4]

한편, 일본에서의 형평사 연구는 1970년대부터 상대적으로 활발하였다. 형평사와 수평사의 유사성 탓으로 형평운동에 대하여 관심을 가진 일본 연구자들이 많았기 때문이다. 한국에서 형평운동 연구가 거의 이루어지지 않던 1970년대 초에 《동아일보》의 형평운동 관련 기사가 일본어로 번역되어(池川英勝 1971~1972) 연구의 기초 자료 접근이 쉽게 되었고, 또 수평사 전문 연구자에 의해 여러 편의 연구 논문이 나왔다. 그 중에서도 이케가와 에이쇼(池川英勝 1974; 1977; 1978), 아키사다 요시카즈(秋定嘉和 1974; 1993, 285~311), 김정미(金靜美 1983; 1984) 등의 연구는 형평운동 연구의 폭을 넓히는 데 크게 이바지하였다. 또 재일동포 연구자인 김정미(金靜美 1989), 신기수(辛基秀 1984; 1992)는 형평사와 수평사의 협력 활동에 관하여 깊이 있는 연구 성과를 내놓았다. 최근에 박사 학위 논문(徐知伶 2011)이 나오는 등 일본에서의 형평사 연구가 이어지고 있다.

한국에서 형평운동에 대한 연구가 부진한 상황과 달리, 일본에서는 부락과 수평운동 연구가 대단히 활발하였다. 수평운동과 그 주체 세력인 부락민, 그리고 후속 활동인 부락해방운동에 대한 연구가 역사학, 정치학, 사회학 등 여러 분야에서 다각적으로 이루어졌다. 대학의 전문 연구자뿐만 아니라 부락해방운동 단체와 그들과 연대하는 부락 관련 연구소 중심으로 엄청나게 많은 연구물이 나왔다. 부락 전문 연구자들이 전국 대학에 분포되어 있으며, 교토의 부락문제연구소, 오사카의 부락해방 · 인권연구소, 후쿠오카현 인권연구소 같이 주요 도시에 전문 연구소가 설립되어 전문 학술지 발행 등 부락 연구를 이끌어왔다. 특히, 부락해방운동이 활발한 오사카, 교토, 효고(병고, 兵庫), 와카야마(화가산, 和歌山), 미에(삼중, 三重)

---

4) 초기의 영어 글이 일본 역사 연구자인 Passin(1956)과 Neary(1987), 무어(Samuel F. Moore) 선교사를 연구한 Rhim(1974)에 의해서 쓰여졌다는 것은 관련 글이 부차적인 연구 결과로 나왔다는 것을 보여준다.

등지의 간사이(관서, 關西) 지방, 오카야마(강산, 岡山), 히로시마(광도, 廣島) 등지의 주고쿠(중국, 中國) 지방, 도쿠시마(덕도, 德島), 가가와 (향천, 香川) 등 시코쿠(사국, 四國) 지방, 후쿠오카 중심의 규슈(구주, 九州) 지방은 부락 연구도 활발하였다. 또《부락해방연구》,《부락문제연구》,《부락해방》등 전문 학술잡지 발간과 '전국부락사연구회', '부락해방교육자 모임' 같은 부락 연구자 모임의 결성을 통하여 연구자들의 학술활동 교류 공간이 형성되어 있다. 또 영어권에서의 수평사 연구도 광범위하게 이루어졌다. 대표적으로 영국의 이안 니어리(Neary 1989; 2010), 미국의 젊은 학자들(部落解放·人權研究所 엮음 2008) 같이 많은 연구자들이 1차 자료를 활용하여 부락 연구에 괄목할 만한 연구 성과를 냈다.

　수평사에 관한 연구가 다각적으로 이루어졌다는 것은 주기적으로 나온 연구 성과 개관 및 평가서를 통해서 확인할 수 있다. 비교적 최근의 사례로서, 수평사 80주년에 즈음하여 기획 출간된《근대일본과 수평사》는 수평사 연구 현황 개관, 수평사의 역사적 위치, 지역의 수평운동과 융화운동, 참여자 등을 중심으로 연구 성과를 논의하고 있다(秋定嘉和·朝治武 엮음 2002). 또 부락해방·인권연구소 창립 40주년을 기념하여 기획한《부락사연구로부터의 발신》은 제1권 전근대(寺木伸明·中尾健次 엮음 2009), 제2권 근대(黒川みどり 엮음 2009), 제3권 현대(友永健三·渡辺俊雄 엮음 2009)로 나누어 그 간의 부락사 연구 성과를 살펴보고 있다. 특히 제2권은 수평사 창립 이전 19세기 말부터 활동이 활발한 20세기 중반까지의 연구를 근대 국민국가의 성립, 근대 사회에서의 차별, 다이쇼(대정, 大正) 데모크라시로부터 전시 체제 시기 등의 소제목으로 나누어 수평운동에 관련된 다양한 주제의 연구 성과를 논의하고 있다. 이와 같은 연구 성과는 부락해방운동의 선구적인 활동으로서 수평운동이 다각적인 관점에서 연구되어 왔음을 보여준다(関口寛 2009ㄱ; 守安敏司 2009).

　반면에, 한국에서의 수평사 연구는 거의 이루어지지 않았다. 단지, 형평사와 수평사의 협력 활동에 대한 연구가 부분적으로 이루어졌을 뿐이다. 형평운동 70주년기념 국제학술대회에서 재일동포인 신기수(1993)와 영국학자인 니어리(1993)의 연구가 발표되었다. 그 뒤 형평운동을 저술하면서 수평사와의 관계를 다룬 사례(고숙화 2008, 191~205), 형평사와 수평사의 협력 활동에 관한 논문(김중섭 2009; 박세경 2009)이 있는 정도이다. 일본에서의 연구 성과이지만, 재일동포 연구자 김정미(金靜美 1989; 1991; 1994)가 일제의 제국주의 식민지 지배 체제에 협력한 수평사 지도자들의 행적을 따져 보면서 연구 지평 확대에 기여한 것이 주목된다.

　지금까지 개관해본 바와 같이, 한국과 일본에서 형평운동과 수평운동에 대한 학계의 관심과 그에 따른 연구 현황은 크게 달랐다. 그 차이는 제2차 세계대전 이후 백정과 부락민이 처한 사회적 상황과 깊이 관련되어 있다고 생각된다. 한국에서는 신분제가 해체되면서 백정의 자취를 찾아볼 수 없고, 그에 따라 백정에 대한 신분 차별 문제는 더 이상 사회적 쟁점이 되지 않았다. 이런 상황을 반영하듯이 한국에서는 백정이나 형평운동에 대한 학문적 관심이 별로 크지 않았다. 반면에, 전통 사회의 유제인 천황제가 유지되고 있는 일본에서 부락민 차별은 일상생활에서 빈번하게 일어나는 사회 문제였다(上杉聰 1990). 부락 문제는 과거가 아니라 현재 진행형으로서 일본 사회의 주요 현안 과제로 인식되고 있다. 또 제2차 세계대전 직후 1946년에 조직된 부락해방전국위원회(1955년에 부락해방동맹으로 개칭)을 비롯하여 여러 단체가 부락해방운동을 활발하게 벌이고 있다. 이런 상황을 반영하듯 부락의 역사와 사회 경제적 환경에 대한 사회적 관심이 높고, 연구도 활발하게 이루어지고 있다.

　이와 같이 한국과 일본의 사회적 상황과 연구 성과가 크게 다르다. 그렇지만 형평사와 수평사의 본격적인 비교 연구는 한국은 물

론 일본에서도 아직 찾아볼 수 없다. 다행히 최근에 형평사와 수평
사의 비교 연구에 대한 관심이 고조되고 있다. 지난 10여 년 동안
일본 부락해방운동의 활동가들과 연구자들이 지속적으로 한국을
방문하여 백정과 형평운동의 족적을 찾으며 두 단체의 협력 활동
에 관심을 기울여 왔다. 또 2013년부터 일본과 한국의 연구자들이
'형평사 사료연구회'를 만들어 주기적으로 협력 연구 활동을 벌이
고 있으며, 그 결실로 필사본으로 남아 있는 조선총독부 자료를 활
자화하여 정리한 책의 발간을 목전에 두고 있다. 이러한 활동의 바
탕에는 백정과 부락민의 동질성에서 비롯된 연대 의식과, 형평사와
수평사의 협력 활동이 인권운동의 국제 협력의 선진 사례라는 역사
인식이 깔려 있다고 짐작된다.

앞서 언급한 바와 같이 형평사와 수평사의 활동은 한국과 일본
의 인권 증진 역사에 커다란 발자취를 남겼으며, 또한 두 단체의 협
력 활동은 오늘날에 인권 증진의 국제 연대의 선진 사례로 평가되
고 있다. 지리적으로 인접한 두 나라에서 비슷한 시기에 비슷한 양
상을 보이며 전개된 두 단체의 활동을 비교 분석하는 것은 두 단체
에 대한 이해의 깊이를 더 할 뿐만 아니라 두 나라를 이해하는 데에
도 이바지할 것이라고 판단된다. 이런 점을 감안하여 이 연구는 두
단체의 배경과 활동의 유사성과 차이점을 규명하면서 한국과 일본
에서 평등 사회를 만들고자 한 형평운동과 수평운동의 역사적 의미
를 탐구하려고 한다.

이 연구는 크게 세 가지 측면에 주목하고자 한다. 첫째, 두 단체
의 주축 집단인 백정과 부락민의 사회적 배경을 살펴보면서 인권
증진 활동의 성격을 설명하고자 한다. 둘째, 두 단체의 창립 과정,
발전, 활동 양상 등에서 그 둘의 유사성과 차이점을 살펴보면서 형
평운동과 수평운동의 역동적 과정을 설명하고자 한다. 셋째, 두 단
체를 둘러싼 사회적 환경, 특히 일제와 적대 세력, 그리고 다른 사

26

회운동 단체와의 관계와 영향을 살펴보면서 그들의 활동에 대한 역
사적 성격을 파악하고자 한다. 이와 같은 논의를 통해서 형평운동
과 수평운동이 전통 사회의 유습을 극복하고 인권의 보편적 가치를
실현하며 근대 사회로 나아가고자 하는 구체적 사례라는 것을 보여
주게 될 것이다. 특히, 차별 철폐와 평등 대우라는 인권의 주창과
실천 과정을 살펴보면서 두 운동이 인권 증진에 기여한 바를 확인
하게 될 것이다.

3. 책의 구성

지금까지 논의한 것처럼, 형평운동과 수평운동은 한국과 일본의
전통 사회에서 근대 사회로 이행하는 과정에서 인권 증진을 위하여
일어난 대표적인 집합행동 사례이다. 그 둘을 비교 논의하고 있는
이 책은 4부 11개장과 맺음글로 구성되어 있다.

2개의 장으로 구성된 제1부는 한국과 일본의 전통 사회에서 '버
림받은 집단'으로 취급된 백정과 부락민의 역사를 다루었다. 제1장
에서는 형평사와 수평사의 주축 세력이자 수혜 집단인 백정과 부락
민의 역사적, 사회적 배경을 논의하였다. 엄격한 신분 질서에 기반
을 둔 한국과 일본의 전통 사회에서 최하층 신분집단으로 취급된
백정과 부락민의 일과 사회적 지위, 또 그들을 억압하고 차별하는
관습과 사회적 기제를 살펴보고자 한다. 특히, 조선 사회의 신분 질
서와 백정에 대한 사회적 배제와 억압, 차별 대우, 그리고 도쿠가와
막부 시절에 에타(에다, 穢多)와 히닌(비인, 非人) 집단이 겪은 차별을
비교하여 논의하고자 한다.

제2장에서는 19세기 말 20세기 초의 백정과 부락민의 사회 경제
적 상황을 논의하고 있다. 전통 사회의 질서가 무너지고 근대 사회

로 이행되는 역동적인 이 시기의 신분 질서 와해, 그리고 한국의 갑
오개혁과 일본의 천민 폐지령(해방령)에 따른 백정과 부락민의 신분
해방과 그 파장, 전통적 경제 질서의 변화와 전래 산업에서 누리던
기득권의 상실, 식민지 치하의 3.1민족해방운동과 일본에서의 쌀
소동 등 형평사와 수평사 창립 이전 백정과 부락민이 겪은 사회 경
제적 상황을 살펴보고자 한다.

4개의 장으로 구성된 제2부에서는 평등 사회를 향한 형평운동과
수평운동의 발자취를 다루고자 한다. 특히, 근대 사회로 이행하는
변화 과정에서 백정과 부락민이 주체적으로 평등 사회를 만들어 가
고자 하는 두 운동의 역동적 모습을 살펴보게 될 것이다. 제3장은
형평사와 수평사의 창립 과정을 다루고 있다. 주축 집단의 역사적,
사회적 유사성에도 불구하고, 한국과 일본의 역사적, 사회적 조건
에 따라 다르게 나타난 두 단체의 창립 과정을 살펴보고자 한다. 백
정과 비백정의 협력을 통하여 창립된 형평사와 부락민만 참여를 허
용하는 수평사의 창립 과정과 전국 조직으로의 발전 양상을 비교하
고자 한다.

제4장에서는 형평사와 수평사의 역사 인식과 목적, 이념적 배경
을 다루고 있다. 백정과 부락민의 역사에 대한 인식, 그 폐습으로부
터 벗어나 차별 없는 사회를 만들고자 한 목적의 성격과 이념적 배
경을 살펴보고자 한다. 두 단체의 활동이 지향한 목표와 사회적 요
구를 분석하고, 그 바탕에 깔려 있는 이념적 배경을 살펴보면서 두
운동의 성격을 규명하고자 한다.

제5장에서는 형평사와 수평사의 발전 과정과 특징으로서 조직
확산과 활동 내용에 초점을 맞추어 논의하고자 한다. 특히, 두 단체
의 발전 양상을 시기별로 살펴보면서 두 운동의 역동적인 전개 과
정을 개관하고자 한다. 그리고 제6장에서는 지도 세력의 특징과 변
화, 갈등과 파벌 등을 시기적으로 나누어 논의하고자 한다. 형평운

동과 수평운동 과정에서 활동 내용과 목표, 전략 등을 둘러싸고 벌어진 파벌 대립과 안팎 환경의 영향 아래 일어난 지도 세력 구성의 변화 양상을 살펴보고자 한다.

4개장으로 구성된 제3부에서는 형평운동과 수평운동을 둘러싼 역동적인 바깥 환경을 다루고자 한다. 20세기 초 한국과 일본의 정치적, 사회적 조건이 형평사와 수평사의 활동 과정에 끊임없이 작용한다는 점을 세 측면에서 살펴보게 될 것이다. 곧, 전통 사회의 유산인 차별 관습의 존속, 새로운 사회를 지향하는 다양한 사회개혁 활동의 확산, 일제의 식민지 지배와 군국주의 통치 등과 같은 바깥 환경이 두 운동에 어떻게 영향을 미쳤는지를 중점적으로 다루고자 한다. 제7장에서는 일반인들과의 갈등과 충돌, 그것이 미친 파장을 규명하고자 한다. 차별 관습을 철폐하려는 두 운동과 차별 관습을 유지하려는 집단이나 제도 사이의 갈등과 충돌 양상을 살펴보고, 그것이 두 운동에 어떻게 작용하는지를 논의하려고 한다.

제8장에서는 형평사와 수평사가 벌인 다른 사회운동 단체와의 협력과 연대를 다루고자 한다. 근대 사회로의 이행 과정에 생겨난 여러 사회운동 단체와의 관계와 민족주의, 무정부주의(아나키즘), 사회주의, 국가주의 같은 다양한 이념이 두 단체의 전개 과정에 미친 영향을 살펴보며, 특히 1930년대 초 이 두 단체의 진로에 크게 영향을 미친 해소론을 중점적으로 논의하고자 한다.

제9장에서는 지배 세력인 일제와의 관계를 다루고자 한다. 일제 식민지 지배 아래에 있는 한국과, 천황제의 지배 체제에서 군국주의의 확산을 겪는 일본의 정치적 사회적 상황에서 지배 집단의 감시, 통제, 억압 등이 형평운동과 수평운동의 활동 방식과 내용, 전략 등에 미치는 영향을 주목하고자 한다. 특히, 지배 세력과의 관계와 영향 아래 두 운동이 겪는 퇴보와 변절의 궤적을 살펴보고자 한다. 그리고 제10장에서는 형평사와 수평사의 연대와 협력 상황을

다루면서 그 역사적 의미를 새겨보고자 한다. 그들의 모국은 식민
지 지배와 피지배의 관계에 있지만, 차별 철폐와 신분 해방의 목적
을 공유한 두 단체의 상호 교류와 협력을 살펴보고자 한다.

제4부 제11장에서는 형평사와 수평사가 해체된 이후의 역사를
다루고자 한다. 일제 식민지 지배에서 해방된 한국에서의 백정과
제2차 세계대전에서 패전한 일본에서의 부락민의 후속 상황을 살
펴보고자 한다. 백정의 자취를 찾을 수 없는 한국 상황과 달리, 아
직도 부락 차별이 사회 문제로 남아 있는 일본에서 전개된 차별 철
폐와 부락민의 인권 증진을 위한 전후의 부락해방운동 역사를 간략
하게 살펴보고자 한다. 마지막으로, 맺음말에서는 형평사와 수평사
활동의 역사적 의미를 평가하고자 한다. 이 두 단체의 활동은 안팎
환경으로부터 다양한 영향을 받으며 전개되어 왔다. 사회적 차별을
없애고, 모든 사람이 평등하게 사는 사회를 만들려고 한 두 단체의
목적이 오늘날에 어떤 의미가 있나 살펴보고자 한다.

제1부 '버림받은 집단'의 역사

    형평운동과 수평운동의 출발은 전통 사회에서 차별과 억압을 겪은 백정과 부락민의 역사로부터 시작된다. 두 운동을 올바로 이해하려면 한국과 일본의 전통 사회에서 백정과 부락민이 겪은 역사적 경험과 경제적, 사회적 대우가 충분히 규명되어야 할 것이다. 그리고 1920년대 형평운동과 수평운동이 시작되기 전 그들을 둘러싸고 벌어진 변화를 파악할 필요가 있다. 제1부에서는 전통 사회에서 '버림받은 집단(outcaste)'으로 취급되던 백정과 부락민의 사회적 지위와 경제적 상황을 역사적으로 살펴본 뒤, 19세기 말 20세기 초 한국과 일본의 급격한 사회 변동 가운데 그들이 어떤 경험을 겪었나를 비교하여 살펴보고자 한다.

제1장 전사(前史): 전통 사회에서의 백정과 부락민

한국의 백정과 일본의 부락민은 전통 사회에서 차별과 억압을 겪으며 '버림받은 집단'으로 취급되었다. 제1장에서는 형평운동과 수평운동의 주축 세력이며 수혜 집단인 두 집단의 역사적, 사회적 배경을 비교하고자 한다. 엄격한 신분 질서에 기반을 둔 한국과 일본의 전통 사회에서 두 집단에게 부여된 사회적 지위와 환경, 직업, 사회적 억압 기제와 차별 관습 등을 중심으로 그들이 형평사와 수평사의 결성과 활동에 적극적으로 참여하게 된 역사적, 사회적 배경을 파악하고자 한다.

1. 백정의 사회적 지위와 차별

(1) 조선의 신분 질서와 백정의 사회적 지위

'백정'이 피차별 신분 집단으로 굳어진 것은 조선시대였다. 백정은 고려시대는 말할 것도 없고, 조선 왕조 초기까지도 천민을 가리키는 호칭이 아니었다. '없다'는 뜻인 백(白)과 '일반 사람'을 뜻하는 정(丁)으로 구성된 말뜻에서 보듯이, 그 시기에 백정은 일정한 역(役)의 부담이 없는 농민이었다(이우성 1962, 75~79). 곧, 토지가 없어 납세나 병역의 의무를 갖지 않은 특수한 '일반인' 집단이었다. 또 관청의 예비군 성격을 갖고 있었다거나, 토지를 갖지 않고 특정한 직업에 종사하지 않으면서 지방 관리의 관할에 있었다는 해석도 있다(문철영 1991; 유창규 1997). 이렇게 여러 해석의 공통적 특징을 미루어 보아 백정은 "정착해서 토지를 경작하는 농민층"으로서 최하층 천민이 아니라 양인 신분이었다고 이해된다(김중섭 2013, 142).

백정이 천민 호칭으로 바뀌게 된 것은 조선 초기 세종 때부터였다. 1423년 세종이 고려시대에 천민이었던 재인과 화척을 백정으로 개칭하면서 백정은 천민 집단을 가리키는 호칭이 된 것이다. 이렇게 개칭한 세종의 의도는 다음 자료에서 보듯이 그들을 일반 농민들과 통합하려는 것이었다.

> "재인(才人)과 화척(禾尺)은 본시 양인으로서, 업이 천하고 칭호가 특수하여, 백성들이 다 다른 종류의 사람으로 보고 그와 혼인하기를 부끄러워하니, 진실로 불쌍하고 민망합니다. 비옵건대, 칭호를 백정(白丁)이라고 고쳐서 평민과 서로 혼인하고 섞여서 살게 하며, 그 호구를 적에 올리고, 경작하지 않는 밭과 묵은 땅을 많이 점령한 사람의 밭을 나누어 주어서 농사를 본업으로 하게 하고, 사냥하는 부역과 버들그릇(柳器)과 피물(皮物)과 말갈기와 말총, 힘줄(筋)과 뿔 등의 공물을 면제하여 그 생활을 안접하게 하고…
> – 《세종실록》 22권 세종 5년(1423) 10. 8.[5]

세종은 호칭의 변화와 함께 그들에게 토지를 하사하고 평민들과의 결혼을 장려하는 등 통합 정책을 시행하였다. 또 세금 감면, 병역 의무 면제, 정부 호적 등록 등을 통하여 그들을 정착시키려고 하였다. 이렇게 천민 집단을 일반 농민들과 통합하여 정착시키려는 것은 조선 개국 초기부터 시행되어온 정책 기조를 계승하는 것이었다. 그 배경에는 새로운 국가를 건설한 조선 왕조가 국가 유지에 필요한 재원을 확보하고 군역 대상자를 늘리려는 의도가 있었다. 또 그 집단이 농사를 짓지 않고 떠돌아다니며 범죄에 가담하여 일으키

---

5) 번역은 《CD-ROM 국역 조선왕조실록》(서울시스템주식회사 한국학데이터베이스연구소)을 활용함.

는 사회문제를 방지하려는 것도 있었다(문철영 1991; 한희숙 1999; 이
준구 1998ㄱ; 김중섭 2014ㄱ).

그러나 조선 초기의 통합 정책은 성공하지 못하였다. 오히려 백정
은 조선시대 전체에 걸쳐 가장 차별과 천대를 받는 최하층 신분 집
단으로 굳어졌다. 달레(1874; 1979, 473)는 《천주교사》에서 백정은
"종들보다도 더 낮게 다뤄지는 지경이며… 인류 밖에 있는 품위를
잃은 존재로 취급된다"고 서술하였으며, 정약용(1830; 김태준 1936,
111 재인용)은 백정을 팔반잡류인(八般雜流人)의 하나로 설명하였다.

백정이 최하층 집단으로 굳어지게 된 과정에는 조선 사회의 복합
적인 요인이 작용하였다. 우선, 그들의 직업에 대한 편견과 천시가
있었다. 조선의 신분제 사회에서 그들은 고려시대의 천민인 화척
과 재인의 후손으로서, 천한 일을 하는 집단이라고 인식되었다. 화
척과 재인의 선조가 양수척(楊水尺)이라고 알려졌는데, 그 호칭에서
보듯이, 그들은 물가에 있는 고리버들(楊)을 이용하여 가구 등을 만
들어 팔며 생계를 유지하였다. 또 천민에게 붙여졌던 접미사 척(尺)
은 그들이 사회적으로 천하게 여겨졌다는 것을 보여준다. 요컨대,
양수척은 경작할 토지가 없어 떠돌아다니면서 고리버들 가구를 만
들어 팔아 생계를 유지해온 천민 집단이었다. 양수척이 재인과 화
척으로, 그리고 백정으로 호칭이 바뀌었지만, 그들의 일은 크게 바
뀌지 않은 채 천대받아왔다.

《고려사》에서는 양수척을 "본시 관적(貫籍)도 부역도 모르며 즐
겨 수초(水草)를 따라서 유랑 생활을 하면서 사냥이나 하고 버들 그
릇을 엮어서 팔아먹는 것으로 생업을 삼았다"고 하였다(《고려사》 권
129, 열전 제42, 반역, 최충원). 곧, 양수척은 강따라 떠돌아다니며 고
리버들 가구의 제작 판매, 사냥 등으로 생계를 유지하는 탓으로 관
적이나 부역을 모른다는 것이다. 그들은 출신지나 조상을 모르는,
더 나아가 무례하고 무식한 탓으로 국가에서 부여한 직책이 없거

나, 또는 그 직책을 제대로 수행하지 않는다고 인식되었다. 짐작컨대, 양수척은 경작할 토지가 없는 빈민 집단으로서 일반 백성과 다른 직업과 생활 방식을 갖고 국가 통제도 받지 않았던 것이다(김중섭 2013). 떠돌아다니며 사는 그들의 생활 방식은 정착해서 사는 농민들과 크게 다를 수밖에 없었다. 농민들은 그런 그들의 생활 방식이나 풍습을 천하게 여겼으며, 또 그들도 농업 사회에 익숙하지 않아 농민들과 어울려 살지 못하였다. 이렇게 백정은 특정한 직업과 독특한 생활 방식을 갖고, 특히 일반 농민들과 교류하지 않고, 더 나아가 평민들과 결혼하거나 섞여 살지 않으면서 자기들끼리 모여 살며 국가의 통제를 받지 않았다. 그런 탓으로 그들에 대한 사회적 편견과 차별이 생겨나고, 천한 집단이라는 집합 표상이 형성되었던 것이다(김중섭 2014ㄱ, 19~20).

직업과 생활 방식 탓으로 사회적으로 배제된 양수척은 여러 호칭으로 지칭되었다. 주로 물가에서 거주하였던 탓으로 수척(水尺)이나 수재, 물재 등으로 불렸고, 화(禾)의 훈이 수로 발음된 탓으로 화척으로 환치되기도 하였다(鮎貝房之進 1932). 또 동물 잡는 일을 하여 재인(宰人, 才人)으로 불리기도 하였다. 그리고 세종에 의해서 다시 백정으로 바뀌었다. 이렇게 호칭은 바뀌어갔지만, 그들에 대한 사회적 편견이나 차별 인식은 바뀌지 않았다. 백정으로 개칭된 이후에도 고려시대의 백정과 다르다는 의미에서 신백정(新白丁)으로 불리며 차별을 받았으며, 때로는 예전의 화척이나 재인과 붙여서 화척백정(화백정), 재인백정(재백정)으로 지칭되기도 하였다. 그 뒤에 '신' 자(字)가 떨어져 나가면서 백정은 그 집단을 일컫는 총칭으로 굳어졌다.

백정이라는 천민집단의 정체성을 규정하는 핵심 요소는 그들이 하는 일이었다. 그들의 일은 크게 세 가지 유형으로 구분되었는데, 일에 따라 별도의 호칭으로 불리기도 하였다(김중섭 1994, 47~52;

鮎貝房之進 1932; 李覺鐘 1923). 첫째, 고리버들 가구를 제작하여 판매하는 것이었다. 이 일을 하는 집단을 유기장(柳器匠), 또는 고리백정이라고 하였다. 강가나 늪지에 서식하는 고리버들을 이용하여 바구니, 키, 가구(고리짝) 같은 생활 용품을 만들어 파는 일은 이윤이 많지 않아도 재료를 손쉽게 구할 수 있어서 빈민 집단에게는 유용한 생계유지 수단이 되었다. 곧, 버들고리의 제작 판매에 종사하는 것 자체가 농토를 갖지 못한 빈민이라는 처지를 드러내는 것이었다. 또 그것은 농사짓는 일반 백성들과 다른 생활 풍습을 갖고 있다는 것을 의미하며 사회적 천대와 차별을 받는 이유가 되었다. 이와 같이 백정 차별은 빈민 집단에 대한 천대와 차별이었고, 또 생활방식이나 풍습이 다른 집단에 대한 편견에서 비롯된 차별이었다.

백정이 하는 둘째 유형의 일은 사냥이나 도축, 동물 가죽의 가공과 제품 제작 판매였다. 떠돌아다니는 빈민 집단에게 사냥이나 채취는 유용한 생계 수단이었다. 사냥의 기술은 도축으로 이어졌고, 부산물인 고기를 처리하거나 가죽을 가공하여 제품을 만들어 파는 것으로 발전하였다. 도축과 가죽 제품을 만드는 전문 기술은 백정들에게 대대로 전승되었다. 그 결과 백정은 도살하는 사람이라는 사회적 통념이 굳어지게 되었고, 칼잡이, 재살꾼, 재인, 도한(屠漢) 등으로 불렸다(鮎貝房之進 1932; 今西龍 1918; 岩崎繼生 1932). 그리고 동물 가죽으로 가죽 제품을 만들어 파는 일을 하는 백정은 피장(皮匠), 갓바치, 피공(皮工)이라고 하였고, 가죽 신발을 만드는 백정은 혜장(鞋匠)이라고 하였다. 그들이 만든 가죽 제품은 관청에서 허가받은 상인들을 통하여 일반 사람들에게 팔렸다.

백정의 셋째 유형의 일은 마을을 돌아다니며 오락을 제공하는 것이었다. "기생의 종자는 근본이 유기쟁이 집에서 나왔다"고 하였다(《고려사》 권 129, 열전 제42, 반역, 최충원). 또 춤과 노래를 제공하는 창우(倡優)가 양수척에서 분화되어 나왔다는 주장도 있다(이준구

2000ㄴ, 11~20). 이와 같이 백정 가운데 일부가 춤과 노래를 제공하는 예능 집단으로 굳어졌다. 그들은 어느 한 곳에 정착하지 않은 채 떠돌아다니며 생활하면서 농민들의 마을에서 춤과 오락을 제공하였고, 때로는 매춘을 하였다고 알려졌다(강만길 1964). 이렇게 춤과 노래를 제공하는 집단은 재인이라고 불렸다. 그들은 대대로 특정한 방식의 예능을 계승하면서 지역에 따라 각기 다른 계통의 예기를 가진 집단으로 분화하였다(서지은 2008). 이와 같은 예능의 일은 일반 농민들과 떨어져 생활하면서 고유한 춤과 가무를 즐겼던 그들의 놀이문화가 발전된 결과라고 짐작된다(김중섭 2013, 151).

  백정들의 일은 크게 세 가지 유형이었지만, 어느 하나만 하는 것이 아니라, 생계유지를 위하여 여러 일을 겹쳐서 하는 경우도 많았다. 마을을 돌아다니며 오락을 제공하는 재인백정들이 버들고리를 만들어 팔기도 하였고, 짐승을 잡거나 가죽 제품을 만들어 파는 집단이 때로는 고리 제품을 만들어 팔았다. 이렇게 두 가지 일을 하는 백정을 두벌백정 또는 양색백정이라고 불렀다. 이와 같이 시대에 따라, 또 직업에 따라 바뀐 천민 집단의 호칭 변화를 간단히 정리하면 〈그림 1-1〉과 같다.

〈그림 1-1〉 천민 집단의 호칭 변화

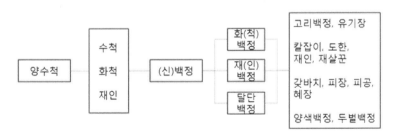

그밖에도 백정들은 천한 일을 하는 집단이라는 인식 아래 사회적
으로 천시되는 일들을 맡았다. 예를 들어, 사냥과 도살을 하는 집
단이라면서 왕이나 관리들이 사냥갈 때 몰이꾼으로 동원되었고, 왕
궁의 제사에 필요한 제물을 살생하는 일이 부여되었다(김중섭 2014
ㄱ). 또 북방의 노역이나 병역에 동원되었으며, 왕이나 왕비 같은
인물의 장례식에 관을 나르는 여사군(舁士軍)으로 뽑히기도 하였고,
감옥 간수나 역졸의 지휘를 받아 사형을 집행하는 회자수(劊子手)를
맡기도 하였다(차천자 1924, 43~44; 李覺鐘 1923, 123~124).

백정은 특정한 일과 다양한 호칭으로 정체성이 규정되어 천대와
차별을 받았지만, 조선 초기부터 최하층의 천민 신분집단으로 취급
된 것은 아니었다. 앞서《세종실록》에서 언급한 바와 같이, 조선 초
기에 화척이나 재인은 하는 일이 천해서 천한 집단으로 취급된 '신
량역천(身良役賤)'의 지위에 있었다. 곧, 양인과 노비로 대별되는 양
천 신분제에서 노비와 같은 천민에 속한 것은 아니었다. 그런데 세
종의 통합 정책이 성공하지 못하고, 사회적 차별과 억압, 배제가 강
화되면서 그들은 최하층의 '버림받은 집단'으로 굳어졌다.

그렇게 그들을 '버림받은 집단'으로 자리매김하는 데 작용한 사회
적 기제에는 여러 가지 요소가 있었다. 그 가운데에는 백정의 일을
천하게 여기는 편견을 만들어냈을 문화적 요소가 있다. 살생을 금
기시하는 불교를 국교로 숭상한 고려시대(918~1392)의 유산과, 신
체적 노역을 업신여기는 조선시대(1392~1910)의 유교 관습에서 사
냥이나 도축에 대한 부정적인 편견과 천시가 생겨났다. 또 토지에
정착하여 농사일을 주업으로 하는 조선 사회에 형성된 '농자천하지
대본(農者天下之大本)'이라는 사회적, 문화적 토양에서 백정들은 '항
산(恒産)'을 갖고 있지 않다는 인식이 생겨났고, 그런 인식 아래 백
정의 일을 천시하였다. 그래서 백정들은 양민 신분이지만, 하는 일
이 천하다는 '신량역천'의 사회적 인식 아래 천대받았다. 이와 같이

불교와 유교의 종교적 가치와 농업 중심의 사회적 문화적 토양에서 백정은 '천한 집단'이라는 집합 표상이 형성되면서 사회적 배제와 차별을 받게 된 것이다.

　백정에 대한 또 하나의 집합 표상은 반사회적 범죄 집단이라는 것이었다. 조선 전기에 기근과 추위, 과도한 부역과 세금 등을 피해서 떠돌아다니는 사람들이 늘어났고, 그들이 저지르는 범죄가 커다란 사회문제가 되었다(한희숙 1991; 1998). 많은 백성들이 떠돌아다니며 부랑자로 전락하였는데도 범죄를 저지르는 집단은 떠돌이 빈민 집단인 백정이라는 인식이 생겨났다(이준구 1998ㄱ; 한희숙 1999; 박종성 2003, 170~172; 김동진 2009; 김중섭 2014ㄱ, 24~28). 백정들이 밀도살, 집단 절도, 떼강도 등을 저지른다거나, 일반인들 거주 지역을 배회하면서 풍기 문란을 일으킨다는 것이었다. 또 자기들끼리 산속에 모여 살면서 먹을 것을 찾아 가족 단위로 노략질을 일삼고 범죄를 저지른다는 것이었다. 게다가 농업을 기반으로 하는 조선 사회에서 소의 도축은 관청의 허락을 얻어야 하는데 백정들이 불법 도축을 빈번하게 자행한다는 것이었다. 그러면서 백정은 범죄를 일삼는 반사회적 집단이라는 집합 표상이 형성되었다. 백정의 범죄 관련 내용은 《조선왕조실록》, 특히 성종 조까지 많이 기록되었다. 이것은 백정의 사회적 일탈이 반복하여 보고되었다는 것을 의미한다. 그러한 보고의 저변에는 백정은 폭력적이고, 비규범적이고, 반사회적 범죄 집단이라는 인식이 깔려있었다. 그러면서 그들은 잠재적인 위험 집단이므로 엄격하게 통제되어야 한다고 하였다. 심지어 일반인 거주 지역으로부터 격리시켜야 한다는 주장이 제기되었다. 그들에 대한 차별과 억압을 당연하게 여기게 된 것이다.

　백정이 반사회적 잠재적 범죄 집단이라는 인식과 더불어 외래 종족이라는 집합 표상이 생겨났다. 15세기 초까지 《조선왕조실록》

에서 백정을 이민족으로 묘사하는 것은 별로 찾아볼 수 없다. 그런
데 15세기 중반부터 16세기에 이르는 시기에 백정을 이종(異種), 이
류(異類), 별종(別種), 심지어 오랑캐 종족(호종, 胡種)이라고 표현하
는 내용이 빈번하게 나타났다. 백정의 선조는 북방에서 이주해 온
유목민이라는 인식이 확산되었던 것이다. 그러면서 백정은 12세기
이후 대거 침입한 북방 종족이라고 하였고, 심지어 중국 지방을 일
컫는 달단(韃靼) 백정이라는 호칭도 생겨나는 등 백정의 선조가 외
래 유목민이라는 것을 기정사실화하였다. 또 북방에서 온 유목민이
기 때문에 정착해서 사는 농민들과 달리, 떠돌아다니면서 사냥이
나 나물을 채집하며 살아간다고 하였다. 그들의 생활 방식 때문에
외래 유목민이라는 추론이 설득력 있게 받아들여졌다(차천자 1924,
40; 강만길 1964; 이준구 2000ㄴ; 2002).

　　그러나 백정의 기원이 북방 이주민이라는 주장과 배치되는 증거
를 곳곳에서 볼 수 있다. 우선, 고려 초 태조 시기인 10세기에 이미
백정의 선조인 양수척이 존재하였다는 흔적이 있다(《고려사》 제129
권, 열전 제42, 반역, 최충헌). 또 거주 범위가 전국에 산재되어 있고,
그 수가 적지 않다는 점에서 북방 이주 종족이라고 보기 어려운 측
면이 있다. 더욱이 외모에서 일반 백성들과 차이가 없고, 언어 소통
의 문제가 있었다는 흔적을 찾을 수 없다. 이렇게 백정이 외래 종족
이었다고 보기 어려운 점이 많은데도 백정을 '별난 종류의 인종'으
로 간주하는 인종화를 통하여 그들에 대한 차별과 억압, 배제가 정
당화되었던 것이다.

　　15세기 중반 이후에 인종화가 더욱 강화되면서 외래 집단인 백
정은 외적이 침입할 때 내통할 것이라는 사회적 우려가 생겨났다.
심지어 백정을 잠재적인 매국 집단이나 외침 세력에 협력할 집단이
라고 매도하였다(김중섭 2013, 153~158). 이렇게 백정을 외래 이주
종족이라고 보는 인식이 널리 확산된 것은 외적의 침략이 빈번해지

면서 생겨난 사회 전반의 불안감과 외적에 대한 적대감 탓이었다고 판단된다. 단적인 증거로서, 조선 초기에 사냥이나 도축 경험을 살려 백정을 왕의 사냥몰이꾼으로 동원하였다거나, 외적의 침략에 대비하는 변방의 예비군으로 징집하였다는 것은 그들이 외래의 적과 내통할 것이라고 우려하지 않았다는 것을 보여준다(김중섭 2013). 백정을 북방 이주 집단으로 본 것은 훗날 생겨났던 것이다.

요컨대, 경작할 토지가 없어 떠돌아다니는 빈민 집단이었던 백정은 생계유지를 위하여 고리버들 제품의 제작과 판매, 채취, 사냥, 도축 등 특정한 일에 종사해 왔다. 대다수가 농민인 농업 사회에서 그들의 별난 직업과 생활 풍습에서 비롯된 편견과 차별이 확산되고 굳어졌다. 특히, 종교적, 문화적 편견, 반사회적 범죄 집단이라는 사회 인식, 외래 유목민이라는 인종화 등 여러 가지 사회적 기제가 복합적으로 작용하는 가운데 그들은 최하층의 천민 집단으로 취급되어 사회적으로 배제되고 억압과 차별을 받았다(김중섭 2013; 2014ㄱ).

백정을 '버림받은 집단'으로 취급하는 데 여러 요소가 작용하였지만, 그렇게 만든 사회 체제는 신분제였다. 신분은 태어날 때 부모의 신분에 따라 결정되었으며, 그 규정은 법률로 정해졌다. 예를 들어, 노비의 경우, 부모 가운데 어느 한편이라도 노비 신분이면, 원칙적으로 그 자녀는 노비 신분을 갖게 되었다(지승종 1995). 세습적인 신분 질서 체제를 유지하는 조선 사회에서 신분은 구성원들의 사회적 위상과 관계, 책무를 결정하는 핵심 요인이었다. 신분을 둘러싼 관습은 엄격하였으며, 이를 어겼을 경우 사회적 징벌이 가해졌다. 이와 같은 신분 제도의 근간은 조선 말까지 유지되었다.

조선 사회에서 신분은 크게 노비로 대표되는 천인(賤人)과 나머지 양인(良人)으로 나뉘어졌다. 양인은 다시 최상층의 지배 세력인 양반, 그 아래에 중인, 상민으로 나뉘어져서 위계질서의 상호 관계를 갖고 있었다(김영모 1982). 양인에 대비되는 천인 또는 천민은 대부분 노비였지만, 그밖에 하는 일에 따라 여러 집단이 천민에 속하였다. 그 가운데에는 관청 소속으로 양반들의 놀이 상대였던 기생, 유교의 지배 이념 아래 억압받게 된 불교의 승려, 궁궐에서 왕족의 시중을 드는 내인, 전령이 머무르는 역사(驛舍)를 관리하는 역졸, 굿을 전업으로 하는 무당 또는 무녀 등이 있었다. 백정도 그런 천민 가운데 하나였다. 그들은 조선시대 전체에 걸쳐 최하층 집단으로 간주되었고, 때로는 압량위천(壓良爲賤)의 대상이 되어 강제로 노비로 전락되기도 하였다.

이와 같이 여러 요인이 복합적으로 작용하며 백정에 대한 사회적인 억압이나 차별이 정당화되고 강화되었다. 곧, 백정의 사회적 책무와 지위를 규정하는 신분제, 백정들이 전래해온 고유한 일을 천하게 여기는 불교와 유교의 종교적, 문화적 바탕, 백정을 천한 집단, 반사회적 범죄 집단으로 보는 집합 표상, 백정의 선조는 외래 유목민이라는 인종화 등 여러 요인이 중첩적으로 작용하면서 백정을 '버림받은 집단'으로 만들었던 것이다. 특히, 신분제는 백정의 사회적 지위와 생활양식을 결정하는 절대적 요인이었다. 그러한 차별과 억압이 조선시대 수백 년에 걸쳐서 지속되고, 또 20세기 초까지 그 잔재가 남아서 형평운동의 요인이 되었다.

(2) 백정에 대한 사회적 차별

형평운동의 배경에는 백정에 대한 오랜 차별의 역사가 있다. 세종의 통합 정책이 성공하지 못하면서 차별이 사회 관습과 제도로 굳어져 20세기 초까지 지속되었다. 백정은 조선시대 전체에 걸쳐 최하층으로 차별받는 집단의 대명사가 되었다. 형평사원들이 백정

이란 호칭에 분노하며 차별 철폐를 주장하며 치열하게 투쟁한 역사
가 그 증거이다. 형평운동의 역사적, 사회적 요인이었던 백정 차별
의 성격과 양상을 살펴보고자 한다.

　조선시대에 백정에 대한 사회적 배제와 격리, 차별은 공적으로
제도화되었다(김중섭 2014ㄱ, 29~35). 앞서 살펴본 바와 같이, 백정
을 반사회적 범죄 집단으로 경계하고, 북방 유목민 기원을 주장하
며 잠재적 매국 집단으로 보는 인종화가 심화되었다. 그러면서 그
들에 대한 사회적 배제와 격리가 제기되었고, 또 법으로 규정하여
국가 관리와 통제를 강화하였다. 15세기 말 성종 조에 조선시대의
법조문을 집대성한《경국대전》에 다음과 같이 규정하였다.

> "서울과 지방의 재인(才人), 백정(白丁)은 모두 찾아내어〔盡刷〕 각방(各
> 坊), 각촌(各村)에 나누어 보호하고 장적(帳籍)을 만들어 관직이 있는 자 및
> 안정된 생업을 가지고 살고 있는 자는 이 제한을 받고 아니한다. 본조(本
> 曹), 한성부(漢城府), 본부(本部), 본도(本道), 본읍(本邑)이 각기 1건씩 간직
> 하여, 매년 출생 · 사망 · 도망을 자세히 살펴 왕에게 보고하고 장부에 기
> 록해 둔다. 도망하는 자는 도형(徒刑) · 유형(流刑) · 부처(付處)의 처벌을 받
> 은 사람의 도망례(逃亡例)에 따라 논죄한다."[6]

　요컨대, 백정을 모두 찾아내 지역마다 나누어 보호하며, 장적(관
리 대장)을 만들어 관리하고, 이를 위반하는 도망자는 엄격히 죄를
물어 처벌한다는 것이다. 매년 백정의 출생, 사망, 도망 등과 같은
변동 사항을 기록한 관리 대장은 본조, 한성부, 본부, 본도, 본읍에
1건씩 보관하여 지역 별로 백정 관리 체제를 강화하였다. 관직에
있거나 안정된 생업에 있는 자는 예외로 하였지만, 다른 사람들과

---

6)《經國大典》5권 형전(刑典) "재백정단취(才白丁團聚)"《역주 경국대전 CD-ROM》
　(한국정신문화연구원, 동방미디어주식회사 한국학정보연구소) 활용함.

차별하여 백정에 대한 별도 관리를 제도화한 것이다. 조선 초기 세종 때 통합 정책과 더불어 군적 등록을 통한 통제 정책을 시행하였는데, 그것을 강화하여 집단 거주와 별도 관리를 법제화한 것이다.

백정에 대한 국가 통제는 여러 형태로 시행되었다. 지방 관리들은 주기적으로 백정들의 소재를 확인 점검하는 점고(點考)를 실시하였다. 또 백정들은 거주지를 벗어나 여행할 때 관청으로부터 행장(여행증)을 받아야 했다. 이를 어기면 '도망례'에 따라 참형 같은 가혹한 처벌이 가해졌고, 도망친 백정을 추적하여 찾아내서 원래 지역으로 돌려보내는 추쇄가 시행되었다(김중섭 2014ㄱ, 31; 김동진 2012, 268~269).

백정에 대한 통제와 차별은 법으로 규정되었을 뿐만 아니라 일상생활의 여러 관습으로 자행되었다. 유교 이념에 근거하여 사람들의 행동거지를 엄격하게 규정하는 조선 사회의 관습, 특히 삼강오륜으로 대표되는 행동 규범에 따라 백정은 모든 사람에게 공손한 예의와 행동을 행해야 했다. 최하층의 백정들에게 사회의 구성원들, 특히 양민은 모두 상급자였다. 또 그들은 백정을 하급자로 취급하였다. 이러한 엄격한 위계질서에 따른 다양한 차별 관습이 만들어져서 굳어졌다(차천자 1924, 41~44; 今村鞆 1914, 44~47; 李覺鐘 1923, 120~124; 鮎貝房之進 1932, 190~192; 岩崎繼生 1932, 78~79; 김중섭 2014ㄱ). 예를 들어, 나이에 관계없이 백정은 모든 일반인들에게 존댓말을 썼지만, 일반인들은 백정들에게 반말을 하였다. 백정과 비백정 사이의 상하 관계는 언어뿐만 아니라 일상생활의 행동거지에서도 나타났다. 또 옷차림이나 거주 지역, 주거 가옥의 치장 등에서도 차별이 강요되었다. 결혼이나 장례 같은 관례에도 차별 관습이 생겨나면서 백정은 일반인들과 같은 방식으로 행할 수 없었다. 심지어 죽은 뒤 장지도 일반인들과 구별되어 묻혔다.

백정들은 태어나면서부터 죽을 때까지 갖가지 차별과 억압의 관습 아래 살아야 했다. 차별과 억압의 관습은 일상적인 개인 관계뿐만이 아니라 사회 제도를 통하여 백정의 모든 생활을 지배하였다. 백정들의 직업이나 사회적 지위는 기본적으로 크게 바뀌지 않았다. 16세기와 17세기 성주 지방 백정 계열 가계의 위상이나 대구부 호적의 고리 백정 사례에서 보듯이, 백정은 피혁, 도축, 수공업(버들고리, 짚신 등 제작), 들나물 채취 같은 전래된 고유의 일에 종사하였으며, 자기들끼리 결혼하고, 성을 갖지 않고 천한 이름을 사용하는 관습을 유지하고 있었다(이준구 200ㄱ; 2001; 김동진 2012). 조선 후기에 호적에 편입되고 장역을 부담하는 등 국가 통제의 지배를 받는 공민(公民)이 되었다. 이와 같이 시대에 따라 다소 변화가 있었지만, 백정들은 여전히 엄격한 차별 관습을 겪으면서 천하게 여겨지는 일에 종사하였다.

백정에 대한 차별 관습은 사회적 강제력 아래 유지되었다. 만약 백정이 그러한 차별 관습을 어길 경우 사회 질서를 해쳤다는 죄로 관청에서 처벌하였고, 또 집단 폭행이나 재산 손괴 등 마을 사람들이 빈번하게 사형(私刑)을 가했다. 19세기 초에도 개성의 백정들이 결혼식에 관복을 입고 양산(日傘)을 썼다는 이유로 주민들은 관복을 빌려준 사람을 난타하고 백정들의 집에 난입하여 가재도구 등 기물을 파괴하였다(이준구 2008, 21; 《순조실록》 12권 순조 9년(1809) 6. 5.). 차별 관습은 20세기 초에도 이어졌다. 그것은 다음의 형평사원 진술에서 확인된다(한사원 1929, 30~31).

"나는 강원도 일우에 타구난 사람의 한 아이다. 내가 타구난 이 마을은 '피촌(血村)' 또는 백뎡촌(白丁村)이라는 명사가 잇고 이 디역 안에 거주하는 사람을 가라쳐 '칼잡이'이니 '백뎡놈'이라고 한다. 이 디역 외에 거주하는 모든 사람들은 수백 년이라는 긴 시간을 나려오며 대대 손손이 이저버리지도 안이하고 아버지는 아들에게 어머니는 딸에게 형은 아우에게 그리하야

그들은 우리들의 일홈을 불너주는 이보담도 의례히 백명놈, 백명년, 백명
색기 이것이 내가 타고난 우리집은 물론이고 우리의 이웃 사람 그 외에도
나와 갓흔 처지에 잇는 무리의 대한 그들에 업지 못할 유일한 대명사가 되
엿다.…

　　다시 말하면 일반 민중을 위하야 소와 도야지를 잡기에 충실한 기재가
되는 것이외다. 수십 대 이전에 우리의 할아버지가 여기에 일평생을 밧첫
스며 우리가 또한 그러할 것이며 우리의 수십 대 자손이 그러할 것이다. 그
러나 그들은 아즉도 불만이 잇고 불평이 잇다. 그리하야 때때로 잡어가두고
두라리며 매질하여 피와 살을 함부로 떼어서 백명 계급의 운명은 그들의 장
중에서 순간순간적으로 생명을 지지하야오니 과연 이것이야말로 총뿌리에
안즌 한낫의 참새와 가름이 업시된 가련한 동물 중에 한 아이엿다."

　이와 같이 백정들이 조선시대 수백 년 동안 억압과 차별을 겪어
온 배경에는 지배 집단의 이익을 보장하는 사회 체제가 있었다. 지
배 집단은 억압과 차별을 통하여 지배 체제를 유지하면서 다양한
방법으로 백정들로부터 인신 착취와 경제적 수탈을 하며 집단 이익
을 취하였다. 그러한 백정 수탈의 역사는 오래되었다. 고려의 권력
자 최충헌 집권 시기인 12세기에 과도한 공납 징수에 반발한 양수
척이 변방을 침략한 거란족의 편을 들어 침략의 향도를 맡은 적도
있다(《고려사》 제129권, 열전 제42, 반역3, 최충헌). 또 관리나 유력자들
이 천민 집단을 사노비처럼 사사로이 부려먹고 공물을 바치도록 하
였다(김중섭 2014ㄱ, 15~18).
　고려시대의 광범위한 백정 수탈 관행은 조선시대에도 크게 바뀌
지 않았다. 오히려 노동력 착취의 유형은 더욱 다양해졌다. 백정은
북방의 노역이나 병역에 동원되었다. 외부의 적에 대비하는 변방의
예비군으로도 활용되었다. 왕이나 관리들이 사냥갈 때, 몰이꾼으로
동원되기도 하였다. 사냥몰이꾼 동원 사례는 조선 초부터 16세기

의 중종, 연산군 때에 이르기까지《조선왕조실록》에 헤아릴 수 없이 많이 등장하였다. 그 규모가 엄청나게 컸고, 동원된 백정들의 고충은 막심하였다. 예를 들어, 조선 초기인 15세기 초 태종이 전라도 임실현에 사냥 갈 때 경상도와 충청도에서 재인과 화척 1천 명씩, 전라도에서 2천 명을 뽑아 몰이꾼으로 동원하였고, 강원도에 사냥 갈 때에는 5천 명의 몰이꾼을 차출하였다(《태종실록》26권 태종 13년(1413) 9. 16;《태종실록》28권 태종 14년(1414) 9. 3). 또 연산군 때에는 사냥에 동원된 백정들이 지나치게 굶주린 것을 보고 신하가 중지를 요청할 정도였다. 그런데 백정들의 상황은 고려되지 않은 채 신하의 요청은 거부되었다. 백정 동원의 폐해가 극심하여 각 지방 관리들의 사냥에 백정 동원을 금지하는 훈령이 내려지기도 하였다.

　그밖에도 백정의 노동력 착취는 여러 형태로 자행되었다. 백정은 장례식의 상여꾼이나, 죄수의 사형 집행 같이 천시되는 노역에 동원되었다. 도축은 백정의 사회적 책무처럼 인식되었다. 또 백정들이 대대로 전담해온 일에서도 경제적 수탈을 겪었다. 관가에 고리버들 그릇이나 가죽 제품을 만들어 적절한 보상 없이 공물로 상납하여야 했다. 심지어 관리나 지역 유지들은 백정을 노비처럼 사유화하여 도축이나 가죽 제품을 만드는 일을 시켰다. 예를 들어, 16세기 초《중종실록》에 기록된 사례만 살펴보아도, 경상도 울산군수가 재인과 백정을 데려다가 본가에 숨겨두고 은밀히 사역을 시켰고, 함안에서는 토호가 재인, 백정 30여 명을 숨겨 두고 사역을 시키며 고기를 공물로 바치도록 강요하였다. 또 전라도 나주목사는 백정을 노비로 삼아 부려 먹었고, 남원에서는 토호, 품관들이 부내(府內)의 2천여 명이나 되는 재인과 백정을 제각기 30~40명, 많게는 50~60명씩 소유하여 사역을 시킨 것이 발각되었다. 이렇게 백정의 노동력 착취와 경제적 수탈이 심각하여 사회 문제로 대두될 정도였다.

  백정의 인신 착취와 경제적 수탈이 다양한 형태로 광범위하게 일어난 배경에는 백정을 억압, 차별하는 신분의 위계질서 체계가 있었다(김중섭 2014ㄱ, 16). 신분의 엄격한 위계 구조에서 백정들은 인적 동원, 노역과 같은 노동력 착취, 공물 상납 같은 경제적 수탈, 과중한 세금 등을 피할 수 없었다. 그로 말미암아 백정들이 겪는 고충은 막심하였다. 억압과 궁핍, 고통을 견디지 못하고 도망가거나 도둑이 되는 사례도 많았다. 다음 자료는 16세기 초 백정들의 삶의 실상을 보여주고 있다.

> 국가에서 지금까지 역(役)을 정하지 않고 각각 그들이 살고 있는 곳의 관가에서 혹은 산행(山行)하게 하고, 혹은 가죽 다루는 장인으로 부리며 비록 열 식구의 집이라도 모두 아울러 이런 사역을 시키니, 이미 봉족을 거느릴 수도 없는 형편에서 휴식할 시간이나 농사를 지을 겨를도 없습니다. 이 때문에 빈궁하여 혹 도적이 되기도 하니…
>
> -《중종실록》1권 중종 1년(1506) 10. 29.

  백정들의 주거 상황에 대한 엄격한 국가 통제와 관리가 시행되었지만, 백정들이 기근이나 과도한 세금, 공물 등을 피해서 주거지를 떠나는 사례가 끊임없이 일어났다. 백정들의 삶이 대단히 곤궁하였던 것이다. 그렇게 백정들은 조선시대 전 기간에 걸쳐서 수탈과 노역에 시달리며 궁핍을 감내하며 살았다. 지배 집단의 이익을 보장하는 신분 체제에서 백정에 대한 사회적 배제와 억압, 차별이 개선되기는 어려웠다. 백정에 대한 억압과 차별 관습, 그리고 이동과 거주 상황을 점검하는 행장제, 인보(隣保) 조직과 점고 등 다양한 방식으로 통제하면서 지배 집단은 경제적 수탈과 인신 착취로 집단 이익을 추구하였다.

　조선 초기의 통합 정책은 백정들이 일반 농민들과 어울려 살려고 하지 않고 기존의 생활 방식을 유지하였기 때문에 실패하였다고 보는 견해가 있다(한희숙 1999, 291; 김동진 2009, 102). 그러나 그것보다는 오히려 지배 집단의 이익을 위해서 백정에 대한 사회적 배제와 억압, 통제를 강화하였기 때문에 백정 통합이 실패하였다고 판단된다. 또 백정을 "모든 인민을 균등한 권리와 의무를 갖는 제민(齊民)"으로 만들려고 한 제민화 정책이 성공적이었다고 평가하는 주장도 있다(김동진 2009, 77~81). 그러나 지금까지 살펴본 바와 같이, 지배 집단이 신분의 위계질서를 강화하고, 인신 지배와 경제적 수탈을 계속하는 상황에서 백정들에 대한 통합 정책이나 제민화 정책은 성공할 수 없었다. 오히려 지배 집단은 법제화와 관습을 통하여 그들에 대한 사회적 배제와 억압, 차별을 더욱 공고하게 만들었다(김중섭 2014ㄱ). 그와 같은 통제와 억압의 사회적 장치는 조선시대 말까지 크게 변하지 않았고, 지배 집단의 이익을 보장하는 신분제는 백정에 대한 착취와 억압, 차별을 더욱 공고화하게 만드는 데 기여하였다. 그렇게 백정들은 조선시대 전 기간에 걸쳐 '버림받은 집단'으로 취급되며 차별과 억압 아래 살았다.

2. 부락민의 사회적 지위와 차별

(1) 일본의 신분 질서와 부락민의 사회적 지위

　형평사의 주축 집단인 백정이 겪은 역사적 경험은 수평사의 창립과 발전을 이끈 부락민의 경우와 비슷하였다(김중섭 2014ㄴ). 그 두 집단은 전통 사회에서 억압과 차별 아래 '버림받은 집단'으로 취급되어 온 공통점을 갖고 있다. 앞서 백정의 경우처럼 일본의 전통 사회에서 부락민이 겪은 역사적, 사회적 상황을 살펴보고자 한다.

피차별 부락민이 어떻게 생겨났는지 분명하게 밝혀지지는 않았지만 오랜 역사를 갖고 있을 것으로 짐작된다. 일본도 고대 사회부터 지배자와 피지배자가 구분된 신분제가 형성되어 있었다. 천황을 우두머리로 하는 지배 구조에서 사회 구성원들은 크게 양민과 천민으로 나누어졌다. 피지배자 가운데 최하층에 속한 천민은 노비, 묘지기(능호) 등과 같은 다양한 집단으로 구성되어 있었다. 시대가 흐르면서 지배 집단뿐만 아니라 천민 집단도 바뀌었다. 다시 말해, 고대의 천민 집단이 반드시 중세에 천민 집단으로 이어진 것은 아니었다. 단지, 고대에도 신사(神社)를 청소하거나 죽은 소와 말의 사체를 처리하는 집단이 존재하였는데, 그들이 훗날 차별받는 천민 집단의 선조였을 것으로 짐작될 따름이다(部落解放硏究所 1989, 상권; 部落問題硏究所 엮음 1985; 일본부락해방연구소 2010).

중세에도 여러 성격의 천민 집단이 존재하였다. 그 가운데 대표적인 천민 집단이 '히닌(비인, 非人)'과 '에타(예다, 穢多)'였다. 히닌은 고대 말기부터 중세까지 존재한 천민 집단을 일컫는 호칭이었다. 히닌(비인)이라는 낱말의 의미로 미루어 보아, 그들은 제대로 사람대접을 받지 못하며 차별받았을 것으로 짐작된다. 부랑민, 빈민, 한센병 환자 등 사회적으로 차별받는 다양한 집단이 히닌에 속하였다. 그들의 생업은 일반적으로 구걸하는 것이었다. 일부는 거리에서 춤과 노래를 제공하고 마을 사람들로부터 돈이나 물건을 받기도 하였다.

한편, 에타는 소와 말의 사체 처리나 가죽 일에 관련된 집단을 일컫는 호칭이었다. 이런 일을 하는 집단은 시대에 따라 여러 별칭으로 불렸다. 중세 초기에는 11세기 전반기부터 쓰이기 시작한 '가와라모노(하원자, 河原者)'로 불렸다. 강변 거주자라는 의미의 이 호칭은 일반 사람들과 격리되어 강변에 거주하며 주로 죽은 소나 말

을 처리하는 일을 하였기 때문에 붙여졌을 것으로 짐작된다. 그들
의 거주지는 자연 재해를 당하기 쉬워 일반인들이 기피하는 곳이었
다. 그런 곳에 사는 사람들은 거주지의 특성 자체가 다른 사람들과
어울리지 못하고 차별을 받으며 살았다는 것을 보여준다. 가와라모
노는 동물 사체에서 얻은 가죽을 가공하여 가죽 제품을 만들어 파
는 일도 하였다. 그러면서 피혁가공을 생업으로 하는 전문 집단이
생겼는데, 그들은 '사이쿠(세공, 細工)'라는 별칭으로 불렸다. 그들은
생계유지를 위하여 피혁가공뿐만 아니라, 일본 전통 신발인 조리를
만들거나, 죄수 참수 같은 다양한 천업에 종사하였다. 그들은 '가와
타(피다, 皮多)'라고 불리기도 하였다. 가와타는 피혁 제품을 생산하
거나 피혁을 가공하는 등 피혁 관련 일을 주로 하였을 것으로 짐작
된다. 그들 역시 사이쿠처럼 피혁 관련 일뿐만 아니라 천하게 여겨
지는 여러 일을 하였다. 요컨대, 중세에 천민들은 거주지나 직업에
따라 여러 호칭을 갖고 있으면서 사회적으로 차별과 천대를 겪으며
억눌려 지냈다. 그들을 하나로 묶어 부르는 호칭으로 '가와타'가 널
리 쓰이다가, 17세기 중기 이후부터 점차로 '에타'로 바뀌었다. 그
러면서 에타가 피차별민을 일컫는 대표적인 호칭으로 굳어졌다. 그
렇지만 상민 아래 위치한 천민 집단에는 에타나 히닌 말고도 일에
따라 각기 다른 호칭으로 불린 여러 집단이 있었다(部落解放硏究所
1989, 상권 232~238).

　에타라는 호칭의 어원은 불분명하지만, 가와라모노의 별칭인
'키요메(淸め)'에서 온 호칭으로 짐작된다(部落解放硏究所 1989, 상권
94~96). '오염된 사람'이라는 의미의 '예다(穢多)'로 표기된 것에서도
그들이 다른 사람들로부터 차별받는 존재였을 것이라고 짐작된다.
'오염'의 의미에는 일본의 고대 사회부터 널리 확산된 '케가레(ヶガ
レ, 穢れ)'로 일컬어지는 부정(不淨) 관념이 내재되어 있기 때문이다.
사람을 깨끗함(정, 淨)과 오염(부정, 不淨)으로 구분하는 의식에 따라

그들은 오염된 사람으로 인식되었던 것이다.

케가레는 사람들에게 나쁜 영향을 주는 악(惡)이라고 인식되는 부정(不淨) 관념이다. 케가레는 전염되는 것으로 여겼다. 심지어 케가레에 접촉된 사람이 집에 들어오는 것만으로도 전염이 된다고 여겼다. 케가레를 피하기 위해서는 케가레의 위험에 노출되지 않는 것이 상책이라고 생각하였다. 그래서 케가레에 오염된 대상과 접촉하는 것을 최대한 피하려고 하였다. 케가레에 접촉된 사람들을 만나거나 교제하지 않으려고 애썼고, 더 나아가 그 대상자를 격리시켜야 한다고 생각하였다. 이와 같은 케가레의 부정 관념이 일정 수준에서 부락민의 선조들이 차별받는 천민으로 굳어지게 된 사회적 요인으로 작용하였다고 짐작된다.

케가레 의식의 기원은 불분명하지만, 고대 사회부터 널리 퍼져 있었던 것은 분명하다. 전통 사회에서는 케가레를 인간 세계에서 불가피하게 생기는 것으로 인식하였다. 케가레의 요인은 여럿인데, 대표적인 것이 죽음이라고 생각했다. 케가레를 최소화하기 위해서는 죽음에 관련된 일을 피해야 했다. 그렇기 때문에 케가레가 많은 죽은 소나 말의 사체를 다루는 일을 부정한 것으로 인식하면서 천시하였다. 그런 일은 천민 집단에게 부과되었고, 또 그런 일을 하기 때문에 천민들을 케가레가 많은 부정한 집단이라고 인식하였다. 이와 같이 케가레 개념이 동물의 사체를 처리하는 에타 집단에 대한 차별과 밀접하게 연관되었다고 짐작된다. 곧, 그들 에타 집단은 하는 일 때문에 부정한 집단으로 취급되며 천대받고 차별받았던 것이다.

요컨대, 일본 사회에 널리 퍼져 있는 케가레 의식이 중세의 가와라모노, 사이쿠, 가와타, 히닌, 에타 같은 호칭을 가진 집단에 대한 사회적 차별의 근원이었을 것이라고 짐작된다. 케가레로 대표되는 사회 의식, 거기에서 생긴 직업에 대한 차별 관습, 신분제의 위계

구조 등이 작용하여 동물 사체 처리나 가죽 가공 및 제품 생산을 담당하는 집단을 차별하였던 것이다. 이와 같은 복합적 요인에서 생겨난 차별 의식과 관습으로 차별받던 집단이 꼭 근세의 피차별 부락민으로 이어졌다는 근거는 불분명하다(寺木伸明 2000).

피차별민의 계승은 불분명하지만, 근세의 피차별민에 대한 차별의식과 관습이 제도적으로 고착되는 데 기여한 것은 근세의 신분제였다. 근세 신분제는 오다 노부나가(직전신장, 織田信長), 도요토미 히데요시(풍신수길, 豊臣秀吉), 도쿠가와 이에야스(덕천가강, 德川家康)로 이어지는 막부 시대의 격변기에 강화되었다. 천민 신분 집단의 차별도 그 시기에 굳어졌다. 100여 년간 지속된 전국시대의 혼란은 16세기 말 오다 노부나가에 의해서 종식되어 전국 통일이 이루어졌고, 그 뒤 1582년 오다가 부하의 반란으로 사망한 이후 도요토미 히데요시가 통치권을 확보하면서 신분제가 강화되었다. 도요토미는 1582년에 전국을 측량하고, 각 경지의 연공 부담자를 파악하며, 연공을 징수하는 '태합검지(太閤檢地)'를 실시하면서 무사와 일반 농민의 역할을 구분하는 '병농분리(兵農分離)'를 시행하였다. 백성은 토지에 매여 생활하게 되었는데, 이 조치가 신분제의 기축이 되었다. 그 후 도요토미는 1591년에 조선 침략을 염두에 두고 병사와 군량미 확보를 위하여 신분령을 발포하였다. 이것 역시 신분의 법제화를 의도한 것은 아니었지만, 결과적으로 무사, 백성, 상인 등으로 구분된 신분의 고착을 가져왔다. 그리하여 무사의 지지를 받는 다이묘(대명, 大名)가 각 지역을 지배하게 되었고, 그 아래에 백성, 상인[町人, 죠닌], 에타, 히닌 등 피지배 신분 집단이 있었다. 그러면서 신분 집단의 위계질서가 형성되었다(寺木伸明 2009; 일본부락해방연구소 2010, 38~53; 김중섭 2014ㄴ, 102~103).

도요토미시대에 구축된 신분의 위계질서는 도쿠가와(덕천, 德川) 막부(1603~1868) 체제에서 더욱 굳어졌다. 도요토미 병사(病死) 이후 1600년 세키가하라(関ヶ原) 전투에서 도요토미 측에 승리한 도쿠가와 이에야스가 에도(강호, 江戸, 오늘날의 도쿄)에 막부를 연 이후 신분제가 더욱 공고화되면서 차별이 고착되었다. 곧, 도쿠가와 막부는 체제 유지의 주요 방책으로 신분제를 강화하였던 것이다. 그 시기의 신분제는 중세의 신분제와 다른 몇 가지 특징이 있었다(部落解放研究所 1989, 상권 170~172; 일본부락해방연구소 2010, 114~115). 첫째, 중세의 유동적이며 복잡한 계열 구조를 가진 것과 달리, 근세의 신분 질서는 더욱 고정되었다. 다이묘의 영지인 번(藩)에 따라 다소 차이가 있지만, 대개 비슷한 신분 계열이 형성되었다. 둘째, 각 신분은 고유의 직업과 역이 부여되었다. 무사는 통치나 행정 관련 일, 군역이 부여되었고, 백성은 농업에 종사하며 공물 납입 등을 부담하였고, 상인은 상공업에 종사하며 일정한 세금을 부담하였다. 최하층인 에타 신분 집단은 죽은 소나 말의 처리, 피혁 상납, 형 집행, 경찰, 청소 등을 담당하였다. 에타 가운데는 예능을 맡는 집단도 있었고, 농사일을 하는 경우도 있었다. 그들의 뿌리는 중세 전기의 히닌과 중세 후기의 에타라는 천민 집단이라고 보는 것이 통설이다(일본부락해방연구소 2010, 38~53).

이렇게 신분 집단에 따라 고유의 직업과 역이 주어지면서 거주 지역도 구분되었다. 곧, 무사는 도시의 무사 거주 지역에, 농민은 농촌에, 상인은 도시에, 에타 신분 집단은 에타 마을에, 히닌 신분 집단은 히닌 주택지에 거주하였다. 그 결과, 천민 집단의 거주 지역이 전국 곳곳에 생겨났다. 이렇게 형성된 최하층의 천민 집단 거주지가 오늘날의 피차별 부락으로 이어졌다는 것이 통설이다. 또 17세기 이후 근대적 행정 마을이 생겨나면서 부락 수가 늘어났는데, 그에 크게 기여한 것이 신전(新田) 개발이었다. 기존의 주거지 외에 황폐된 농지를 복구하여 새로운 농토를 확대하는 사업이 벌어졌는데, 그 노동력으로 부락민이 동원되었다. 그러면서 신전 개발에 따라 새로운 근세 부락이 크게 늘어났다. 이렇게 신전 개발과 함께 늘어난 근세 부락은 서일본 지역에 집중되어 있었다(部落解放研究所 1989, 상권 174~176)

피차별 부락에는 에타, 히닌과 같이 예로부터 존재하던 천민 집 단 이외에도 다양한 직종에 종사하는 사람들이 살았다. 그 가운데 에는 멧돼지 같은 동물이 농작물을 훼손하는 것을 막는 사냥꾼도 있었고, 둑을 지키는 사람이나 소농도 들어와 살았다. 그들의 책무 와 직업은 농민이나 상인들과 확연하게 구별되었다. 지역이나 번에 따라 다소 차이가 있지만, 도쿠가와 시대에 피차별 부락 주민들은 대체로 다음의 다섯 가지 일을 수행하였다(일본부락해방연구소 2010, 140~144). 첫째, 가죽 관련 제품의 상납이었다. 특히, 지역의 지배 자인 다이묘가 피혁이나 피혁제품을 생산하는 피혁업자인 가와타 를 지배하는 체제가 구축되면서 가와타에게는 다이묘에 상납하여 야 할 피혁 분량이 할당되었다. 또 가와타에게는 말의 입에 물리는 가죽 끈인 말고삐의 상납, 북 가죽의 교체 일이 부과되었다. 둘째, 형 집행 업무였다. 죄수의 형 집행을 준비하고 실행하는 것이 주 임 무였지만, 감옥 청소, 옥사한 사람의 시신 처리 같은 일도 하였다. 이 일은 특히 도시 외곽의 피차별 부락에 부여되었다. 셋째, 경찰, 소방의 임무였다. 경찰 기구의 말단 업무를 맡아 마을 치안 유지의 일을 하였으며, 때로는 불법 범죄자를 체포하는 데 동원되었다. 또 화재를 진압하는 소방 업무도 맡았다. 넷째, 청소하는 일이었다. 성 안의 청소가 영내 부락민들에게 부과되었다. 다섯째는 들과 강 을 경비하는 일이었다. 동물의 농작물 훼손을 막기 위하여 경비를 섰다.

요컨대, 에도시대로 일컬어지는 도쿠가와 막부 체제에 다이묘에 따라 다소 차이가 있지만, 통상 에타, 히닌, 가와타로 지칭되는 피 차별 부락의 거주자들은 죽은 소나 말의 가죽을 가공하는 피혁업에만 종사하는 것이 아니라 청소, 간수, 형 집행 같은 특정한 일을 도맡아서 하였다. 그 결과, 죽은 소나 말을 처리하고, 그 가죽을 이용하여 가죽신발이나 북 같은 가죽 제품을 만들어 파는 일이 그들의 고유한 직종으로 인식되었다. 또 생계 수단으로 서민들의 대표적 신발인 설상화나 조리를 제조, 판매하거나 수리하는 일을 하였다. 그들은 생계유지를 위하여 천시되는 그런 일들을 하였지만, 다른 한편으로는 지배 집단이 그들에게 부과하여 종사하게 된 결과이기도 했다.

무사, 백성, 상인, 천민으로 구성된 엄격한 신분 위계에서 천민집단의 직종과 사회적 책무는 신분제의 규율 아래 엄격하게 통제되었다. 그들에 대한 차별과 천시가 관습화되고, 천시되는 일이 그들에게 부과되었다. 그들은 자유롭게 직업을 선택할 수 없었다. 예를 들어, 에타 신분 집단은 전답을 소유할 수 없도록 규정한 번도 있었다. 농경 사회인 일본에서 농민은 천민보다 상위에 있는 신분 집단이었기 때문에 에타는 농민의 전유물인 농지를 가질 수 없도록 한 것이다. 곳에 따라서는 에타가 농업에 종사하는 경우도 있었지만, 대부분 영세하였으며, 소작이나 날품팔이를 하는 경우가 많았다. 이렇게 직업에 대한 통제가 심하고, 또 일에 대한 보상이 제대로 이루어지지 않은 탓에 그들은 대개 빈곤과 궁핍에서 벗어날 수 없었다. 그 결과 그들이 사는 피차별 부락은 빈곤과 부정의 대명사처럼 인식되었다.

그렇지만 에타 집단이 죽은 소나 말의 사체를 처리하고 가죽 관련 제품의 생산 판매를 독점하면서 나름의 특권을 갖게 되었다. 곳에 따라서는 일반 백성들이 죽은 소나 말의 사체를 처리하면 벌금을 부과하여 에타 집단의 사체 처리 권한을 보장하였다. 소나 말의 가죽은 전문적이고 복잡한 처리 공정을 거쳐 가죽 제품으로 만들어져 팔렸다. 그렇게 가죽 제품의 제조 판매는 경제적 부를 쌓을

수 있는 기회가 되었다. 따라서 소와 말의 사체 처분권을 소유한 에
타 신분 집단의 우두머리는 나름의 경제력을 갖게 되었고, 그에 수
반된 사회적 영향력을 누렸다. 그 결과 천민 집단 안에서 사회적 권
한과 경제적 부의 분화가 일어나고 위계질서가 형성되었다. 가와
타 집단은 피혁 관련 일뿐만 아니라 다이묘가 요구하는 역을 수행
하기 위하여도 자체 조직을 갖고 있었다(部落解放硏究所 1989, 상권
186~200). 지역 분할 지배 구조에서 각 지역의 에타 우두머리는 일
정 수준의 권한을 갖고 있었다. 특히, 간토(관동, 關東) 지역을 관할
한 우두머리인 탄자에몽(탄좌위문, 弾左衛門)은 도쿠가와 막부와 협력
하면서 그 지역의 피혁업을 관장하며 강력한 권한을 행사하였다.

신분의 위계질서에 따라 지배 체제를 제도화한 도쿠가와 막부는
1867년에 이른바 대정봉환(大政奉還)을 통해 국가통치권을 천황에
게 양도하고, 그 이듬해 왕정 복고령이 발포되면서 막을 내렸다. 이
렇게 260여 년간 일본을 지배했던 도쿠가와 막부 시대에 히닌과 에
타 집단은 최하층의 신분 집단으로서 특정한 역을 담당하며 갖가지
억압과 차별을 겪으며 살았던 것이다.

(2) 부락민에 대한 사회적 차별

지금까지 살펴본 바와 같이, 일본의 전통 사회에서 피차별민인
에타와 히닌이 겪은 사회적 경험이나 지위는 여러 측면에서 백정의
경우와 비슷하였다. 신분제가 더욱 강하게 구축된 도쿠가와 막부
시대에 피차별민들에게 고유한 역할과 일이 주어졌고, 아울러 다양
한 형태의 사회적 차별이 자행되었다. 위계질서가 엄격한 신분제
사회에서 신분에 따라 직업과 역이 주어졌고, 거주 지역이 정해졌
다. 그들은 대대로 일정한 지역에 거주하고 특정한 직업에 종사하

며 역을 부과받았다. 그렇게 신분이 계승되었기 때문에 혈연은 그
들의 정체성을 규정하는 또 하나의 주요 요소로 작용하였다. 요컨
대, 히닌이나 에타 같은 천민 집단은 가계, 거주 지역, 직업으로 정
체성이 파악되었고, 그에 따라 공적, 사적 세계에서 다양한 형태의
차별을 받았다(部落解放研究所 1989, 상권; 部落問題研究所 엮음 1985;
일본부락해방연구소 2010).

　신분 집단에 관련된 차별 관습은 도쿠가와 막부 시대 전체에 걸
쳐 지역에 따라 다양한 형태로 제도화되었다. 피차별 집단은 일상
생활의 행동 규범으로부터 거주 주택, 옷차림, 마을 축제, 행정 처
분 등에 이르기까지 광범위하게 차별을 겪었다. 그렇게 차별 관습
을 통하여 피차별 집단의 정체성은 일상적으로 겉으로 드러났으
며, 그들이 그러한 관습을 어겼을 경우 가혹한 사회적 제재를 받았
다. 또 차별 관습은 그들을 격리하고 억압하고 착취하는 것을 정당
화하는 사회적 장치로 쓰였다. 특히 17세기 말부터 차별 관습이 더
욱 강화되어 피차별 집단을 억압하였다. 예를 들어, 의복 차별 규제
가 도입되어 에타 집단은 목화로 만든 옷만 입도록 하며 비단옷 착
용이 허용되지 않았고, 가와타 마을은 주변을 대나무로 담을 치도
록 하였고, 신사에서 거행되는 행사는 금줄 밖에서 구경하도록 하
였다. 심지어 히닌 집단이 파는 의복을 살 경우 도둑으로 취급하는
포고를 내린 곳도 있었다.

　차별 정책의 기조는 18세기에도 크게 바뀌지 않았다. 오히려 강
화된 경우도 있다. 1722년에는 상민과 히닌을 더욱 뚜렷하게 구분
하기 위해서 히닌은 상투를 잘라서 머리를 묶지 못하도록 하는 법
령을 반포하였다. 머리 모양을 통하여 신분 파악을 더욱 쉽게 할 수
있도록 한 것이다. 또 옷차림을 통해서 신분이 파악되었다. 예를 들
어, 에타는 평일에는 수건이나 두건을 일체 착용할 수 없었다. 에타
남자는 짧게 자른 머리를 짚으로 묶고, 여자는 머리를 둥글게 묶어

야 했다. 에타 우두머리가 두건을 쓰고 높은 게다를 신은 것을 패륜으로 몰아 마을에서 추방하는 처벌을 가하기도 하였다. 또 히닌은 비가 오더라도 두건 착용이 허용되지 않았다. 비오는 날에 일반인 거주지를 방문할 때는 대나무 껍질로 만든 패랭이를 착용해야 했다. 히닌은 가옥에 장식을 할 수 없었고, 가건물 형태로 지어야 했다. 일반인들과의 교제에서도 에타는 평민 집이나 가게에 들어가서는 안 되었다. 설상화나 조리 같은 물건을 팔러 갈 때에도 집의 출입구 안쪽으로 들어가서는 안 되었다. 또 그들은 절에 등록된 호적에 따라 별도 관리되었으며, 신분이 다른 사람들과 뒤섞이는 것을 방지하고자 주택 입구에 모피를 걸어 놓아 에타 신분임을 드러내도록 하였다. 이렇게 평민과 피차별민을 더욱 뚜렷하게 구분하는 차별 관습을 강화한 것은 에타나 히닌의 경제력이 향상되면서 평민들처럼 살려고 하는 움직임이 활발해지자 그들을 더 억누르기 위하여 도입된 측면도 있었다.

신분이나 직업 이동은 신분제와 봉건제도를 위협하는 것으로 인식하였다. 18세기 말(1778년)에는 '천민 단속령(통제령)'을 발포하여 천민에 대한 통제를 강화하였다. 다른 신분 집단으로 변신하거나 다른 지역으로 도망가서 직업이나 신분을 바꾸려는 것을 막으려고 애썼다. 그렇게 '탈천(脫賤)'이 빈번해지면서 방지책이 등장하고, 심지어 탈천한 피차별민을 잡으러 다니는 추쇄가 벌어졌다. 통제령은 전국적으로 시행되었지만, 지역에 따라 더 엄격하게 시행된 곳도 있었다. 예를 들어, 고치(고지, 高知)번에서는 행실이 나쁘다고 판단된 에타에게는 더 엄격한 통제 방안을 적용하였다. 일반인 마을에 갔다가도 오후 4시에는 돌아가야 했고, 일반 민가에 들어가서도 안 되었다. 가고시마(록아도, 鹿兒島)번에서는 에타와 평민이 결혼한 경우 쌍방에 벌금을 매겼다. 또 죠슈(장주, 長洲)번에서는 평민과 교제한 에타를 유배 보냈고, 에타를 숙박시킨 사람을 처벌하였다.

이와 같이 엄격한 신분제에 기반을 둔 도쿠가와 막부 시대에 피차별 신분 집단의 일상생활은 철저하게 통제되었으며, 농민, 상인 등 일반인과의 교류도 금지되었다. 피차별 집단은 마을 사람들의 축제(마츠리)에도 참여할 수 없었고, 심지어 구경도 허용하지 않는 곳도 있었다. 제례와 축제의 성격을 가진 마츠리는 마을 사람들이 서로 구성원으로 인정하고 마을의 신과 교제하는 기회로 여겨졌는데, 피차별 집단에게는 참가 기회를 주지 않음으로써 똑같은 마을 사람으로 인정하지 않는다는 것을 보여주었던 것이다. 이렇게 공적 세계뿐만 아니라 일상생활의 사적 관계에서 널리 자행된 차별 관습은 20세기 초에도 크게 변하지 않은 채 지속되었다. 그렇기 때문에 수평사 창립의 가장 핵심적인 목표는 부락민 차별 철폐와 신분 해방이었던 것이다.

3. 백정과 부락민의 사회적 지위 비교 이해

백정과 부락민은 오랜 기간, 특히 조선시대와 도쿠가와시대에 제도화된 차별과 억압의 역사적, 사회적 상황을 경험하였다. 두 집단의 사회적 지위를 비교하자면 다음과 같은 몇 가지 특징이 있었다.

첫째, 전통 사회에서 두 집단의 직업과 사회적 책무는 비슷한 점이 많았다. 백정은 동물을 잡고, 부산물인 가죽을 가공 처리하여 제품을 만드는 일에 종사하였다. 부락민도 이와 비슷하게 소나 말의 사체를 처리하며, 그 가죽을 이용하여 제품을 만드는 일을 하였다. 또 두 집단 가운데는 마을 사람들에게 춤과 노래를 제공하는 예능의 일을 하는 부류도 있었다. 아울러 두 집단에게는 사회적으로 천시되는 여러 가지 책무가 부과되었다. 예를 들어, 죄수를 처형하거나 장례에서 상여를 메고 죽은 사람을 매장하는 일들이 맡겨졌다.

곧, 두 집단은 사회적으로 천한 일을 하는 집단으로 인식되었다. 그러나 차이도 있었다. 생계유지를 위하여 백정은 고리버들로 가구를 만들어 파는 것을 주요 수단으로 삼았던 반면에, 부락민들은 일본 전통 신발인 설상화나 조리를 만들어 팔거나 수리하는 일을 하였다. 또 부락민에게는 지배 집단이 요구하는 청소나 경찰의 말단 업무가 부과되었다.

둘째, 두 집단은 조선 사회와 도쿠가와 사회의 신분 체제에서 최하층의 천민 지위에 있었다. 지배와 피지배의 신분 위계질서에서 다양한 형태의 억압과 착취가 자행된 한국과 일본의 전통 사회에서 두 집단은 지배 세력이 요구하는 사회적 책무를 수행하여야 했다. 곧, 공물을 상납하거나, 사냥 몰이꾼, 노역이나 병역을 수행하는 등 경제적 수탈과 노동력 동원의 대상이 되었다. 이러한 지배 구조 아래 그들은 지배 집단의 철저한 통제를 받으며 궁핍과 빈곤의 질곡에서 살았다.

셋째, 두 집단은 억압과 착취의 대상이었을 뿐만 아니라 사회적으로 제도화된 다양한 차별을 겪으며 살았다. 차별은 공적 제도로부터 일상생활의 사적 세계에까지 광범위하게 자행되었다. 그들은 다른 신분 집단과 떨어져서 특정한 지역에서 집단 거주하였으며, 머리 모양, 옷차림, 가옥 치장 등에서 제약을 받으며 천한 신분의 정체성을 항상 드러내며 생활하였다. 또 언어나 일상생활의 행동 지침에서 언제나 열등한 관계를 유지하였다. 그리고 차별 관습을 지키지 않을 때에는 갖가지 가혹한 처벌을 받았다. 요컨대, 두 집단은 태어날 때부터 죽을 때까지 갖가지 차별을 받았고, 그렇게 차별이 강요된 열등한 지위는 대대로 세습되었다.

넷째, 두 집단에 대한 사회적 차별과 억압은 신분제 유지를 위하여 만들어진 사회적 산물이었다. 두 집단의 기원은 불분명하지만, 그들이 겪는 차별과 억압은 오랜 기간 형성된 사회적 산물이었다.

10세기 고려 초부터 존재가 확인된 백정은 농지가 없는 탓에 떠돌아다니며 고리버들 가구를 만들어 팔거나 사냥, 채취로 생계를 유지하던 빈민 집단이었다. 대다수 사회 구성원인 농민들과 다른 직업과 생활방식 때문에 천대당하고 배제되어 격리된 삶을 살았다. 조선시대의 신분제에서 반사회적 범죄 집단이라거나 외래 이주 종족이라는 인종화를 통하여 형성된 사회적 배제와 차별이 법적으로 제도화되고 사회 관습으로 굳어졌던 것이다. 부락민에 대한 차별과 억압도 이와 비슷한 사회적 과정을 겪었다. 고대부터 일본 사회에 확산된 '케가레'라고 하는 부정(不淨) 관념 탓으로 동물의 사체를 처리하고 가죽을 가공하여 제품을 만들어 파는 천민 집단에 대한 천대와 차별이 자행되었다. 일반 사람들로부터 격리되어 생활하도록 강요받았고, 전래된 고유한 일에서 비롯된 다양한 천업이 부과되었다. 특히, 신분제가 고착되면서 최하층 신분으로서 그들에 대한 차별과 억압이 다양한 형태로 제도화되었다.

다섯째, 두 집단은 고유한 직업뿐만 아니라 혈통과 거주 지역을 통하여 신분과 정체성이 규정되어 대대로 차별과 억압을 겪었다. 조선시대 초기에 백정은 양인 신분이었지만 천한 일을 한다는 인식 아래 '신량역천(身良役賤)'의 지위를 갖고 있었다. 그렇지만 조선시대의 엄격한 신분제에서 백정은 천대와 차별을 겪으면서 최하층의 신분 집단으로 취급되었다. 별도의 집단 거주와 국가 관리가 법제화되면서 백정에 대한 정체성은 혈통뿐만 아니라 거주지에 따라 파악되었다. 또 직업, 호칭, 옷차림, 말투 등을 통하여 그들의 정체성은 항상 노출되었다. 일본에서는 신분제가 고착된 도쿠가와 막부시대에 부락민에 대한 차별이 제도화되고 억압과 통제가 더욱 강화되었다. 그들에 대한 차별은 특정 지역의 거주 제한, 천시되는 직업과 역의 부여, 가옥 치장이나 옷차림의 제한, 일상생활에서의 차별 관습, 축제(마츠리) 참여 배제 등을 통하여 자행되었다. 이러한 관습과 제도는 그들에 대한 차별과 억압을 정당화하였고, 차별에 대한 저항이나 일탈을 처벌하며 통제하는 근거가 되었다.

여섯째, 백정과 부락민에 대한 차별과 억압은 지배 집단의 이익을 유지하기 위한 방편이었다. 백정과 부락민을 최하층으로 자리매김하는 신분 구조가 고착되면서 지배 집단은 더욱 쉽게 인신 동원이나 경제적 착취를 할 수 있었다. 그렇기 때문에 그들에 대한 지배와 통제를 강화하며 이 틀에서 벗어나는 '탈천' 같은 행위를 막으려고 하였다. 백정과 부락민은 경제적 궁핍과 사회적 차별의 이중적 족쇄에 갇혀 있었지만, 분화 현상이 일어나면서 소수의 부유한 집단이 등장하기도 하였다. 이와 같은 백정과 부락민에 대한 억압과 차별의 사회적 상황은 19세기 말 법적 신분 해방이 일어나기 전까지 큰 변화 없이 지속되었다. 이러한 역사적 경험과 사회적 과정에서 형평운동과 수평운동이 일어났다. 제2장에서는 백정과 부락민이 집합행동을 일으키는 데 직접적으로 영향을 미친 19세기 말 20세기 초의 사회적 경제적 격변을 살펴보고자 한다.

제2장 창립 이전의 사회 경제적 상황

형평사와 수평사의 창립은 주축 집단인 백정과 부락민의 사회 경제적 변화뿐만 아니라 한국과 일본 사회 전체의 변화와 밀접하게 이어져 있다. 19세기에 일어난 한국과 일본 사회의 격변은 백정과 부락민의 지위 변화에도 커다란 영향을 미쳤다. 특히, 신분 질서의 와해, 한국의 갑오개혁과 일본의 천민 폐지령(해방령)으로 축약되는 백정과 부락민의 신분 해방, 전통적 경제 질서의 변화와 전래 산업에서의 기득권 상실, 식민지 치하의 3.1민족해방운동과 일본의 쌀소동 등은 형평사와 수평사의 창립과 전개에 주요 배경으로 작용하였다. 제2장에서는 백정과 부락민의 사회 경제적 변화를 비교하여 살펴보고자 한다.

1. 형평사 창립 이전 백정의 사회 경제적 상황

(1) 신분 질서 와해와 백정의 사회적 상황

1920년대 형평사의 창립과 발전은 19세기부터 20세기 초에 이르는 시기에 한국 사회의 변화, 특히 백정을 둘러싼 사회 경제적 변화와 밀접한 관계가 있다. 이 시기에 조선 사회는 예전에 경험하지 못한 격변을 겪었다. 그 변화는 백정들에게도 커다란 영향을 미쳤다. 이런 점을 고려하여 전반적인 사회 변화를 먼저 살펴보고자 한다.

조선 후기의 가장 두드러진 사회 변화 가운데 하나는 조선 왕조를 지탱해 오던 신분 질서의 와해였다. 신분 이동 사례가 빈번하게 나타나면서 신분제가 흔들리기 시작하였고, 급기야는 1801년 '해방의안'으로 공노비가 해방되었다. 비록 공노비에 한정되었지만, 천민 집단의 절대 다수를 차지하는 노비의 지위 변화는 신분제의 흔들림을 보여주는 상징적인 사건이었다. 또한 농민층의 분화가 가속화되면서 지배 체계가 크게 흔들렸다. 농업 기술의 발전과 더불어 농촌 사회는 지주층과 소작층으로 분화되기 시작하였고, 토호 세력의 착취, 부패 관리들의 횡행, 무능한 정부의 정책 실패, 외세 침략 등 여러 요인에서 비롯된 농민층의 항쟁이 널리 확산되었다. 절대 다수를 차지하는 농민층의 항쟁은 사회 질서에 대한 커다란 위협이었다. 19세기 초에 서북부 지방에서 일어난 홍경래난(1811~1812)은 지배 체제에 대한 농민층의 도전이 장기적으로 지속될 수 있다는 것을 보여주었다. 또 최남단 진주를 시발로 전국 곳곳에서 일어난 임술년(1862년)의 농민 항쟁에서 보듯이 정부에 대한 농민층의 이반이 광범위하게 퍼져 있었다. 그 뒤 1894년에 삼남 지방에서 일어난 갑오농민전쟁은 참여자 규모나 지역 범위 차원에서 예전에 볼 수 없었던 농민 항쟁이었다. 내전 수준의 폭력을 수반하며 개혁을 요구한 갑오농민전쟁은 조선 사회에 유례없이 커다란 영향을 미쳤다.

농민층의 항쟁과 더불어 교역의 확대, 제조 기술의 발전 등으로 상업이 활성화되고, 도시가 발전하면서 사회 전반의 변화는 더욱 가속화되었다. 아울러 19세기에 활발해진 외래 문물의 유입과 국제 관계의 확대도 조선 사회의 변화에 크게 작용하였다. 오랫동안 중국 청나라를 제외한 다른 나라와 교류하지 않던 조선이 문호를 개방하면서 그 영향이 사회 전반에 광범위하게 나타났다. 커다란 사회적 갈등을 겪은 17세기 천주교의 전래 과정과 달리, 19세기에 순조롭게 유입된 기독교와 외래 학문, 서양 문물의 경험은 새로운 학문과 세계관의 발전에 이바지하였다. 그에 따라 전통적인 지

배 학문인 유학이 도전받게 되었고 사회 개혁에 대한 요구가 점차
늘어났다. 기독교를 비롯한 다양한 서양 문물의 영향으로 조선 사
회는 유례없는 변화를 겪었다. 특히, 강제적인 개국 이후 자행된 외
세의 침략을 이겨내지 못하고 급기야는 20세기 초에 일본 식민지
로 전락하고 말았다.

　이상 간략하게 살펴본 바와 같이 19세기 하반기와 20세기 초에
조선 사회는 실로 광범위한 변화를 겪었다. 그러한 변화는 조선시
대에 최하층민으로서 차별과 억압을 겪어온 백정들에게도 커다란
영향을 미쳤다. 대표적인 사례가 동학 지도자들이 이끈 갑오농민전
쟁이었다. 전북 부안에서 시작된 부패 관리 규탄과 부조리 시정을
요구하는 항쟁이 삼남 일대에서, 충청도, 경상도에 이르기까지 농
민들의 대대적인 지지를 받으며 확산되었다. 무장 항쟁으로 발전한
갑오농민전쟁의 농민군 지도자들은 조선 정부에 대대적인 사회 개
혁을 요구하였다. 정부에 제시한 폐정개혁안은 노비 문서 소각, 백
정 차별 철폐, 과부 재혼 허가 등 남녀평등, 사민평등에 기반을 두
고 전통적인 관습의 혁신과 기존 질서의 혁파를 도모하는 것이었다
(오지영 1940; 1973). 개혁안의 배경에는 '사람은 하늘과 같다(인내천,
人乃天)'는 것으로 집약되는 동학의 평등사상이 깔려 있었다. 1860
년에 최제우가 창건하고, 제2대 교주 최시형 시기에 교세가 크게
확산된 동학은 인간 존엄과 평등 사회에 대한 자각에 기여하였다.

　폐정개혁안은 백정 차별 철폐와 해방을 담고 있었다. "백정 머
리에서 평양립(패랭이)을 없앨 것"을 요구한 것이다. 관(冠)이 신분
을 나타내는 조선 사회에서 평양립은 백정 차별의 상징이었다. 일
반인들은 평상시에 갓을 썼지만, 부모가 세상을 떠나면 죄인이라면
서 평양립을 쓰고 다녔다. 백정들은 일반 백성들과 똑같은 갓을 착
용할 수 없었고, 언제나 평양립을 써야만 했다. 따라서 백정 머리에
서 평양립을 없애라는 것은 차별을 없애고 평등 대우를 하라는 의

미였다. 곧, 백정 차별을 없애고 신분 해방을 요구한 것이었다(김정미 1984).

농민군의 폐정개혁안은 백정의 신분 해방을 공식적으로 제기한 최초의 문건이었다. 그런데 사회 개혁을 실천하고자 한 갑오농민전쟁에서 농민군이 정부군과 일본군의 연합 공세에 밀려 패전하면서 이 개혁안의 실현 여부는 불투명하게 되었다. 그렇지만 외세의 힘을 빌려서 농민군의 항쟁을 진압한 조선 정부도 백성들의 요구를 외면할 수 없었다. 결국 조선 정부는 이른바 갑오경장으로 일컬어지는 개혁 정책을 내놓았다. 곧, "밑으로부터의 요구를 반영한 위로부터의 개혁"이 이루어진 것이다.

갑오개혁에는 피장(皮匠)을 천민 신분에서 해방시킨다는 내용이 포함되어 있었다(김정미 1984, 196~198). 가죽 제품을 만드는 피장은 백정의 한 부류이지만, 맥락으로 보아 그것은 백정 전체의 신분 해방, 더 나아가 모든 신분 집단의 해방을 의미하는 것이었다.[7] 백정을 비롯한 천민 집단이 사라지고 세습적인 신분 구조가 무너지게 되었다. 곧, 갑오개혁은 백정 신분 해방을 법적으로 공식화한 최초의 조치였다. 신분 철폐는 개혁을 요구하는 시대정신을 반영하는 것이었고, 조선 왕조에 대한 저항의 확산, 왕권의 통치력 약화, 신분제에 대한 충성심 약화 등 여러 요인이 복합적으로 작용한 결과였다.

이렇게 조선 사회의 근간이었던 신분제가 공식적으로 해체되고, 백정 차별 철폐가 선언되었지만, 신분 차별 관습이 사라진 것은 아니었다. 예를 들어, 갑오개혁에 따라 호구조사 규칙이 정해지고,

---

7) 엄격하게 말해서 갑오개혁 이후에 '백정'은 더 이상 정확한 호칭이 아니다. 백정이란 말뜻과 도입 배경에 차별 의미가 없음에도, 백정은 조선시대에 '버림받은 집단'으로 인식되었다. 또 형평사원들이 차별 호칭으로 여기며 철폐를 주장하였다는 점에서 갑오개혁 이전은 '백정'으로, 그 이후에는 '옛 백정'으로 구분하는 것이 정확한 표현이라고 생각된다. 그러나 통상 이것을 구분하여 쓰지 않고, 형평사도 자신들을 일컬을 때 백정이라고 하였던 점을 감안하여 이 글에서도 이를 구분하지 않고 쓰고자 한다.

세칙이 시행되어 백정도 호적에 등재되었지만, 백정 호적은 별도로
작성 관리되었다(오환일 1997, 174~175). 백정을 사회 구성원으로
인정하면서도 '특별한' 존재라는 차별 인식이 남아 있었던 것이다.

백정 신분 해방이 공식적으로 선언되었지만, 차별 관습이 유지되
는 모순 상황이 지속되면서 백정 차별을 유지하려는 흐름과 철폐하
려는 움직임이 충돌하였다. 일반인들뿐만 아니라 정부 시책을 수행
해야 할 관리들도 백정 신분 해방을 방해하는 행동을 자행하였다.
정책 시책을 관장하고 추진해야 할 내무부가 각 지방 관청에 훈령
을 내려보내 양반들에게 복종하지 않는 천민들을 처벌할 것을 지시
할 정도였다(《독립신문》 1896. 11. 3; 1897. 3. 13, 19; 1899. 7. 8). 신
분 질서를 유지하려는 경향이 지속되면서 차별 관습은 쉽게 바뀌지
않았다. 단적인 보기가 형평사 창립 전인 1922년 봄에 대구에서 일
어난 백정 야유회 사건이었다. 백정들이 야유회에 기생들을 데리고
간 것이 알려지면서 동행했던 기생들에 대한 비난이 지역 사회에
확산되었고, 급기야는 기생조합이 관련 기생들을 기적(妓籍)에서 제
적하는 일까지 벌어졌다(《매일신보》 1922. 5. 11). 이렇게 뿌리 깊은
차별 관습이 사회 전반에 퍼져 있었다. 일상생활이나 개인적 관계
뿐만 아니라 학교 입학이나 관공서의 일처리 과정 등 사회 전반에
서 차별이 자행되었다.

다른 한편, 신분 차별을 없애려는 사회적 흐름도 더욱 거세게 일
어났다. 백정들의 사회 활동 참여가 확대되고, 차별 철폐를 위한 노
력이 활발해졌다. 예를 들어, 1898년 만민공동회 같은 공공 집회
에서 백정 신분을 밝히고 연설한 것이나, 20세기 초 백정을 경북
상주군수에 임명한 것은 예전에 볼 수 없던 모습이었다(《대한매일신
보》 1905. 12. 29; 정교 1957; 李覺鍾 1923, 125). 더 나아가 백정들이
왕에게 패랭이 대신에 일반인들처럼 갓과 망건을 쓰도록 허락해달
라고 탄원하는 집합행동을 벌였다(Moore 1898, 127~128). 1900년

2월에는 진주 주변 16개 군의 백정들이 관할 관청을 찾아가 망건을 쓰게 해달라고 요구하였다(《황성신문》 1900. 2. 5, 17, 28). 그러나 백정들의 요구에 경남도 관찰사는 차별적으로 대응하여 소가죽으로 갓끈을 하도록 명령하였고, 일반 주민들은 백정 행동을 응징한다며 백정 마을을 습격하여 파괴하는 만행을 저질렀다.

이렇듯이 차별 관습의 철폐는 간단치 않았다. 그렇지만 백정들의 집합행동 경험은 차별 관습의 부당함을 인식하고, 그것을 철폐하려는 행동의 확산에 기여하였다. 그들의 행동은 지역 간 협력으로 발전하였다. 1901년 2월 경북 예천에서는 군수가 백정들에게 예전의 관습대로 옷차림을 유지하도록 명령하자 백정 세 명이 집단적으로 거역하였다. 그러자 군수가 그들을 투옥하였고, 백정들은 이 사실을 서울의 동료 백정들에게 알려 서울의 재설꾼 박성춘이 중앙 정부의 내부(內部)에 제소하여 문제를 해결하려고 하였다(《황성신문》 1901. 2. 8). 비슷한 일이 황해도 해주에서도 일어났다. 관리들이 신분 해방의 대가로 금품을 요구하자 백정들이 거절하였다. 그러자 관리들이 그들을 투옥하였고, 이에 대응하여 동료 백정들이 서울의 중앙 관청인 농부(農部)에 제소하였다(《황성신문》 1901. 5. 16).

이와 같이 조선 사회에는 백정 신분 차별을 유지하려는 흐름과 신분 해방을 추구하는 흐름이 공존하였다. 곧, 백정을 억압하는 '구속'과 신분 해방을 도모하는 '허용'의 양면성으로 말미암아 백정 신분 해방을 둘러싼 갈등이 전국 곳곳에서 간헐적으로 일어났다. 차별 관습을 철폐하려는 백정들과 변화에 저항하는 비백정 사이의 갈등과 충돌이 빈번하게 일어나는 과정에서 백정들의 사회 활동이 확대되고, 집합행동을 통하여 문제를 해결하려는 경험이 쌓여갔다. 이 역동적인 양면성은 백정들의 사회적 경험과 의식 변화에 영향을 미치며 형평운동의 발전에 주요 요소로 작용하였다(김중섭 1994). 차별 철폐 활동, 부당한 것에 대한 저항, 집합행동을 통한 문제 해결 모색 등을 경험하면서 백정들은 차별 관습의 상황을 더욱 깊이 인식하게 되었고, 활동 역량을 강화할 기회를 가졌던 것이다.

신분 차별 관습을 유지하려는 사회적 경향과 그것을 철폐하려는 움직임이 충돌하는 상황에서 사회운동을 촉발하는 또 하나의 요소가 있었다. 곧, 사회적 차별이나 억압을 부당한 것으로 인식하는 한편, 차별 철폐가 정당하며 그것을 위해 행동하도록 하는 평등사상의 확산이었다. 19세기 말 조선 사회에 널리 퍼진 동학과 서양에서 유입된 기독교의 평등사상은 백정 문제를 인식하는 데 기여하였다. 평등을 강조하는 동학의 퍼짐과 갑오농민전쟁의 발발, 특히 신분 철폐를 요구하는 폐정개혁안의 제시, 그리고 백정 사회의 기독교 전파를 통하여 차별 관습의 부당성을 깨닫고 모든 사람이 똑같이 존귀한 존재라고 인식하는 '새 사상'이 사회 전반에 확산되었다.

19세기 말에 전파된 기독교의 선교 활동은 어린이, 여성 같이 전통 사회에서 존중받지 못하던 집단에 많은 관심을 기울였다. 백정도 그 가운데 하나였다. 백정 집단은 미국 북장로교 선교사 무어(Samuel Moore)의 전도 활동을 통해서 기독교를 처음 접하게 되었다. 1892년 서울 곤당골에 교회를 세운 무어 선교사는 특히 하층민 전도 활동에 주력하였는데, 그 과정에 백정 박성춘이 기독교를 믿게 되었고, 박성춘의 개종을 계기로 여러 백정들이 교회에 다니게 되었다. 백정들이 교회에 출석하자 비백정 출신의 신도들이 그들과의 합석에 반발하며 예배를 거부하였지만, 무어 목사는 하나님 아래 모두 똑같다고 주장하며 합석 예배를 강행하였다(Moore 1898, 131~132; 임순만 1993; 옥성득 2003). 이 사례 역시 백정들이 겪고 있는 모순 상황을 잘 보여준다. 한편으로는 백정들이 기독교의 평등사상을 접하게 되었지만, 다른 한편으로는 서구 문물을 받아들이는 데 앞장선 교회 신도들조차 합석 예배를 거부할 정도로 뿌리 깊은 신분 차별 관습을 겪고 있었던 것이다.

　곤당골교회에서와 같은 동석예배 거부 사건이 10년 뒤 진주에서 다시 일어났다(김중섭 2012, 189, 227). 1905년에 진주에 온 호주장로교 선교사 커렐(Hugh Currell)이 교회 인근 지역의 백정들에게 전도 활동을 벌여 개종한 백정들이 생겼다. 처음에는 관습을 감안하여 별도의 예배소를 설치하여 그들끼리 예배 보도록 하였다. 그러다가 1909년에 선교사 라이얼(M. D. Lyall)이 부임하여 인접한 두 곳의 예배소를 합쳐 함께 예배 보도록 추진하였다. 그러자 비백정 신도들이 백정 신도들과의 합석을 반대하였다. 그래도 라이얼 선교사가 합석예배를 강행하자 비백정 신도들이 출석을 거부하였다. 그래서 갈등이 일정 기간 지속되었지만 선교사들의 중재로 양측이 서로의 처지를 이해하며 결국 화해하였다(진주교회사 연혁위원회 1930, 15~19; Scholes 1909).

　서울의 곤당골이나 진주에서 일어난 동석예배 거부 사건은 신분 차별 관습을 둘러싼 '구속'과 '허용'의 양면성과 평등사상의 확산을 잘 보여주고 있다. 뿌리 깊은 신분 차별 의식이나 관행이 유지되고 있으면서, 다른 한편으로는 그것을 바꾸려는 움직임이 공존하였다. 또 갈등과 충돌 가운데 평등사상이 신분 차별의 부당성을 일깨우며 사회 변혁의 방향으로 이끌어가는 '새 사상'의 역할을 하였다. 예를 들어, 곤당골교회의 첫 백정 신도인 박성춘은 수원 등지의 백정들에게 기독교를 전파하며 자녀의 신식 교육, 백정의 사회 참여 등에 기여하였다. 또 진주교회에서는 선교사들의 설득으로 백정과 비백정 신도 양측이 서로 이해하며 함께 예배를 보면서 신분 문제의 몰이해와 갈등을 극복하였다. 동학이나 기독교 관련자가 형평사 창립 과정에서 직접 참여하였는지는 알려지지 않았지만, 이와 같이 사회 전반에 확산된 동양(동학)과 서양(기독교를 일컫는 서학)의 평등사상은 백정뿐만 아니라 사회 구성원들에게 신분 차별의 부당함을 일깨우는 데 기여하며 형평운동의 사회적 조건을 조성하였다. 이와 같이 신분 차별을 없애려는 움직임이 일어나면서, 또한 백정 차별 관습이 지속되는 양면적 상황은 당사자인 백정들에게도 영향을 미쳤다.

이 시기의 백정 수를 정확하게 파악하기는 힘들지만, 형평사 측에서 통상 40만 사원이라고 주장하고(朝鮮衡平社總本部 1927, 166), 형평사 지도자 이동환은 형평사원을 389,750명이라고 기록한 점으로 미루어 보아(이동환 1931), 백정은 당시 약 2,000만 전체 인구의 약 2%에 해당되는 무시할 수 없는 규모였다고 짐작된다. 또 1920년대 중반 백정 조사에 기초하여 조선총독부는 33,712명으로(朝鮮總督府 1926, 172), 경찰 통계는 36,679명으로 기록하였다(朝鮮總督府警務局 1927, 2~9~9). 신분 노출을 꺼리는 상황을 감안할 때, 여전히 적지 않은 수의 백정 집단이 존재한다는 것을 알 수 있다.

그런데 백정 집단의 거주 분포 상황이 지역에 따라 큰 차이가 있었다. 황해도와 강원도 이남 지역에서는 백정의 존재가 확인되었지만, 그 이북에서는 잘 파악되지 않았다. 1920년대 총독부 조사 자료에 의하면 대다수의 백정이 남부와 중부 지역에 거주하고 있었다(朝鮮總督府 1926, 172). 전체 백정 가운데 경상도 28.4%(경북 18.2%, 경남 10.2%), 전라도 20%(전북 11.0%, 전남 9.0%)로 거의 절반이 남부 지역에 거주하였고, 충청도 17%(충북 7.2%, 충남 9.8%), 경기도 7.2%, 강원도 6.5%, 황해도 12.5% 등 43%가 중부 지역에 거주하였다. 반면에, 평안도 7.3%(평북 4.3%, 평남 3.0%), 함경도 1.3%(함북 0.1%, 함남 1.2%) 등 북부 지역에는 8.6%의 백정이 거주하였다. 이러한 분포 상황은 경찰 자료와도 거의 일치하였다. 이와 같은 조사 결과로 미루어 볼 때, 북부 지역에는 백정들이 거주하지 않은 것이 아니라 존재가 확인되지 않을 정도로 비백정들과의 구분이 사라진 것이라고 짐작된다.

지금까지 살펴본 것처럼, 백정들은 20세기 초에도 여전히 신분 차별을 겪고 있으면서, 또한 평등 사회로 나아가는 변동을 경험하고 있었다. 백정이 비백정 거주 지역으로 이주하는 사례가 늘어나는 등 구분이 점점 사라지고 있었지만, 1930년대 일제의 조사에서도 확인되듯이 집단 거주가 유지되고 있었다(朝鮮總督府 1933, 306~308). 또 백정의 정체는 일상생활에서 여러 형태로 드러났다. 그들은 대개 백정끼리 결혼하였고, 대대로 계승해온 고유의 직업에 종사하였다. 이와 같이 가계(家系), 직업, 거주 지역 등을 통해서 신분 배경이 드러나면서 옷차림이나 말투, 행동거지 등의 차별 관습이 지속되었다. 심지어 관공서의 호적에도 그들의 신분을 특정 표기로 기록하고 있었다. 새로운 사회 제도가 도입될 때도 차별이 생겨났다. 예를 들어, 신식 학교 교육이 도입되었지만, 백정들은 취학이 거부되었고, 학교에 입학하더라도 백정 자녀들은 여러 가지 차별을 받았다.

한편, 백정들은 혈연과 지연, 직업을 통해서 강한 동료 의식이나 유대감, 공동체 의식을 여전히 공유하고 있었다. 그뿐만 아니라 조선시대의 조직이 남긴 밀접한 결속 관계를 유지하고 있었다. 조선시대 백정들은 서울의 승동도가, 북부 중심도시인 평양의 어가청, 그 밖의 지방의 도중과 같이 지역별로 특정한 일을 수행하기 위한 조직을 갖고 있었고, 영위라는 대표 아래에 총지배, 분쟁의 재판, 영업, 사서 같은 업무 분장을 하고 있었다(차천자 1924, 44). 이러한 조직이 갑오개혁의 시행과 함께 해체되었지만, 그 유산은 형평사 창립 이후 전국의 백정을 연결하는 토대가 되었던 것이다.

(2) 백정의 경제적 상황

형평사의 창립과 발전에 영향을 미친 또 하나의 주요 요소는 백정의 경제적 상황이었다. 인신 착취, 경제적 수탈 탓으로 궁핍을 겪

던 백정의 경제적 상황은 조선 후기에 많은 변화가 있었다. 16세기
자료에 따르면 노비를 소유하는 등 경제력을 가진 백정도 생겼으
며, 더 나아가 일반 백성으로 편입된 사례도 있었다. 반면에, 일부
백정은 개인의 천민으로 전락하는 사천화(私賤化) 현상도 나타났다
(이준구 1997; 이준구 1998ㄴ; 김동진 2011, 39~40). 이와 같은 백정 집
단의 분화는 대한제국기 도한(백정)의 호구 양상과 사회 경제적 처
지에서 거듭 확인된다(이준구 2008). 19세기 후반 사회 변혁에 따라
일어났던 백정들의 직업 및 계층 분화가 20세기 초에 계속되는 가
운데 백정들의 경제 상황은 더욱 복합적인 양상을 보였다.

　1920년대에 백정들의 경제 상황을 보면, 전반적으로 여전히 궁
핍한 수준에 있었다. 〈표 2-1〉에서 보듯이, 1924년에 발간된 백정
재산 조사 결과는 절대 다수의 백정이 궁핍한 재산 수준을 갖고 있
었다(朝鮮總督府警務局 1924, 125). 이것은 형평사가 창립한 1923년
즈음의 상황을 반영하는 것이라고 판단된다.

〈표 2-1〉 백정 재산 조사 (1924년)

자산별 도별	100엔 미만	500엔 미만	1000엔 미만	5000엔 미만	1만엔 미만	5만엔 미만	5만엔 이상	계
경기	268	136	51	41	8	5	0	509
충북	320	102	27	31	4	7	2	493
충남	438	167	53	49	22	6	2	737
전북	478	263	59	46	8	8	1	863
전남	402	187	63	43	10	4	0	709
경북	760	379	131	81	14	2	0	1,367
경남	399	249	73	62	21	6	1	811
강원	263	105	23	32	4	2	0	429
황해	554	252	69	16	3	0	0	894
평북	252	62	17	5	1	0	0	337
평남	165	73	18	2	1	0	0	259
함북	4	4	4	0	0	0	0	12
함남	75	40	2	1	0	0	0	118
합계	4,378 (58.1%)	2,019 (26.8%)	590 (7.8%)	409 (5.4%)	96 (1.3%)	40 (0.5%)	6 (0.1%)	7,538 (100%)

이 조사 자료에 따르면, 100엔 미만의 자산을 가진 백정이
58.1%이고, 500엔 미만까지 합치면 84.9%가 된다. 1,000엔 미
만까지 합치면 그 수치는 92.7%에 이른다. 절대 다수의 백정이 빈
곤 상태에 있었던 것이다. 또한 1만 엔 이상의 자산을 가진 백정이
0.6%라는 것은 극소수이지만, 자산가도 있다는 것을 보여준다. 이
와 같은 분포도는 1926년에 시행된 일제의 백정 재산 조사와 크게
다르지 않다(朝鮮總督府警務局保安課 1927). 1926년의 경우에도 전체
조사 대상자 8,193가구 가운데 6,861가구(83.7%)가 가구당 500엔
이하였고, 그 가운데 4,696가구(전체의 57.3%)가 100엔 이하의 재
산을 갖고 있었다. 절대 빈곤에 처해 있던 대다수의 백정의 빈곤 상
황은 개선되지 않았던 것이다. 또 500엔에서 1,000엔 미만은 705
가구(8.6%), 1,000엔에서 5,000엔 미만은 434가구(5.3%), 5,000
엔에서 1만 엔 미만은 139가구(1.7%)였다. 반면에, 1만 엔 이상의
재산 소유자는 불과 54가구(0.7%)에 지나지 않았다. 절대 다수의
백정이 빈곤 상황에서 극히 적은 수의 재력가가 존재한 것도 1924
년 통계와 다르지 않다.

　이러한 상황은 전래된 백정 산업의 환경 변화와 밀접한 관계가
있었다. 백정들의 주요 생계 수단이던 키, 고리짝, 바구니 같은 고
리 버들 제품의 판매가 공장에서 생산된 값싼 상품의 등장으로 타
격을 입게 되었다. 또 비백정들이 도살, 건피, 정육 같은 분야에 진
출하여 경쟁하게 되면서 백정들은 전래된 기득권을 잃게 되었다(김
정미 1984, 201~212; 고숙화 1984, 650~657; 김중섭 1994, 63~69). 아
울러 수익이 높은 이 산업에 대한 정부의 통제와 간섭이 심해졌다.
조선 정부는 1896년 도살장 법령을 처음으로 제정하여 관청의 감
독과 세금 징세의 권한을 강화하였다. 도시화가 빠르게 진행된 서
울에서는 1898년에 푸줏간(포사, 庖肆) 운영 규칙을 제정하였고, 뒤
따라 지방 관청에서도 푸줏간의 운영에 대한 감독과 통제를 강화하

였다. 게다가 관청에서 파견한 감독관들이 감독 권한을 악용하여 허가받지 않은 푸줏간 주인들을 협박하여 금전을 갈취하는 등 부패로 인하여 백정들이 겪는 고충은 더욱 심하였다.

이와 같이 백정들이 전통 사회에서 누리던 도축이나 고기 판매의 독점 권한이 사라지면서 백정들의 경제적 환경이 크게 악화되었다. 특히, 19세기 말에 허가 없이 정육점을 개설하여 물의를 빚는 일이 잦았던 일본인들을 비롯한 비백정들과의 경쟁이 치열해졌다(《독립신문》 1897. 1. 28). 실질적으로 한국을 지배하기 시작한 일제가 1905년에 '도수장 및 수육판매규칙'을 공포하여 도수장(도살장)과 정육점에 대한 감독관청의 권한을 강화하여 백정을 통제하면서 일본 자본가들의 유입은 더욱 쉬워졌다. 일제 식민지로 전락하면서 더 많은 일본 자본가들이 들어와 도축장이나 건피장을 인수하여 운영하거나 피혁 산업에 참여하는 사례가 늘어났다. 곳에 따라서는 일본인 거류민 단체인 학교조합이 도축장이나 건피장을 운영하였다.

도축장이나 건피장, 정육점 등에서 경쟁 체제가 구축되면서 가내 수공업의 도축이나 피혁 생산에 의존하던 백정들은 자본가와의 경쟁에서 이길 수 없었다. 대규모 자본이 투자된 도축장과 건피장이 생겨나고, 피혁 공장이 만들어지면서 비백정들이 피혁 산업을 주도하게 되고, 백정들의 시장 점유율은 빠르게 위축되었다(김정미 1984). 가내 수공업의 일자리를 잃게 된 백정들은 대부분 전업하거나 실직자가 되었다. 또 일부는 도축장의 단순 노동자인 도부(屠夫)나 건피장 노동자로 전락하여 저임금과 열악한 작업 환경에 시달렸다. 그러나 소수이기는 하지만, 산업 환경의 변화에 재빠르게 대응하여 부를 축적하는 백정들도 생겨났다. 그 가운데 가장 성공적으로 부를 축적한 부류는 피혁상이었다. 그들은 주로 백정들이 가내 수공업으로 생산한 피혁을 사들여 공장에 판매하는 유통업에 종사하였다. 또 일부 백정은 도시화와 더불어 생긴 상설 시장에서 정육점을 운영하여 부를 축적하였다. 도축장 운영자가 고기 가격이나 공급량을 결정하는 상황에서 정육점 경영자의 영업 수익은 도축장 운영자에게 의존할 수밖에 없는 한계가 있었지만, 그나마 그들은 사회 변화에 성공적으로 적응한 사례에 속하였다. 이렇게 피혁상이나 수육상으로 재력을 갖춘 이들은 훗날 형평사 활동에 재정 지원을 하는 주요 세력이 되었다.

요컨대, 19세기 말 20세기 초, 백정들은 더 이상 전통 산업에 의존해서 살 수 없게 되었다. 특히 식민지로 전락한 이후, 백정들의 전통 산업 환경이 크게 바뀌면서 백정들은 전래되어온 기득권을 잃고 열악한 경제 상황에 놓였다. 일제의 비호를 받는 일본인을 포함한 비백정 출신의 자본가들이 도축장과 건피장, 피혁 공장을 운영하게 되면서 많은 백정들은 열악한 작업 환경과 저임금에 시달리는 단순 노동직의 도부나 피혁 공장의 노동자로 전락하였다. 또 일자리를 잃고 전직하거나 직업 없이 생활하는 사례도 많았다. 이렇게 대부분의 백정은 더욱 악화된 경제 상황에서 빈곤과 궁핍을 겪었다(김중섭 1994, 65~57).

백정의 경제적 상황의 변화는 직업 양상에서도 볼 수 있다. 일제의 조사에 따르면(朝鮮總督府警務局 1927, 2-9-9), 도부(10.1%), 고기 판매(24.1%), 가죽 관련 제혁(3.2%)과 제화(2.2%), 유기 제조(9.6%) 같이 대대로 세습해온 업종에 종사하는 백정들이 많았지만, 음식점 및 여인숙 종사자(5.7%) 같이 연관된 분야를 개척한 경우도 있었다. 그러나 농업(27.6%), 노동(3.1%), 무직(8.4%) 등 전래된 산업과 무관한 일에 종사하는 수가 40%에 이르렀다. 대개의 농민이 소작이나 영세 자작농이었던 점을 감안할 때 이들도 빈곤 상태에 있었을 것으로 짐작된다. 이와 같이 백정은 전래 산업에서 기득권을 잃고 불안정한 경제적 형편에서 곤궁을 겪고 있었다.

1910년대와 1920년대에도 열악한 경제 상황을 타개하기 위한 백정들의 집단행동이 있었다. 대표적인 사례가 도수조합이나 수육상조합 같은 조직 결성이었다. 1910년에 서울에서 도수조합을 결성한 이후 경남지부와 같은 지역 조직을 확장하려는 시도가 있었고(《경남일보》 1910. 1. 5, 7, 15), 1920년대 초에도 서울, 평안도 평양 등지에서 수육상조합이 결성되었고(《매일신보》 1921. 12. 3; 《동아일보》 1922. 4. 21; 7. 8), 서울에서는 일본인 동업자들까지 포함한 수육상들의 집성조합 결성을 위하여 일제 총독부의 협력을 구한 적도 있다(《매일신보》 1921. 12. 3; 《동아일보》 1922. 4. 21). 이 단체들은 이익단체였다는 점에서 본질적으로 형평사와 성격이 달랐다(김중섭 1994, 77). 그렇지만 백정들이 전통 산업에서 집합적으로 권익을 도모하였다는 점에서 이것은 훗날 형평운동의 발전에 유용한 경험이 되었을 것이다.

이와 같이 경제적 상황에서도 앞서 살펴본 사회적 상황처럼 양면성이 있었다. 한편, 여러 측면에서 열악해진 경제 상황이 백정들을 억압하는 구속 요소로 작용하였다. 산업 환경의 변화에 따라 전통 산업에서 누려온 기득권의 상실, 고리제품의 대체물 등장, 수육상(정육점)에 대한 국가와 도축장의 통제 강화 등으로 대부분의 백정은 빈곤과 열악한 경제 상황에 있었다. 다른 한편, 적은 수이지만 경제적 부를 축적한 집단이 생겨났다. 피혁 거래를 하거나, 상설 시장에서 정육점을 열어 부를 축적한 백정 집단이 늘어나면서 형평운동의 발전에 필요한 물질적 자원을 구축하였던 것이다.

(3) 식민지 지배와 3.1운동

형평사의 창립과 발전에 직접적인 영향을 미친 또 하나의 주요 요인은 식민지 지배와 전근대적 사회 상황에 대하여 전국민이 자

각하게 된 3.1민족해방운동이었다(김중섭 1994, 78~90). 1919년
전국에서 벌어진 3.1운동은 20세기 초 한국 사회의 상황을 집약해
서 보여준 역사였다. 19세기에 외세의 압력에 문호를 개방하게 된
조선은 열강의 각축장이 되었고, 20세기 초에 일제의 식민지로 전
락하였다. 1910년대 일제의 식민 통치 정책은 사회 전반에 지대한
영향을 미쳤다. 농촌 사회의 경제적 기반을 뒤흔들어 놓은 토지조
사사업, 경제 활동의 규제를 한층 강화한 회사령(1911년 실시), 교
육 기관이나 교육 활동의 통제력을 강화한 조선교육령(1911년 공
포), 강압적인 헌병 통치, 집회나 단체 결성 같은 사회 활동 통제,
언론 규제 등 식민 정책을 통하여 일제는 한국 사회를 송두리째 바
꾸어 놓으려고 하였다(박경식 1986; 강만길 1984; 신용하 1982; 조기준
1973; 이만규 1991; 정진석 1990). 사회 전반의 모든 활동은 새로운
지배 세력이 된 일제의 통제 아래 억압되었다. 일제는 교육이나 언
론, 집회 등을 감시하였고, 경제 활동과 토대에 대한 지배력을 확
대하였다. 이와 같은 식민 지배 상황을 타개하고 민족 독립을 쟁취
하려는 집합행동이 전국적으로, 또 범민족적으로 일어난 것이 3.1
운동이었다.
　1919년 3월 1일 전국 7개 지역의 만세 시위로 시작된 3.1운동
은 한 마디로 일본 제국주의 침략에 저항하며 독립국가 건설을 지
향한 민족해방운동이었다. 그것은 19세기 말 20세기 초에 일어난
갑오농민전쟁, 독립협회 활동, 만민공동회, 국권 상실 전후의 의병
활동, 애국계몽운동 같은 역사적 경험을 계승하는 것이었다. 또 임
시정부 수립 등 적극적인 반일 항쟁으로 발전하였고, 다양한 형태
의 사회 개혁을 도모하는 사회운동의 시발점이 되었다. 특히, 신분
구조와 봉건 질서에 얽매여 있는 전통 사회의 틀을 깨며 미래 사회
를 향한 좌표 역할을 하였다. 이와 같이 3.1운동은 일제 식민 통치
에 저항하며 새로운 사회 질서를 구축하고자 하는 민족의 저력을

보여준 역사였을 뿐만 아니라 사회 구성원들이 1920년대 한국 사회의 변화를 이끄는 시발점이었다는 점에서 한국 근세 역사의 분수령으로 평가된다(박은식 1920; 동아일보사 엮음 1969; 1989; 한국역사연구회 · 역사문제연구소 엮음 1989; 안병직 1975; 윤병석 · 신용하 · 안병직 엮음 1977, 2권; 박영신 1981; 신용하 1985; 김중섭 1996).

일제의 강압적인 진압으로 3.1운동이 민족 독립이라는 소기의 목적을 달성하지 못하였지만, 그 영향은 여러 측면에서 다양한 모습으로 나타났다. 3.1운동을 기점으로 "민중의 민족적, 계급적 자각이 크게 고양되었으며, 이러한 자각을 기반으로 민중이 정치 사회 생활의 모든 영역에서 주동적인 역할을 담당하기 시작하였다"(지수걸 1989, 27). 3.1운동의 경험은 전국적으로, 또 각 지역에서 사회 개혁을 지향하는 다양한 사회운동의 밑거름이 되었다. 진주에서의 형평사 창립도 그 결실 가운데 하나였다(김중섭 2012, 제2부 제1장).

3.1운동 이후 1920년대에 각 지역에서 활발하게 일어난 사회운동의 성격이나 내용은 다양하였다. 우선, 3.1운동을 통하여 고조된 민족주의가 사회운동 전반에 깔려 있었다. 독립국가 건설을 향한 민족주의는 직접적으로 임시정부 수립, 해외 무장투쟁, 민족 실력 양성 활동 등의 사회운동을 일으키는 이념이 되었다. 또 민족 해방이나 독립운동을 겉으로 내걸지 않았어도 대개의 사회운동 바탕에는 민족주의가 깔려 있었다. 민족주의는 3.1운동 이후 사회운동뿐만 아니라 한국민의 생활 전반에 커다란 영향을 미쳤다.

민족주의에 덧붙여, 근대 사회로 나아가고자 하는 사회 개혁의 성향이 3.1운동 이후 사회운동을 이끄는 또 하나의 주요 지침이었다. 그것은 사회 개혁을 지향하는 헤아릴 수 없이 다양한 사회운동으로 나타났다. 과도한 소작인 착취나 부당한 지주 소작 관계를 개선하기 위한 소작운동; 유교 문화에서 억눌려온 여성, 어린이 등의 권리 증진 활동; 교육 기회가 절대적으로 부족한 상황을 타개하기 위한 학교 설립운동이나 향학열에 부응한 야학과 같은 비인가 학교 활동; 전통적인 불합리한 생활을 바꾸려는 생활개선운동; 공산주의를 비롯한 다양한 이념의 사상운동; 새로 등장한 노동자 집단의 권익을 위한 노동운동; 청년, 학생 같은 특정 집단이 주도한 사회운동 등 오랜 세월 축적되어온 사회 모순을 해결하기 위한 여러 형태의 사회운동이 봇물 터지듯이 일어났다. 이렇게 3.1운동 이후 전국 곳곳에서 새로운 사회를 만들고자 한 다양한 사회운동이 폭발적으로 전개되었다는 점에서 그 시대를 '사회운동의 시대'라고 하게 된다(김중섭 2012).

요컨대, '사회운동의 시대'의 사회운동은 크게 두 가지의 지향성을 갖고 있었다. 하나는 식민 지배로부터 해방과 독립국가 건설이었고, 다른 하나는 사회 전반의 불공정과 부당함을 바꾸려는 개혁이었다. 전자는 민족주의로, 후자는 근대성으로 요약되는 이 두 가지의 지향성은 식민지 지배 상황을 타파하면서, 또한 사회 개혁을 통하여 근대 사회를 건설하고자 하는 사회적 열망을 반영하는 것이었다. 이 두 가지 성격은 서로 배타적인 것이 아니라 오히려 상보적인 것이었다. 그렇기 때문에 3.1운동 직후 대부분의 사회운동은 제각기 강조점이 달랐어도 두 요소를 어느 정도 공유하고 있었다. 곧, 일제 식민 지배로부터의 민족 해방으로 축약되는 '민족주의'와 전통 사회의 폐습을 타파하고 근대 사회로 나아가고자 하는 '근대성'은 3.1운동 이후 사회운동의 시대를 이끌어가는 원동력이었다(김중섭 2012, 83).

이와 같은 사회운동의 발전과 더불어 몇 가지 주목할 만한 양상이 나타났고, 또 그것들은 사회운동의 발전에 기여하였다. 첫째, 사회운동에 열성적으로 참여하는 '직업적 사회운동가' 집단이 형성되었다. 그들은 말 그대로 직업처럼 사회운동에 열심히 참여하는 새로운 형태의 사회 활동가들이었다. 직업적 사회운동가들은 연대 의식을 갖고 서로 '동지'로 인식하며 활동을 격려하고 지원하며, 사회운동 발전의 핵심 역할을 수행하였다. 또한 그들은 전국 차원이건, 지역 차원이건, 사회 현안 문제에 적극적으로 의사를 밝히면서 사회의 의사결정 과정에서 일정한 수준의 영향력을 행사하고자 하였다.

둘째는 직업적 사회운동가들과 사회운동 단체로 구성된 '사회운동계' 또는 '사회운동권'이 구축되었다. 새로운 사회를 건설하려는 주민들의 의지와 참여, 또 그들로 구성된 사회운동 집단이 사회의 한 부분을 차지하며 일정한 수준의 영향력을 행사하는 사회 세력으로 활동하였다. 사회운동계가 구축되면서 사회의 의사결정 과정은 더욱 역동적으로 진행되었다. 전통적으로 지배 세력에 억눌려 왔던 많은 사회 구성원들이 사회 환경을 바꾸려는 사회운동을 통하여 사회의 의사결정 과정에 참여하게 되었다. 그러면서 각기 다른 의견을 가진 의사결정 행위자들 사이의 다툼, 경쟁, 대립, 타협 등이 활발하게 일어났다. 특히, 식민 통치를 하는 일제 지배 세력이나 기존 체제의 기득권 세력과 사회운동 세력 사이의 대립과 갈등이 심화되면서 의사결정 과정은 예전에 볼 수 없이 더욱 역동적으로 바뀌었다.

셋째, 주민들이 사회 문제에 적극 참여하는 주체적인 행위자로 발전하였다. 사회운동계의 형성과 더불어, 다양한 집단이 의사결정 과정에 참여하는 체제가 만들어지면서 사회 구성원들이 주체적으로 행동하게 되었다. 특히, 소외되고 억압받던 집단이 자신들의 권익 보호를 위한 사회운동에 주체적이며 집합적으로 참여하며 사회 문제에 대한 관심을 갖게 되었다. 그러면서 주민들이 주체적으로 스스로 결정하는 '시민'으로 발전하는 모습을 보였다. 이렇게 사회 전반의 다양한 쟁점에 주민들이 적극 참여하는 사회운동이 발전하면서 '시민'과 '시민사회'가 생겨날 조짐이 나타났다(김중섭 2012). 물론 일제 식민지 지배라는 사회 구조에서 사회운동의 발전이나 시민사회의 성장은 한계를 갖고 있었고, 종국에는 좌절되고 말았지만, 적어도 3.1운동 직후 1920년대 전반기에 시민과 시민사회의 싹이 나타났던 것이다.

지금까지 간략하게 살펴본 직업적 사회운동가의 등장, 사회운동계의 형성, 시민과 시민사회의 등장 조짐은 3.1운동과 그 이후 사회운동의 발전이 낳은 사회적 상황이었다. 식민지 지배 아래 일제와 지배 세력의 대응에 따라 사회운동이 역동적으로 전개되었다. 또 새로운 이념의 전파나 바깥 세계의 사회적 동향에 따라 다양한 성격과 형태의 사회운동이 나타나고 발전하였다. 이와 같이 '사회운동의 시대'로 일컬어지는 3.1운동과 1920년대의 사회적 상황은 형평사 창립과 발전의 주요 배경이 되었다.

2. 수평사 창립 이전 부락민의 사회 경제적 상황

(1) 천민 폐지령과 부락민의 사회적 상황

형평사의 경우와 마찬가지로 1922년 수평사의 결성과 수평운동의 발전은 19세기 후반에서 20세기에 걸친 일본 사회의 변화뿐만 아니라 부락민의 상황과 밀접하게 이어져 있었다. 일본의 근세는 1853년 미국 함대의 내항과 그 이듬해 개국 결정, 그리고 도쿠가와(덕천, 德川) 막부의 붕괴로 이어지면서 막을 내렸다. 도쿠가와 막부의 실권은 천왕을 받들어 외세를 물리친다는 존왕양이(尊王攘夷)를 외치는 무사들의 테러와 암살 속에서 가속화되었다. 존왕양이 운동은 실패하였지만, 개국론으로 변신하여 1867년 막부가 국가통치권

을 천황에게 돌려주는 대정봉환(大政奉還)이 이루어지는 데 이바지
하였다. 그리고 그 이듬해 왕정복고와 함께 메이지(명치, 明治) 천황
이 즉위하면서 265년간 지속되던 도쿠가와 막부는 막을 내렸다(정
혜선 2008, 192~208).

그 과정에서 부락민 차별과 관련된 사항도 정치적으로 뿐만 아
니라, 사회, 문화, 심지어 의식 측면에서 빠르게 바뀌었다. 예를 들
어, 서양인의 육식 문화는 일본 사람들의 '케가레' 부정 관념에서
볼 때 충격적인 것이었다. 1867년에는 에타 우두머리가, 짐승 고
기를 먹는 외국인과 교류하면서 에타를 '부정(不淨)'하다고 할 수 없
다고 하며, 도쿠가와 막부에 신분 상승의 탄원서를 제출하기도 하
였다. 또 부락민을 인간으로 인정하자는 의식과 움직임이 생겨났
다. 1869년 4월 민권운동가인 가토 히로유키(가등홍지, 加藤弘之)의
'히닌 에타 폐지의 의안' 제안을 비롯하여 지식인들의 천민 폐지 건
의가 제출되었다. 또 에도(강호, 江戶), 교토, 오사카, 에히메(애원, 愛
媛) 등지의 행정 기관으로부터 유능한 부락민을 발탁하자는 건의가
제안되었고, 부락민들의 신분 해방 요구의 움직임이 나타났다(秋定
嘉和 2004, 29). 또 유신단, 일신조 같이 부락민으로만 구성된 부대
가 조직되어 막부와의 전쟁에 투입되었다(일본부락해방연구소 2010,
175~184).

도쿠가와 막부가 막을 내리며 등장한 메이지 천황은 여러 형태의
사회 개혁을 추진하였다. 1871년 3월의 메이지 정부 개혁은 부락
민의 상황에도 영향을 주었다. 그 가운데 하나가 농민들이 소와 말
의 매매, 죽은 소나 말의 처리나 도축 등을 자유롭게 하도록 허용하
는 것이었다. 이것은 오랫동안 유지되어오던 부락민들의 특권의 상
실을 의미하였다. 일거리를 잃은 부락민 가운데 일부는 하급 경찰
이나 감옥 옥리로 다시 고용되는 경우도 있었지만, 많은 부락민들
은 강도나 도둑을 막는 자위대로서 사족(士族)이나 일반민의 사병(私

兵)이 되었다. 또 이전의 도살장이 위생 문제로 새로 지어지면서 규모가 큰 도축장으로 바뀌었다. 그러면서 도축장 경영에 일반 자본가들이 유입되어 경쟁 체제가 되었다. 부락민들은 더 이상 전래된 산업에서 특권을 누릴 수 없게 된 것이다. 그리고 식육이 확산되면서 정육 판매 유통망의 확대, 소매상 운용 등 새로운 과제가 생겨났다. 한편, 부락민들이 전통적으로 종사하던 신발 생산, 피혁 산업 등에서는 수요가 많아지면서 공장제 생산이 추진되었고, 그에 따라 부락민 집단 내 분화가 가속화되었다.

1871년 오에 다쿠(대강탁, 大江卓)의 건의에 기초하여 일본 정부는 8월에 이른바 천민제 폐지령 또는 천민 폐지령을 공포하였다. 곧, 에타와 히닌이라는 호칭을 철폐하고 신분 해방을 선언한 것이다. 흔히 해방령이라고 일컫지만, 내용상 천민 호칭 변화를 비롯한 천민 제도의 폐지에 관한 개혁이기 때문에 '천민제 폐지령'이 정확한 표현이라고 판단된다(上杉聰 2009, 16). 이에 따라 종래의 신분 호칭이 없어지고, 천황, 화족(華族), 사족, 평민으로 재편되었다. 제후 제도가 없어졌다고 하지만, 화족으로 일컬어지는 특권 귀족 신분 계층이 생겨나면서 신분 위계 구조는 남아 있게 되었다. 곧, 또 다른 형태의 신분제도가 만들어지면서 대다수의 사회 구성원인 사민이 법적인 평등 지위를 갖게 되었고, 에타나 히닌으로 일컬어 지던 신분 집단도 평민에 속하게 되었다. 전통 사회에서 차별받던 부락민이 농민, 상인 등과 똑같은 평민이 되었다는 의미였다. 그런데도 사람들은 옛 피차별인들을 새로 평민이 되었다는 의미로 '신평민'이라고 불렀다. 법적으로 평민이 되었어도 부락민을 여전히 사회적 차별과 기피 대상으로 여겼던 것이다.

차별 관습은 여전히 남아 있었지만, 천민 폐지령의 공포는 도쿠가와 막부 말기부터 간헐적으로 제기되어온 부락민 관련 개혁 활동의 결실로 이해된다. 지식인들뿐만 아니라, 행정 관청, 부락민들이 집합적으로 요구한 것이 부분적으로 실현된 것이다. 사회 전반의 개혁을 추진하는 일본 정부로서 부락민 문제를 외면할 수 없었던 탓이기도 하다. 부락민들은 빈곤과 낮은 교육 수준, 낙후된 지역 환경 등 여러 문제를 겪고 있었다. 특히, 전통 사회에서 오랫동안 지속되어 온 차별 문제는 사회 개혁을 지향하는 메이지 정부로서 피할 수 없는 과제였다. 이런 문제를 해결하기 위하여 법적으로 신분을 해체하고 신분 차별을 불법화한 것이다.

　부락민은 전체 인구의 2% 가까이 되는 큰 규모의 사회 집단이었다. 근대 이전 메이지 초기 1870년경의 인구 구성을 보면, 황족, 신사의 신관이나 절의 승려, 무사 등 귀족 신분이 약 7.6%였다. 농공상(農工商)의 일반 평민이 약 90.6%로 절대 다수를 차지했고, 에타, 히닌과 같은 천민 집단은 약 1.7% 정도였다(部落解放硏究所 1989, 중권 3). 당시의 호적 조사는 호수나 인구수가 누락되는 경우가 많은 탓으로 다른 공식 발표 통계보다 합계 수치가 적어 정확성이 낮다고 평가된다. 그렇지만 전체 인구 30,089,430명 가운데 에타 443,093명(1.47%), 히닌 77,358명(0.26%)으로 천민 집단의 총수가 52만 명이나 되었다. 적지 않은 천민 집단의 존재가 확인된 것이다. 이와 같은 천민 집단 규모는 그 뒤의 부락민 조사 결과에서도 거듭 확인되었다. 1871년 4월 메이지 정부는 호적법을 제정하고 그 이듬해 2월에 호적 조사를 시행하였다. 그 사이 1871년 8월에 신분 폐지령이 공포되었기 때문에 이때 작성된 임신(壬申)호적에는 천민 칭호의 기재가 금지되었다. 그래서 천민 집단의 규모를 정확하게 파악할 수는 없지만, 호적 공개와 문의 등을 통하여 추정된 내용은 이전의 통계와 크게 다르지 않았다. 그 후 1907년 조사에서는 총인구 48,819,630명 가운데 부락민이 799,434명(1.63%)이었다. 1921년 조사에서는 총인구 55,963,053명 가운데 829,674명(1.48%), 중일 전쟁 전인 1935년에는 총인구 64,450,005명 가운데 999,687명(1.55%)이 부락민이었다. 전체 인구 가운데 대략 1.5%~1.7%가 부락민이란 것을 알 수 있다(秋定嘉和 2004, 32~34).

적지 않은 인구 비율을 차지하는 피차별 집단의 신분 차별 문제를 해결하는 것은 메이지유신이 지향하는 일본 근대화의 주요 과제가 되었다. 여러 지역과 대장성(大藏省)에서 부락민의 평민 허용을 건의하였고, 지식인들도 천민 집단의 신분 해방을 건의하는 등 신분 해방 문제가 반복되어 제기되었다. 그와 같은 사회적 상황에서 천민 폐지령이 반포되면서 부락민들이 법적으로 천민 신분으로부터 해방된 것이다. 그렇지만 앞서 언급한 바와 같이, 천민 폐지령으로 신분 해방과 더불어 전래되어온 특권을 박탈당하고, 전래 산업에 경쟁 체제가 도입되어 기존의 일자리를 잃게 되었다. 그렇지만 부락민들은 천민 폐지령의 포고를 환영하며 평민이 되었다는 것을 행동으로 과시하였다. 두발이나 옷차림의 모습을 바꾸면서 일상생활에서의 차별 관습을 타파하고자 하였다. 공동 목욕이 허용되지 않아 출입이 금지되었던 공동 목욕탕에 출입하고, 마을의 제사이자 축제인 마츠리에 참가하고자 하였다. 또 전통 사회에서 거부되어온 신사(神社) 구성원인 우지코(氏子)로 받아들일 것을 요구하였다. 다른 한편, 동물 사체 처리와 같이 천업으로 여겨진 일을 거부하기도 하였다.

그러나 천민 폐지령에 대한 사민의 반발이 적지 않았다. 전통 사회의 신분 차별 관습이 뿌리깊이 박혀 있는 상황에서 사가(좌하, 佐賀)현에서처럼 천민 폐지령의 포고를 부락민에게 전달하는 것을 거부하는 곳도 있었다. 고치(고지, 高知), 에히메, 미에(삼중, 三重) 등지에서는 부락민에게 '부정'을 없애는 전통적인 '키요메' 의식을 명령하여 다른 사람들이 그들에 대한 편견과 차별 의식을 갖도록 조장하였다. 또 예전의 관습대로 부락민의 목욕탕 출입을 금지하고, 상품 판매를 거절하고, 날품팔이 일이나 소작을 부락민에게 주지 않았다. 또 천민 철폐에 반대하는 소요가 일어났다. 이쿠노(생야, 生野), 후쿠오카(복강, 福岡) 등지에서는 천민 폐지령을 연기하거나 일단 철회를 요구하는 소동이 일어났다. 그리고 오히려 주민들이 불만을 갖고 소요를 일으키게 된 책임이 부락민에게 있다면서 부락민의 불손 행위를 금지하는 포고령을 내리기도 하였다. 그런 가운데 급기야는 천민 폐지령에 반대하는 소요가 전국적으로 일어났다(部落解放硏究所 1989, 중권 13~15; 上杉聰 2011).

반대 소요가 처음 일어난 곳은 1871년 10월 하리마(파마, 播磨), 다지마(단마, 但馬)지방(오늘날의 효고(병고, 兵庫)현)이었다. 이곳 주민들은 이전에도 해방을 반대하는 탄원서를 제출하였고, 부락민에게 물품 판매를 거부하는 일이 있었다. 그러한 반발 분위기에서 주민들은 해마다 내는 공물을 조사하는 연공(年貢) 조사 때 부락민과 한자리에 앉게 된 것을 빌미로 천민 철폐 반대 소요를 일으켰다. 약 5,000명에서 6,000명에 이르는 봉기 참가자는 두 떼로 나뉘어 곳곳에서 마을 촌장 집을 부수며, 한 떼는 히메지(희로, 姬路)현청으로, 다른 한 떼는 이쿠노현청으로 가서 현청을 점거하였다.

이후 천민 폐지령 반대 소요는 다른 지역으로 화산되고 폭력이 심각해지면서 많은 피해를 낳았다. 1871년에 고치현 다카오카(고강, 高岡)군에서는 반대 소요로 습격을 당해 부락 전체가 파손되었고, 오이타(대분, 大分)현에서는 소 도살장을 포함하여 마을 전체가 불탔다. 1873년에 미마사카(미작, 美作) 지방(오늘날의 오카야마(강산, 岡山)현)에서는 혈세 봉기로 부락 주택 263호가 불탔고, 51호의 주택이 파괴되었고, 사망자가 18명에 이르렀다. 치쿠젠(축전, 筑前)지방(오늘날의 후쿠오카현)에서 죽창을 들고 폭력을 휘두른 이른바 죽창봉기(竹槍一揆)가 일어나 1,500호 이상의 주택이 소실되었다. 폭력 양상이 아주 심각하였던 이 봉기로 말미암아 64,000명이 처벌을 받았다(上杉聰 2011, 309).

천민 폐지령 반대 소요가 일어난 곳은 지금까지 21곳이 확인되었다. 효고, 오카야마, 시코쿠(사국, 四國), 후쿠오카 등에 이를 정도로 서일본의 광범위한 지역 곳곳에서 일어났다. 효고현에서는 5,000~6,000명, 구마모토(웅본, 熊本)현에서는 8,000~9,000명에 이를 정도로 대규모의 주민들이 참여한 곳도 있었다. 미마사카 지방이나 치쿠젠 지방 같이 폭력 수준이 심각하여 많은 사상자와 재산 피해를 낸 곳도 있었다. 이와 같이 광범위한 지역에서 폭력적으로 전개된 천민 폐지령 반대 소요는 부락민에 대한 차별의 심각성뿐만 아니라 차별 관습의 변화에 대한 반발이 적지 않다는 것을 보여주었다. 또 그러한 반대 소요의 바탕에는 1870년대에 시행된 메이지 개혁에 대한 반발이 깔려 있었다.

천민 폐지령 즈음에 내려진 개혁 정책은 도쿠가와 막부 체제를 뒤흔드는 것들이었다. 메이지 정부는 막부 시대 지방분권의 지역 조직인 번(藩)을 없애고 현(縣)을 설치하여 중앙집권적인 천황 통치의 국가 체제를 만들고자 하였다. 아울러 지방조직을 통합하고 무사의 특권 상실을 상징하는 폐도(廢刀)를 시행하였다. 그 이듬해 1872년에는 호적 조사, 토지매매 금지의 해제, 소학, 중학, 대학으로의 학제 개편 등을 시행하였다. 1873년에는 모든 남성이 군복무를 하는 징병제를 선포하여 국민개병제를 시행하였고, 토지 조세를 개정하여 토지 소유권을 확립하고 지세의 현금 납부를 도입하였다. 그런데 이 과정에서 농민들이 기대하였던 생활 개선은 이루어지지 않고, 오히려 세금 부담이 커지게 되었다. 또 문명개화, 부국강병을 내세우는 여러 정책이 시행되면서 자신들이 속한 공동체적 세계가 강제로 해체되는 것을 겪었다. 그리고 폐도 시행, 징병제 도입으로 무사 계급의 몰락이 확실하게 드러났다. 그렇기 때문에 각 지역의 농민 사이에는 신정부의 개혁에 반대하면서 조세 감면, 징병제 반대, 교육비 지출 반대 등을 요구하는 목소리가 높아졌다. 이런 와중에 부락민들이 '천업'을 거부하면서 평민과 대등하게 행동을 하는 것에 대한 불만이 확산되었다. 또 부락민들이 전통 사회에서 하던 대로 공동체의 '부정(不淨)'을 방지하는 역할을 제대로 하지 않는 것에 반감을 가졌다(정혜선 2008, 212~215; 部落解放研究所 1989, 중권 15~17). 요컨대, 주민들이 천민 폐지령 철회를 내걸고 부락민들을 공격하는 봉기의 바탕에는 뿌리 깊은 부락 차별이 있었다. 그리고 신정부 개혁에 대한 반감, 전통 관습에 저항하는 부락민의 태도와 요구에 대한 불만 등 부락 안팎의 여러 요소가 깔려 있었다. 이와 같이 천민 폐지령 반대 소요는 개혁에 대한 반감을 부락민에게 전가하는 희생양(scapegoat)의 성격을 어느 정도 갖고 있었다.

메이지 개혁 가운데 하나인 천민 철폐령을 둘러싼 일련의 갈등은 19세기 말 일본 사회의 양면적 상황을 보여주는 것이었다. 곧, 천민 철폐령은 차별 철폐의 법적 근거를 제공하며 부락민의 자각과 해방 활동의 확산에 기여하는 사회적 허용성으로 작용하였지만, 다른 한편 그 실행 과정에서 부락민이 겪고 있는 사회적 억압과 구속 상황이 드러났다. 이와 같은 양면성은 일본 사회의 구조적 복합성을 반영하는 것이었다. 예를 들어, 천황제에서도 그 양면성을 볼 수 있다. 천황은 천민 폐지령을 비롯한 개혁 칙령을 선포하여 개혁을 지향하는 국가 지도자의 역할과 위상을 갖고 있으면서 동시에 전통적인 신분 위계질서의 체제를 유지시키는 중추적 역할을 맡고 있다. 곧, 한편으로는 신분 체계를 해체하고자 하는 개혁 세력의 지도자였지만, 다른 한편으로는 전통 질서의 유산인 신분 체계의 정점에 있다. 천황제의 지속과 강화라는 사회 질서와, 신분 질서에서 비롯된 사회적 모순과 병폐에 대한 개혁이 공존하는 양면성이 일본 사회에 있었다. 이와 같은 양상은 20세기에도 크게 바뀌지 않았다. 한편으로는 국가의 주권을 갖고 중앙집권적인 권력 체계와 신분 질서 체제를 이끄는 천황제가 유지되면서, 다른 한편으로는 다이쇼

(대정, 大正) 데모크라시라고 일컬어지는 개혁과 변화를 지향하는 움직임이 확산되었다. 체제 유지의 보수적 경향과 체제 혁신을 요구하는 진보적 성향이 공존하였던 것이다.

일본 사회의 복합적인, 특히 양면적인 양상은 부락해방을 둘러싼 여러 상황에서도 나타났다. 정부의 공식 선언으로 법적으로 신분이 사라지고 신분 차별이 불법화되었지만, 부락민들에 대한 차별은 지속되었다. 에도시대에 자행되던 부락민들에 대한 차별 관습이 사회 변화에 따라서 재생산되었다. 예를 들어, 개혁의 일환으로 지방 행정 조직이 통합되는 과정에서 부락은 배제되었다. 이웃 지역에서 차별하고 기피하며 한 마을로 통합되는 것을 반대하였기 때문이다. 1872년에 근대 학제와 의무교육이 새로 도입되었지만, 대다수의 부락민은 교육받을 기회를 갖지 못하였다. 인구가 많은 부락에서는 자체적으로 학교를 세운 곳도 있지만, 가난한 부락에서는 학교를 세워 유지할 형편이 되지 못하였기 때문이다. 그런 탓으로 1875년의 전국 취학률이 35.7%였는데, 부락에서는 남자 20~30%, 여자 10% 안팎만 학교에 갔다고 추정되었다(部落解放研究所 1989, 중권 34~38).

호칭에서도 그들은 여전히 차별을 받았다. 피차별 집단이 새로 평민이 되었다는 의미로 '신평민'이라고 불렸다. 그 이후에도 여러 방식으로 차별이 호칭에 반영되었다. 그들은 부락(마을)에 사는 사람이라는 의미로 부락민으로 개칭되었지만, 다른 사람들과 구분된다는 뜻으로 접두어 '특수'가 붙여졌다. 부락민이란 호칭 자체는 차별 의미가 없었지만, 접두어를 붙여 구분하였던 것이다. 이렇게 차별의 함의를 담고 있는 이 호칭에 부락민들의 항의가 거세자 접두어를 생략한 채 부락민으로 지칭하게 되었다. 그 결과 보통명사 부락민이 이들을 지칭하는 호칭으로 굳어졌는데, 오늘날에는 역사적 의미를 담아 '피차별 부락민'으로 불리기도 한다.

차별 관습 아래 강제적으로 일반인들과 격리되어 살아온 부락민들은 전국의 단일 조직망으로 연계되어 있지는 않았어도 서로 강한 동료의식과 유대 관계를 갖고 있었다. 특히, 도쿠가와 막부 시대에 부락이 많이 생겨나고 차별이 심해지면서 결속력은 더욱 강화되었다. 또 18세기에 직업 구조가 고착되면서 특정한 분야의 동업자로서 서로 강한 동료의식과 연대감을 갖고 있었다. 그와 같은 결속력과 연대감은 차별에 저항하고 철폐하려는 부락민의 활동 기반이 되었다(Neary 1989, 19~24).

차별에 대한 부락민들의 조직적 저항과 권리 증진을 위한 여러 단체의 활동 경험은 부락해방운동을 위한 부락민의 역량 증진에 이바지하였다. 천민 철폐령 이후에 부락 지도자들은 19세기 말에 확산된 자유민권운동에 대거 참여하여 각 지역에서 차별 철폐 활동을 벌이기 시작하였다. 1881년 후쿠오카에서 부락해방의 기치를 내건 최초의 부락민 단체인 복권동맹(復權同盟)이 결성되었다. 이 단체는 국민이 평등한 권리를 획득할 자유가 있다는 것을 천명하면서 천민 폐지령을 실천하기 위한 조직적 투쟁을 결의하였다. 규슈(구주, 九州) 북부 지역의 부락민들이 이 단체의 발기인으로 대거 참여하였으며, 그 가운데에는 치쿠젠 죽창봉기의 피해를 입었던 지역 부락민도 있었다. 이러한 경험이 훗날 규슈수평사의 발전으로 이어졌다(Neary 1989, 36~46).

그 시기에 다른 지역에서도 부락민 단체의 결성이 이어졌다. 1888년에 오사카의 가장 큰 부락인 니시하마(서빙, 西浜) 지역에서 자유민권그룹이 공도회(公道會)를 조직하여 국민의 권리 보장과 국회 개설을 요구하는 자유민권운동의 거점으로 삼았다. 그 이듬해 교토에서는 부락 상황을 타파하고 산업 발전과 교육 진흥을 목적으로 하는 평등회(平等會)가 결성되었다. 곧이어 진취회(進取會)로 개칭된 이 단체는 상설 조직으로 발전하였다. 그렇지만 유력자 중심으로 부락개선활동을 하였기 때문에 부락민 대중의 참여는 저조하였다.

19세기 말 20세기 초에도 부락민의 지위를 향상하기 위한 활동이 지속적으로 전개되었다. 사회주의 영향 아래 다양한 소집단 활동이 활발하게 일어났고, 그것은 연합단체 결성으로 이어졌다. 1903년 오사카에서는 긴키(근기, 近畿) 지방 24개 단체가 대일본동포융화회(大日本同胞融和會)를 결성하였다. 이 연합단체의 창립총회에는 긴키 지방뿐만 아니라 도쿄에서 규슈에 이르기까지 부락 문제를 고심하는 부락 청년 약 300명이 참석하였다. 이와 같이 여러 지역에서 부락민의 자주적인 조직이 결성되었다. 그러나 대개의 활동 내용이 도덕 수양, 풍속 교정, 교육 장려, 산업 발전 등 정부 정책에 부응하는 것이어서 부락 차별에 대항하는 것에는 한계가 있었다. 특히, 부락 내부의 개선 활동에 초점을 둔 목표의 애매함, 부락의 빈궁한 경제 상황 등과 맞물려서 성과가 별로 없었다(部落解放研究所 1989, 중권 79~81).

이와 같이 부락 문제에 대한 사회의 관심이 커지고, 부락 내부의 자각이 확산되는 가운데 부락개선활동이 발전하였다. 일본 정부도 이를 무시할 수 없게 되어 내무성을 중심으로 부락민 문제를 다루는 융화와 통제 정책을 세웠다. 빈곤문제, 사회문제의 실태를 파악하는 부락 조사 사업을 시행하였고, 그것에 기초하여 부락개선사업을 추진하였다. 내용은 크게 풍속 개선과 경제 개선으로 구분되었다. 곧, 부락민의 생활 습관에 문제가 있다는 판단 아래 '지도'하려고 하였다. 부락 문제에 내재된 차별 구조를 진단하여 해결하려는 것이 아니라 부락민을 '보통민'으로 승격시키겠다는 의도만 있었다. 그 바탕에는 부락민을 천시하는 차별 의식이 깔려 있었던 것이다.

한편, 부락 문제에 대한 사회적 관심이 커지면서 자유민권운동 경험자, 노동운동 선구자, 생활개량운동가, 기독교인, 사회주의자 등 다양한 집단이 부락 문제를 각기 다른 방식으로 해결하기 위한 움직임을 보였다. 또 부락 차별은 문학 등 예술 분야의 주제가 되었다. 그 가운데 1906년에 출간된 시마사키 도손(도기등촌, 島崎藤村)의 《파계》는 근대 문학의 역사에서 뿐만 아니라 부락 문제의 관점에서 특히 주목받는 작품이었다. 이렇게 부락 문제에 대한 사회적 관심이 증폭되는 가운데 1910년대에 다각적인 접근 방안이 제기되었다. 우선, 부락민들이 일치단결하여 융화의 관점에서 부락민 문제를 스스로 해결하자는 움직임이 생겨났다. 대표적인 사례가 1912년에 나라(내량, 奈良)에서 결성된 대화동지회(大和同志會)였다. 80여명이 참석한 창립대회에서 풍속 개선을 중심으로 하는 종래의 교풍회와 달리 부락민의 자주적인 조직 결성을 결의하였다. 부락민 중심으로 조직을 구성하고, 부락민의 경제 안정을 제1목표로 내걸었다. 그러나 운동 기반이 취약한 탓으로 기대대로 활동을 전개하지는 못하였다(部落解放研究所 1989, 중권 104~106, 112~113).

이런 가운데 일본 정부는 1912년에 세민(細民)부락개선협의회를 개최하여 정체되어 있는 각 지역의 부락개선활동을 정부가 직접 지도하여 추진할 계획을 세웠다. 그리고 부락민 문제의 개선을 주도하게 될 전국 조직으로 제국공도회(帝國公道會)의 창립을 제안하였다. 천민 철폐령의 반포에 기여한 오에 다쿠의 방침에 따라 1913년에 이 단체의 전국 조직화가 추진되어 1914년 6월에 도쿄(동경, 東京)에서 발족 집회가 열렸다. 제국공도회는 부락 문제의 개선을 위해서 부락 밖으로부터의 정치적, 사회적 압박을 해소하는 한편, 국가 분열을 막고 대립을 완화하는 융화를 제창하였다. 부락 문제의 근본적인 해결 방안이라기보다는 부락민을 '신민'(臣民)으로 인식하면서 관이나 지배 집단의 주도 아래 국가 분열의 방지를 우선에 두고 부락 문제를 해결하려는 것이었다. 1916년에는 교토, 나라, 시가(자하, 滋賀), 오사카, 와카야마(화가산, 和歌山), 오카야마 등지에서 온 대표자들이 모여 간사이(관서, 關西) 동지간친회를 열고, 자주적인 부락개선활동을 모색하였지만, 제국공도회의 테두리를 뛰어넘지 못하였다. 요컨대, 사회적으로 부락민 차별 문제에 대한 인식은 확산되었지만, 그 해결 방안은 관 주도, 유력자 주도의 한계를 벗어나지 못하였던 것이다(部落解放研究所 1989, 중권 113~122).

(2) 부락민의 경제적 상황

지금까지 살펴본 바와 같이, 19세기 말 20세기 초에 부락민들은 양면적인 사회적 상황을 겪었다. 한편으로는 메이지 유신의 개혁을 통해서, 특히 천민 폐지령으로 부락민의 신분 해방이 선포되고 법적, 사회적 차별 철폐 움직임이 확산되었다. 그러나 다른 한편으로는 전통 사회의 억압 관습이 지속되고 차별 철폐의 움직임에 대한 반발이 일어났다. 이와 같은 양면적 양상이 부락민의 경제적 상황에서도 나타났다.

19세기 초부터 사회 경제적 변화를 겪으면서 부락 내부에서 계층 분화가 활발하게 일어났다. 대부분의 부락민들은 빈궁한 생활을 하였지만, 소수의 부유한 집단도 생겨났다. 다른 곳으로 도망가서 천민 지위에서 벗어나려는 탈천(脫賤) 시도 사례가 크게 늘어났고, 부를 축적하여 신분을 높이려고 하는 경우도 생겼다. 농업에 종사하는 부락민이 늘어났고, 더 나아가 농업을 가업으로 하는 가문도 생겼다. 그러면서 농업 용수나 공물 수납 등을 둘러싸고 농민들과의 대립이 빈번하게 일어났다. 또 설상화 제조 등 피혁 관련업으로 재력을 쌓은 가문도 생겼다.

부락민들이 경제적 부를 축적하고 차별 관습에 대한 저항 의식이 확산되면서 부락민과 일반인들 사이의 충돌이 자주 일어났다. 특

히, 각 지역의 지배 세력이 신분 차별정책을 강화하고 부락민들로
부터 경제적 수탈을 자행하면서 이에 대항하는 부락민들의 봉기가
빈번하게 일어났다(일본부락해방연구소 2010, 168~174; 김중섭 2014
ㄴ, 106). 1823년에 기슈(기주, 紀州) 북부에서는 연공 감면과 번(藩)
직영사업의 폐지를 요구하는 일반 백성들의 봉기에 부락민들도 참
가하였다. 농촌이 분화되면서 번과 결탁한 대농과 일반 농민 사이
에 이해관계가 충돌하여 일반 농민들이 번의 쌀 매입소나 상점을
공격하였는데, 이때 부락민들도 일반 농민들에 합세하여 공동 투쟁
을 벌였던 것이다. 또 1831년에 죠슈번에서는 신분 차별정책을 강
화하며 소나 말의 뼈나 가죽의 운송을 통제하려고 하자 부락민들이
봉기를 일으켜 저항하였다. 그러나 이 경우에는 부락민들과 농민들
이 충돌하였다. 부락민들이 소작 농사를 지으면서 그들에게 농토를
빼앗긴 하층 농민들이 차별 의식을 갖고 부락민을 공격하였던 것이
다. 또 1843년에 무사시국(무장국, 武藏國)에서는 물건을 팔러 온 부
락민을 차별하여 소동이 일어나서 대규모 충돌로 확산되었다. 인근
지역에서 온 500여명의 부락민들과 800여명의 마을 주민들이 충
돌하여 250명의 부락민이 체포되었다. 체포된 부락민 가운데 97명
이 도쿠가와 막부가 있는 에도로 송환되었고, 49명이 가혹행위로
옥사하였다. 옥사자 가운데 28명이 한 날에 죽은 것으로 보아 독살
된 것으로 추정되었다. 충돌이 일어났을 때에도 마을 주민보다 부
락민에 대한 처벌이 더욱 가혹하였던 것이다. 또 1856년에 오카야
마번의 시부조메(삽염, 澁染)에서는 번의 전매제 도입을 둘러싸고 부
락민 봉기가 일어났다. 번에서 농민의 상업 작물 생산을 장려하고
직영기구에서 전매하여 수탈을 강화하려고 하였다. 그러면서 봉건
적 신분 질서를 강화하려고 부락민들에게 엄격한 신분 구분과 차별
방안으로 복장을 제한하는 명령을 내렸다. 그러자 이에 대항하여
부락민들이 명령 철회를 요구하는 1,500명 규모의 강소(強訴)대를

조직하여 봉기를 일으켰다. 결국 부락민들의 요구가 받아들여져 명령이 철회되었다.

이러한 사례에서 보듯이, 1854년 개국 이전 19세기 전반기에 부락민들의 경제적 사회적 환경에 많은 변화가 있었다. 사회적 부당함에 대항하는 활동이 활발하게 일어났으며, 경제 활동을 통하여 부를 축적한 집단도 생겨났고, 경제생활에서의 차별 관습에 대한 반발이 확산되었다. 그 과정에서 차별과 억압의 부당함에 대한 인식이 확산되었으며 연대와 집합행동의 경험도 축적되었다. 이와 같이 부락민 활동의 밑거름이 된 경제적 상황도 양면적인 양상이 나타났다. 우선, 대부분의 부락민들은 열악한 거주 환경에서 차별과 빈궁한 상황을 겪고 있었다(Neary 1989, 31~36). 특히, 19세기 말의 경제 불황에서 부락 산업은 커다란 타격을 받았다. 1881년 10월 정변으로 대장대신(재무장관)이 된 마쓰카타 마사요시(송방정의, 松方正義)가 화폐 정리, 증세 정책 등을 시행하면서 일어난 경제 불황의 여파는 부락에도 미쳤다. 부락의 전통 산업인 신발 제조 산업이 타격을 받아 생업을 잃은 부락민이 크게 늘어났고, 부락 경제는 심각한 곤란에 빠졌다. 또 고무와 같은 새로운 소재가 등장하여 전통적인 부락 산업을 유지하는 것도 어렵게 되었다. 이에 따라 잡일, 일용직 노동 같은 저임금의 임시 노동에 의존하며 생계를 유지하는 부락민들이 늘어났다. 이와 같이 부락 경제가 붕괴되고 부락민들이 빈민 집단으로 전락하면서 부락민들은 열등한 집단이라는 인식이 확산되며 부락민에 대한 사회적 차별과 기피가 더욱 심해졌다.

경제적으로 피폐해지고 사회적 관계가 소원해지면서 농촌 부락에서는 전통적인 공동체의 상호부조가 와해되었다. 경제적 곤경을 타개하기 위하여 농촌 부락을 떠나 친척 등의 연줄을 이용하여 도시의 빈민가로 이주하는 부락민들이 크게 늘어났다. 그들은 생계유지를 위하여 저임금 등 열악한 조건에서 일자리를 갖게 되었다. 대표적인 곳이 교토부 마이즈루(무학, 舞鶴)의 항만 건설, 교토 남부나 오사카 등지의 토건업, 후쿠오카의 석탄 노동 등 영세한 토건산업 현장이었다. 또 도시화와 더불어 신설된 도축장, 화장장, 항만, 광산 등지에서 특정한 일거리에 종사하였다. 오사카, 고베, 나고야(명고옥, 名古屋) 등지의 도시 부락에서는 성냥 산업, 빗 만드는 가내 노동에 종사하였다. 이렇게 일자리를 찾아 농촌에서 도시로 이주한 이들은 저임금에 고용 불안정을 겪는 하층민으로 편입되어 사회적 차별을 감수하며 천한 일에 종사할 수밖에 없었다.

도시로 이주하여 날품팔이, 행상, 청소, 항만 인부, 인력거꾼, 건설현장 인부, 영세 산업의 직공 등으로 생계를 유지하는 부락민이 늘어나면서 새로 형성된 도시 부락의 수가 급격히 증가하였다. 또 그곳에 새로운 빈민이 유입하면서 거주지가 주변으로 확장되어 부락의 규모가 점점 커졌다(秋定嘉和 2004, 27~29). 이와 같은 복합적 요인들이 서로 상승 작용을 하며 19세기 말 20세기 초에 도시 부락이 크게 늘어났다. 그리고 도시 부락에 거주하는 사람들에 대한 편견과 멸시가 생겨났다. 열악하고 비위생적인 주거 환경, 누추한 생활 상태 등으로 편견이 생기면서 그들은 치안이나 미풍양속을 해치는 집단으로 인식되었다. 더욱이 부국강병, 경제 성장을 강조하고 근대화를 서두르는 사회 분위기에서 아시아를 벗어나 구미 열강과 같이 되자는 '탈아입구(脫亞入歐)', '1등국민' 의식의 확산은 그들에 대한 편견을 강화하는 데 작용하였다. 도시 부락민의 주거 환경이나 생활 상태를 근대화에 뒤쳐진 것이라고 인식하면서 그들에 대한 편견과 차별이 더욱 심해졌다. 고용주들은 그런 상황을 저임금을 유도하는 빌미로 이용하였고, 또 부락민의 값싼 노동력을 확보하고자 부락민 차별을 강화하는 이중적 행태를 보였다. 이와 같이 전통 사회의 피차별민인 에타는 자본주의 사회로 바뀌어 가는 변동 과정에서 또 다른 형태의 피차별 집단으로 고착화되어 갔다. 생업과 생활의 형태와 내용은 크게 바뀌었지만, 빈곤 문제는 여전히 해결되지 않은 채, 그들은 가혹한 노동 환경에 노출되어 있었으며, 또 그것은 새로운 형태의 차별을 낳는 요인으로 작용하였다. 그렇지만 차별과 저임금, 열악한 거주 환경 등을 겪으면서도 도시 부락민들은 직업과 혈연으로 맺어진 전통적인 공동체의 결속력을 유지하고 있었다. 도시로 이주하여 새로운 환경에서 차별과 편견에 억눌려 살면서 부락민들의 연대감과 동료 의식은 오히려 강화되었던 것이다.

한편, 20세기 초에 부락산업도 일본 사회의 변화를 반영하면서 바뀌어갔다(部落解放研究所 1989, 중권 135~158). 1894년의 청일전쟁, 1904년의 러일전쟁을 겪으면서 군의 수요가 많아진 피혁산업은 근대화가 되었다. 대규모 제혁공장이 생기고, 노동자 수가 늘어나고, 기계화가 이루어졌다. 그 시기의 제혁과 제품 통계를 보면, 회사와 공장 수는 6~8배, 직공 수는 2.8배, 자본금은 26.5배로 커졌다(部落解放研究所 1989, 중권 138~139). 반면에, 공장제로 바뀌지 않은 가내 공업의 제혁 가구(戸) 수는 1900년의 1,703호에서 1919년에 1,032호로 줄어들었다. 그러나 직공 수는 4,000명 정도로 비슷하였다. 1호당 직공 수가 2.4명에서 3.9명으로 늘어난 것이다. 이와 같은 변화 속에서 지역 격차가 일어났다. 전반적으로 가내 공업의 피혁산업은 영세하였지만, 도쿄, 오사카, 효고 등을 중심으로 발전된 피혁산업은 군수품으로 호황을 누렸다. 대기업이 공장제 기계공업으로 발전하면서 중소기업에 하청을 주는 형태가 생겨났다. 중소기업은 지방으로부터 유입해 오는 젊은 노동자들을 흡수하였다. 그러면서 혈연, 지연, 직업으로 맺어진 공동체가 다시 살아나고 자본과 노동의 관계가 발전하였다.

한편, 메이지 중기 이후에 식육산업도 크게 발전하였다. 식육은 농가나 낙농업자의 소가 폐사된 경우나, 식육용 비육우나 말을 사육하는 농가로부터 나왔다. 인구 증가에 따라 길거리의 좌판이나 행상을 하면서 고기를 파는 소매상이 늘어났다. 1902년에 1,448 개소의 도축장이 설치되어 있었다. 1906년에 원래 개인 영리사업 이었던 도축장이 공중위생과 경영 관리 차원에서 공영화되었다. 사설 도축장의 통폐합, 설비 개량을 통하여 영업 이익이 증대되었고, 수요 증대 덕분에 경영이 호조를 띠었다. 각 지방 행정기관에서는 부락민의 취로와 경영 참여를 추진하였다. 전통적으로 부락의 경제를 지탱해주는 조리(일본 전통 신발)나 신발 산업도 발전하였다. 운동화, 고무신 등이 등장하면서 신발 산업에서도 커다란 변화가 일어났지만, 가격이 싼 하급품에 대한 수요는 계속 늘어났다. 복식이나 기호의 변화에 따라, 또 경쟁품의 등장으로 신발 산업의 부침이 일어났다. 예를 들어, 메이지 말기에는 오사카에 조리를 전문적으로 파는 소매상이 있었지만, 1920년대 중반에는 게타 등을 파는 가게가 늘어났다.

요컨대, 20세기 초 도시 확산, 인구 증가, 산업 구조의 변화에 따라 부락산업에서도 양면적 양상이 나타났다. 부락산업이 부흥하기도 하고 쇠퇴해 가는 격변이 일어났으며, 그에 따라 재력을 가진 부락민들도 늘어났지만, 도시 빈민으로 전락한 부락민도 적지 않았다. 메이지와 다이쇼 시기에 도시로 이주하는 많은 부락민들이 토건산업 현장에서 저임금, 단순노동에 종사하였다. 또 성냥, 솔(머리빗), 인조 진주 등의 가내 공장에 취업하거나 행상, 날품팔이, 인력거꾼 등 저임금 노동에 종사하는 부락민이 늘어났다. 이러한 경제상황은 수평사의 창립과 발전에 도움을 주었다. 특히, 궁핍 속에서 일어난 1918년의 쌀소동은 부락민들에게 부락해방의 중요성을 일깨워 준 사건이었다.

(3) 쌀소동과 부락 문제

1910년대 산업화를 겪으면서 빈부 격차가 심해졌고, 물가는 전반적으로 크게 상승하였다. 산업 생산율이 급증하였지만, 농민들의 생활 상황은 오히려 크게 악화되었다. 경작지가 제한된 탓으로 쌀 생산이 늘지 않아 농민들의 실질 임금이 줄어들었기 때문이다. 이 와중에 쌀의 수요에 공급이 미치지 못하자 1916년부터 쌀값이 오르기 시작하였다. 1918년 봄부터 쌀값이 더 오르자 가격 폭등을 예상한 미곡상들은 사재기를 하였다. 미곡상들의 매점매석으로 일반 사람들의 쌀 사기는 더욱 어렵게 되었고, 생활도 곤란하게 되었다. 이런 상황에 항의하는 시위가 일어났다. 이른바 전국 곳곳에서 벌어진 쌀소동이었다(Neary 1989, 51~54; 部落解放硏究所 1989, 중권 159~169).

쌀소동의 시위는 1918년 7월 도야마(부산, 富山)현 어부의 아내들이 들고 일어나면서 시작되었다. 8월에는 오카야마현에서 일어난 시위가 아이치(애지, 愛知)현, 간사이, 주고쿠(중국, 中國), 시코쿠 각지로 확산되었다. 7, 8월에 급증한 시위는 급기야 전국 여러 곳에서 대규모의 폭동으로 발전하였다. 특히, 8월 10일부터 16일까지 1주일 간 폭동이 가장 크게 벌어졌다. 그러다가 8월 하순부터 진정되기 시작하여 10월 중순 교토부에서 발생한 것을 마지막으로 쌀소동이 종식되었다. 이렇게 전국 곳곳에서 일어난 쌀소동이 딱히 부락민과 특별한 관계를 갖고 있었던 것은 아니었다. 그런데 경찰은 폭동의 진원지가 부락이라고 단정하고 부락민들을 대거 잡아들였다. 실제로 부락민들이 쌀소동을 일으키고 주도하였는지는 분명하지 않다. 그렇지만 쌀소동을 겪으면서 관습과 사회제도에 대한 부락민들의 불만과 불신은 더욱 커졌다. 이 과정에서 부락민들의 의식이 크게 바뀌었고, 독자적인 조직의 필요성도 제기되었다.

이와 같은 부락민들의 경험과 변화를 살펴보면 특히 8월 10일 교토부 야나바라 마을(柳原町) 부락에서 일어난 사례를 주목하게 된다. 이날 이곳 주민 500~600명은 파출소와 쌀가게를 습격하여 쌀을 염가로 판매할 것을 요구하여 그렇게 하겠다는 약속을 받아냈다. 그 과정에서 주민들이 경찰에 체포되어 주민들은 그들을 빼내기 위해서 다시 경찰서에 몰려가 포위하였다. 결국 헌병대의 출동으로 시위대가 해산하였지만, 이 사건을 계기로 주변 부락에서 시위가 일어났다. 그리고 야나바라 부락에서도 재차 항의 시위가 일어났다. 이러한 일련의 과정을 겪으면서 주민들은 부락 문제를 자각하게 되었다. 곧, 부락 차별 철폐와 경제적 궁핍에서 벗어나기 위한 해방 활동이 필요하다는 의식이 확산되었다. 야나바라 마을에서 겪은 경험이 다른 많은 부락에서도 일어났다. 특히, 미에현, 와카야마현 등지의 부락민들이 시위에 적극 참여하였다. 부락민이 쌀소동에 참가한 것이 적어도 22부현 116정촌에서 확인되었다.

쌀소동은 일본 사회 전반에 확산되어 있는 민생 문제가 표출된 것이었다. 그런데 그 해결 방식이나 과정에서 신분 차별 의식이 반영되어 부락민을 희생양으로 삼았다. 특히, 쌀소동에 대처하는 과정에서 부락민에 대한 차별과 탄압이 심하게 일어났다. 쌀소동으로 피검되어 처벌된 8,185명 가운데 부락민은 887명이나 되었다(10.8%). 전체 인구 가운데 부락민의 비율은 2%도 되지 않았는데, 10%가 넘는 부락민이 처벌을 받은 것이다. 특히, 오쓰(대진, 大津)에서는 피검자 35명 가운데 24명이 부락민이었다(68.6%). 100명 이상 대규모의 피검자가 발생한 지역 가운데 교토(45.5%), 와카야마(31.2%), 아노쓰노쓰(안농진, 安濃津, 37.9%), 오카야마(31.1%), 히로시마(광도, 廣島, 17.1%) 등지에서 부락민 비율이 특히 높았다(部落解放研究所 1989, 중권 165, 표 16 참조). 이것은 경찰이 부락민을 위험시하며 미리 예단하여 체포한 탓이었다. 또 부락민이 방화, 파괴와 같은 격렬한 행동에 적극 참가한 경우가 많았다는 것을 보여주는 것이기도 하다.

부락민이 쌀소동에 참여하게 배경에는 부락의 빈궁과 차별이 있었다. 쌀소동을 계기로 부락 문제에 대한 관심이 증대되었고, 시위 과정에서 다른 지역의 부락민들과 연대하기도 하였다. 그러면서 부락 문제를 주체적으로 해결하는 방식에 관심을 갖게 되었다. 이와 같은 1918년의 쌀소동 경험은 수평사 창립의 배경으로 작용하였고 부락해방운동의 계기가 되었다.

한편, 일본 정부는 사회 혼란을 해결하는 과정에서 사회 전반에 확산된 부락민 차별과 억압의 기제를 이용하면서도 부락민 문제를 근본적으로 해결하려는 노력은 소홀히 하였다. 쌀소동의 재발 방지를 위하여 식량 대책을 세우면서도 부락 개선을 위해서는 "보통민과의 융화"를 강조하는 등 관 주도의 미온적인 해결 방식에서 벗어나지 못하였다. 각 지역에서 제국공도회 주도 아래 부락 개선 단체를 만들고, 융화정책에 따라 지역과 부락의 유지 중심으로 부락민의 근검절약과 미풍양속을 강조하는 활동을 폈던 것이다. 1919년 제국공도회 주최의 동족 융화대회 개최, 1921년 동애회 설립 같이 시혜적이며 과시적인 부락개선활동을 전개하였다. 일본 정부는 1920년에 50,000엔의 지방개선비를 국가 예산에 책정하고, 그 가운데 43,000엔을 부락에 배정하여 넓은 지역에 산포하였다. 그 이듬해 지방개선 보조비를 대폭 증액하고, 정부와 지방 유지 중심으로 지방개선 방안을 논의하기 위한 영세민부락개선협의회를 개최하였다. 그리고 1919년과 1920년, 두 차례에 걸쳐 부락조사를 실시하여 융화정책의 대상을 파악하였다.

그렇지만 부락민들은 여러 경험을 통하여 관제 융화정책의 한계를 인식하고 있었다. 그러면서 독자적이며 주체적인 문제 해결을 모색하였다. 1917년 러시아혁명이 일어나고, 1918년 제1차 세계

대전이 끝나는 세계적인 변화 흐름과 함께 사회 개혁에 대한 열망
이 확산되면서 부락 문제에 대한 관심도 높아졌다. 자력 해방에 대
한 의식이 확산되면서 부락민 단체가 생겨나고 차별 저항 행동도
빈번하게 일어났다. 예를 들어, 부락민들은 군대가 행군하면서 부
락을 비켜가는 것도 차별 의식에서 비롯된 것이라고 간파하여 항의
하였다. 또 학교 설립이나 지역 행정기구 통합 과정에서 자행된 차
별에 항의하면서 일반 사람들과 충돌하기도 하였다. 1916년 후쿠
오카에서는 《하카다(박다, 博多)매일신문》에 실린 차별 기사에 항의
하여 신문사를 습격하는 사건이 일어났다. 사건의 발단은 이 신문
의 차별 기사였다. 부락민들이 주민 총회를 열어 대표자를 신문사
에 보내 항의하여 사과와 정정을 받아내기로 하였다. 그런데 분노
한 사람들이 신문사를 습격하여 기물을 파손하였다. 이 사건으로
352명의 부락민이 소요죄로 구금되었고, 123명이 유죄 판결을 받
았는데, 대부분이 행상, 날품팔이, 신발 수선공 등 하층민이었다.
하층의 부락민들이 일상적인 차별에 대한 분노의 표출로 신문사를
습격하였던 것이다. 또한 그것은 부락의 유력자 중심으로 구성된
융화단체가 하층 부락민들의 상황을 대변하거나 개선하는 데 기여
하지 못하였다는 방증이었다. 그러면서 부락민에 의한 독자적인 단
체 결성이 필요하다는 인식이 확산되었다. 그것은 관 주도의 융화
정책과 전혀 다른 성격의 활동 방향이었다. 부락민 중심의 해방 활
동을 도모하는 것은 부락민들의 의식이 바뀌어간다는 것을 의미하
였다. 이러한 배경에서 부락민의 자력 부락해방을 내세운 수평사가
1922년에 창립되었다.

3. 19세기 말 20세기 초 백정과 부락민의 비교 이해

19세기 말 20세기 초 백정과 부락민은 전래된 사회적 차별을 겪고 있었지만, 결혼 등에서 비롯된 혈연, 주거 지역의 제한에서 비롯된 지연, 특정한 직업에서 비롯된 동료 의식 등 여러 측면에서 형성된 공동체를 유지하고 있었다. 20세기 초 한국은 일본의 식민지로 전락하였고, 일본은 산업 구조의 변화, 전쟁, 자본주의 사회로의 전환 같은 변화를 겪었다. 그 과정에서 백정과 부락민이 겪은 사회적, 경제적 상황도 비슷한 점이 많았다.

우선, 두 집단을 둘러싼 사회적 상황은 양면적 모습을 갖고 있었다. 일본에서는 1871년에 이른바 해방령으로 일컬어지는 천민 철폐령이 내려져 도쿠가와 막부 시절의 피차별 천민들은 평민이 되었다. 부락민은 물론이고 지식인과 관리들이 꾸준히 요구해온 신분 해방이 실현된 것이다. 그러나 천민 철폐령에 반대하는 대규모의 봉기가 전국 곳곳에서 일어나며 개혁에 반발하였다. 그리고 천민 철폐령에도 불구하고 신분제 유습인 부락 차별의 정서와 관행이 지속되었다. 조선에서는 1894년 갑오개혁으로 신분 철폐가 이루어져 백정이 천민 신분으로부터 벗어나게 되었다. 갑오농민전쟁의 지도자들이 요구하는 사회 개혁이 반영된 것이다. 그러나 일본의 '해방령 반대 봉기'처럼 조직적이고 폭력적이지는 않았어도 백정 신분 철폐에 대한 반대 분위기가 사회 전반에 확산되었다. 전통 사회의 차별 관습은 여전히 유지되었고, 심지어 교육 현장 등에서 또 다른 형태의 사회적 편견과 차별 관습이 생겨났다. 곧, 일상생활이나 제도적 차원에서 백정들은 신분 차별에서 비롯된 억압과 구속을 겪었다.

한편, 백정과 부락민의 신분 차별 철폐를 향한 움직임도 활발해졌다. 평등 대우를 요구하는 백정들의 집합행동이 빈번하게 일어났고, 동학이나 기독교를 통하여 평등사상이 확산되었다. 일본에서

도 부락해방을 위한 활동이 활발하였다. 19세기 말부터 부락민 문
제를 해결하기 위한 사회적 움직임이 부락 안팎에서 일어났다. 지
식인들과 부락민들은 지속적으로 부락 개선을 요구하였고, 빈궁과
차별의 이중고를 겪는 부락민 문제를 외면하기 힘든 상황에서 일본
정부는 '융화'를 내걸고 부락개선활동을 벌였다. 그렇지만 일제 식
민지 지배 아래에서 백정들을 위한 정부 차원의 개입과 정책적 배
려는 전혀 이루어지지 않았다.

요컨대, 백정과 부락민을 둘러싸고 차별 철폐를 향한 움직임과
차별 관습을 유지하려는 양면성이 공존하였다. 이러한 양면적 모습
은 경제적 상황에서도 엿볼 수 있었다. 신분 철폐, 서구 제국과의
접촉 등과 더불어 일어난 경제적 변화에서 백정이나 부락민은 전통
사회에서 누리던 산업의 기득권을 상실하였다. 부를 축적한 소수의
부유한 집단이 등장하였지만, 대개는 빈곤과 궁핍 상황에 있었다.
백정들은 도축장의 도부나 단순 노동의 노동자로 전락하였고, 부락
민들은 도시로 이주하여 저임금 노동자로 전락하여 도시 빈민 집단
으로 굳어졌다.

1910년대 말 한국과 일본 사회는 형평사와 수평사의 창립에 직
결되는 집합행동을 경험하였다. 곧, 백정과 한국인들이 겪은 1919
년의 3.1민족해방운동과 부락민들이 겪은 1918년의 쌀소동이었
다. 이러한 경험을 통하여 백정과 부락민은 사회 상황을 인식하고,
사회 개혁과 신분 해방을 위한 변화를 추구하게 되었다. 그러나 백
정이 겪은 3.1민족해방운동의 경험과 부락민이 쌀소동에서 겪은
경험은 성격이 전혀 달랐다. 일제의 식민지 지배 아래에서 일어난
3.1운동은 민족 해방을 도모하는 범민족적인 집합행동이었다. 전
국적으로 확산된 3.1운동의 경험은 민족 해방과 근대 사회로 향한
다양한 사회운동의 밑거름이 되었다. 그리고 '사회운동의 시대'로
일컬어지는 사회적 분위기에서 전통 사회의 신분제 유산을 극복하

려는 움직임이 확산되었다. 신분제의 유산인 백정 차별 문제도 그 가운데 하나였다. 이와 같이 3.1운동과 그 뒤 일어난 다양한 사회 운동 영향 아래 백정 문제를 해결하기 위한 활동을 하게 되었다.

한편, 일본 사회의 커다란 쟁점이었던 부락민 문제의 개선 활동이 정부의 융화정책 아래 관과 유력자 중심으로 이루어졌다. 그 활동은 부락민의 주체성과 독자성을 고려하지 않은 채 시혜와 자비를 베풀어 부락민들을 국가의 '신민'으로 만들려는 것이었다. 곧, 차별과 궁핍, 열악한 사회적 경제적 환경 등의 부락 문제를 근본적으로 해결하기 위한 방안이 못 되었다. 그런 가운데 쌀 부족과 가격 폭등에 대한 불만으로 쌀소동이 일어났고, 일본 정부는 그 문제를 해결하는 과정에서 부락민을 속죄양으로 이용하였다. 이러한 경험을 통하여 부락민들은 부락 상황을 인식하고 자력으로 부락해방을 모색하게 되었다.

이와 같이 19세기 말 20세기 초의 사회적 경제적 상황은 형평사와 수평사의 창립과 전개에 커다란 영향을 미쳤다. 한국과 일본의 사회적, 경제적 상황의 차이는 두 단체의 창립 과정, 지도 집단의 구성, 활동 조직, 전략 등이 다르게 나타나는 요인이 되었다. 형평사와 수평사의 창립과 발전 과정을 제3장에서 자세하게 살펴보고자 한다.

제2부 평등 사회를 향한 발걸음

전통 사회에서 차별과 억압을 겪은 백정과 부락민은 1920년대에 들어와서 형평사와 수평사를 결성하여 차별 철폐와 평등 사회를 위한 사회운동을 전개하였다. 여러 사람이 사회 환경을 바꾸려는 사회운동은 참여자들이 조직을 결성하고, 집합행동의 목적을 설정하고, 목적을 달성하기 위한 활동을 전개하고, 또 그러한 조직과 활동을 이끄는 지도 세력이 생겨나면서 발전한다. 이와 같은 안쪽 환경은 사회운동 전개의 핵심 요소로 작용한다. 제2부에서는 형평운동과 수평운동의 안쪽 환경을 크게 네 부분으로 나누어, 형평사와 수평사의 창립 과정, 두 운동의 목적과 이념적 배경, 조직과 활동의 발전, 지도 세력의 구성과 변화를 살펴보고자 한다.

〈그림 3-1〉 한국 전도

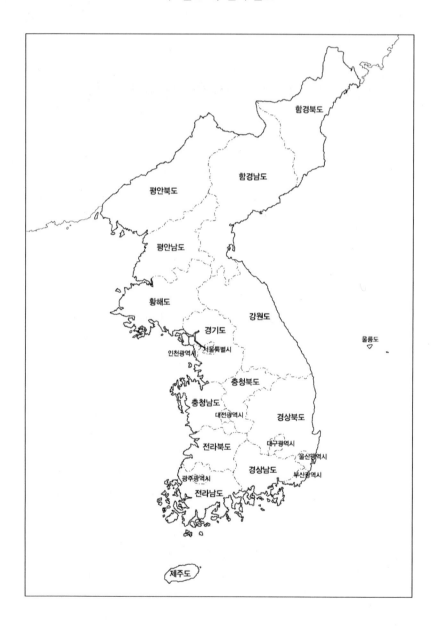

〈그림 3-2〉 일본 부현 전도

제3장 형평사와 수평사의 창립

한국의 형평사는 1923년에, 그리고 일본의 수평사는 1922년에 창립되었다. 전통 사회에서 '버림받은 집단'으로 취급되던 백정과 부락민의 차별 철폐를 내건 이 두 단체는 1940년대 초까지 활동하였다. 형평사는 3.1운동의 영향 아래 신분제의 잔재를 해결하기 위하여 백정과 비백정의 협력 아래 창립하였다. 그리고 수평사는 쌀소동 이후 관과 유력자들이 주도하는 융화운동의 한계를 인식하고 부락민 자력으로 부락해방을 추구하는 독자적인 부락민 단체로 창립 발전하였다. 제3장에서는 주축 집단의 공통점에도 불구하고, 한국과 일본의 역사적, 사회적 조건을 반영하고 있는 두 단체의 창립과 발전 과정의 양상을 비교하여 살펴보고자 한다.

1. 형평사의 창립과 조직화

(1) 형평사의 창립 과정

1923년 4월 24일 형평사 기성회가 경남 진주 청년회관에서 열렸다. 이 집회에는 비백정 출신 사회운동가들과 백정 70여명이 참석하였다. 그 이튿날, 같은 장소에서 형평사 발기총회가 개최되었다. 역시 참석자는 80여명에 지나지 않았다. 당시의 관행대로 기성회와 발기총회로 구분되어 열렸지만, 연이틀 계속해서 열리게 된 배경은 분명하지 않다. 그러나 이 두 차례의 집회는 형평사의 기틀을 정하는 중요한 모임이었다(《조선일보》 1923. 4. 30). 그것은 조선시대 최하층민으로 차별받던 백정들의 신분 해방을 위한 첫걸음이었고, 또 일제 식민지시기에 단일 단체로 가장 오랫동안 지속된 사회운동의 시작이었다(김의환 1967; 고숙화 1984; 김중섭 1988, 231~273; 1994; 2012, 제3부 2장).

형평사 창립 배경에는 조선시대에 '버림받은 집단'으로 취급되던 백정의 역사적 경험과 사회적 경제적 상황이 깔려 있었다. 앞서 살펴본 것처럼, 19세기 말 법적으로 신분이 철폐되었지만, 백정 차별 관습은 1920년대에도 지속되고 있었다. 게다가 백정들은 대대로 전통 산업에서 누려온 기득권을 위협받고 있었다. 특히, 도축이나 정육, 피혁 등 백정들의 전통 산업에 일본인을 비롯한 비백정의 자본이 유입되면서 백정들의 경제적 곤궁은 더욱 심해졌다. 한편, 3.1운동과 그 이후 다양한 사회운동이 활발하게 일어나면서 전통 사회의 유습을 타파하고 근대 사회로 나아가려는 흐름이 확산되었다. 그런 가운데 소작인, 여성, 어린이 같이 전통 사회에서 소외되고 억압받던 집단을 위한 개혁 활동도 활발하게 일어났다. 그렇기 때문에 신분 질서 개혁이나 백정 차별 철폐는 백정들만의 문제가 아니라 근대 사회를 지향하려는 개혁 세력의 관심사가 되었다. 곧, 3.1운동 이후 사회 전반에 확산된 사회 개혁 열망은 조선 사회의 신분제 유습을 청산하고 백정 집단의 차별 철폐와 평등 대우를 요구하는 형평운동의 디딤돌이 되었다.

진주에서 언제부터 형평사 창립이 논의되었는지는 불분명하다. 언론 보도에 따르면 1923년 봄부터 백정들을 찾아다니며 형평사 창립을 설득하고 권유하였다고 한다(《조선일보》 1923. 4. 30). 형평사 창립에 참여한 신현수가 당시 《조선일보》 진주지국장이었다는 점에서 믿을만한 정보라고 판단된다. 또 신현수는 훗날 연구자와의 면담에서 1923년 3월에 창립자 가운데 한 사람인 강상호를 만나 백정해방활동을 하게 되었다고 증언하였다(김용기 1958, 816~818).

이런 점으로 미루어 보아 형평사 창립은 오랫동안 준비되었던 것이 아니라, 불과 몇 주 만에 추진되었다고 짐작된다.

형평사가 짧은 기간에 결성될 수 있었던 것은 진주 지역의 여건 덕분이었다(김중섭 2012, 62~82). 3.1운동 이후 다양한 사회운동 단체가 결성되어 활동하고 있는 진주 지역 상황에서 새 단체를 만드는 것은 그다지 어려운 일이 아니었을 것이다. 게다가 진주 지역 주민들만 참여하였기 때문에 조직 결성이 비교적 손쉬웠을 것이다. 그렇다고 해도 대개의 사회운동이 서울 중심으로 전개되고 지방의 사회운동은 서울의 사회운동으로부터 영향을 받아 발전하는 시대 상황에서, 진주라는 작은 도시에서 형평사가 창립되어 전국적인 사회운동으로 발전한 것은 흔한 일이 아니었다. 당시 진주는 경남의 도청 소재지였고, 또 1,000년의 역사를 가진 서부 경남의 중심도시라고 하지만, 대도시가 아니었고, 전국의 중심 도시는 더더욱 아니었다. 진주 같은 소도시에서 형평운동과 같은 전국적인 사회운동이 만들어진 것은 아주 예외적인 사례였다.

왜 서울에서 400킬로미터 가까이 떨어진 한반도 최남단의 진주에서 형평사가 창립되었을까? 진주에 백정이 특별히 더 많이 살았다거나, 진주 백정이 더 많은 재력을 가졌다거나, 교육을 더 많이 받았다거나 하는 특별함을 찾을 수 없다. 오히려 진주보다 동래, 창원, 의령 같은 인근 지역에서 백정의 전래 산업이 더 발전하였다. 또 진주보다 경북의 김천, 예천, 의성 같은 지역에 백정들이 더 많이 살고 있었다(김중섭 1994, 98~99). 그렇다고 진주에서 백정 차별이 더 심했다는 증거도 없다. 앞서 살펴본 진주교회의 백정 동석예배 거부 같은 차별 사건이 일어났지만, 그 정도의 차별 사건은 전국 곳곳에서 빈번하게 일어났다.

그러나 제2장에서 살펴본 것처럼, 진주의 백정들은 1900년대에 특별한 경험을 갖고 있었다. 1900년의 진주 인근 백정들의 집단적인 차별 관습 철폐 청원과 그것에 반발한 일반인들의 백정 마을 습격, 1905년의 기독교 전래와 백정들의 개종과 1909년의 동석예배 거부 사건, 1910년의 도수조합 결성 시도 등을 겪으면서 진주 백정들이 차별 문제를 더 깊이 인식하고, 더 적극적으로 문제를 해결하려고 하였을 것이라고 짐작된다. 이러한 경험을 통하여 백정들은 사회적 억압과 구속의 상황을 인식하고, 차별 철폐 활동을 위한 집합행동의 역량을 갖게 되었을 것이다. 예를 들어, 형평사 창립을 이끈 백정 출신 지도자 장지필은 1910년에 도수조합의 결성을 시도하였던 경험이 있고, 그의 아버지 장덕찬은 1900년에 경남도 관찰사에게 망건 착용의 제한 철폐를 청원한 집합행동을 주도하였다. 또 평등사상을 접하면서 새로운 사회 환경을 만들고자 하는 사회운동의 조건이 성숙되었을 것이다. 그런 가운데 형평운동이 싹텄던 것이다.

20세기 초 진주 도심지에 개설된 상설시장에서 정육점을 열어 부를 쌓은 백정 집단이 생겼다. 그들은 형평사 창립 당시에 임원을 맡는 등 형평운동의 물적, 인적 자원이 되었다. 또한 전통적인 혈연, 지연, 직업을 통해서 형성된 백정들의 긴밀한 결속력과 유대 관계는 형평사 참여의 연결 고리가 되었다. 거주 지역의 제한이 느슨해지면서 도심지의 일반인 거주 지역으로 이전하여 사는 백정들이 있었는데, 그 가운데에는 형평사 창립에 참여한 강상호 이웃에 사는 백정도 있었다. 자연히 비백정들, 특히 진보적 사회운동가들과 접촉할 기회도 생겼다. 이러한 경제적, 사회적 변화를 통하여 백정들이 신분 차별 상황을 인식하고 타파하고자 하는 활동의 여건이 만들어졌다.

다른 한편, 19세기 말 20세기 초 진주 지역의 역사적 경험을 통하여 형평운동 같은 개혁 활동에 호의적인 사회적 환경이 조성되어 있었다. 진주는 1862년에 전국 곳곳에서 일어난 농민항쟁의 시발점이었다. 1894년에 사회개혁을 요구하며 삼남 일대를 휩쓴 갑오농민전쟁과 동학이 진주 등 서부 경남에 확산되어 있었다. 또 한말의 의병활동, 조선의 패망과 일제 침략 와중에 확산된 물산장려운동이나 교육운동도 진주에서 활발하게 일어났었다. 무엇보다도 1919년 3.1운동과 그 이후 사회개혁을 요구하는 다양한 사회운동이 진주에서 활발하게 전개되었다. 인구 1만이 약간 넘는 작은 소읍인데도 3.1운동 이후 1923년까지 적어도 48개 단체의 활동이 언론에 보도되었다. 청년, 학생, 여성, 어린이, 농민, 노동자, 언론인 같은 다양한 집단이 소수 집단의 권익과 사회 발전을 위하여 활동하였다. 그 과정에 진주에는 직업적 사회운동가들이 생겨났고, 사회 개혁을 지향하는 사회운동 단체와 활동가들 중심으로 사회운동계가 형성되어 지역 사회의 의사 결정에 영향력을 미치고 있었다 (김중섭 2012).

　전통 사회의 관행을 바꾸면서 근대적 개혁을 도모한 진주 지역의 활동 가운데 전국 '최초'의 선구적인 사례가 많이 있었다. 1921년 전국 최초의 어린이 권익 단체인 진주소년회가 결성되었고, 1922년 9월에는 전국 최초로 지주와 소작인 사이의 불공정을 개선하기 위한 대규모 소작인대회가 열렸다. 이것은 소작인 문제가 전국적으로 쟁점화되는 데 기여하였다. 또 지역의 유력 인사들이 추진한 고등보통학교 설립 운동이 성공적으로 진행되어 남녀 고등교육 기관이 설립되었다(김중섭 2012). 이와 같이 근대 사회로 나아가고자 하는 3.1운동 이후의 사회적 흐름에서 형평사가 만들어졌다. 그 목적은 도수조합, 수육상조합, 집성조합 같이 경제적 집단 이익을 도모하던 예전의 백정 단체들과 달리, 백정에 대한 차별 철폐와 평등 대우를 실현하려는 것이었다. 곧, 조선 사회의 신분제 유산을 극복하려는 구체적인 활동이었다.

　형평사 창립은 전통 사회의 폐습인 신분 차별을 철폐하고 평등 사회를 만들고자 하는 '위대한' 역사의 출발이었지만, 그 모습은 다소 초라하였다. 3.1운동 이후 지역 사회운동의 중심지였던 진주청년회관에서 연이틀에 걸쳐 열린 창립 모임은 진주 지역의 사회운동가들과 백정들만 참석한 행사였다. 백정 신분 해방을 내걸었지만, 다른 지역에서 온 백정들은 없었다. 그렇지만 이 모임에서 결의된 사항은 향후 형평운동의 발전에 중요하게 작용하였다. 첫째, '형평사 주지'와 사칙을 통하여 백정의 신분 차별 철폐라는 목적을 명확하게 설정하였다. 둘째, 전국 조직으로 발전시키겠다는 활동 방향을 뚜렷하게 세웠다. 그것은 형평사 사칙으로 규정되었고, 향후 조직 유지 및 향후 활동 방침에 반영되었다. 셋째, 백정과 비백정의 협력 체제를 구축하였다. 우선, "조선인은 하인(何人)을 불문하고 입사할 수 있다"는 것을 사칙에 명시하여 참여자 자격을 제한하지 않았고, 그 정신을 임원진 구성에 반영하였다.

형평사는 백정만 참여하는 단체가 아니었다. 1910년대에 도수조합 결성을 시도했던 의령의 장지필, 진주의 상설시장에서 정육점을 경영하던 이학찬 등 백정 공동체의 유력자들과 함께, 3.1운동과 그 이후의 사회운동에 참여하고 있던 직업적 사회운동가 강상호, 신현수, 천석구 등이 형평사 창립을 주도하였다. 신분 차별 철폐와 평등 사회에 동의하는 사람은 누구라도 참여할 수 있는 개방형 충원 원칙은 형평사가 백정 권익을 위한 단체지만, 이익 집단으로 전락하는 것을 막아주는 데 일정 부분 작용하였다. 특히, 비백정 출신의 지역 사회운동가들이 여러 형태로 형평운동에 참여하여 형평사와 다른 사회운동 단체를 잇는 연결 고리 역할을 하였다(김중섭 2012, 228~253). 그 덕분에 형평사는 연대 활동에 적극 참여하면서 사회운동계의 일원으로 빠르게 자리 잡게 되었다. 또 형평사원들도 사회운동계의 구성원으로서 지역사회 활동에 적극 참여하게 되었다. 그렇지만 형평운동의 주축 세력은 백정들이었다. 발기총회에서 위

원 5인, 간사 2인, 이사 7인, 재무와 서기 각 1인의 임원이 선임되
었는데, 위원 3인을 제외하고, 모두 백정 출신이었다. 형평사의 실
무를 담당하며 중추적인 역할을 한 이들은 대개 상설시장에서 정육
점을 경영하며 재력을 갖춘 젊은 백정들이었다. 그들은 백정 공동
체의 특징대로 혈연, 지연, 직업으로 서로 잘 아는 사이였다. 이러
한 특징은 형평운동 내내 유지되었다.

(2) 전국 조직화

형평사 창립 소식은 한글 신문《조선일보》(1923. 4. 30)와 일본어
신문《경성일보》(京城日報 1923. 5. 1)에 보도되어 전국적으로, 또 일
본에까지 알려졌다. 형평사 지도부는 발기총회의 결의대로 형평사
창립 소식을 곧바로 다른 지역에 알렸다. 또 전국 곳곳을 방문하여
조직 확대 활동을 전개하였다. 우선, 창립 행사를 마친 뒤 4월 29
일부터 4대의 선전대를 편성하여 경남 지역을 순회하면서 형평사
창립 취지를 알렸다. 그리고 형평운동의 확산 방안으로 창립 20일
만인 5월 13일에 진주에서 대규모 창립 축하식을 열었다.
창립 축하식은 창립 모임과 달리, 전국적인 행사로 준비되었다.
창립 소식을 알리는 형평사 창립 취지문이 전국에 배포되었다. 행
사 장소는 당시 진주에서 제일 큰 건물인 진주좌(진주극장)로 잡았
다. 행사 당일 시작 전에 자동차로 시가지를 돌아다니며 선전지를
배포하여 창립 축하식 소식을 주민들에게 알렸다. 70~80명의 백
정과 사회운동가들이 참석한 창립 모임과 달리, 창립 축하식에는
경남 지역뿐만 아니라 충남 논산, 대전, 충북 옥천, 경북 대구 등지
의 백정 공동체 대표자 400여 명이 참석하였다. 참석자들은 훗날
각 지역의 형평사 결성에 이바지하며 형평운동의 중추적인 역할을

담당할 잠재적 지도자들이었다. 형평사 창립 축하식은 백정 역사상 최대 규모의 공식 행사가 되었다. 백정들이 공공장소에서 그렇게 대규모의 공개 집회를 가진 것은 유례없는 일이었다(《조선일보》1923. 5. 24).

창립 축하식은 강상호의 개회사, 신현수의 취지 설명, 정희찬의 축전 낭독, 남홍의 강연, 강달영, 강대창, 조우제, 이진우의 축사 등 진주의 비백정 출신 사회운동가들의 주도로 진행되었다(김중섭 2012, 236~237). 또 진주 주재 일본인 언론인 가쓰다 이스케(승전이조, 勝田伊助)의 축사가 있었고, 북성회, 평문사, 점진사, 적기사 등 서울과 일본의 사회운동 단체들로부터 온 축전이 낭독되어 형평사 창립이 사회운동 단체들로부터 지지받는다는 것을 보여주었다. 축전을 보내준 재일 유학생 단체 북성회는 기관지《척후대》3호를 형평사 특집으로 편집하며 창립 환영 의사를 거듭 밝혔다.

형평사 창립 축하식은 형평사가 전국 조직으로 발전하는 이정표가 되었다(김중섭 1994, 101~104). 이 행사를 계기로 형평사의 존재는 조선 전 지역 뿐만 아니라 일본에까지 널리 알려지면서 사회운동계에서도 주목하게 되었다. 진보적인 사회운동 단체에서는 형평사가 신분 차별 철폐의 사회 개혁에 멈추지 말고, 계급 해방의 선두에 서기 바란다는 속마음을 감추지 않았다. 창립 축하식의 성과는 그 다음 날 진주청년회관에서 열린 각 지역 백정 대표자 회의에서 다시 확인되었다.

이 회의에서 참석자들은 향후 형평운동의 발전에 기여할 몇 가지 사항을 결정하였다(《조선일보》1923. 5. 21). 첫째, 형평사를 전국 조직으로 확대할 것을 재차 결의하였다. 사칙대로 도(道)에는 지사, 군(郡)에는 분사를 설치하기로 하였다. 또 중앙 본부인 본사에는 서무부, 재무부, 외교부, 교육부, 정행부(正行部)의 다섯 부서를 두기로 하였다. 둘째, 임원진을 개편하였다. 창립 때 진주 사람만으로 구성하였던 임원진에 다른 지역의 유력자가 참여하게 되었다. 본사 위원에 부산의 이성순, 조익선, 마산의 박유선, 이상윤, 대구의 김경삼 등이 가담하였고, 부산 조주선, 대구 김경삼, 충남 논산 천명순, 충북 옥천 강태원 등이 지사장으로 선임되었다. 그들은 백정 출신으로 대개 피혁상이나 수육상으로 재력을 쌓은 지역의 유력자들이었다. 조직 확대와 본사의 임원진 개편으로 형평사는 비로소 전국 조직의 면모를 갖추게 되었다. 그러면서 진주의 형평사는 백정 신분 해방을 이끄는 형평운동의 전국 본부라는 위상을 갖게 되었다. 그 동력은 축하식 이후의 조직 확대로 이어졌다.

진주의 지도부는 곧바로 중부 지방 이남의 조직 확대를 위한 순회단을 편성하였다(김중섭 2012, 238~239). 창립 축하식을 준비하면서 경상남도 지역을 순회하였는데, 그 범위를 충청도, 전라도로 확대한 것이다. 강상호와 이학찬을 한 조로, 그리고 장지필과 신현수를 다른 한 조로 구성하여 대전, 공주, 논산, 조치원, 천안, 청주 등 충청도 지역과 광주, 정읍, 목포, 김제, 군산, 익산군 이리, 전주 등 전라도 지역의 주요 도시를 순회하였다. 그들은 형평사의 창립 취지를 알리고, 각 지역의 형평 분사 결성을 추진하였다. 현지에서는 그들의 방문에 맞추어 집회를 가졌다. 지사나 분사의 결성대회나 창립 축하식을 여는 곳도 있었다.

본사 임원들의 순회 활동에 따라 충청도와 전라도 지역에서 형평운동이 빠르게 확산되었다(김중섭 1994, 108~115). 5월 21일 중부 지역 백정 100여 명이 참석한 가운데 대전에서 열린 남조선 형평대회는 중부 지역의 조직 확산과 형평운동의 활성화의 계기가 되었다(《동아일보》 1923. 5. 28). 여러 지역에서 형평사 분사가 결성되었고, 각 지역 백정들이 형평운동에 적극 동참하게 되었다. 전북 익산 이리(오늘날의 익산)에서는 동인회, 김제에서는 서광회라는 독자적인 명칭의 단체를 결성하였다가, 곧 바로 형평분사로 이름을 바꾸었다.

요컨대, 형평사가 짧은 기간에 전국 조직으로 발전하게 된 것은 지도부의 적극적인 홍보 활동, 각 지역 백정들의 열렬한 성원, 그리고 사회운동가들의 협력 덕분이었다. 특히, 수백 년 동안 차별과 억압을 겪으며 살아온 백정들은 형평사 창립을 열렬히 환영하였다. 혈연, 지연, 직업 등을 통하여 형성된 그들의 결속력과 연대 의식은 각 지역의 형평사 결성과 활동 기반이 되었다. 한편, 3.1운동 이후 각 지역에서 활발하게 전개되고 있던 사회운동은 형평운동 발전의 토양이 되었다. 사칙에 반영된 '개방적 충원 원칙'에 따라 출신 배경에 관계없이 누구나 형평운동에 참여할 수 있었기 때문에 비백정 출신의 지역 사회운동 활동가들이 적극적으로 형평운동에 협력하였다. 정읍, 나주, 영광, 담양, 군산, 고창 같은 지역에서는 사회운동가들이 앞장서서 형평사 조직을 결성하였고, 정읍의 최중진, 이리의 임환환, 광주의 서정희 같이 지역의 이름난 직업적 사회운동가들이 이웃 지역까지 지도력을 행사하여 형평사 조직 결성을 지원하기도 하였다.

조직 확대와 더불어 형평사는 명실공히 백정 차별 철폐와 신분해방을 도모하는 전국 규모의 단체의 위상을 갖게 되었다. 본사는 진주에 위치하고, 각 도에는 지사를, 군이나 주요 지역에는 분사를 둔다고 규정한 사칙(제2, 14, 15조)대로, 형평사는 본사, 지사, 분사(分社)의 위계를 갖춘 전국 조직이 되었다. 이렇게 진주 지도부의 의도대로 형평사가 전국으로 확대되면서 진주는 형평운동의 발상지이자 중심지로 인식되었다. 형평사가 빠르게 확장하여 창립 첫 해에 지사 12개, 분사 67개가 조직되었다(朝鮮總督府 1926, 183). 그런데 조직 확대의 지역 간 편차가 두드러지게 나타났다. 분사의 지리적 분포를 보면, 경남 17개, 경북 11개, 충남 16개, 충북 7개, 전남 6개, 전북 6개 등 남부 지역에는 조직이 빠르게 생겨났다. 그런데 북

부 지역에는 조직이 결성되지 않았다. 평안북도와 평안남도에 지
사만 있을 뿐 분사는 하나도 없었고, 황해도, 함경남도, 함경북도
에서는 조직이 전혀 결성되지 않았다. 제2장에서 살펴본 바와 같이
백정 존재의 지리적 분포와 형평운동의 활성화 양상은 일치되어 나
타났다.

지역 간의 편차가 있지만, 형평운동이 전국적인 사회운동으로 발
전한 것은 주지의 사실이었다. 형평운동의 발전은 한국 사회에 커
다란 파장을 가져왔다. 적극적으로 지지하는 집단도 있었지만, 적
대적인 반대 활동도 일어났고, 통치 세력인 일제의 방관과 간섭, 탄
압도 나타났다. 이러한 다양한 반응은 형평운동의 전개 과정에 직
간접적으로 커다란 영향을 미쳤다(김중섭 2012, 240~249). 우선, 백
정들과 사회운동계의 적극적인 지지는 형평운동 발전의 실질적인
원동력이 되었다. 국내외 사회운동 단체와 활동가들은 지지 세력
으로서 형평운동이 사회운동계의 일원으로 자리 잡는 데 크게 이바
지하였다. 그들은 동지(同志)의 입장에서 형평운동에 직접 참여하거
나 연대와 협력 활동을 도모하였다. 전통 사회에서 '버림받은 집단'
으로 취급되며 차별받아온 백정의 권리 증진은 근대 사회로 나아가
는 개혁으로 인식되었던 것이다. 형평운동에 대한 지지 분위기에
서 후원 집단은 사회 개혁에 관심을 가진 지식인, 특히 언론계로 확
산되었다. 그들의 협력 덕분에 《조선일보》, 《동아일보》 등 3.1운동
이후 창간된 한글 신문은 형평사 활동을 알리는 주요 매체가 되었
다. 이들 언론 매체는 형평운동 관련 사건을 보도하였을 뿐만 아니
라 사설이나 칼럼을 통하여 형평운동을 지지하고 후원하였다(김중섭
1994, 255~257).

반면에, 형평사 창립과 발전에 반감을 가진 적대 세력도 있었다.
차별 관습을 유지하고자 하는 '편협한' 보수 집단은 형평운동의 확
산에 반발하면서 탄압하였다. 진주 지역의 경우, 형평사 창립 축하

식을 준비할 때부터 그러한 조짐이 나타났고, 급기야는 대규모의 형평운동 반대 활동으로 폭발하였다. 그 조짐은 창립 축하식의 여흥 요청을 진주기생조합이 거절한 것에서 엿볼 수 있다. 창립 축하식 이후 형평사에 대한 적대감이 더욱 널리 확산되었다. 결국 열흘 뒤 형평운동에 반대하는 집단행동이 일어나면서 형평사 측과의 폭력적인 충돌로 이어졌다. 차별 관습에 젖어 있는 사람들이 형평운동의 취지를 이해하지 못하고 못마땅하게 여기면서 형평사 측을 공격한 것이다. 제7장에서 자세하게 살펴보겠지만, 형평사 반대 활동과 충돌은 형평운동 전개 과정에 커다란 영향을 미쳤다.

형평운동을 둘러싸고 지지 세력과 반대 세력이 대립하는 상황에서 식민 지배 세력인 일제의 태도도 형평운동의 전개 과정에 커다란 영향을 미쳤다. 일제는 기본적으로 형평운동에 호의적이지 않았지만, 적어도 초기에는 조선 사람끼리의 갈등이나 싸움으로 간주하면서 개입하지 않고 다소 방관하는 듯한 태도를 보였다. 한편으로 갈등을 조장하는 듯하면서도, 다른 한편으로는 형평사 측의 호적 차별 표시 삭제 요구를 받아주는 등 형평사와 부딪치지 않으려고 하였다. 그렇지만 일제는 백정의 직업 안정, 생활수준 향상, 차별 관습 해소 등을 위한 정책적 배려는 전혀 하지 않았다. 오히려 형평사 측이 반일 세력으로 발전할까 우려하며 감시를 강화하였다. 통제 대상인 사회운동 세력으로 간주하였던 것이다. 요컨대, 일제는 간섭하지 않으면서 경계하고, 그러면서도 백정 문제를 해결하려고 하지 않는 다중적인 태도를 보였다.

이렇게 복합적인 환경에 둘러싸인 형평사는 산적한 과제를 안고 있었다. 차별 관습을 없애는 한편, 형평사원들의 사회적 지위 향상을 위한 활동이 필요하였다. 아울러 급변해가는 사회 변화 속에서 전통적 공동체의 와해, 전통 산업에서 누리던 경제적 기득권의 박탈 등 형평사원들이 겪고 있는 현안 과제를 해결해야 했다. 형평사 지도부는 지역 순회에서 돌아온 뒤 향후 활동 방향을 모색하면서 조직 확장과 활동의 활성화가 문제 해결의 관건이라고 보았다(《조선일보》1923. 6. 21). 그에 따라 본사와 지사, 분사의 유대와 협력을 지속해 가는 한편, 사원들을 위한 활동을 확충하기로 하였다. 본사 기금을 이용하여 직업 없는 사원들에게 일자리를 만들어주기 위하여 인쇄업을 하기로 하고, 자금이 늘어나는 대로 다른 사업을 확장해가기로 하였다. 또 사원 교양과 교육을 위하여 신문과 잡지의 구독을 적극 권장하고, 야학 강습소를 설치 운영하기로 하였다.

이와 같이 형평사의 창립은 신분제의 잔재를 청산하고 차별 없는 평등 사회를 지향하는 역사적 과정의 의미 깊은 출발점이었지만, 조직을 확장하고, 활동을 활성화하고, 차별 사건으로 벌어지는 일반인들과의 충돌에서 사원을 보호하고, 사원들의 경제 상황을 개선하고, 사원 계몽 사업을 벌여야 하는 많은 과제를 안고 있었다.

2. 수평사의 창립과 조직화

(1) 수평사의 창립 과정

형평사 창립 1년 전, 1922년 3월 3일에 전국 각지의 부락 대표자들이 참가한 가운데 부락민의 신분 해방을 위한 '전국수평사(앞으로 수평사로 줄임)'의 창립대회가 교토의 오카자키(강기, 岡崎)공회당에서 열렸다. 이것은 1940년대 중반까지 부락해방운동을 이끄는 핵심 단체의 출발이었다. "수평선처럼 평등한 사회를 도모하는 단체"라는 뜻의 수평사라는 단체 명칭에는 부락 차별이 없는, 모든 사람이 평등한 수평 사회를 향한 염원이 담겨 있었다. 그래서 '수평'은 부락해방운동을 대표하는 상징적 개념이 되었다. 수평사는 부락개선활동을 벌이는 융화 단체와는 달리 부락민들만이 참여하였다. 주체 세력인 백정과 부락민의 역사적 경험이나 사회 경제적 상황은 비슷하였지만, 수평사와 형평사의 창립 과정이나 양상은 여러 가지 면에서 달랐다.

수평사 창립을 주동한 사람들은 나라(내량, 奈良)현의 제비회(燕會) 회원들이었다(Neary 1989, 36~46; 部落解放硏究所 1989, 중권 181~184; 일본부락해방연구소 2010, 232~234; 秋定嘉和 2004, 65~73). 제비회는 1919년 봄 나라현의 부락 출신인 사이코 만키치(서광만길, 西光万吉), 사카모토 세이치로(판본청일랑, 阪本清一郎), 고마이 기사쿠(구정희작, 駒井喜作) 등이 주축이 되어 만든 단체였다. 제비회 회원들은 개인적인 차별을 겪으면서 사회 개혁을 꿈꾸었다. 수평사 창립과 수평운동 전개에 핵심적인 역할을 한 사이코 만키치의 경험은 단적인 사례였다. 나라현 와키가미(액상, 掖上) 마을의 가시와라(백원, 柏原) 부락에서 태어난 사이코 만키치는 차별로 말미암아 상급학교를 중퇴하고 그림을 배우기 위하여 도쿄로 갔다. 그런데 차별을 겪으면서 꿈을 접고 다시 고향으로 돌아오게 되었다. 그리고 사카모토 세이치로 등과 함께 제비회를 결성하였다. 제비회라는 이름은 단체를 만든 5월에 제비가 돌아온다는 것에 착안한 것이지만, 멀리 남양의 섬으로 떠나갈 꿈을 반영한 것이라는 해석도 있다. 이 단체의 주요 활동 내용은 저리 금융, 소비조합, 강연회 등 생활 개선과 마을 민주화를 위한 것이었다. 제비회 회원들은 1920년에 결성된 사회주의동맹에 가입하여 활동하면서 부락민 스스로 행동하여 차별을 없애야한다고 주장하는 사노 마나부(좌야학, 佐野學)의 영향을 받게 되었다(佐野學 1921). 그래서 부락민이 주체적으로 부락해방을 이루기 위한 단체를 결성하기로 마음먹었다.

사회주의 영향을 받은 사이코와 사카모토 등은 도쿄에 가서 사노 마나부를 직접 만나 격려를 받았다. 그러면서 단체 결성을 서두르

게 되었다. 인류는 원래 불평등해서는 안 되고, 역사의 진보는 '수
평 사회'로 간다는 확신을 갖고 사카모토가 단체 이름을 수평사라
고 작명하였다. 사이코 등 제비회 회원들은 가시와라 부락에 수평
사 창립 사무소를 설치하고, 수평사 창립 취지를 담은 문건을 작성
하여 곳곳에 보내기로 하였다. 그래서 부락민 해방 운동을 위한 전
국 조직을 결성한다는 취지를 담은 "좋은 날을 위하여 : 수평사 창
립 취지서"라는 문건을 제작하였다. 이 취지서에서 그들은 사노 마
나부가 제시한 해방의 원칙을 인용하며 "일어나라, 새 시대의 여명
이 밝았다"고 주장하였다. 이 취지서는 대화동지회(大和同志會) 기관
지《명치지광(明治之光)》의 구독자 명부를 활용하여 전국의 부락에
배포되었다. 부락개선활동을 벌이며 융화운동에 참여하던 대화동
지회는 수평사 창립 정신에 동의하지 않았지만, 그 명부는 수평사
창립 취지를 널리 알리는 데 긴요하게 쓰인 셈이었다.

   1921년 10월 경, 교토의 미나미 우메키치(남매길, 南梅吉)는 교
토 청년들과 함께 나라에 갔다가 대화동지회 회장을 방문하였는데,
그 자리에서 사카모토 세이치로를 만났다. 그것을 계기로 나라 청
년들과 교토 청년들이 수평사 창립 취지에 공감하며 결합하게 되었
다. 미나미가 사쿠라다 기쿠조(앵전규구삼, 桜田規矩三)를 사카모토에
게 소개하여 사쿠라다도 참여하게 되었다. 또한 수평사 창립 취지
에 공감한 오사카(大阪)의 기모토 본진(목본범인, 木本凡人)이 창립 취
지서 발간에 소요되는 비용을 기부하면서 오사카에도 수평운동의
거점이 생겼다(部落問題硏究所 엮음 1986, 238). 이와 같이 진주 주민
들만 계획하고 추진한 형평사의 경우와 달리, 수평사는 창립을 준
비하는 단계부터 긴키(근기, 近畿) 지방의 부락민들이 참여하였다(部
落問題硏究所 엮음 1986, 238; 手島一雄 2012; 駒井忠之 2002).

   그 시기에 관과 유력자 중심의 대일본평등회가 결성되어 부락 개
선을 위한 활동을 추진하고 있었다. 이 단체는 1922년 2월 오사카

에서 '동포 차별철폐 대회'를 열 계획을 갖고, 1월에 준비모임을 가졌다. 그 준비모임에 수평사 창립대회를 준비하고 있던 젊은이들도 참석하였다. 그들은 종래의 부락해방운동의 한계를 지적하면서 부락민 자신의 힘에 의한 부락해방을 주장하며 수평사 창립 취지를 설명하였다. 거기에 있었던 오사카부 사카이시의 이즈노 리키조(천야리희장, 泉野利喜藏)는 훗날 이 모임을 수평사 창립 움직임의 시작으로 기억하였다. 그도 수평사 창립 회원으로 참여하게 되었던 것이다(部落問題研究所 엮음 1986, 242).

한편, 수평사 창립을 주도하는 젊은이들은 교토, 오사카 등지에서 창립을 선전하는 연설회를 개최하며 부락민 대중의 지지를 호소하였다. 그리고 그들은 2월에 지사, 시장 등 관리들과 지역 유력자들이 참석한 가운데 오사카의 나카노시마(중지도, 中之島) 공회당에서 열린 대일본평등회의 동포 차별철폐 대회장에 들어가서 교토에서 수평사 창립 집회가 열린다는 사실과 '특수부락민 해방의 자발적 집단 운동을 일으키자'는 취지를 담은 인쇄물을 살포하였다. 관과 유력자들이 만들어놓은 집회를 수평사 창립 선전장으로 활용한 셈이었다.

수평사 창립 배경에는 제2장에서 살펴본 것처럼, 근대화 초기부터 부락민들이 경험한 차별과 시혜적인 입장에서 접근하는 일본 정부 정책이 깔려 있었다. 융화라고 일컬어지는 정부 정책은 궁핍이나 차별과 같은 부락의 실질적인 문제를 해결하는 데 미온적이었다. 또 부락의 유력자 중심으로 시행하는 부락개선활동은 부락의 일반 민중에게는 실질적인 혜택을 주지 못하는 방식이었다. 또 1918년의 쌀소동을 경험하면서 부락민들은 차별과 억압과 억울한 사회적 대우를 스스로 해결해야 한다고 자각하게 되었다. 특히, 부락 문제를 신분제의 유산으로 인식하게 되었다. 지배자와 천민의 지배 관계를 용인하며 사회 질서를 유지하려고 하는 정부의 부락 문제 접근 방식에 대항하여 자신들의 권익 보호와 신분 해방을 위한 독자적이며 주체적인 활동이 필요하다는 것을 자각하였다.

그러면서 쌀소동 이후 1920년대 초에 부락민들의 독자적인 조직이 전국 곳곳에서 생겨났다. 대표적인 예로, 1920년에 나라현의 삼협사(三協社), 1921년에 와카야마(화가산, 和歌山)현의 직행회(直行會), 마쓰모토 지이치로(송본치일랑, 松本治一郎)가 주도한 후쿠오카(복강, 福岡)의 축전규혁단(筑前叫革団)이 활동하였다. 그리고 1921년 2월 도쿄에서 열린 제2회 동정(同情)융화대회에서 히라노 쇼켄(평야소검, 平野小劒)은 민족자결단(民族自決団)의 이름으로 유인물을 살포하기도 하였다(部落解放研究所 1989, 중권 179). 나라현의 제비회도 그러한 단체 가운데 하나였다. 여러 지역에서 자생적으로 생겨난 이 단체들은 부락 상황을 일깨우고 부락민의 연대감을 형성하는 데 이바지하였다. 차별을 겪으면서 개별적으로 활동하던 전국 곳곳의 부락민 단체들은 수평사 창립을 지지하는 주요 기반이 되었다. 이와 같이 자력 부락해방을 내건 수평사의 창립 과정에는 개인적 차원이건, 집단적 차원이건, 부락 차별을 경험한 전국 곳곳의 부락민과 부락 단체의 지지가 있었다.

나라현 제비회 회원들이 제안하고 준비한 대로 수평사 창립대회가 교토시 공회당에서 열렸다. 오카자키공원에 위치해 있는 탓으로 흔히 오카자키 공회당이라고 불리는 건물이었다. 대회장 앞에는 "300만 명의 절대 해방, 특수부락민의 대동단결, 전국수평사 창립 오후 1시부터"라고 쓰인 벽보가 붙어 있었다. 대형 회의장은 많은 참석자들로 입추의 여지가 없었다. 흔히 3,000명이 참석하였다고 하지만, 언론에서는 700명이라고 보도하였고, 경찰은 1,000명이라고 발표하였다(守安敏司 2012, 12). 동쪽으로는 후쿠시마(복도, 福島)에서 서쪽으로는 시코쿠(사국, 四國)에 이르기까지 여러 지역의 부락민 대표자들이 대거 참석하였다. 조직적으로 참석한 단체도 있

었다. 참석자 배경이나 규모 면에서 70~80명이 모여 진주청년회
관에서 진주만의 행사로 치러진 형평사 창립 모임과는 크게 대조가
되었다. 또 진주는 한반도 최남단에 위치한 중소 도시였지만, 수평
사 창립대회가 열린 교토는 도쿄로 천도하기 전 1,000년 동안 일본
의 수도였고, 지금도 여전히 일본의 제2도시 오사카에 인접한 간사
이 지방, 더 나아가 서일본의 중심 도시였다. 동일본보다 서일본에
서 부락 차별이 심하다는 점을 감안할 때 그 중심지에서 부락해방
의 기치를 높이 세우는 행사가 열린 셈이었다.

　수평사 창립대회는 초대 위원장을 맡기로 한 미나미 우메키치의
개회사로 시작되었다. 사카모토 세이치로의 경과보고, 사쿠라다 기
쿠조의 강령 발표, 고마이 기사쿠의 선언 낭독, 요네다 도미(미전부,
米田富)의 결의문 낭독, 이즈노 리키조의 축사, 축전, 격려문 낭독
으로 이어졌다. 그리고 의장을 맡은 미나미 우메키치가 창립대회를
무사히 마쳤다는 선언과 함께 참석자들의 '에타 만세', '수평사 만
세' 합창으로 대회를 마쳤다. 그 후 각지에서 온 대표자들의 연설이
이어졌다. 그 가운데는 나라현에서 온 16살의 야마다 고노지로(산
전효야차랑, 山田孝野次郎)도 있었다. 학교 교사와 학생들로부터 받은
차별을 증언하면서 학교나 지역에서 차별을 없애 달라고 호소하였
다. 또 여성의 자각과 행동을 호소하는 여성 대표의 연설도 있었다.
차별 경험을 전하는 그들의 연설에 청중들이 감동받으며 부락해방
과 인간 해방을 위한 수평운동에 매진할 것을 다짐하였다(部落解放
研究所 1989, 중권 181~184).

　그리고 저녁 6시부터는 공회당 별관에서 각지 대표자들이 참석
한 가운데 협의회가 개최되었다. 창립대회와 달리, 자격 제한을 두
어 200명 정도의 부락민만 참가하였다. 특히, 부락민이 아닌 행정
관계자들은 참석이 거부되었다. 부락민에 의한 부락민 단체라는 점
이 거듭 확인된 것이다. 이 협의회는 수평사의 성격이나 활동 방향,

임원 구성 등 주요 사항을 논의하는 자리가 되었다. 또 선언문 등에 사용된 '특수부락민'의 의미에 대하여 논란이 일어났다. 특수부락민이란 단어는 해방령 이후 쓰인 '신평민'이라는 차별 호칭 대신에 정부에서 쓰는 용어인데 '특수'라는 것 자체가 차별 의미가 있다고 지적된 것이다. 그리고 전국수평사 연맹본부의 임원 선출이 이루어졌다. 중앙집행위원장에 교토의 미나미 우메키치, 중앙집행위원으로 나라의 사이코 만키치, 사카모토 세이치로, 고마이 기사쿠, 교토의 사쿠라다 기쿠조, 오사카의 이즈노 리키조, 도쿄의 히라노 쇼켄 등이 선출되었다. 그들은 간사이, 도쿄 등지에서 수평사 창립에 협력해온 활동가들이었다. 제6장에서 자세하게 살펴보겠지만, 그들은 수평사 이전에도 여러 단체에서 독자적으로 활동한 경험이 있었다. 이념이나 경력도 다양하였다. 일부는 융화운동에 참여한 경험이 있었고, 다른 사회운동 단체에서 활동한 경우도 있었고, 사회민주주의 경향을 가진 활동가도 있었다.

　수평사 창립대회는 향후 수평운동뿐만 아니라 오늘날의 부락해방운동에까지 영향을 미치는 역사적 사건이었다. 창립대회는 좁은 의미로 선언 등을 채택한 공식 행사를 의미하는 것이지만, 넓은 의미로는 그 후의 연설회와 밤에 열린 협의회를 포함한다(守安敏司 2012, 14). 사전에 준비한 대로 일련의 순서로 발표된 강령, 선언, 결의 등은 수평사 창립 취지와 부락해방의 결연한 의지를 보여주고 있다. 다음 장에서 자세히 살펴보겠지만, 사이코 만키치가 초안을 쓰고 히라노 쇼켄이 첨삭한 '선언'은 관 주도의 부락개선활동과 다른 방식의 부락해방운동을 시작한다는 것을 분명하게 보여주었다(朝治武 2001). 이것은 수평사가 부락민 차별을 철폐하고 그들의 인권을 보호 증진하기 위한 부락해방운동을 지향한다는 것을 밝히고 있다. 부락민의 주체적인 행동을 통한 완전한 해방 쟁취는 자연스럽게 강령의 첫 번째 사항이 되었다. 전국 조직을 통하여 부락민의 자주적 부락해방운동을 펼치고자 한 것이다.

수평사는 회원 자격을 부락민에게만 부여한 것이 하나의 특징이었다. 모든 사람에게 개방한 형평사와 달리, 수평사가 참여 자격을 제한하는 폐쇄적 충원 방식을 채택한 것은 부락민 자력으로 해방을 이룬다는 수평사의 정신을 반영한 것이었다. 관(官)과 민(民)의 협력으로 부락 개선을 추진하는 부락개선활동이나 융화운동에 대한 비판적 평가의 결과였다. 곧, 비부락민에게 문호를 개방한 융화 단체와 달리, 수평사는 회원 자격을 부락민으로 제한한 것이다. 그리하여 비부락민의 동정과 지원을 기대하는 융화단체나 유력자 중심의 부락민 단체들과 달리, 수평사는 부락민 권익 보호와 부락해방이라는 궁극적인 목표를 부락민들의 힘으로 달성하려는 자력 해방운동이라는 것을 분명하게 확립하였다(Neary 1989, 66~74).

이와 같은 특징은 부락민들의 내부 결속을 강화하는 데 기여하였다. 그런데 배타적인 순수 혈통주의로 인식되어 다른 사회운동 단체와 협력하거나 연대할 때 걸림돌이 되기도 하였다. 또 기존의 사회 체제를 유지하며 부락을 개선하려는 단체들과 달리, 수평사는 사회 체제를 바꿔야한다는 입장을 명백히 밝혔다. 이렇게 수평사가 정부의 융화정책에 대항하여, 배타적이며 사회주의 경향이 농후한 이념적 지향성이나 정치적 입장에서 부락민 중심의 사회 변혁 활동을 꾀한다는 점을 미리 파악한 일본 정부는 수평사 창립 대회 전날 부락개선비를 200만 엔으로 증액하는 조건으로 수평사 결성을 중지시키려고 회유하였다. 그러나 일본 정부의 회유는 성공하지 못하였다.

(2) 전국 조직화

수평사 창립은 부락해방운동의 새로운 기원으로 평가된다. 수백 년 동안 차별과 억압을 겪어온 부락민들이 자력으로 차별 철폐와 신분 해방을 하겠다는 조직을 만든 것은 유례가 없었다. 부락민 조직은 도쿠가와 막부 시대에도 있었다. 또 근대화가 시작된 메이지 유신 이후에 정부와 부락민 유력자들 중심으로 부락개선활동을 전개하였다. 그렇지만 부락해방을 위한 독자적이며 주체적인 전국 조직은 수평사가 처음이었다. 자연히 수평사는 정부의 견제와 감시를 받게 되었고, 융화단체와도 경쟁해야 했다. 수평사를 반대하거나 차별 관습을 유지하려는 보수적인 우익 단체로부터 공격받을 위험이 상존하였다. 그렇지만 전국적인 홍보와 핵심 활동가들의 치밀한 준비를 통해 거행된 창립대회는 전국의 부락민뿐만 아니라 일본 사회의 구성원, 특히 사회운동계에 커다란 파장을 몰고 왔다.

부락민의 경험과 복합적인 사회적 여건이 작용하는 가운데, 창립대회를 마친 수평사 관계자들은 본격적인 조직 구성과 활동을 추진하였다. 창립대회 이후 각 지역의 부락민들이 자발적으로 수평사 지역 조직을 결성하기 시작하였다. 수평사에 대한 부락민들의 견고한 지지에 기반하여 조직이 빠르게 확산되었고, 진보적 이념을 가진 사회운동 단체의 협력과 연대가 가시화되었다. 형평사의 경우는 창립 모임 이후 20일 만에 열린 축하식을 기점으로 본사의 주도 아래 각 지역에 하부 조직이 빠르게 생겨났지만, 수평사 조직은 각 지역 부락민들이 주체적으로 참여하면서 꾸준히 생겨났다. 창립대회에서 채택된 규칙 성격인 '칙(則)'에 따라 중앙에 '전국수평사 연맹 본부'가 설치되고, 광역인 각 부현(府縣)과 생활 터전인 부락에 수평사가 생겨났다. 부현의 광역 행정 단위와 함께 생활 터전인 부락 단위의 수평사 결성이 중요하다고 인식하면서도, 창립 당시에 그 둘

사이의 위계질서는 뚜렷하게 구분하여 설정하지 않았다. 수평사에는 상하가 없다는 가치를 조직 방침에 반영하려고 하였던 것이다. 따라서 부현의 광역권 수평사와 기초자치단체인 시정촌(市町村)이나 지구 단위의 수평사가 지역 형편에 따라 동시에 생겨났다.

창립대회 이후 제일 빨리 지역 수평사가 결성된 곳은 교토였다. 도쿄수평사가 3월 20일에 창립 준비모임을 가졌지만, 최초의 지역 수평사는 4월 2일에 동시에 결성된 교토부수평사와 교토 내의 다나카(전중, 田中)수평사였다. 전국수평사가 창립한 지 한 달만이었다. 창립 첫 해인 1922년에 결성된 부현 수평사 상황을 보면, 교토부수평사 설립 이후 4월 14일 사이타마(기옥, 埼玉)현, 21일 미에(삼중, 三重)현, 5월 10일 나라현, 8월 5일 오사카부, 11월 10일 아이치(애지, 愛知)현, 11월 26일 효고(병고, 兵庫)현의 수평사가 결성되었다. 그 후에 도쿄, 군마(群馬, 군마), 도치키(회목, 栃木) 등지에서도 광역 수평사가 결성되었다.

그 사이에 기초자치단체의 지역 단위에서도 수평사가 지속적으로 결성되었다. 1922년 12월의 내무성 경보국(警保局) 보고에 따르면, "현존하는 수평사 단체 수는 전국수평사(본부)를 포함하여 22개였다. 나라현 9곳, 미에현 6곳, 오사카부 3곳, 교토부 2곳, 사이타마현 1곳, 아이치현 1곳이다. 회원 수는 정확하게 파악되지 않지만, 미에현수평사 본부가 685명으로 제일 많다"고 하였다. 또 1923년 3월의 내무성 경보국 조사는 "현존하는 수평사 단체 수는 전국수평사 본부(교토)를 포함하여 28개였다. 나라현 10곳, 미에현 9곳, 오사카 3곳, 교토부 2곳, 효고, 사이타마, 군마, 아이치 각 1곳이며, 회원 수는 미에현에 있는 수평사가 1,217명으로 제일 많고, 그 다음으로 나라현에 726명"이라고 기록하였다(部落問題研究所 엮음 1986, 251~252; 部落解放研究所 1989, 중권 184). 그러나 훗날 각 지역의 상황을 취재 조사한 바에 따르면, 창립 후 1년 동안 결성된

수평사 조직 수는 3개부 21개현 220개사나 되었다(秋定嘉和 2004,
73). 수평사와 융화단체가 혼재한 상황에서 현지 경찰 정보에 의존
하는 경찰 조사 보고는 정확하지 않을 가능성이 크다고 판단된다.
그렇지만 광범위한 지역에서 인구가 많은 부락을 중심으로 수평사
가 결성되기 시작하였다는 것을 보여준다. 특히, 나라, 미에, 오사
카 등 긴키 지방에 집중해 있다는 것을 알 수 있다.
　전국 곳곳에 지역 조직이 만들어지면서 수평사는 부락해방운동
을 이끄는 핵심 단체가 되었다. 교토의 미나미 우메키치 집에 사무
실을 설치한 '전국수평사 연맹본부'는 전국의 수평운동을 이끌어 가
는 본부가 되었다. 지역에 따라서는 융화단체와 경쟁하였기 때문에
융화단체의 활동이 활발한 곳에서는 수평사 결성이 부진하기도 하
였지만, 전반적으로 수평사의 조직 결성이 빠르게 확산되었다. 특
히, 1923년에 들어서서 더욱 활발해졌다. 간토(관동, 関東) 지방에
서는 1923년 3월 23일 군마현에 있는 간토수평사와 군마현수평사
가 처음 결성되었다. 3월 31일에 시즈오카(정강, 靜岡)현수평사와 도
치키현수평사의 창립 준비모임이 있었다. 4월부터는 주고쿠(중국,
中國), 시코쿠, 규슈(구주, 九州) 지방에서도 수평사가 조직되었다. 4
월에는 고치(고지, 高知)현수평사, 4월 18일 에히메(애원, 愛媛)현수평
사, 4월 18일 시가(자하, 滋賀)현수평사(원래 이름은 다카라노키(宝の木)
수평사)가 결성되었다. 그리고 5월 1일에는 대표적인 수평운동 지
도자인 마쓰모토 지이치로가 이끄는 전(全)규슈수평사가 결성되었
고, 그 후 현 단위로 사가(좌하, 佐賀)현(6월 17일), 후쿠오카현(7월 1
일), 구마모토(웅본, 熊本)현 등지의 수평사가 결성되었다. 그밖에도
긴키 지방의 와카야마현과 주고쿠 지방의 오카야마(강산, 岡山)현(5
월 10일), 야마구치(산구, 山口)현(5월 10일), 돗토리(조취, 鳥取)현(7월
12일), 히로시마(광도, 廣島)현(7월 30일)의 광역 단위 수평사가 결성
되었다(部落解放·人權硏究所 엮음 2011, 12). 그러한 추세는 기초 지

역 단위에서도 크게 다르지 않았다. 이렇게 조직 결성이 빠르게 확산되면서 서일본 전역에서 수평사가 설치된 셈이었다.

3. 형평사와 수평사의 창립 과정 비교 이해

지금까지 살펴본 바와 같이, 형평사와 수평사는 백정과 부락민에 대한 차별을 없애고 그들의 권익을 보호한다는 비슷한 목표를 갖고 있다. 19세기 말 사회 개혁 분위기에서 법제적 차원의 신분 해방에도 불구하고, 일상생활이나 제도적 차원에서 지속되는 차별과 사회적 경제적 어려움을 겪고 있는 백정이나 부락민의 상황을 타개하기 위해서 두 단체가 결성된 것이다. 두 단체의 조직 특성이나 사회 환경은 비슷한 점도 많았지만, 다른 점도 적지 않았다. 특히, 결성 과정이나 특징, 구성원과 지도 세력의 성격 측면에서 달랐다.

우선, 결성 과정을 살펴보면, 형평사는 경남 진주에서 지역 주민들만 참석한 가운데 '진주의' 단체로 결성되었다. 형평사는 백정에 대한 신분 차별 철폐와 평등 대우를 목적으로 내걸었지만, 3.1민족해방운동 이후 전국적인 사회 개혁 분위기에서 백정들과 비백정들의 협력 아래 결성되었다. 형평운동은 한반도의 최남단에 소재한 작은 도시 진주에서 시작되었지만, 다른 지역에서 조직이 빠르게 결성되면서 전국적인 사회운동으로 발전하였다. 반면에, 수평사는 부락민에 대한 편견과 차별이 극명하게 드러난 1918년의 쌀소동을 겪으면서 부락민들이 자신들의 힘으로 부락해방을 이루어야 한다는 인식 아래 만들어졌다. 따라서 수평사는 부락민 순혈주의적 성격을 가진 배타적 충원 방식을 채택하였다. 수평사 결성을 준비하는 나라의 젊은 활동가들은 수평사 창립에 협력할 동지를 모아 단체 결성을 준비하면서 창립 사실을 전국적으로 알려 참여를 독려하였다. 그 결과 1922년 3월의 수평사 창립대회는 전국에서 모인 수 많은 부락민들이 참석한 가운데 진행되었다.

요컨대, 충원 방식을 보면, 형평사는 모든 사람의 참여를 보장 하는 개방형이었는데, 수평사는 부락민에게만 참여 권리를 보장 하는 폐쇄형을 채택하였다. 그리고 형평사는 진주의 비백정 사회 운동가들과 백정 유력자들 중심의 지역 단체로 창립되었지만, 수 평사는 처음부터 전국 조직을 목적으로 준비하여 여러 곳의 부락 민 지도자들이 참여한 가운데 창립되었다. 형평사는 먼저 진주에 서 결성된 뒤 그 주도 아래 다른 지역에 조직이 생겨나면서 진주의 형평사가 본사 위상을 갖게 된 반면에, 수평사는 전국 조직을 먼저 결성한 뒤, 각 지역의 조직이 생겨나는 내림 방식의 조직 과정으로 진행되었다.

조직 발전의 지리적 분포를 보면, 진주에서 결성된 형평사는 경 남 지역을 시발로, 중부 이남의 삼남 지역으로 확산되었지만, 북 부 지역에는 조직이 거의 결성되지 않았다. 반면에, 전국의 활동가 들과 부락민이 참석한 가운데 창립대회를 가진 수평사는 전국 곳곳 에서 조직 결성이 빠르게 이루어졌다. 특히, 나라, 오사카, 교토 등 긴키 지방을 비롯하여 주고쿠, 시코쿠, 규슈 지방에서 조직 결성이 활발하였으며, 동쪽으로는 간토 지방까지 확산되었다. 그러나 도호 쿠(동북, 東北) 지방을 비롯하여 동일본 지역에는 조직 결성이 거의 이루어지지 않았다. 이와 같은 지리적 확산의 특징은 그 지역에 거 주하는 백정과 부락민의 수적 차이와 신분 차별의 사회 문화적 분 위기가 반영된 결과였다.

지역 차이가 있지만, 백정과 부락민의 적극적이며 주체적인 참여 는 두 단체의 조직이 짧은 기간에 빠르게 확대되고 활동이 전국적 인 사회운동으로 발전하는 주요 동력이 되었다. 그 바탕에는 백정 과 부락민의 역사적 경험과 사회적 환경에서 조성된 연대감과 결속력이 깔려 있었다. 또한 백정과 부락민의 차별 철폐와 신분 해방을 위한 인권 단체로서의 뚜렷한 목적과 이념, 그리고 색깔을 보여주었다. 이에 대하여 제4장에서 더 깊이 살펴보고자 한다.

제4장 목적과 이념적 배경

형평운동과 수평운동은 전통 사회에서 차별받던 최하층 집단인 백정과 부락민의 신분 해방, 차별 철폐, 권익 보호 등을 목적으로 내걸었다. 인권운동과 공동체운동의 성격을 갖고 있는 두 운동의 목적에는 그들의 역사 인식이 반영되어 있었고, 또 그러한 집합행동을 이끌어가는 이념적 지향성이 작용하였다. 그들이 어떤 역사 인식 아래, 어떤 활동 목표를 갖고 형평운동과 수평운동에 매진하였고, 그 배경에는 어떤 이념적 성격이 있었나를 규명하는 것은 두 운동의 성격을 파악하는데 필요한 주요 요소이다. 제4장에서는 형평사와 수평사의 역사 인식과 목적, 이념적 배경을 비교하여 이해하고자 한다.

1. 형평사의 역사 인식과 목적

(1) 형평사의 역사 인식

형평사의 창립은 수백 년 동안 전통 사회를 지배해온 신분제의 차별 관습에 대한 도전이었고, 평등한 사회를 향한 의지의 표현이었다. 백정들은 왜 형평사 결성에 그렇게 열성적으로 참여하였나? 그 배경에는 그들이 오랜 기간 겪은 사회적, 경제적 경험이 깔려 있다. 따라서 그들이 겪은 역사를 어떻게 인식하였고, 또 그 역사가 일어난 한국 사회를 어떻게 보았나를 규명하는 것은 형평운동 이해의 주요 요소가 될 것이다. 그들의 역사 인식과 한국 사회 이해는 형평사의 목적을 밝히고 있는 발기문이나 성명서 등에서 엿볼 수 있다. 시간의 흐름에 따라 다소 바뀌기는 했어도 그들의 역사 인식의 전반적인 기조는 크게 달라지지 않았다. 이런 점을 감안하여 형평사 초창기 문건을 중심으로 그들의 역사 인식을 살펴보고자 한다.

형평사 창립 초기의 대표적 문건으로는 형평사 주지와 사칙, 동인회 격문, 서광회 선전문이 있다.[8] 이 세 문건은 각기 다른 세 지역의 형평사 결성에 즈음하여 나온 것이다. 가장 먼저 나온 형평사 주지는 1923년 4월 25일 경남 진주에서 열린 발기총회에서 배포된 문건으로 형평사 창립 취지를 담고 있다. 형평사 조직 과정을 비교적 상세히 보도하고 있는 기사와 함께 전문이 신문에 게재되어 있다(《조선일보》 1923. 4. 30). 형평사 창립이 전국의 백정들에게 미리 공지되고 추진된 것이 아니기 때문에 이 문건이 전국의 형평사를 대표한다고 보기는 힘들 것이다. 그렇지만 진주에서 창립된 형평사가 최초의 백정 해방운동 단체였고, 또 그것을 중심으로 형평운동이 전국으로 확산되어 총본부의 위상을 갖게 되었기 때문에 이 문건은 형평사 창립 취지를 밝혀 주는 '공식적인' 문건으로 인식되었다.

동인회 격문은 1923년 5월 11일 전북 익산군 이리에서 창립된 동인회의 창립총회 준비 모임에서 발표된 문건이다. 이 문건의 주요 목적은 주민들에게 5월 30일 동인회 창립 계획을 알리며 참여를 독려하는 것이었다. 다양한 배경의 지역 인사들이 참여하고 있다는 창립대회 기사와 함께 전문이 신문에 실려 있다(《동아일보》 1923. 6. 3;《조선일보》 1923. 6. 2). 그리고 서광회 선전문은 1923년 5월 20일에 전북 김제에서 열린 서광회 발기회에서 채택된 문건이다. 창립대회 이전에 서광회 창립 소식을 지역 사회에 알리기 위한 것이

---

8) 형평사 주지(《조선일보》 1923. 4. 30; 일본어 京城日報 1923. 5. 1), 형평사 사칙(《매일신보》 1923. 5. 15; 김의환 1967, 61~63; 村山智順 1926, 179~181), 서광회 선전문(《조선일보》 1923. 5. 26;《동아일보》 1923. 5. 26), 동인회 격문(《동아일보》 1923. 5. 18) 등의 원문은 책 뒤에 첨부된 '참고자료'를 볼 것.

었다. 김제 지역의 다양한 배경의 사람들이 참가하여 5월 20일 서
광회 발기회를 가졌고, 5월 28일 창립총회를 계획하고 있다는 기
사와 함께, 전문이 신문에 게재되어 있다(《조선일보》 1923. 5. 26; 《동
아일보》 1923. 5. 26).

　요컨대, 형평사 창립에 즈음하여 형평사 주지가 발표되고, 그로
부터 보름 뒤에 열린 동인회 준비모임에서 격문이, 또 10일 뒤에
열린 서광회 발기회에서 선전문이 발표되었다. 이처럼 제각기 지역
형평운동 발전과 밀접하게 연관된 이 세 문건은 시차를 두고 주지,
격문, 선전문의 형식으로 독자적으로 발표되었지만, 서로 영향을
주고받았으리라고 짐작된다. 형평사 창립 사실과 '주지'가 신문에
보도되었고, 진주의 활동가들이 그 소식을 적극적으로 전국에 알리
고 있었기 때문에 형평사 주지는 전북의 이리(익산)와 김제를 비롯
하여 전국 곳곳에 알려졌을 것이다. 또 이웃해 있는 이리(익산)와 김
제의 백정들은 독자적인 이름을 내걸고 단체를 결성하였지만, 지
리적으로 가까워서 동인회 격문도 김제에 알려졌을 것으로 짐작된
다. 그렇기 때문에 각기 다른 지역에서 발표된 이 문건들은 백정들
의 전반적인 정서를 반영하며, 아울러 백정 해방을 위한 단체의 성
격이나 목표를 잘 보여준다고 판단된다.

　이 문건들이 누가 작성하고, 어떤 과정을 거쳐 완성되어 채택되
었는지 전혀 알려지지 않았다. 그렇지만 이 문건들이 발표된 맥락
과 상황을 고려할 때, 각 지역의 지식인들이 당시의 사회적, 지적
흐름을 반영하여 작성하였을 것으로 짐작된다. 진주의 경우에는 전
현직 지역 언론인이 형평사 창립에 참여하거나 협력 단체에서 활동
하였고, 이리의 동인회 경우에도 지역의 청년회장, 병원장, 《조선
일보》 지국장 등이 발기인 모임의 고문을 맡았으며, 김제의 서광회
창립도 현지의 사회단체 활동가들과 백정 출신의 지식인들이 주도
하였던 것이다.

이 문건들의 주요 목적은 단체 결성의 취지를 알리는 것이었다. 곧, 지역 주민들, 특히 잠재적 참여자인 백정들에게 신분차별 철폐를 위한 단체 결성 소식을 알리면서 참여를 독려하는 것이었다. 따라서 이 문건에는 형평사 지도부의 관심사와 역사 인식이 반영되게 마련이었다. 전통 사회에서 철저하게 억압받으며 차별을 당해온 백정들의 역사적 경험과 사회적 처지를 밝히면서 단체 결성의 필요성을 강조하며 활동 방향을 제시하려는 것이었다. 이 세 문건은 모두 언론에 게재되어 전국적으로 널리 알려지면서 형평운동에 대한 사회적 관심을 불러일으키는 데에도 이바지하였다(김중섭 1994, 125~131; 金仲燮 2013). 이렇게 형평운동 발전에 밀접하게 연관된 이 문건을 중심으로 역사적 상황에 대한 인식, 형평운동의 취지와 목표, 활동 방향 등을 살펴보고, 그들의 이념적 배경을 규명하고자 한다. 우선, 다음의 표현에서 백정의 역사적 상황에 대한 그들의 인식을 엿볼 수 있다.

"오늘 조선의 우리 백정은 여하한 지위와 여하한 압박에 처하엿는가! 과거를 회상하면 종일 통곡의 피눈물을 금치 못할 바라. 이에 곡절과 조건 문제 등을 제기할 여가도 없이 목전의 압박을 절규함이 우리의 실정이요. … 낮으며 가난하며 열등하며 약하며 천하며 굴종하는 자 누구인가? 슬프다! 우리 백정이 아닌가!"

– 형평사 주지

"우리는 다 같은 사람으로 과거 모든 부합리한 제도에 희생이 되야 영년누대(永年累代) 장우단탄(長吁短歎)과 비분명열(悲憤鳴咽) 속에서 원억(寃抑)한 생활을 하여 오든 백정계급이 안인가. 우리는 횡포한 강자(强者)계급에게 발피고 깍기고 빨리며 천대를 밧어오든 백정계급이 안인가."

– 동인회 격문

"권리업고 의무업는 백정 계급아, 눈물없고 웃음없는 백정 계급아, 과거
의 역사를 소고(溯考)하고 현재의 생활을 상찰(詳察)하라. 그 역사와 그 생
활이 과연 엇더한가를? 역사가 잇다하면 혈루(血淚)의 역사요, 생활이 잇다
하면 참담의 생활이엿다. 백정! 백정! 부합리의 대명사, 부자연의 대명사,
모욕의 별명, 학대의 별명인 백정이라는 명칭하에서 인권의 유린, 경제의
착취. 지식의 낙오, 도덕의 결함을 당하야 왔다."

- 서광회 선전문

세 문건은 백정이 겪어온 억압과 차별, 핍박의 역사를 공통적으
로 절규하듯 밝히고 있다. 형평사 주지는 백정들의 과거를 회상하
면 혈루(피눈물)를 금치 못하게 되고, 눈앞의 압박을 외치게 된다고
하면서 자신들은 낮으며 가난하며 열등하며 약하며 천하며 굴종하
는 자라고 하였다. 동인회 격문은 자신들이 과거의 모든 불합리한
제도에 희생되어서, 오랫동안 대대로 통곡과 탄식 속에서 슬프고
분하고 목메어 울며 살아왔다고 하였다. 또 서광회 선전문에서는
백정의 역사는 피눈물나는 역사요, 참담한 생활의 역사라고 하였
다. 백정들은 권리나 의무도 없이 살아오면서 불합리하고 부자연스
럽게 모욕과 학대를 받고, 인권 유린, 경제 착취, 지식 낙오, 도덕
결함을 당해 왔다는 것이다. 이와 같은 백정의 처절한 역사 인식은
그들의 일상생활에서 겪어온 경험에서 비롯된 것이었다. 그런 경험
을 뼈저리게 느낀 어느 형평사원은 다음과 같은 글을 남겼다(한사원
1929, 30~31).

"…백명 계급에 대한 일반 민중이 심리를 해부한다면 개와 도야지보다
도 더 한층 더럽고도 납분 것으로까지 생각하야 이 백명이라면 우리에게
는 도덕(道德)과 윤리(倫理)도 볼 것이 업고 머리서부터 끝까지 눌너버린다.
이것이 우리에게 대한 그들의 도덕관이며 정책이며 수단이다. 그러나 우

리 동리 사람들은 무저항(無抵抗)이란 토굴속에 떠러저 잇스면서도 오즉 그
들을 위하야 다시 말하자면 우리에게 온갓 멸시와 학대를 함부로 던저주는
그들의 행낙의 입감(餌)을 공급키 위하야 십년을 하로 갓치 그날이 새면 도
야지의 목을 지르고 소의 고기를 버여 난우기에 분주한 것이외다. 다시 말
하면 일반 민즁을 위하야 소와 도야지를 잡기에 충실한 기재가 되는 것이
외다. 수십대 이전에 우리의 할아버지가 여기에 일평생을 밧첫스며 우리
가 또한 그러할 것이며 우리의 수십대 자손이 그러할 것이다. 그러나 그들
은 아즉도 불만이 잇고 불평이 잇다. 그리하야 때때로 잡어가두고 두라리
며 매질하여 피와 살을 함부로 떼어서 백명 계급의 운명은 그들의 장즁에
서 순간순간적으로 생명을 지지하야오니 과연 이것이야말로 총뿌리에 안
즌 한낫의 참새와 가름이 업시된 가련한 동물 중에 한 아이엿다."

이 글은 백정들이 사람대접을 받지 못하며 살았다고 쓰고 있다.
그들 마을은 피촌(血村), 백정촌(白丁村)으로 지칭되었고, 그들은 '칼
잡이, 백정놈, 백정년, 백정새끼' 같은 모욕적 칭호로 불렸다(한사원
1929, 30). 이렇게 대대로 오랜 기간 억압과 멸시, 학대를 겪으면서
살아온 것은 불합리하고, 부당한 사회적, 제도적 탓이라고 인식하
였다. 지배 계급이 자행한 차별과 억압의 사회적 과정을 형평사 창
립기의 세 문건은 다음과 같이 적시하고 있다.

"…여차한 비극에 대한 이 사회의 태도는 여하한가? 소위 지식 계급에
서 압박과 멸시만 하엿도다. 이 사회에서 우리 백정의 연혁을 아는가 모르
는가? 결코 천대를 받을 우리가 아닐지라. 직업의 구별이 있다 하면 금수
(禽獸)의 목숨을 뺏는 자가 우리 백정뿐이 아닌가 하노라."

– 형평사 주지

"우리는 횡포한 강자(强者)계급에게 발피고 깍기고 빨리며 천대를 밧어

오든 백정계급이 안인가. 생각하여 보라, 우리는 그 악마와 여(如)한 각색
(各色)계급으로부터 무리한 학대를 밧을 때마다 호소할 곳도 업시 부자 서
로 붓들고 모녀 서로 껴안어 피눈물이 흐르도록 얼마나 울엇는가."

- 동인회 격문

"아! 과연 이것이 정복 계급(량반 계급)의 죄이냐, 피정복 계급(백정 계급)
의 죄이냐. 부(否)라 질곡적 제도에도 잇으며 전통적 습관에도 잇도다."

- 서광회 선전문

형평사 주지는 소위 지식계급이라고 하는 지배 집단이 부당하게
자행한 억압과 멸시를 지적하며, 그 원인은 직업에 있다고 보았다.
동인회 격문도 강자 계급이 대대로 백정을 천대하고 억압해온 역사
를 적시하면서, 그 원인은 "과거 모든 불합리한 제도"에 있다고 하
였다. 서광회 선전문에서도 백정 차별과 억압의 역사는 지배 집단
(양반 계급)이나 피지배 집단(백정 계급)의 문제가 아니라 '질곡적 제
도'와 '전통적 습관'에서 비롯된 것이라고 하였다. 요컨대, 백정들이
지배 계급으로부터 억압과 차별을 겪은 것은 직업, 불합리한 질곡
적 제도, 전통적 습관 때문이라는 것이다. 그것이 사회 제도로 굳어
져서 오랫동안 억압과 멸시가 지속되었는데도 사회적 차원에서 개
선 노력이 전혀 이루어지지 않아, 이제는 자신들이 해결할 수밖에
없다고 주장하였다.

이와 같은 역사 인식은 수백 년 동안 차별받고 억압받은 역사를
백정 중심으로 다시 해석하였다는 특징이 있다. 요컨대, 지배자 중
심의 역사가 아니라 피지배자, 피억압자 관점에서 역사를 인식하였
다. 그렇게 백정의 주체적인 관점에서 역사를 인식하면서 차별과
억압의 부당함을 간파하고, 백정이 주체적으로 활동하여 차별없고,
평등한 새로운 사회, 새로운 역사를 만들고자 하였던 것이다.

(2) 형평운동의 목적

과거에 대한 역사관에 기초하여 현재 사회를 인식하고, 더 나아가 앞으로 지향하고자 하는 미래 사회의 청사진을 그리게 된다. 그래서 역사관과 현재의 사회 인식은 미래 사회를 설계하는 토대가 되고, 또 그것으로부터 활동의 원동력을 구하게 된다. 곧, 형평사의 역사 인식과 사회관, 그리고 새로운 사회에 대한 미래상은 형평운동의 이유와 정당성을 설명하고, 또 앞으로의 활동 목표를 설정하는 준거점이 되었다.

형평사 초기의 세 문건은 백정이 겪은 질곡과 억압의 역사를 밝히면서 미래 사회는 그 질곡과 억압을 극복하여 자유와 평등, 차별 없는 사회가 되어야 한다고 주장하고 있다. 형평사 주지는 "공평은 사회의 근본이요 애정은 인류의 본량(本良)"이라고 주장하였다. 곧, 평등과 사랑이 사회와 인간의 기본 속성이라면서 자유와 평등, 협력과 배려가 이루어지는 사회가 되기를 희망하였다. 또 오랫동안 억압과 차별이 지속된 사회를 바꿀 수 있다고 하면서 전통 사회에서 억눌려 왔던 백정의 지위나 환경도 바꿀 수 있는 것이라고 보았다. 서광회 선전문은 이것을 다음과 같이 설명하였다.

> "우리 인류 사회가 무기체가 아니요 유기체이라 하면 백정계급도 유기체이오, 인류 사회가 고정체가 아니오 유동체(流動體)이라 하면 백정계급도 유동체이다."
>
> — 서광회 선전문

사회나 백정 집단은 살아있는 것이며 바꿀 수 있다는 것이다. 이러한 인식 아래 질곡의 오랜 역사를 바꾸어 자유와 평등이 기본인 사회를 만들고, 사랑이 본성인 인간이 살아가기 좋은 사회를 구현하기를 희망하였다. 이러한 사회에서 백정 차별과 억압을 철폐하고 평등한 대우를 받도록 만드는 것이 형평사의 주된 목적이었다(김중섭 1993, 103~136; 1994, 125~131; 2012, 3부 2장). 그러한 목적을 실현하기 위하여 구체적으로 다음과 같이 활동 목표를 설정하였다.

> "우리는 계급을 타파하며, 모욕적 칭호를 폐지하며, 교육을 장려하야 우리는 참사람이 되기를 기약함이 본사의 주지(主旨)이라."
>
> — 형평사 주지

> "우리는 한번 분기하여 이 골수에 맷친 설음을 세척하고 조선(祖先)의 고혼(孤魂)을 신원(伸寃)하는 동시에 어엽분 우리의 자녀로 하야금 오는 세상의 주인공이 되게 하지 아니치 못할지라."
>
> — 동인회 격문

> "…권리를 회복하고 자유를 해방하려고 질곡적 제도를 탈출하며 전통적 습관을 타파하야 동민족적(同民族的) 차별을 철폐하려는 동시에 모멸적인 백정이라는 명사를 철폐하야 우리의 역사를 일층(一層) 신선케 하며 우리의 생활을 일층 진선미(眞善美)케하랴 한다."
>
> — 서광회 선전문

형평사의 활동 목표는 계급 타파, 모욕적 호칭 폐지, 교육 장려를 통해서 "참사람"이 되는 것이었다. 또 동인회는 억압과 차별에서 비롯된 설움을 씻고, 조상의 혼을 달래면서, 후손들이 주체적인 삶을 살아가는 사회를 만들고자 하였다. 서광회는 권리 회복, 자유 해방, 차별 철폐, 모욕적 백정 호칭 철폐를 통하여 진정한 삶을 누리고자 하였다. 이러한 목적의 핵심은 사람의 기본 권리를 되찾겠다는 것이었다. 그것을 실현하기 위해서 전통적인 차별 관습을 없애고 불평등을 해소하고, 사람답게 살기 위한 교육을 받고자 하였다. 요컨대, 형평사의 목적은 사람의 기본 권리와 존엄성이 실현되고 모든 사람의 평등이 구현되는 사회를 만들어 백정들의 신분 해방을 이루려는 것이었다.

그러한 목적을 실현하는 상징적인 핵심 내용으로 백정 호칭의 철폐를 내세웠다. 백정 호칭은 신분 차별을 상징하는 것이었다. 제1장에서 살펴보았듯이, 백정은 "토지 없는 일반인"을 지칭하는 고려시대의 본뜻에 상관없이, 또 조선 초기에 세종이 천민 집단을 농민들과 통합시키려는 의도에서 개칭한 역사적 배경에 상관없이, 조선시대 내내 천민을 가리키는 호칭으로 쓰였다. 그러면서 백정은 '버림받은 집단'을 일컫는 대명사가 되었다. 따라서 형평사원들에게 백정 호칭은 수백 년 동안 겪어온 차별과 억압의 상징으로 인식되었다. 그들의 백정 호칭 거부는 차별과 억압의 철폐를 주장하는 것이었으며, 또한 질곡의 신분 질서에서 벗어나고자 하는 소망의 표현이었다.

형평사의 신분 차별 철폐 주장은 단순히 자신들의 특수한 상황을 벗어나려고 한다거나 집단적인 불만을 해소하려는 것이 아니었다. 그것은 차별받지 않는 것이 인간의 기본 권리라고 주장하는 것이었다. 서광회 선전문은 '권리'나 '인권'의 개념을 명확하게 적시하며 백정은 권리가 없는 존재였다고 절규하였다. 백정은 "인권의 유린, 경제의 착취, 지식의 낙오, 도덕의 결함"의 역사를 겪었다고 인식하면서 "권리 회복과 자유 해방"을 통하여 자신들의 역사를 바꾸고 생활을 더욱 진선미(眞善美)하게 하려고 한다는 점을 분명히 밝히고 있다. 이것은 "애정은 인류의 본량"이라면서 "참사람이 되기를 기약함"이 주목적이라는 형평사 주지와 일맥상통하는 것이다. 형평사 주지는 인권을 구체적으로 적시하지 않았지만, 인권 보장의 핵심인 신분 해방, 자유, 평등을 지향한다는 것을 강조하였다. 또 동인회 격문도 정신적 측면과 사회적 실재가 일치된 "영육(靈肉)일치의 단결"을 통해서 "영원무궁한 천국 생활"을 만들어가고자 하는 소망을 밝히고 있다. 역시 인권을 언급하고 있지는 않지만, 인권의 핵심인 인간 존엄을 누려야 한다는 것을 제시하였다.

이와 같이 형평운동은 사람에 대한 애정과 평등, 자유 등을 강조하면서 인간의 기본 권리를 주장한 백정의 신분해방운동이며 인권운동이었다. 아직 인권 개념이 보편화되지 않았던 1920년대 초에 전통 사회에서의 백정 상황을 인권 유린으로 파악하고 인간 해방과 인권 보장을 목표로 내건 것은 선각적인 역사 인식이며 사회관이었다. 오늘날 인권 증진과 실천이 인류 사회의 주요 과제로서 인식되고 있다는 점에서 형평운동의 역사적 의미와 가치는 더욱 크다고 평가된다.

차별 철폐를 통한 인간의 기본 권리 회복은 창립기의 문건만이 아니라 형평운동 전 기간에 걸쳐 반복되어 강조된 목표였다. 전국 조직으로 발전한 이후 열린 1924년 2월 부산의 형평사 전조선 임시총회에서 참석자들은 불평등의 관습 철폐가 형평운동의 주요 목적이라는 것을 다시 결의하였다(《동아일보》 1924. 2. 13). 이것은 그 이후 전국 대회나 광역 및 지역 집회에서 반복해서 확인되었다. 그리고 1926년 9월의 임시 전국대회에서는 아래와 같은 선언과 강령을 채택하였다(《매일신보》 1926. 9. 28).[9]

〈형평사 선언〉(1926)
1. 인생은 천부불가침의 자유가 있다. 인격과 자유를 억압된 자에게 어찌 생의 의의가 있으랴!
1. 수천 년의 역사를 겪은 노예인 아등(我等)은 상실한 인권을 다시 찾자!
1. 궐기하라! 형평계급이여! 모여라! 이 형평기치 아래로!

---

9) 선언과 강령이 1928년 제6회 전국대회에서 채택 발표되었다는 기록도 있다(권승덕 1931). 그러나 《매일신보》의 보도 내용으로 보아 1926년에 채택되었고, 그 이후에 전국대회 집회 장소에 지속적으로 게양되고, 부분적인 수정이 이루어졌다고 판단된다.

〈형평사 강령〉(1926)

1. 아등(我等)은 경제적 조건을 필요로 한 인권 해방을 근본적 사명으로 함.

2. 오등(吾等)은 아등 자신으로 단결하야 형평운동의 원만과 단일의 촉성을 기함.

3. 아등은 일반 사회단체와 공동 제휴하야 합리적 사회 건설을 기함.

4. 아등은 본 계급의 당면한 실제적 이익을 위하야 투쟁함.

5. 아등은 본 계급의 훈련과 교양을 기함.

형평사 선언은 백정들이 수천 년 동안 인격과 자유를 억압당해온 노예였다고 인식하며 그렇게 상실되었던 인권을 형평운동을 통하여 회복하자고 주장하고 있다. 그와 같은 역사 인식과 목표에 근거하여 인권을 되찾기 위한 형평사의 활동 지침으로서 강령을 설정하였다. 강령의 제1항은 형평사의 사명이 '인권 해방'에 있다는 것을 분명하게 밝히고 있다. 그 실행을 위해서 "경제적 조건"이 필요하며, "합리적 사회 건설"과 "실제적 이익을 위한 투쟁"이 요구된다고 인식하였다. 형평사 초기에는 차별 철폐, 자유와 평등 같은 인권의 기본 개념을 강조하였는데, 이 선언과 강령에서 보듯이, 1920년대 중반의 격변하는 사회 환경에 따라 "경제적 조건"을 주목하고, 인권 개념을 확장하는 등 형평운동의 성격이나 활동 방향이 바뀌어 갔다. 1920년대 후반에도 약간의 수정이 있었지만, 선언과 강령의 기본 틀을 그대로 유지하고 있다. 예를 들어 1929년 4월에 열린 제7회 전국대회에서 수정된 선언은 다음과 같다.[10]

〈형평사 선언〉(1929)

1. 인생은 자유와 평등의 권리를 가젓다. 자유와 평등의 권리가 업는 사람에

---

10) 京鍾警(京城鍾路警察署)高秘 제7930호, "朝鮮衡平社宣言綱領規約印刷ニ関スル件" (1929. 6. 15).

게 엇지 생의 의의가 잇스랴!

　1. 반천 년 동안 노예의 역경에 처하엿던 우리는 상실한 인권을 차저야한다!

　1. 궐기하라! 백정계급아! 모혀라, 이 형평깃발 아래로!

이것은 1926년의 선언과 같은 내용이지만, 표현을 달리하고 있다. 곧, 사람은 자유와 평등의 권리를 갖고 있다고 강조하며, 노예의 역경에서 벗어나 인권을 되찾자고 선언하고 있다. 이와 같은 변화를 거쳐 1920년대 후반에 인간의 기본 권리의 토대 위에 '경제적 조건'을 강조하며 '인생권'과 '생활권'의 개념을 도입하였고, 이러한 권리 증진과 실천을 형평운동의 주요 활동 목표로 삼았다. 단적인 보기로, 1930년 제8회 전국대회 포스터에는 "인생권과 생활권을 획득하자"는 슬로건을 내걸고 있다. 형평사가 이에 대한 개념을 명확하게 어떻게 규정하였는지 알 수 없지만, 그 둘은 모두 오늘날 인권의 핵심 사항임에 틀림없다. 곧, 인생권은 사람이 누리는 삶의 권리라는 사전적 의미로 풀이할 때, 사람의 생명을 비롯하여 자유, 평등, 차별 철폐와 같이 살아가는 데 필요한 기본 권리라고 이해된다. 오늘날의 인권 개념으로는 생명권, 자유권, 평등권으로 설명될 수 있을 것이다. 또 생활권은 생활하며 살아가는 데 필요한 권리라고 풀이할 때, 오늘날의 경제적 권리, 사회적 권리에 해당되는 인권 영역이다. 곧, 먹고 사는데 필요한 의식주, 직업 등을 권리로 인식하여 주장하였던 것으로 이해된다. 이와 같이 형평운동은 비서구 사회에서 보기 드물게 일찍이 1920년대와 1930년대에 이미 인권 개념을 발전시키며 실천하고자 한 인권운동이었던 것이다.

형평운동은 이와 같은 인권운동과 함께, 구성원들의 공동 번영과 발전을 도모하는 공동체운동의 성격을 갖고 있었다(김중섭 1994, 125~131; 2012, 255~259). 곧, 형평운동의 목표는 일차적으로 차별 철폐와 신분 해방을 도모하고 있지만, 또한 백정 공동체에 내재된 문제를 구성원들이 주체적으로 공동 대처하여 해결하려는 것이었다. 그들이 인식한 과제는 사원들의 생활 향상에 관한 사항이기도 하고, 교양 함양에 관한 것이기도 하고, 또 공동체 의식과 동료 관계의 와해를 방지하려는 것이기도 하였다. 자연히 그 활동 내용은 "인간의 자유, 평등과 존엄성"이라는 보편적 가치에 기반을 두고 사원들의 생활 향상 등 구성원들에게 실질적인 혜택을 주는 것에 치중하였다. 그래서 형평사 활동에는 신분 사회의 폐습을 극복하여 인간으로서 기본 권리를 누리고자 하는 인권운동과, 생활 향상을 도모하여 더불어 살아가는 공동체를 회복하자는 공동체운동이라는 두 가지 지향성이 혼재되어 있었다. 요컨대, 형평운동은 백정 공동체 구성원들이 '신분 차별' 문제를 '함께' 해결하며 권익을 증진하자는 인권운동이며 공동체운동이었다.

형평운동이 두 가지 성격을 갖게 된 배경에는 전통 사회의 신분제 유습인 차별을 겪으면서, 아울러 대대로 전승해온 고유 산업의 기득권을 상실해 가는 이중적 상황이 있었다. 앞서 제2장에서 살펴본 것처럼, 근대 사회로 이행하는 과정에서 신분제는 법적으로 사라졌지만, 백정에 대한 전통적인 차별 관습은 여전히 남아 있었다. 그런 가운데 백정들이 세습해온 도축이나 피혁 산업에서 비백정들의 점유율이 높아지면서 백정들의 경제 상황은 더욱 열악해졌다. 특히, 식민 지배 세력의 비호를 받는 일본인 자본가 집단이 도축장, 건피장, 피혁산업 등을 장악하면서 대부분의 백정들은 도축장의 노동자로 전락하거나 다른 일자리를 찾아야 했다. 고기 공급을 맡고 있는 도축장 소유자나 관리들이 정육점의 상품 공급량이나 가격을 결정하고, 정육점에 대한 관리들의 통제가 심해지고, 때로는 관리들의 부당한 갈취와 부패가 늘어나면서 백정들의 정육점 운영 상황은 더욱 악화되었다. 그런 상황에서 부를 축적한 소수의 집단도 생겼지만, 대부분의 백정들의 생활수준은 더욱 열악해졌던 것이다.

이와 같이 공동체 구성원의 권익 옹호와 공동 발전을 추구하는 형평운동의 목적에는 "애정은 인류의 본량"이라는 인간관과 "공평은 사회의 근본"이라는 사회관이 반영되어 있었다. "애정으로써 호상부조(互相扶助)하야 생활 안정과 공동의 존책(存策)"을 꾀하려는 형평사의 목적에는 사회는 유기적이며 진화해 간다는 인식과, 그에 따라 백정 공동체 구성원들의 협력과 연대가 필요하다는 입장이 깔려 있었다. 서광회 선전문도 사회나 백정 계급은 서로 연계된 유기체이며, 바뀌어가는 유동체라고 하였다. 그러면서 "권리를 회복하고 자유를 해방하려고 질곡적 제도를 탈출하며 전통적 습관을 타파하는 것"은 진화 법칙에 의해 발전하는 자연의 순리라고 하였다.

요컨대, 신분제의 유습인 백정 차별, 일제 식민지 지배 체제에서 일본 자본가 집단의 침투, 백정 전래 산업에서의 계급 이익 충돌 등 여러 요인이 복합적으로 작용하는 가운데 형평운동은 백정 집단의 강한 결속력에 기반을 두고 백정 전체의 권익을 보호하고자 하였던 것이다. 신분 모순에 민족 모순, 계급 모순이 겹쳐 일어나는 다중적 모순 구조에서 형평운동에는 신분 해방, 민족 해방, 계급 해방의 여러 성격 내용이 뒤얽혀 있었지만(김중섭 1993), 그 바탕에는 백정 공동체 구성원 전체의 권익을 도모하는 바람이 깔려 있었다. 그렇기 때문에 그것에 부합되는 다양한 활동이 강조되었다. 형평사 사칙에 규정된 목표도 "계급의 철폐, 모욕적인 칭호 폐지, 교육 장려, 사원들의 상호 친목"(제3조) 등 구성원들의 권익을 위한 것이었다. 사원들이 재해나 질병을 겪거나 직업을 잃을 때 상호부조(세칙 제4, 5, 6조), 사원 자녀를 위한 '중등학교 설립', 사원 교양을 위한 '형평잡지 발간'(제19조), 사원이나 그 자녀를 위한 '야학이나 강습소 증설, 신문 잡지 구독의 권장, 수시 강연을 통한 지식 계발' 등 구체적이며 다각적인 활동 내용을 세칙에 제시하였던 것이다. 또 사원 의무로서 품행방정과 목적 실행을 위한 일심단결을 규정(제6조)하여 공동체 구성원에 대한 책무를 강조하였다. 주색이나 도박을 금하고, 풍기문란 행위를 금지하고, 근검절약 등 미풍을 조장하는 개인 행위에 대한 규정(세칙 제1, 2, 3조)도 백정 공동체 구성원의 상호 동일시나 연대감에 기초한 것이었다. 이와 같이 지식과 교양을 함양하고, 교육을 강조하며 반사회적 행위를 경계하고, 상호 부조와 협력을 도모한 것은 사회적 평판에 대한 공동의 책무와 연대감에서 비롯된 것이었다. 또 다른 사회 구성원들과 대등한 관계를 갖기 위해서는 그들에게 뒤지지 않는 소양을 갖추는 것이 필요하다는 인식이 깔려 있었다. 오랫동안 억압과 차별 아래 교육받지 못하여 당하는 업신여김에 대처하기 위하여, 또 조선시대부터 굳어져온 '범죄 집단' '반사회적 일탈 집단'이라는 집합 표상을 깨기 위하여 그러한 공동 대응 방안을 설정하였던 것이다.

형평사 지도자들은 형평운동의 목적이 백정 공동체의 협력과 연대 아래 달성될 수 있다고 보았다. 백정들도 신분 해방뿐만 아니라 위협받고 있는 전래 산업의 기득권을 되찾고자 하는 형평사의 활동에 적극 동참하였다. 백정들은 형평운동을 통하여 차별 철폐와 평등 대우라는 인권 회복뿐만 아니라 교육, 직업 안정과 같은 공동 발전과 번영을 성취할 수 있을 것이라고 기대하였다. 또 이것은 형평사가 끊임없이 백정들의 주체적인 참여를 강조한 것에 부응하는 것이기도 하다. 다음에 보듯이, 초창기의 세 문건은 백정들의 각성, 단결, 그리고 참여를 강력하게 요청하고 있다.

"사십 여 만이 단결하여 본사를 세우고 그 주지를 천명해 표방코자 하노라."

− 형평사 주지

"열광하라 백정계급아!

용약(勇躍)하라 백정계급아!

…
우리는 남녀노유(男女老幼)를 물론하고 이날을 기약하야
영육(靈肉)일치의 단결로써 영원무궁한 천국생활을 개척합시다.
궐기하라 백정계급아!
기탄마라 백정계급아!"

– 동인회 격문

"백정계급아 분기하라
백정계급아 각성하라
…
백정계급아 결속하라
백정계급아 자조하라"

– 서광회 선전문

　형평사 주지는 40만 백정의 단결을 강조하고 있으며, 동인회 격
문은 백정들에게 "열광하라, 용약하라, 궐기하라, 기탄마라"고 주
문하면서 단결과 사회 개혁 참여를 권고하고 있다. 백정 계급에게
"분기하라, 각성하라"고 시작한 서광회 선전문은 "결속하라, 자조
하라"고 끝을 맺고 있다. 차별과 억압의 역사를 바꾸고, 생활을 개
선하려고 한다는 결성 취지를 밝히면서 백정들의 참여를 요청한 것
이다. 이와 같이 형평사는 백정들이 주체적으로 참여하여 사회 개
혁을 이루는 역사의 주인이 되어야 한다고 인식하였다. 그리고 지
배 집단이 만들어낸 차별과 억압의 제도적 모순을 지적하며 그 혁
파를 주장하였다. 아울러 공평(평등), 자유, 생활 안정, 차별 철폐,
상호 협력 등의 가치를 실현하는 사회를 만들고자 한다는 것을 뚜
렷이 밝히고 있다. 곧, 형평사 주지는 "애정으로써 호상(互相)부조
하야 생활 안정과 공동의 존책을 꾀하고자 이에 사십여만이 단결하

여" 형평사를 설립하고 발전하여야 한다고 강조하였고, 동인회 격
문은 "설움을 세척하고 조선(祖先)의 고혼을 신원"하면서 "자녀들을
오는 세상의 주인공"이 되도록 하겠다고 하였고, 서광회 선전문은
"권리 회복, 자유 해방, 질곡적 제도로부터의 탈출, 전통적 습관 타
파, 동(同)민족적 차별 철폐"를 통하여 역사를 바꾸고 생활을 개선
코자 한다는 것을 밝히고 있다. 요컨대, 차별과 억압의 문제가 사회
구조적 요인에서 비롯되었다고 보고, 계급 타파, 백정 호칭 철폐,
교육 장려를 형평사의 목적으로 설정하고, 백정들이 각성, 단결하
여 관습 타파, 권리 회복, 자유와 평등 실현, 지식 함양과 교육 등
다각적인 방법으로 해결하고자 하였다. 이렇게 형평운동은 초기에
는 온건한 개혁 전략으로 활동하다가 인생권, 생활권과 같은 인권
영역의 확장, 고유 산업의 권익 보호 등 다각적이며 광범위한 진보
적 개혁 방안으로 발전하였다.

2. 형평사의 이념적 배경

인권운동과 공동체운동으로 축약되는 형평운동의 이념적 배경은
시대적 상황을 반영하고 있다. 특히, 3.1운동과 그 이후 다양한 사
회운동이 널리 확산된 '사회운동의 시대'라는 사회 분위기로부터 크
게 영향을 받았다. 우선, 그 시기에 사회 전반에 깔려 있는 민족주
의와 근대성이라는 이념적 지향성이 형평사의 창립과 전국 확산 과
정에 작용하였다(김중섭 2012). 신분 해방, 차별 철폐를 주장하는 형
평운동은 민족주의와 무관한 것처럼 보이지만, 일제 식민지 지배라
는 시대 상황에서, 특히 3.1운동 이후 확산된 민족주의적 분위기에
서 벗어날 수 없었다. 형평사 주지는 "우리도 조선민족 1천만 중의
1인이라"면서 민족 구성원의 일원이라는 점을 강조하고 있다. 또

서광회 선전문에서는 '같은 민족'으로서 차별을 없애는 것이 결성 목적이라고 밝히고 있다. 곧, 차별 철폐와 평등한 대우를 강조하면서도 바탕에는 민족 구성원의 일원이라는 민족의식이 깔려 있었다.

민족주의 못지않게 형평운동의 전개 과정에 영향을 미친 것은 근대 사회로 나아가고자 하는 근대성이었다. 근대성은 전통 사회의 신분제 문제를 해결하려는 사회 개혁의 핵심이고, 시대정신의 요체였다. 이것은 형평사가 집단 이익이 아닌 사회 개혁을 지향한 배경으로 작용하였다. 곧, 이익집단이었던 집성조합이나 수육판매조합 같은 이전의 백정 단체들과 달리, 차별 철폐와 평등 대우를 강조하는 인권운동의 성격을 가질 수 있었던 것이다.

이와 같이 민족주의와 근대성으로 축약되는 그 시대의 이념적 지향성으로부터 영향을 받은 형평운동은 신분 해방, 인간 평등을 주창하였다. 그와 같은 주창의 배경에는 여러 성격의 이념이 깔려 있었다. 우선, 가장 두드러진 것이 인본주의(휴머니즘)였다. 사람 중심의 휴머니즘은 초기 세 문건에 잘 나타나 있다. 형평사 주지는 "애정은 인류의 본량"이라고 하였고, "참사람이 되기"를 기약한다고 하였다. 또 서광회 선전문에서 강조하는 자유, 평등, 해방, 그리고 애정, 인권, 권리 같은 개념도 인간주의, 인본주의의 가치를 바탕에 깔고 있다. 요컨대, 인간사랑, 인간 존중의 인본주의 정신은 형평운동 전면에 흐르는 기본 사상이었다. 백정 차별 관습은 인간의 본성에 부합되지 않다고 보았던 것이다.

형평운동을 이끄는 또 하나의 이념은 공동체주의였다. 공동체주의는 가족과 소속 집단을 중시하는 한국 사회의 전통적 가치와 부합되는 것이다. "애정으로써 호상(互相)부조하야 생활의 안정을 꾀하며 공동의 존책을 꾀하고자 한다"는 형평사 주지, "골수에 맺힌 설움을 세척하고 조선(祖先)의 고혼을 신원(伸冤)하는 동시에 어여쁜 우리의 자녀를 세상의 주인공이 되게" 하자는 동인회 격문, "모멸적인 백정 명칭을 철폐하여 <u>우리의 역사</u>를 한층 신선케 하며 <u>우리의 생활</u>을 한층 진선미(眞善美)케 하자"면서 백정계급의 결속과 자조를 강조한 서광회 선전문 등 밑줄 그어 강조한 부분은 한국의 전통적 공동체주의 성격을 잘 보여주고 있다. 곧, 가족, 선조와 후손, 거주하는 지역, 더 넓게는 백정 집단 전체의 단결, 생활 안정과 공동 번영을 지향하는 공동체주의가 형평운동에 배어 있었다. 그러한 공동체주의는 차별과 억압에 공동 대처하는 활동의 원동력이 되었으며, 백정들이 주체적으로 참여하는 근거가 되었다.

형평운동의 활동 목표는 백정 집단에게 실질적인 혜택을 주는 실용적 방안의 실현이었다. 곧, 직업이나 교육에서 공동 번영과 발전, 일상생활에서의 차별 철폐를 위한 공동 대응이 모색되었다. 그런 맥락에서 형평사 주지의 "모욕적 칭호의 폐지, 교육 장려" "호상부조를 통한 생활 안정과 공동 존책을 기함," 동인회 격문의 "영원무궁한 천국생활 개척," 서광회 선전문의 "모멸적인 백정 호칭 철폐, 우리의 생활 개선" 등과 같은 내용을 형평운동의 활동 목표로 삼았다. 그 결과, 형평사의 활동은 집단 중심의 공동체주의와 생활 중심의 실용주의가 결합되어 나타났다.

차별 없고 평등하게 대우받는 사회를 만들고자 하는 형평운동의 이념적 지향성에는 전통적인 공동체 중심의 사고와 함께, 그 당시 한국 사회에 유입된 서구 사상이 반영되어 있었다. 대표적인 보기가 사회 진화론과 유기체론, 그리고 사회주의였다. 억압과 차별, 굴종의 시대는 지나가고, 자유와 평등, 참사람의 시대가 온다고 보는 역사관에 기초하여 새로운 사회에 대한 희망과 기대를 갖고 있었다. 서광회 선전문은 그것을 '진화법칙'이라고 하였다. 그와 더불어 사회는 유기체나 유동체라고 보면서 사회 개혁을 향한 변화를 기대하였다. 이것은 20세기 초 한국 사회에 유입된 서구 학문의 경향, 특히, 유기체론적 사회 구성과 진화론적 변동 인식으로부터 영향을 받았다는 것을 보여준다. 요컨대, 형평운동의 공동체주의 요소는 한국의 전통 가치와 부합되면서, 동시에 사회 유기체론과 진화론 같은 새로운 사조와도 친화력을 갖고 있었다. 이와 같이 사회 유기체론이나 진화론의 영향 탓으로 초기의 형평운동은 자유주의 성격을 갖고 있다고 해석되었다(진덕규 1976; 김중섭 1988).

또한 형평운동은 지식인과 사회운동계에 널리 퍼져 있는 사회주의로부터도 많은 영향을 받았다. 1920년대 초 한국 사회에서 공산주의운동은 아직 활발하지 않았지만, 그 이념은 지식인 집단을 중심으로 사회운동계에 널리 퍼져 있었다. 위의 세 문건에서도 사회를 지배와 피지배 관계, 강자 계급에 의한 착취와 억압의 모순으로 파악하면서 백정 계급의 단결과 집단적 대응을 강조하고 있다. 예를 들어, 형평사 주지에서는 소위 지식 계급의 압박과 멸시, 동인회 격문에서는 횡포한 강자 계급과 천대를 받아오던 백정 계급, 각색(各色) 계급으로부터 무리한 학대, 서광회 선전문에서는 정복 계급(양반 계급)과 피정복 계급(백정 계급)의 대비 등 계급 개념을 활용하여 사회 모순을 지적하고 있다. '계급'과 '신분' 개념을 명료하게 구분하지는 않았지만, 계급 투쟁을 통하여 계급 해방을 지향하는 공산주의의 이념적 경향이 바탕에 깔려 있었던 것이다.

형평사 내 사회주의의 영향은 1920년대 중반 이후 더욱 뚜렷하게 나타났다. 특히, 진보적인 소장파 활동가들이 지도부에 참여하면서 사회주의는 형평운동의 전개에 중요하게 작용하였다. 진보적인 사회주의 사원들은 형평사 안에서 벌어지는 '유산 사원과 무산 사원' 사이의 대립을 부각하였고, 또 경제적, 정치적인 투쟁을 강조하였다(안병희 1929; 《동아일보》 1929. 1. 1). 사회주의 영향은 1920년대 말 1930년대 초에 일어난 해소론 논쟁에서 더욱 분명하게 드러났다. 제8장에서 자세하게 살펴보겠지만, 사회주의 계열의 진보적 젊은 활동가들이 노장파와 대립하며 해소론을 지지하여 형평사 내부 분열이 일어났다. 그 뒤 일제의 조작 사건인 형평청년전위동맹 사건을 겪으면서 진보적인 소장파 활동가들은 탄압과 감시를 받아 더 이상 형평운동에 참여할 수 없게 되면서 형평사 안의 사회주의 세력이 몰락하게 되었다. 그런 상황에서 온건한 노장파가 득세하게 되었고, 결국 대동사로 전환하면서 형평운동에서 인권운동 성격은 사라지고 말았다.

지금까지 형평운동의 이념적 배경을 민족주의, 근대성, 인본주의 (휴머니즘), 공동체주의, 진화론, 사회주의 측면에서 살펴보았다. 한국의 전통적 가치와 서구에서 유입된 이념이 형평운동에 뒤섞여 있는 것을 확인하였다. 특히, 서구 사조의 영향 아래 한국 사회에 널리 확산된 진화론, 유기체론 같은 사회과학적 개념이나, 인본주의, 사회주의, 민족주의 등 새로운 이념적 흐름이 형평운동의 목적과 활동 방향을 설정하는 데 작용하였다. 또 서구 사조의 유입과 더불어 확산된 계급, 인권, 권리, 유기체, 유동체, 진화법칙, 자유, 해방 등의 개념에 기초하여 활동 취지를 설정하였다. 또 하나의 특징으로, 동서양의 종교가 형평운동의 창립과 발전에 우호적인 영향을 미치고 있다. 예를 들어, 기독교 목사가 고문을 맡은 지역도 있고, 동인회는 일본에서 전래된 천리교 회관에서 창립 행사를 열었고, 동인회 격문에는 "영육(靈肉)일치의 단결" "영원무궁한 천국생활" 같은 종교적 표현을 쓰고 있다. 또 초기에 한정되어 있지만, 신흥종교인 보천교와도 협력하였으며(김재영 2009), 1925년부터는 해마다 형평사 전국대회를 동학의 후신인 천도교 회관에서 개최하였다. 이렇듯이 형평운동은 동서양의 종교와 우호적 관계에 있었다.

3. 수평사의 역사 인식과 목적

(1) 수평사의 역사 인식

수평사는 오랜 기간 부락민이 겪은 차별을 철폐하고 평등 대우를 주장하며 활동을 시작하였지만, 그 이전에도 관과 유력자들을 중심으로 부락민의 열악한 생활을 개선하기 위한 활동이 있었다. 또 일본 정부에서도 부락 문제를 해결하고자 융화정책을 시행하고 있었다. 그러나 수평사는 그러한 활동을 '자비나 연민'에 기초하여 시혜를 베푸는 듯이 했다고 평가하였다. 그러면서 부락민 스스로 인간 존중을 보장하는 사회를 만들어 부락 문제를 해결하여야 한다고 보았다. 이와 같은 수평사의 입장을 파악하기 위해서 창립 초기의 대표적 문건인 수평사 창립 취지서와 창립대회에서 채택한 강령, 선언 등을 중심으로 수평사의 역사 인식과 목적을 살펴보고자 한다.

수평사 창립을 추진하는 과정에서 나라현의 제비회 회원들은 1921년 10월에 "좋은 날을 위하여: 수평사 창립 취지서(앞으로 '창립 취지서'로 줄임)"란 제목의 유인물을 만들어 배포하였다.[11]

수평사 창립 이유와 목적을 밝히고 있는 창립 취지서는 크게 3개 장으로 구성되어 있다. 제1장에 일본공산당 결성에 참가한 사노 마나부(좌야학, 佐野學)의 "해방의 원칙"을 옮겨 실었다. 이 글은 1921년 7월에 잡지 《해방》에 게재된 "특수부락민 해방"의 일부분이다. 사노 마나부는 특수부락민 해방의 제1원칙으로 특수부락민들이 부당한 사회적 지위의 폐지를 스스로 요구하는 것으로부터 시작하여야 한다고 하였다. 제2원칙은 경제적 약자이며 착취를 받고 있는 부락민과 노동자 계급이 사회 개혁을 지향하여 결합하여야 한

---

11) "よき日の爲めに," 部落問題研究所(編), 《水平社運動史の研究》 第2卷 資料篇 上, (部落問題研究所 出版部, 1977), 124~129쪽

다는 것이다. 이것은 사회주의 혁명을 전망하는 것이었다. 제비회 회원들은 부락민 자신들이 행동하여 부락해방을 이루어야 한다는 것에 공감하였다. 그리고 부락민의 독자적 단체로서 수평사 창립을 계획하였다. 창립 취지서의 제2장과 제3장은 제비회 회원들의 글로 채웠다. 프랑스 평화주의자 로망 롤랑, 러시아 소설가 막심 고리키 등을 인용하고, 기독교적인 표현을 많이 구사한 글들이었다. 이와 같이 창립 취지서는 서양의 조류로부터 영향을 많이 받았다는 것을 보여준다(手島一雄 2012).

창립 취지서가 제비회 회원들의 '사적' 견해를 반영하는 것이라면, 1922년 3월 3일 교토 창립대회에서 채택된 문건은 수평사의 공식 견해라고 할 수 있다. 창립대회에서 배포된 유인물에는 앞면에 수평사의 이름으로 '강령'과 '선언'이 적혀있고, 뒷면에는 전국수평사 교토본부의 이름으로 '칙(則)', 그리고 전국수평사대회 이름으로 '결의'가 인쇄되어 있다. 서로 밀접하게 연관되어 있는 이 네 문건은 창립 당시 수평사의 공식적인 입장을 밝히고 있다. 곧, 강령은 수평사의 목표와 방향에 관한 원칙을, 선언은 수평사의 이념을, 칙은 수평사의 조직 규칙에 관한 기준을, 그리고 결의는 구체적인 활동 방향을 밝히고 있다. 이 문건의 초안은 창립대회 전 2월 28일에 교토역전의 궁전여관에서 창립 관계자들이 논의하여 전원 일치로 확정한 것이었다. 그리고 전국 각지의 대표자들이 참석한 창립대회에서 채택되어 수평사의 공식 문건으로 인정받았다(朝治武 2012, 68~71). 이런 점에서 이 문건들은 진주의 활동가만 참석한 형평사 발기총회에서 채택된 형평사 주지보다 더 '공식 문건'으로서 정당성을 갖고 있는 셈이었다.

초기 문건의 내용을 살펴보면, 다음과 같이 세 항목으로 구성된 강령은 수평사의 목적과 지향성을 밝히며 수평운동의 '원칙'을 제시하였다.

〈수평사 강령〉(1922)

　하나, 특수부락민은 부락민 스스로의 행동을 통해 완전한 해방을 쟁취한다.

　하나, 우리 특수부락민은 경제활동의 자유와 직업의 자유를 사회에 요구하며

　　　이를 기필코 획득한다.

　하나, 우리는 인간성의 원리를 깨달아 인류 최고의 완성을 향해 매진한다.

　강령의 첫째 항은 부락민 자력으로 절대 해방을 목표로 한다는 수평사의 창립 취지와 성격을 잘 보여주고 있다. 그 다음에 경제 활동과 직업의 자유를 요구하며 획득할 것을 다짐하고 있다. 부락민들의 권익 보호를 위하여 필요한 사항이었다. 그리고 인간성의 원리를 깨닫고 인류 최고의 완성을 이룰 것을 목표로 설정하고 있다. 다소 애매한 표현이지만 인간성의 원리는 자유와 평등, 인간 존엄 등을 포괄하는 개념으로 이해된다. 또 '인류 최고의 완성'은 인간이 차별 없고, 억압 없고, 자유와 평등, 존엄을 누리는 상태를 획득하고자 하는 의지의 표현이었다.

　강령의 안은 창립대회 직전 2월 28일 창립 관계자 모임에서 제안되었다. 제1항과 2항은 히라노 쇼켄(평야소검, 平野小劍)이, 제3항은 사카모토 세이치로(판본청일랑, 阪本淸一郎)가 제안한 내용이었다. 강령이 창립대회에서 채택됨으로써 수평사는 전국적인 일체감을 부여하는 공통의 원칙을 갖게 되었던 것이다(朝治武 2001, 56~57).

　강령과 함께, '전국수평사 창립선언'이 수평사의 창립 이념이나 목적을 대표하는 문건으로 평가된다(朝治武 2001; 朝治武·守安敏司 엮음 2012). 흔히 수평사 선언이라고 일컬어지는 이 문건은 "전국의 산재하는 우리 특수부락민이여, 단결하라"로 시작하고 있다. 세 문단으로 구성된 본문은 이전의 부락운동에 대한 평가와 수평사의 창립 이유, 부락민의 참혹한 역사와 수평사 창립의 당위, 수평운동의 소명의식 등을 밝히고 있다. 마지막으로, "인간 세상에 열정 있

으라, 인간에게 빛이 있으라"는 세상과 인간에 대한 기원으로 끝을 맺고 있다(우리 글 번역은 部落解放 · 人權研究所 엮음(2002) 참조).

수평사 선언은 나라현 제비회 회원 사이코 만키치(서광만길, 西光万吉)가 기초하고, 뒤에 수평사 창립에 참여한 도쿄의 히라노 쇼켄이 첨삭하였다고 알려졌다(朝治武 2001; 2012). 사이코 만키치는 예술가를 지망하였고, 또 문학에 심취한 청년이었다. 그는 프랑스의 로망 롤랑, 러시아의 막심 고리키 같은 문인들의 작품으로부터 영향을 받아 '창립 취지서'인 "좋은 날을 위하여"를 작성한 바가 있었다. 그리고 히라노는 1921년 2월에 제국공도회가 개최한 동정융화대회에서 '민족자결단'의 이름으로 '격(檄)'이라는 제목의 유인물을 살포한 경력을 갖고 있다. 이와 같은 두 사람의 예전 글은 수평사 선언과 관련이 깊었다(朝治武 2001; 2012).

강령과 선언이 이와 같은 과정을 통하여 작성되었지만, 수평사 창립을 준비한 몇 사람의 생각이나 관심을 반영한 것은 아니었다. 그것은 부락민의 역사 인식을 대변하며, 부락민이 바라는 자력 해방의 목적을 담고 있었다. 참혹한 과거의 역사 과정을 되살펴 보면서 그것에 기초하여 해방이 이루어지는 미래 사회를 전망하고 있다. 부락민이 겪은 역사를 "짐승의 가죽을 벗기는 보수로 우리 인간의 생가죽은 벗겨지고, 짐승의 심장을 가르는 대가로 인간의 따뜻한 심장이 찢기며, 하찮게 뱉어내는 조소의 침으로 얼룩져야 했던 저주의 밤"이라고 표현하였다. 도축이라는 특정한 직업을 수행하는 부락민 선조들이 대가로 받은 것은 인간으로서 견딜 수 없는 모멸감과 차별이었다고 하였다. 그러한 역사를 "생가죽은 벗겨지고", "심장이 찢기며", "저주의 밤"이라고 할 만큼 참혹하게 인식하였다. 그렇기 때문에 자신들의 선조는 "비열한 계급 정책의 희생자이자 남자다운 산업적 순교자"였다고 보았다. 그렇게 부락민이 겪은 차별과 질곡의 역사가 일어난 요인은 사회적, 제도적 측면에 있다고 하였다. 곧, 차별과 억압이 "비열한 계급 정책"으로 말미암아 생겼고, 제도적으로 강요된 질곡의 결과물로 보았던 것이다.

그러한 역사 인식에 근거하여 수평사가 지향하는 미래 사회의 건설을 모색하였다. 선조들은 원래 자유와 평등을 갈망하는 인간 본연의 자세를 갖고 있었고, 비열한 저주의 역사 속에서도 인간의 당당함을 유지하였다고 보았다. '인간의 당당함'이라는 표현은 인간으로서 존엄을 누리며 사람답게 사는 모습이라고 생각된다. 그러한 인간관을 통하여 미래 사회의 전망을 제시하고 있다. 곧, 차별과 억압의 질곡에서 고통받아온 과거의 역사를 올바로 인식하면서 미래 사회는 자유와 평등이 실현되고, 인간의 존엄이 실현되어야 한다고 보았다. 그와 같은 미래 사회를 실현하는 방안을 강령에 제시하였다. 곧, 자유로운 경제 활동과 직업 선택이 이루어져야 하고, 그런 사회를 부락민의 자력으로 만들어내야 한다는 것이었다. 그리고 선언에서는 "자유와 평등을 갈망하고 실행"하며 인간의 당당함을 지켜온 선조들의 모습을 실현하기 위해서 인간 세상의 따뜻함과 열정, 그리고 빛이 있어야 한다는 것을 밝히며, 또 기원하였다. 요컨대, 수평사가 그리는 미래 사회는 자유와 평등, 협력과 따뜻함이 실현되어야 하는 사회였다. 이와 같은 역사 인식과 인간관, 미래 사회 인식에 기초하여 부락해방이라는 수평운동의 목적을 설정하였다.

(2) 수평운동의 목적

부락민 스스로 부락해방을 쟁취하겠다는 수평사의 목적을 밝히고 있는 수평사 선언에서 기존의 부락운동을 비판적으로 평가한 것이 주목된다. "과거 반세기 동안 우리를 위해 많은 사람들이 온갖 방법으로 전개한 운동이 이렇다 할 성과를 조금도 거두지 못 하였다"고 보고 있다. 곧, 천민 철폐령(1871년) 이후 50년 동안 진행된 부락개선활동이나 융화운동이 성과를 거두지 못 하였다고 평가하면서 그렇기 때문에 수평사 창립이 필요하다고 강조하였다.

새로운 단체를 만들면서 기존의 활동을 비판하는 것은 이해하기 어려운 것은 아니다. 그런데 왜 과거의 부락 활동이 성공을 거두지 못하였다고 보는가 그 이유가 중요하다. 거기에 수평사 창립의 실질적인 이유가 깔려 있기 때문이다. 수평사 창립자들은 그 이유를 "언제나 인간을 모독했기 때문"이라고 파악하였다. 그 벌로 운동이 성과를 거두지 못하였다고 하면서 "인간을 망치는 것과도 같았던 이들 운동이 도리어 많은 형제를 타락"시켰다고 주장하였다. 그동안의 부락개선운동이나 융화운동이 오히려 인간을 모독하며 형제를 타락시켰다는 것이다. 제2장에서 살펴본 것처럼, 부락민의 열악한 생활수준을 향상하고자 유력자 중심으로 부락개선운동을 전개하고 일본 정부 차원에서 부락 차별 문제를 개선하려는 융화정책을 시행하였는데, 그것들은 부락민을 신민으로 만들려는 의도에서 시혜적으로 접근하고, 또 '자비나 연민'에서 시행하였다는 것이다. 그 결과 의타심을 키워 주고 시혜에 대한 굴욕적인 자세를 갖게 만들어 자주와 평등의 정신을 갖는 것을 방해하였다는 것이다. 요컨대, "인간을 모독"하고 "많은 형제를 타락시킨" 기존의 부락 활동은 부락 문제를 근원적으로 해결할 수 없다는 것이었다.

그때까지의 부락개선활동이 부락해방을 방해하였다는 평가는 새로운 부락해방운동이 필요하다는 근거가 되었다. 곧, '인간 모독'이 아니라 '인간 존중'이 있어야 하고, 굴욕적인 자세를 갖고 시혜에 의존하는 것이 아니라 주체적이며 독자적인 자세에서 부락 문제를 해결해야 한다는 것이다. 그렇기 때문에 수평사 선언은 "지금 우리 가운데서 인간에 대한 존경을 바탕으로 스스로를 해방시키기 위한

집단운동이 일어나게 된 것은 오히려 필연적"이라고 하였다. 부락
민들이 자신들의 집합행동을 통하여 인간 존중을 바탕에 둔 부락해
방을 도모하는 수평운동은 '필연'이라는 것이다. 이렇게 수평운동이
마땅히 일어나야 한다는 당위성을 강조하면서 "비굴한 말과 겁먹은
행위로 선조를 욕되게 하거나 인간을 모독해서는 안 된다"고 하였
다. 곧, 부락해방활동은 인간 존중 위에서 이루어져야 하고, 부락
민 스스로 부락 문제를 판단하여 해결하는 방식이어야 하고, 당당
하게 주장하고 행동해야 한다는 것이다.

요컨대, 수평사의 목적은 인간 존중을 위한, 독자적이며 주체적
인 부락해방이었다. 그 목표는 자유, 평등, 해방, 인간 실현이었다.
수평운동은 인간 해방운동이며, 자유 평등 사회를 실현하는 활동이
며, 주체적인 사회개혁운동이었다. 그 중심에는 부락민이 있어야
한다는 활동 방침의 주체성을 분명하게 인식하였다. 곧, 수평운동
은 기본적으로 인권운동이면서 그 주체 세력은 부락민이어야 한다
는 것이다. 부락민 중심의, 부락민을 위한 공동체운동을 지향하면
서 '인간성의 원리를 깨달아 인류 최고의 완성'을 강령의 하나로 설
정한 것은 자연스런 귀결이었다.

수평사의 목적 달성을 위해서 부락민에 대한 새로운 인식이 요
구되었다. 그래서 부락민들은 기본적으로 '자유와 평등을 갈망하고
실행하는 사람들'이라는 점을 강조하였다. "희생자가 스스로의 낙
인을 떨쳐낼 때"가 되었다고 일깨우면서 주체적으로 행동해야 한다
고 주장하였다. 또 "에타라는 사실에 긍지를 느낄 수 있는 때가 온
것"이라고 하면서 적극적인 부락민 의식을 강조하였다. 요컨대, 인
간 존중의 사회 건설을 갈망하는 수평운동의 바탕에는 부락민 의식
이 깔려 있었다(朝治武 2001; 2012). 그런 의식 아래 "부락민 스스로
의 행동을 통해 완전한 해방을 쟁취한다"는 것을 강령의 첫째 조항
으로 설정하였다. 곧, 사회 개혁을 달성하려면 부락민이 긍지를 갖

고 주체적으로 참여하여 역사의 주인이어야 한다면서 "특수부락민
이여, 단결하라"고 주문하고 있다. 스스로 단결하여 행동하여야 한
다는 것이다.

지금까지 살펴본 것처럼, 수평사는 지배 집단이 만든 부락민이
겪는 차별과 억압은 제도적 모순이라는 역사 인식 아래 자력으로
인간 존중의 사회를 만들어야 한다고 주장하였다. 강령의 첫째 항
을 "부락민 스스로의 행동을 통해 완전한 해방을 쟁취한다"고 한
것처럼, 수평운동의 첫째 '원칙'은 자력에 의한 부락해방운동이었
다. 그리고 인간 존중과 부락해방의 목표를 위하여 '경제 활동의 자
유' '직업의 자유'를 주요 과제로 내걸었다. 그 과제의 실현은 사회
의 책무이기도 하고, 부락민들이 획득해야 할 대상이기도 하였다.
그렇지만 그 과정은 고난과 희생이 뒤따르게 될 것이라고 예상하였
다. 그렇다고 하더라도 그러한 순교자의 고난과 희생은 축복되어야
한다는 자세를 보였다.

요컨대, 수평사를 창립하면서 주체적인 부락해방, 인간 존중의
사회 건설을 내걸고, 경제 활동이나 직업의 자유와 같은 구체적인
방안을 제시하였으며, 또 그 과정의 고난과 희생을 예상하고 있었
다. 이와 같은 기본 정신은 그 이후에도 크게 바뀌지 않았다. 강령
이나 선언은 몇 차례 바뀌었지만, 제2차 세계대전으로 치닫는 전쟁
돌입 시기 일제에 협력하기 전까지 수평사는 기본적으로 인권운동
과 공동체운동의 성격을 유지하였다.

강령과 선언의 변화 과정은 수평운동의 변천을 반영하였는데,
그 변화 과정을 간략하게 살펴보면 다음과 같았다(朝治武 2001,
61~92). 강령 개정은 창립 이듬해부터 시도되었다. 1923년 제2회
전국대회 때 개정안을 제안했지만, 채택되지 않았다. 또 1925년
제4회 전국대회에서 본부의 주도권을 장악한 공산주의계열의 볼셰
비키파가 그 이듬해 제5회 전국대회에서 강령 개정을 또 시도하였

다. 전국대회 직전 4월의 중앙위원회에서 볼셰비키파가 기존의 강령을 완전히 무시한 채 '무산정당의 지지와 자본가 정당의 배격' 등 구체적인 행동 지침을 담은 강령안을 제출하였던 것이다. 그러나 격렬한 반발에 부딪혀 강령안이 대폭 수정된 뒤 부현(府縣) 대표자 회의에 새로운 안이 제출되어 전국대회에 상정할 안으로 채택되었다. 그러한 과정을 거치면서 "부락무산자의 정치적 경제적 이해의 옹호" 등 볼셰비키파의 주장이 반영된 안이 5월 전국대회 의안으로 제출되었다. 그러나 전국대회에서 이 안을 둘러싸고 다시 격론이 벌어졌다. 그 결과 제3항에 "계급의식 위에서" 부락해방운동을 진전시킨다는 내용이 덧붙여졌지만, 최초의 강령과 크게 다르지 않은 내용이 최종적으로 채택되었다. 요컨대, 창립대회에서 채택된 강령의 기조가 그대로 유지된 셈이었다.

실질적인 강령 개정이 1930년에 이루어졌다. 1930년 12월 오사카(대판, 大阪)에서 열린 제9회 전국대회에서 "생활권의 탈환과 정치적 자유의 획득을 기한다"는 내용의 강령 개정안이 긴급동의로 제출되었다. 격론이 벌어지면서 중앙위원회에 위임하기로 결의되었다. 그리하여 이 내용을 반영하는 새로운 강령이 1931년 5월에 열린 확대중앙위원회에서 채택되었다. 그런데 그 해 12월의 제10회 전국대회에서 수평사 해소론을 지지하는 해소파가 이 강령을 "부르주아 자유주의적 운동의 본질"을 보여주는 것이라고 비판하는 등 좌파의 불만이 컸다. 그들은 해소를 주장하는 상황이었기 때문에 강령 개정을 시도하지는 않았지만, 생활권과 정치적 자유를 강조하는 강령이 부르주아 자유주의적인 수평사의 본질을 보여주는 것이라고 폄하하면서 해소론의 입장을 정당화하는 이유로 활용하였다.

그 뒤 1934년 5월 중앙위원회는 차별 호칭이라고 비판받아 온 '특수부락'을 '피압박부락'으로 바꾸기로 결의하였다. 지배 계급으로부터 겪은 잔학한 역사를 깨닫고 현재의 정치적 지위를 명확하게 인식하기 위한 것이었다. 호칭 변경의 배경에는 다카마쓰(고송, 高松) 차별재판 규탄 투쟁의 경험이 있었다. 제5장에서 자세하게 살펴보겠지만, 이것은 결혼 차별에서 비롯된 분쟁의 재판 결과에 대한 항의 투쟁이었다. 재판 과정에서 '특수부락'이란 용어를 쓰면서 편견에 기초한 부당한 재판 결과가 나왔던 것이다. 이 차별 재판에 대한 규탄 활동을 이끄는 차별재판규탄투쟁 전국위원회에서는 1933년 9월에 "소위 '특수부락'의 호칭을 지배 계급에 돌려주자"고 결정하였다. 이 결정에 따라 지배 계급의 압박을 받아온 역사적 의미를 반영하는 용어로 바꾸기로 하고, 1935년 5월 제12회 전국대회에서 강령을 개정하여 특수부락을 피압박부락으로 바꾸었다. 그 뒤 1937년의 제14회 전국대회와 1938년 6월의 확대중앙위원회에서 전시체제 아래 일제에 협력하는 내용의 강령 개정이 두 차례 이루어졌는데, 이에 관하여는 제9장에서 논의하고자 한다.

원칙을 제시하는 강령과 달리, 선언은 그 시점에서 운동의 이념이나 현안 문제에 대한 견해를 밝히게 마련이다. 수평사 선언의 역사도 수평운동의 변화를 보여준다. 창립대회 이후 수평사 선언은 교토, 사이타마(기옥, 埼玉), 미에(삼중, 三重), 나라 등의 부현 수평사 창립대회에서 낭독되었다. 창립 이듬해에도 제2회 전국대회를 비롯하여 규슈(구주, 九州), 오카야마(강산, 岡山), 야마구치(산구, 山口) 등지의 현 수평사에서 낭독되었다. 창립대회에서 채택된 수평사 선언은 차별의 역사 인식, 평등 대우와 인간 존중 사회 건설 등 수평사의 목표와 성격을 잘 담고 있다고 평가되면서 지금까지 많은 연구가 이루어져 왔다. 그러나 최초의 소년수평사인 나라현 시키(기성, 磯城)군 쥬와(중화 中和)소년수평사의 창립대회에서처럼, 상황에 따라 독자적인 선언이 채택되기도 하였다(朝治武 2001, 31~34).

그 후 1924년에 일어난 이른바 스파이 사건을 빌미로 수평사청년동맹을 중심으로 볼셰비키파가 본부를 장악하면서 새로운 선언

의 채택이 시도되었다. 1925년 전국대회에서는 수평사청년동맹
의 핵심 지도자 다카하시 사다키(고교정수, 高橋貞樹)가 작성한 '제4
회 전국대회 선언(안)'의 채택이 시도되었고, 그 이듬해 5월에 열린
제5회 전국대회에서도 '제5회 전국대회 선언(안)'이 다시 제출되었
다. 그러나 참석자들의 반대로 모두 채택이 불발되면서 창립대회
의 수평사 선언이 유효한 것으로 인식되며 계속 활용되었다. 그러
다가 빈번한 차별사건 발생, 권력을 수반한 융화정책의 시행, 반동
적인 일본수평사의 분립 등 수평운동을 둘러싸고 벌어지는 일련의
안팎 상황에 대한 입장 표명이 필요하게 되어 1927년 12월에 열린
전국대회에서 새로운 선언이 채택되었다. 이 선언은 후쿠오카(복강,
福岡)연대 사건을 비롯한 군대 내 차별 사건과 직소 사건, 각 지역에
서 일어나는 여러 형태의 차별을 지적하면서 적극적인 투쟁의 필요
성을 강조하고 있다(朝治武 2001, 36~40).
　이와 같이 강령과 선언의 개정은 수평운동의 변화를 반영하였다.
현안 상황에 대한 인식이 표명되고, 정치적 입장에 따라 새로운 선
언의 채택이 시도되기도 하였다. 앞서 언급한 바와 같이 볼셰비키
파는 성공하지는 못하였지만 전국대회에서 새로운 선언을 채택하
여 자신들의 관점을 수평운동에 반영시키려고 했었다. 또 1927년
의 선언 채택처럼 안팎 환경의 변화에 대처하는 수단으로 활용되었
다. 그리고 해소론을 지지하는 좌파 집단은 강령이나 선언을 "부르
주아적 자유주의 운동의 본질"을 보여주는 것이라고 비판하면서 해
소의 근거로 활용하기도 하였다.

4. 수평사의 이념적 배경

수평사 창립대회에서 채택된 강령이나 선언의 변화 과정에서 보았듯이, 수평운동을 주도하는 이념은 시기에 따라 달랐다. 또 다양한 이념이 수평사의 활동에 반영되어 나타났다. 그런 점을 고려하여 초기 문건을 중심으로 수평사의 이념적 배경을 살펴보고자 한다. 우선, 앞서 논의한 창립 취지서, 선언, 강령에 나타난 다양한 이념적 배경 가운데 가장 두드러진 것은 인본주의(휴머니즘)였다. 수평사 선언은 "인간의 따뜻한 심장", "인간이 신을 대신하는 시대", "당당할 수 있는 인간의 피" 등과 같은 표현을 통하여 인간에 대한 존경, 인본주의적 믿음과 가치를 강조하였다. 또 "인생의 뜨거운 힘과 빛을 진심으로 갈구하고 예찬한다"고 하였다. 수평사의 원칙인 강령에 "인간성의 원리를 깨달아 인류 최고의 완성을 향해 매진한다"는 내용으로 인간 중심의 사고와 인간 기본 성품에 대한 신뢰를 담고자 하였다. '인간성의 원리', '인류 최고의 완성'의 개념에 대한 해석의 여지는 넓지만, 인본주의, 인간주의에 기초하고 있다는 것에는 대체로 동의하게 된다. 요컨대 수평사 선언과 강령은 '인간'을 존중하는 인도주의, 인간주의, 인본주의 중심의 가치를 바탕에 깔고 있다. 그 배경에는 자유, 평등, 해방을 강조하는 로망 롤랑, 고리키로 대표되는 평화주의와 인본주의의 영향이 있었다. 인간 존중의 가치에 근거하여 부락민 차별 관습을 부당하고 불합리한 것으로 인식하였던 것이다.

둘째, 공동체주의이다. "오랜 세월 학대받은 형제", "에타라는 사실에 긍지를 느낀다", "비굴한 말과 겁먹은 행위로 선조를 욕되게 해서는 안 된다"는 수평사 선언의 표현은 부락민의 역사, 부락민 의식에서 비롯되었지만, 그 바탕에는 부락민의 강한 유대감과 결속력의 근거가 되는 공동체 의식, 공동체주의가 깔려 있다. 수평운동의 목표 설정은 물론, 활동 내용이나 근거도 '부락'을 기준으로 삼고, 또 부락민 중심으로 이루어졌다. 곧, 부락이란 공동체 중심의 역사이고, 현재 상황 진단이고, 미래 사회 설계였다. 이와 같이 공동체주의가 공동체의 최소 단위인 가족의 유대를 강조하고, 지역과 전래 산업을 중시하는 수평운동의 이념적 바탕이었다. 수평사 선언은 도축이나 피혁 같은 직업과 산업에서의 권익 보호와, 일터나 일상생활에서의 차별과 억압에 대한 각성과 개혁을 요구하고 있다. 또 강령은 생활의 핵심인 경제 활동과 직업의 자유를 요구하고 있다. 곧, 공동체 구성원들의 실질적인 권익 보호와 증진을 위한 생활 중심주의가 강조되었고, 따라서 생활에서의 개혁은 수평사의 주요 목표 가운데 하나였다. 요컨대, 부락 공동체주의는 수평운동의 핵심적인 이념이었다. 부락민을 위한, 부락민에 의한, 부락민 중심의 공동체주의는 집단의 단결, 부락 문제의 해결, 생활 안정과 공동 번영을 지향하며, 선조들을 포함하여 구성원들에 대한 차별과 억압에 공동 대처하는 수평운동의 원동력이었고 주체적인 활동의 근거였다. 이와 같은 공동체 의식이나 공동체주의가 수평운동으로 발전하게 된 바탕에는 부락민에 대한 긍지, 부락민의 단결 등을 강조하는 '부락민 의식'이 있었다(朝治武 2001; 2012).

셋째, 사회주의이다. "만국의 노동자여, 단결하라"로 시작되는 마르크스의 《공산당 선언》처럼 수평사 선언은 "전국의 산재하는 우리 특수부락민이여, 단결하라"로 시작한다. 이것은 공산주의의 영향을 상징적으로 보여주는 표현이었다. 그밖에도 수평사 선언에서 선조들을 '비열한 계급 정책의 희생자'로 인식한다거나, 지배와 피지배의 관계, 강자 계급에 의한 착취와 억압, 그리고 집단적 대응을 강조하는 등 공산주의 영향을 확인할 수 있다. 공산주의나 사회주의의 영향은 수평사 창립 회원들의 행적에서도 짐작된다. 창립 취지서에 게재된 "해방의 원칙"을 쓴 사노 마나부는 일본공산당 창립

멤버였다. 사이코 만키치는 언제나 《공산당 선언》을 끼고 지냈다고 한다. 히라노 쇼켄은 아나키스트로 널리 알려졌다. 그리고 공산주의 계열의 수평사청년동맹이 본부의 주도권을 장악한 뒤 계급투쟁 활동을 지향하였으며, 노동, 농민 등과의 협력을 통한 3각동맹을 주장하는 등 사회주의나 공산주의의 영향을 뚜렷하게 볼 수 있다.

넷째는 종교의 영향이다. '산업적 순교자', '희생자가 스스로의 낙인을 떨쳐낼 때', '순교자가 스스로의 가시관을 축복할 때' 같은 수평사 선언의 표현에서 기독교 영향을 보게 된다. 또 사이코 만키치가 그린 형관기(荊冠旗, 가시관 깃발)는 수난 받는 예수의 형상에서 영향을 받아 만들어진 것이었다(최경순 2012). 그리고 "인생의 뜨거운 힘과 빛을 진심으로 '갈구하고 예찬한다'"는 원구예찬(願求禮讚)의 표현은 불교의 영향을 보여준다. 창립 취지서와 선언을 작성한 사이코 만키치는 불교, 특히 신란(친란, 親鸞)의 정토진종으로부터 많은 영향을 받았다(朝治武 2012, 97).

이와 같이 다양한 진보적 이념의 영향을 받았지만, 시대적 한계도 엿볼 수 있다. 대표적인 것이 '학대 받은 형제들이여', '남자다운 산업적 순교자' 같은 남성 중심주의적인 표현이다. 통상적으로 쓰는 '형제자매'가 아니라 '형제'로 한정한 것이나, 남성만이 산업적 순교자인 것처럼 표현한 것은 남성 중심의 전통 문화의 영향에서 나타난 것으로 짐작된다. 오늘날의 남녀평등주의 입장에서 비판받는 부분이다(朝治武 2012, 103).

5. 형평사와 수평사의 목적과 이념적 배경 비교 이해

지금까지 형평사와 수평사의 초기 문건을 중심으로 두 단체의 목적과 이념적 배경을 살펴보았다. 두 단체는 창립과 확산 과정, 지도 집단의 구성 등에서 차이가 있었지만, 역사 인식이나 활동 목적, 또 이념적 배경이 아주 비슷하다는 것을 확인하였다. 주체 세력인 백정과 부락민의 역사적 경험이나 사회적 상황이 비슷하였다는 점에서 비롯된 그와 같은 유사성은 두 단체의 연대와 협력 모색의 동인이 되었다. 지금까지의 논의에 기초하여 두 단체의 역사 인식, 목적, 이념적 배경의 유사성을 정리하고자 한다(金仲燮 2013 참조).

두 단체의 초창기 문건은 형식적인 면이나 내용적인 면에서 아주 유사하였다. 우선, 형식적인 면에서 문건의 구성을 살펴보면, 동인회와 서광회 그리고 수평사 선언이 맨 앞과 맨 뒤에 공통적으로 구호를 제시하고 있다. 동인회 격문은 "열광하라 백정계급아, 용약(勇躍)하라 백정계급아"로 시작하여 "궐기(蹶起)하라 백정계급아, 기탄(忌憚)마라 백정계급아"로 끝을 맺고 있다. 또 서광회 선전문은 "백정계급아 분기하라, 백정계급아 각성하라"로 시작한 뒤 "백정계급아 결속하라, 백정계급아 자조(自助)하라"로 끝맺고 있다. 수평사 선언은 "전국에 산재하는 우리 특수 부락민이여, 단결하라"로 시작하고, "인간 세상에 열정 있으라, 인간에게 빛이 있으라"로 끝맺고 있다. 이렇게 이 문건들은 시작과 끝의 형식이 비슷하였을 뿐만 아니라 구성도 비슷하다. 서광회 선전문과 수평사 선언은 3문단으로, 형평사 주지와 동인회 격문은 4문단으로 짧게 구성되어 있다.

더욱 주목되는 것은 내용의 유사성이다. 그것은 역사관, 사회관, 인간관, 그리고 활동관에서 확인된다. 우선, 백정과 부락민이 겪은 참혹한 과거의 역사 인식과 해방의 세계를 꿈꾸는 미래 사회 전망이 아주 비슷하다. 두 단체의 문건들은 공히 참혹한 과거를 절규하고 있다. 앞서 언급한 것처럼, 형평사 주지는 "과거를 회상하면 종일 통곡의 피눈물을 금(禁)치 못할 바라. 이에 곡절과 조건 문제 등을 제기할 여가도 없이 목전의 압박을 절규함이 우리의 실정이요"라고 하였다. 백정들은 "낮으며 가난하며 열등하며 약하며 천하며 굴종하는 자"로 표현하면서 '버림받은 집단'으로 취급된 역사를 되새겼다. 동인회 격문은 백정들이 "다 같은 사람으로 과거 모든 불합리한 제도에 희생이 되야 영년누대(永年屢代) 장우단탄(長吁短歎)과 비분명인(悲憤鳴咽) 속에서 원억(冤抑)한 생활"을 하였다고 썼다. 또 서광회 선전문에서는 백정의 역사를 "혈루(血淚)의 역사"요 "참담의 생활"이었다고 하면서, 백정은 "불합리의 대명사, 부자연의 대명사, 모욕의 별명, 학대의 별명"이었으며, "인권의 유린, 경제의 착취. 지식의 낙오, 도덕의 결함을 당하야 왔다"고 인식하였다. 이와 같은 역사 인식은 수평사 문건에서도 볼 수 있다. 수평사 선언에서 부락민이 겪은 역사적 과정을 "짐승의 가죽을 벗기는 보수로 우리 인간의 생가죽은 벗겨지고, 짐승의 심장을 가르는 대가로 인간의 따뜻한 심장이 찢기며, 하찮게 뱉어내는 조소의 침으로 얼룩져야 했던 저주의 밤"이라고 하였다. 그리고 자신들의 선조를 "비열한 계급 정책의 희생자이자 남자다운 산업적 순교자"로 인식하였다. 부락민이 겪은 차별의 역사, 제도적 질곡의 역사를 지적한 것이다.

형평사와 수평사는 모두 차별과 억압의 역사가 생겨난 요인을 사회적, 제도적 측면에서 찾았다. 형평사는 "소위 지식 계급의 압박과 멸시"(형평사 주지), "과거 모든 불합리한 제도에 희생"(동인회 격문), "질곡적 제도와 전통적 습관"(서광회 선전문)이라고 하였다. 수평사 선언은 그 요인이 "비열한 계급 정책"에 있다고 하였다. 이와 같이 표현은 다소 달랐어도 두 단체는 백정과 부락민이 겪은 질곡과 차별, 억압을 공통적으로 절규하며, 그 원인을 사회적 제도적 측

면에서 찾았다. 곧, 압박과 불합리한 제도에서 백정과 부락민 차별
이 생겼다고 보았다.

이와 같은 역사관을 바탕으로 두 단체가 제시한 미래 사회 전망
도 비슷한 점이 많았다. 우선, 두 단체는 공통적으로 차별이 만든
요인을 제거하여 차별 철폐와 해방을 이루어야 한다고 보았다. 형
평사 주지는 "공평은 사회의 근본"이라고 인식하여 "애정으로써
호상부조하야 생활 안정과 공동의 존책"을 도모한다는 창립 취지
를 강조하였다. 동인회 격문에서는 "설움을 세척하고 조선(祖先)의
고혼(孤魂)을 신원(伸寃)"하면서 "자녀들을 오는 세상의 주인공"이
되도록 하겠다고 하였다. 또 서광회 선전문에서는 인류 사회나 백
정계급을 유기체이며 고정체로 인식하면서 진화 법칙에 따라 "권
리 회복, 자유 해방, 질곡적 제도로부터의 탈출, 전통적 습관 타
파, 동민족적 차별 철폐" 등을 통하여 역사를 바꾸고 생활을 개선
코자 한다고 밝히고 있다. 수평사도 이와 비슷하였다. 수평사 선
언은 "자유와 평등을 갈망하고 실행하는" 선조들의 모습을 그리
며, 인간 세상의 따뜻함과 열정을 강조하였다. 그렇게 인간의 본연
의 자세를 견지하며, 또 비열한 저주의 역사 속에서도 인간의 당당
함을 유지하였던 선조들의 모습을 유지해 갈 수 있는 사회가 만들
어져야 한다고 전망하였다. "경제 활동과 직업의 자유"를 요구하
며 그것이 실현되는 사회를 만들기 위하여 활동한다는 것을 밝히
고 있다. 이와 같이 형평사와 수평사가 전망하는 미래 사회는 자유
와 평등, 생활 안정, 차별 철폐, 협력과 따뜻함이 보장되는 사회라
는 점에서도 비슷하였다. 요컨대, 자유와 평등, 차별없는 사회를
지향하고 있다.

셋째로, 형평사와 수평사의 인간관은 공통적으로 인도주의(휴머
니즘)를 바탕에 깔고 있다. 형평사 주지는 "애정은 인류의 본량"이
라고 강조하면서 "참사람이 되기를 기약함"이 목적이라고 밝히고

있다. 동인회 격문은 "영육일치(靈肉一致)의 단결"을 통해서 정신적 존재와 사회적 존재의 일관성을 강조하였고, 서광회 선전문에서는 "인권 유린"의 상황을 적시하면서 "권리 회복과 자유 해방"을 강조하였다. 이와 같은 인본주의적이며 인간 중심의 사고는 수평사 선언의 핵심 내용이었다. 수평사 선언은 "인간에 대한 존경"을 강조하였다. "인간의 따뜻한 심장", "인간이 신을 대신하는 시대" 등과 같이 표현하며 인본주의적 믿음과 가치를 강조하고, "인생의 뜨거운 힘과 빛을 진심으로 갈구하고 예찬한다"고 하였다. 그리고 "인간성의 원리를 깨달아 인류 최고의 완성을 향해 매진한다"는 것을 강령으로 채택하였다. 이와 같이 형평사와 수평사는 공통적으로 사람에 대한 애정이나 정신, 자유 등을 강조하며, 인간의 기본 권리를 주장하였다.

마지막으로, 형평사와 수평사의 문건은 백정과 부락민이 활동의 주체가 되어야 한다고 주장하였다. 형평사 주지는 차별과 억압의 철폐가 자신들의 급무라고 강조하고 있고, 동인회 격문은 백정들에게 "열광하라, 용약(勇躍)하라, 궐기하라, 기탄마라"고 주문하면서, 단결과 사회 개혁 참여를 권유하고 있다. 서광회 선전문도 백정계급에게 "분기하라, 각성하라"고 시작하여 "결속하라, 자조하라"고 하면서 끝을 맺고 있다. 차별과 억압의 역사를 바꾸고 생활을 개선하려고 한다는 서광회의 결성 취지를 밝히면서 백정들의 참여를 강조한 것이다. 이와 비슷하게 수평사도 부락민 중심의 활동을 강조하였다. 수평사 선언은 "특수부락민이여, 단결하라"로 시작하면서 스스로 행동할 때가 되었다고 하였다. 그리고 더 나아가 "에타라는 사실에 긍지를 느낄 수 있는 때가 온 것"이라고 하였다. 강령에 '부락민의 자력 해방 쟁취'를 규정하면서 '부락민 의식'에 기초한 새로운 사회 건설 참여를 강조하였다. 이와 같이 주체적 참여를 통한 사회 개혁 달성은 백정이나 부락민이 역사의 주인이어야 한다는 인식

과 일맥상통하는 것이었다. 차별과 억압은 지배 집단이 만든 것이
고 제도적 모순이라는 것을 지적하면서 그 혁파를 주장하며, 그 중
심에 백정과 부락민이 있어야 한다는 역사 인식과 활동 목적을 두
단체는 공유하고 있었다. 단지, 수평사 선언은 수평사 이전에 일어
난 부락개선운동이나 융화운동의 한계와 폐단을 지적하며 수평운
동의 당위성을 강조한 반면에, 그와 같은 경험이 없는 형평사는 그
런 내용이 없다는 점이 달랐다.

지금까지 살펴본 바와 같이 창립 시기에 형평사와 수평사는 역사
관, 사회관, 인간관, 그리고 활동관의 측면에서 유사성이 많았다.
두 단체는 인간 존중과 사회 평등의 보편적 가치를 공유하면서 차
별 철폐, 평등 사회 구현이라는 목적을 공통적으로 설정하고 있었
다. 그뿐만 아니라 두 단체는 아주 비슷한 이념적 배경을 갖고 있
다. 첫째, 인본주의(휴머니즘)를 바탕에 깔고 있다. 자유, 평등, 해
방, 애정, 인권, 권리(서광회 선전문), "애정은 인류의 본량", 참사람
(형평사 주지), 인간이 신을 대신하는 시대, 따뜻한 인간의 심장, 당
당할 수 있는 인간의 피(수평사 선언) 같이 인간주의, 인본주의 중심
의 개념과 가치가 두 단체의 문건에 담겨 있다. 그러한 이념적 인식
아래 두 단체는 백정과 부락민에 대한 차별 관습이 부당하며 불합
리하다고 판단하였던 것이다.

둘째, 공동체주의 가치가 강하게 반영되어 있다. 앞서 언급한 것
처럼, "애정으로써 호상부조하야 생활의 안정을 꾀하며 공동의 존
책을 꾀하고자 한다"는 형평사 주지, "골수에 맺힌 설움을 세척하
고 조선(祖先)의 고혼을 신원하는 동시에 어여쁜 우리의 자녀를 세
상의 주인공이 되게" 하자는 동인회 격문, "모멸적인 백정 명칭을
철폐하여 우리의 역사를 한층 신선케 하며 우리의 생활을 한층 진
선미(眞善美)케 하자"면서 백정계급의 결속과 자조를 강조한 서광회
선전문 등에서 공동체주의 가치를 쉽게 확인할 수 있다. 그와 비슷

하게 수평사 선언도 "에타라는 사실에 긍지를 느낀다"거나, "비굴한 말과 겁먹은 행위로 선조를 욕되게" 해서는 안 된다는 등 공동체주의 가치를 바탕에 깔고 있다. 이런 공동체주의 맥락에서 두 단체는 집단의 단결, 생활 안정과 공동 번영을 통하여 차별 철폐나 구성원의 권익 증진을 모색하고 있다. 또한 활동의 원동력이나 근거를 공동체로부터 얻었다는 점도 비슷하였다. 그와 같은 공동체주의에 바탕을 두고 두 단체는 생활 중심의 권익 증진 활동을 강조하였다. 형평사 주지는 "모욕적 칭호의 폐지, 교육 장려", "호상부조를 통한 생활 안정과 공동 존책"을 도모하였으며, 동인회 격문은 "영원무궁한 천국생활 개척"을 주창하였고, 서광회 선전문도 "모멸적인 백정 호칭 철폐, 우리의 생활 개선"을 활동의 중심에 두었다. 이와 비슷하게 수평사 강령은 경제 생활과 직업의 자유를 요구하고, 수평사 선언은 도축이나 피혁 같은 직업과 생활에서의 차별과 억압을 개혁하는 등 공동체 생활을 혁신하는 활동을 강조하였다.

셋째, 두 단체의 이념적 배경으로 사회주의가 공통적으로 커다란 영향을 미쳤다. 지배와 피지배 관계, 강자 계급의 착취와 억압, 그리고 집단적 대응을 강조하는 인식의 근저에는 사회주의 영향이 있었다. 또 소위 지식 계급의 압박과 멸시(형평사주지), 횡포한 강자 계급과 천대를 받아 오던 백정 계급, 각색(各色) 계급으로부터 무리한 학대(동인회 격문), 정복 계급(양반 계급)과 피정복 계급(백정 계급)의 대비(서광회 선전문), 계급 정책의 희생자(수평사선언) 등과 같은 표현은 사회주의와 공산주의의 영향을 단적으로 보여준다.

이와 같이 형평사와 수평사가 아주 비슷하게 공유하고 있는 역사관, 사회관, 인간관, 주체적 활동관, 그리고 이념적 배경은 어디에서 온 것일까? 크게 세 가지 요인이 작용하였다고 판단된다. 첫째, 역사적, 사회적 경험을 통해 자생적으로 생겨난 인식이다. 형평사와 수평사의 출발은 차별과 억압의 오랜 역사적 경험에서 벗어나고자 하는 것이었다. 그러한 경험을 통하여 역사를 인식하고, 차별 없고, 평등한 대우를 받는 미래 사회를 설계하며, 또 인권을 주장하였던 것이다. 둘째는 백정이나 부락민을 둘러싸고 있는 공동체 상황과 일상생활을 통하여 그러한 이념과 목적을 갖게 되었다. 여기에는 주체 세력이며 수혜 집단인 백정이나 부락민의 특수성이 반영되어 있는 한편, 인간의 귀중함을 강조하는 휴머니즘과 더불어 사는 사회적 연대의 보편성이 어우러져 있다. 곧, 두 단체는 백정과 부락민을 둘러싸고 있는 특수한 상황을 인식하면서도 인생권, 생활권과 같은 보편적 가치를 공유하였던 것이다.

셋째는 서구 문물의 영향이다. 계급, 인권, 권리, 유기체, 유동체, 진화법칙, 자유, 해방 등과 같은 용어들은 20세기 초 서구 문물, 특히 서구 학문의 유입과 더불어 확산된 개념들이었다. 외래사조의 영향이 확산되면서 사회주의나 자유주의, 진화론 등이 지식인 사회에 널리 퍼져 있었는데, 두 단체의 활동가들도 그 영향을 받았던 것이다. 예를 들어, 유기체, 유동체, 진화법칙(서광회 선전문), '희생자가 낙인을 떨쳐낼 때' '순교자가 가시관을 축복할 때'(수평사 선언) 같은 개념은 사회 진화론의 영향을 보여준다. 또 "영육(靈肉) 일치의 단결" "영원무궁한 천국생활"(동인회 격문) 같은 표현이나 순교자, 가시관의 축복 같은 개념(수평사 선언)은 기독교적 요소를 반영하고 있었다. 이와 같이 형평운동과 수평운동은 한국과 일본의 근대 사회 변동 과정에서 유입된 서구 문물의 영향을 비슷하게 받았던 것이다.

제5장 형평운동과 수평운동의 발전

　형평운동과 수평운동의 전개 과정에는 백정과 부락민의 안팎 환경, 특히 한국과 일본의 사회적, 역사적 상황이 크게 반영되었다. 이 두 단체는 조직의 지리적 확산과 하부 조직의 결성 등 조직 측면에서 크게 발전하였으며, 아울러 시기별로 달라지기는 하였지만, 차별 철폐와 생활 개선의 측면에서 다양한 활동을 전개해 왔다. 이런 점을 고려하여 제5장에서는 형평사와 수평사가 사회운동 단체로 발전하는 과정을 조직과 활동 내용 측면에서, 특히 정기적으로 열린 전국대회를 중점적으로 비교하여 살펴보면서 두 단체의 조직 발전과 활동 상황을 그려 보고자 한다.

1. 형평사의 조직 발전

(1) 지역 조직의 확산

　창립 이후 형평사는 크게 두 가지 측면에서 두드러지게 발전하였다. 그 하나는 조직이 크게 늘어난 것이고, 다른 하나는 소기의 목적을 달성하기 위한 활동이 활발해진 것이었다. 조직의 확대와 활동의 활성화는 서로 긴밀하게 관련되어 있는데, 우선, 조직 확대의 양상을 살펴보고자 한다.

　형평사는 전국 활동을 총괄하는 본사, 각 도에는 지사, 각 군에는 분사가 설치된 피라미드 형태의 조직 체계를 갖추고 있었다. 본사는 얼마 지나지 않아 중앙총본부로 명칭이 바뀌었지만, 지사와

분사의 명칭은 그대로 유지되다가 나중에 지부로 바뀌었다. 본사
(중앙총본부)에는 최고 의사 결정기관인 중앙집행위원회와 서무, 재
무, 교육, 조사, 섭외, 산업 등 6개 부서로 업무를 분장한 상무집행
위원회가 설치되었다. 전국의 형평운동을 이끄는 총본부는 조직 결
성과 유지 확대뿐만 아니라 지역 활동의 활성화를 위한 활동을 다
각적으로 벌였다. 정기전국대회를 앞두고 총본부 임원 중심으로 각
지역을 순회하는 특별위원회를 구성하여 지역을 순회 방문하였으
며, 차별 사건이나 형평운동 반대 활동에 적극적으로 대응하며 지
사와 분사 활동을 지원하였다. 총본부를 정점으로 구성된 조직은
형평운동 발전의 주요 동력으로 작용하였다. 그렇기 때문에 총본
부 지도부의 변화는 형평운동의 전개에 커다란 영향을 미쳤다. 제6
장에서 자세하게 살펴보겠지만, 본사 임원들의 정치적 입장에 따라
형평운동의 활동 내용과 방향이 바뀌어갔다. 심지어 본사 임원들
사이의 파벌 싸움으로 본사가 두 조직으로 분립된 적도 있었다.

　지사는 대개 도청 소재지에 설치되었고, 분사는 군 단위에 설치
되었다. 1920년대 후반 형평운동이 활발해지면서 큰 면 지역에 분
사가 조직된 경우도 있었다(김중섭 1994, 198~199). 지사와 분사는
각 지역 형평사원들이 결집하는데 구심점 역할을 하였고, 형평운동
의 거점 역할을 하였다. 조직이 생기면서 다른 지역의 형평운동과
연결되는 통로를 갖추게 되었다. 또 다른 사회운동과의 협력과 연
대의 기반이 구축된 셈이었다. 그렇기 때문에 조직의 설치 여부는
그 지역 형평운동의 활성화를 가늠하는 주요 척도로 인식되었다.
위계질서를 갖고 있는 상하 조직은 제각기 다른 권한이 주어졌다.
하위 조직은 상급 조직에 활동 상황을 보고할 책무를 가지며, 아울
러 회원 100명 당 1명의 대표자를 파견한다는 사칙(제 14, 15, 16조)
에 따라 전국이나 권역의 집회에 대표자를 보낼 권한을 가졌다.[12]

---

12)　이 규정은 시기에 따라 변동이 있었다. 예를 들어, 1930년 제8회 전국대회 준비 과

사원들의 광역 모임은 대표자 대회, 임시총회, 전국대회, 정기총회 등의 이름으로 전국 단위뿐만 아니라 권역별로 열렸다.

많은 지역에 분사가 결성되면서 형평사는 전국 조직의 위용을 갖추었다. 일제 조사에 따르면, 창립 첫 해인 1923년 말까지 결성된 형평사 조직의 수는 본사 1개, 지사 12개, 분사 67개였다(朝鮮總督府 1926, 183). 지역에 따라 활동 수준은 다양하였지만, 짧은 기간에 조직이 성공적으로 확대된 것을 알 수 있다. 이와 같은 조직 확대는 많은 지역의 백정들이 형평운동에 적극 참여하며, 또 활동을 뒷받침하는 물적 자원을 지원해준 덕분이었다.

지역 조직이 빠르게 늘어났지만, 정확한 규모나 내용은 밝혀지지 않았다. 단지 일제의 관변 자료나 언론 보도 내용을 통하여 조직 수를 가늠하고 있다. 그런데 일제의 관변 자료끼리 조차 서로 일치하지 않는 사례가 많아 정확성은 여전히 의문이다. 예를 들어, 1928년의 경우, 조선총독부 경무국 자료는 조직 수가 153개인데(朝鮮總督府警務局 1933, 138), 경기도 경찰부 자료는 128개로 기록하고 있다(京畿道警察部 1929, 116). 그런데 1930년 경우에, 총독부 경무국 자료는 165개인데, 경기도 경찰부 자료는 193개로 기록하였다(京畿道警察部 1931, 180). 또 같은 경무국 자료끼리도 차이를 보이고 있다. 1926년의 경우, 한 곳에서는 130개로 기록하고(朝鮮總督府警務局 1933, 138), 다른 곳에서는 147개의 분사와 7,701명의 사원으로 기록하고 있다(朝鮮總督府警務局 1927, 2-9-10). 앞서 인용한 총독부 자료는 1923년의 지분사 수를 경북 12개로 기록하였는데(朝鮮總督府 1926, 183), 경상북도 경찰부에서는 15개로 기록하고 있다(慶尙北道警察部 1934, 323). 1925년의 경우에도 총독부 자료는 11개

정에 총본부는 '사원 남녀 합하여 매 10인에 1인씩, 100인 이상엔 매 20인에 1인씩' 대의원을 선출하여 전국대회에 출석하도록 한다는 내용의 공문을 보냈다. 京城地方法院,《思想ニ関スル情報綴》제3책, "全朝鮮衡平社第八回定期大會召集의件"(朝鮮衡平社總本部, 1930. 3. 12).

인데(朝鮮總督府 1927, 131), 경상북도 경찰부 자료는 23개이다(慶尙北道警察部 1934, 323).

　언론 보도를 통해서 조직 상황을 파악한 경우에도 특성상 정확한 수라고 판단하기는 어렵다. 언론이 형평사의 모든 활동을 보도하였다고 할 수 없기 때문이다. 예를 들어, 1923년의 경우, 총독부 자료는 80개로 기록하였는데, 언론에 보도된 지사와 분사는 64개이다(고숙화 1996, 94~95). 그렇지만 언론에 보도된 분사의 수를 누계로 계산하면 1924년 81개, 1925년 109개, 1926년 146개, 1927년 160개, 1928년 176개, 1929년 187개, 1930년 196개, 1931년 203개, 1932년 205개로 적어도 200개 이상 지역에 형평사 조직이 존재하였다는 것을 알 수 있다. 이렇게 자료들끼리 서로 다르고 정확성도 의문이지만, 시기에 따라 조직의 수가 변화한 것을 보여주고 있다. 일제 자료에 기록된 형평사 조직 수의 추이를 그려 보면 다음의 〈그림 5-1〉과 같이 나타난다.

〈그림 5-1〉 형평사 조직 수의 변화 추세

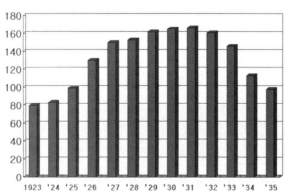

출처: 朝鮮總督府警務局, 《最近に於ける朝鮮治安狀況》(1933, 1935). 단, 1923년 통계는 1923년 말 1924년 초에 조사된 朝鮮總督府, 《朝鮮の群衆》(1926), 183쪽에서 따옴.

〈그림 5-1〉은 형평사가 창립 이후 1920년대 후반까지 지속적으로 늘어났다는 것을 보여준다. 1923년 창립 첫 해에 80개였던 조직 수는 빠른 성장 추세에 따라 1927년에 150개에 이르렀다. 그 뒤 성장세가 둔화되어 1928년에 153개, 1929년에 162개, 1930년에 165개, 1931년에 166개가 되었다. 또 수치의 정확성은 의문이지만 1931년의 분사 수를 233개, 사원 수를 389,750명이라고 한 형평사 활동가 이동환의 기록도 형평운동이 활발하였다는 것을 보여준다(이동환 1931, 37). 이와 같이 언론 보도 내용이나 개인 기록, 관변 자료를 통해서 1931년까지 형평사 조직이 확대되었다는 것을 알 수 있다.

그러다가 1930년 전후로 정체되기 시작하였고, 1930년대 전반기에 빠르게 위축되었다. 1931년을 정점으로 1932년에 161개로 줄어들었고, 1933년에 146개, 1934년 113개, 1935년 98개로 1930년대 중반으로 가면서 줄어드는 추세가 훨씬 빨라졌다. 성장과 퇴조의 추세는 언론 자료에서도 확인된다. 1925년에 28개의 분사가 새로 활동을 시작하였고, 1926년에는 37개나 되었다. 그런데, 1930년 이후에는 그 수가 홑자리로 줄어들었다(고숙화 1996, 95). 이와 같은 변화 추세는 형평운동 자료를 수집 정리하면서 활동 양상을 창업기(1923~1925), 활동기(1926~1928), 시련기(1929~1931)로 구분한 형평사원 후손 김영대의 주장과도 크게 다르지 않다(김영대 1978, 215~352).

조직 발전의 양상은 지역 간에 차이가 있었다. 제3장에서 언급하였듯이, 창립 첫 해에 주로 삼남 지방에서 조직이 크게 확대된 경향은 형평운동 전기간에 걸쳐 크게 달라지지 않았다. 경상도, 전라도, 충청도에서는 주요 거점 지역에 분사가 결성된 반면에, 북부 지역에는 조직이 거의 결성되지 않았다. 1925년 9월 말 조선총독부 조사 자료에 따르면, 경남 23개, 경북 11개, 전남 7개, 전북 10개,

충남 18개, 충북 8개로, 전체 99개 가운데 77개(78%)가 삼남 지방
에 있다. 그밖에 경기 6개, 강원 7개, 황해 3개, 평남 2개, 함남 4
개가 있었다(朝鮮總督府 1927, 131). 곧, 경기, 강원을 기준으로 이남
은 형평운동이 활발하게 일어난 반면에, 이북은 조직이 거의 결성
되지 않았다. 이와 같은 현상은 경찰 조사 자료에서도 그대로 나타
났다. 1929년 자료에 의하면, 경기 15개, 강원 16개, 경남 29개,
경북 23개, 전남 6개, 전북 30개, 충남 28개, 충북 11개였다. 전체
162개 가운데 158개가 중부 이남에 집중해 있는 반면에, 이북 지
역에는 황해 1개, 함남 3개뿐이었다(朝鮮總督府警察局 1930ㄱ). 중부
이남과 이북이 크게 구분되는 것은 신문 보도에서도 확인된다. 신
문 보도에 기초하여 활동 지역의 지리적 분포 경향을 살펴보면, 경
기도, 강원도의 중부 지역과 충청권, 호남권, 영남권에 형평운동이
활발한 반면에, 황해도, 함경도, 평안도 지역에서는 활동을 찾아볼
수 없다.

　요컨대, 활동의 지역 간 차이는 형평운동의 특징이었다. 신문 보
도 내용을 분석한 결과(김중섭 1994; 고숙화 1997; 김재영 2007ㄱ)와
일제의 조사 자료에서 확인되듯이, 중부 지방, 특히 충남, 전북, 경
기, 강원도에서 분사와 사원의 수가 크게 늘어난 반면에, 북부 지
방인 평안도, 함경도, 황해도에서는 조직이 거의 결성되지 않았다.
창립 이듬해에 경기도와 강원도 지역에서 조직이 많이 생겨나면서
지역적 분포는 중부 이남과 이북으로 확연하게 갈렸다. 그리고 삼
남 지역 안에서도 지역 간의 차이가 있었다. 삼남 지역 가운데 영남
(경상도) 지역이 활발한 반면에, 호남(전라도) 지역은 상대적으로 활
동이 부진하였다. 또 호서(충청도) 지역에서도 충북보다는 충남, 특
히 홍성 주변의 내포 지역이 활발하였다(김재영 2007ㄱ). 이와 같은
지역 간의 격차는 주축 집단인 백정의 사회적, 경제적 조건의 차이
를 반영하는 것이었다. 북부 지역에는 상대적으로 백정 인구 비율

이 낮았고 밀집해서 살고 있지 않았다. 또 경제적으로 열악하여 동원 가능한 물적 기반도 약하였다. 요컨대, 사회운동 발전에 필요한 인적, 물적 자원의 토대가 약하였다(김중섭 1994, 302~306). 이와 달리, 중부 이남 지역에서는 백정들의 공동체가 유지되고 있었고 전래된 산업 기반이 강하였다. 그런 기반 위에 총본부 지도부와 각 지역 백정 유력자들의 적극적인 노력과 협력으로 조직 결성과 활동이 활발하게 이루어졌다. 곧, 백정들이 많이 거주하며 인적, 물적 자원의 동원이 원활한 지역을 중심으로 지사와 분사가 설치되었으며, 활동이 활발한 지역의 활동가들이 중앙총본부 임원을 맡아 형평운동을 이끌어 갔다. 이와 같은 본사, 지사, 분사의 협력 체제와 인적, 물적 기반이 강한 중부 이남 지역의 적극적인 지원이 형평운동 발전의 주요 동력이었다.

(2) 하위 조직의 발전

① 형평청년회

형평운동의 발전과 쇠퇴는 조직 변화에도 반영되었다. 형평운동의 발전 과정에 나타난 주요 양상 가운데 하나는 여러 성격의 하위 조직이 생겨난 것이었다. 그 가운데 가장 활발하게 활동하며 형평운동 발전에 기여한 것은 형평청년회였다. 젊은 형평사원들이 결성한 형평청년회는 형평사의 하위 조직이면서도 별도로 운용되는 독자적인 성격의 단체였다. 곧, 형평청년회의 결성은 특정한 구성원들이 독자적인 활동 공간을 만들었다는 점에서 형평운동 발전의 주목할 만한 사항이었다(김중섭 1994, 203~208; 고숙화 1996, 105~111).

형평청년회의 조직 양상이나 활동 내용, 특징은 지역에 따라 크

게 달랐다. 처음 결성된 곳은 형평사 본사가 있는 경남 진주였다
(《시대일보》1924. 4. 3;《조선일보》1924. 4. 4). 1924년 3월 31일, 본
사 임원들 사이의 파벌 갈등과 대립이 한창인 상황에서 진주의 젊
은 사원들이 형평운동의 활성화를 목적으로 조직한 것이다. 그 이
후 경남 마산, 충남 홍성, 전북 전주, 강원 원주 등지에서 형평청년
단체가 생겨났다. 전국에 산재된 이 단체들은 청년사원들의 모임이
었지만, 서로 연계된 것은 아니었다. 심지어 충남 홍성의 신진청년
회, 전북 전주의 공화청년회, 강원도 원주의 형평신진청년회 같이
명칭의 일관성도 없었다(김중섭 1994, 204). 형평분사의 경우에 본사
임원들이 조직 확대를 위하여 적극적으로 활동하였지만, 형평청년
회는 그렇지 않았다. 각 지역의 젊은 사원들이 형편에 따라 독자적
으로 결성하였기 때문에 조직 확산이 빠르지 않았다.

그러나 지역 형평청년들의 독자적인 활동이 활발해지면서 형평
청년회의 결성도 크게 늘어났다. 1925년 신문에 보도된 지역을 보
면, 전북의 전주, 익산, 김제, 군산, 순창, 경북의 김천, 경산, 경남
의 부산, 고성, 충남 대전, 경기 개성 등 중부 이남 전역에 걸쳐 있
었다. 형평청년회가 늘어나면서 권역 조직도 생겨났다. 1925년 가
을에 전북 이리에서 전북형평청년연맹이 결성되었고, 11월 말에
강원도 삼척분사에서 태백산맥 동쪽 지역 형평청년회들이 모여 전
영동(全嶺東) 형평청년연맹의 발기를 결의하였다(《조선일보》1925.
12. 9). 그리고 12월에는 전국의 연대 조직인 형평청년연맹 발기회
가 서울에서 열렸다(《조선일보》1925. 12. 18, 20;《시대일보》1925. 12.
18, 20). 요컨대, 중앙총본부의 지원 아래 조직이 늘어나는 형평사
의 하향식 확산과 달리, 형평청년회는 각 지역에서 먼저 조직되고,
그 뒤에 권역 단체, 그리고 전국 조직이 만들어지는 상향식 방식의
확산이었다.

형평청년회의 확산 추세는 1926년에도 계속 이어졌다. 전북의

금산, 이리, 전남의 광주, 함평, 경북 구미, 경남의 고성, 영산, 충남의 강경, 공주, 논산, 서천, 서산, 태안, 강원 원주 등 전국 14개 지역의 형평청년회 결성이 언론에 보도되었다. 한 곳에 결성되면 그 인접 지역에 파급되는 양상이었다. 지역적 분포를 보면, 경남 15개, 경북 10개, 충남 12개, 전북 6개, 전남 3개, 강원 1개로, 삼남 지방에 널리 확산되었다(고숙화 1996, 105~111). 특히, 경남북, 전북과 충남에서 활발하였고, 전남, 강원 등에도 여러 곳이 조직되었지만, 반면에 중부 이북에는 하나도 결성되지 않은 권역도 많았다.

이렇게 1920년대 중반 형평청년회의 활동이 활발하였지만, 활동 내용이나 규모, 회원 자격이 모두 통일된 것은 아니었다. 예를 들어, 회원 자격의 연령 제한을 보더라도, 충남 홍성의 형평청년회는 17세에서 40세까지(《조선일보》 1925. 3. 26), 전남 함평의 경우는 17세에서 35세까지(《동아일보》 1926. 7. 4; 《시대일보》 1926. 7. 4), 전주의 경우는 최대 30세까지로 규정하였다(《동아일보》 1927. 10. 16).

형평청년들이 독자적인 단체를 결성하며 적극적으로 활동하게 된 배경에는 3.1운동 이후 각 지역에서 활발하게 일어난 청년운동도 일정 부분 작용하였다(김중섭 1994, 203~208). 지역마나 사회문제와 개혁에 관심이 많은 청년들이 단체를 결성하여 다양한 사회운동을 활발하게 벌이면서 청년단체는 사회 개혁을 위한 활동가들의 집합처가 되었고, 다양한 사회운동의 산파역과 보금자리가 되었다. 일부 청년 활동가들은 사회운동에 적극 참여하여 직업적 사회운동가로 변신하였다(김중섭 2012). 또 청년단체들이 연대하여 1924년 4월에 전국 조직인 조선청년총동맹을 결성하였다(김준엽·김창순 1973). 이러한 분위기에서 젊은 형평사원들이 형평사 안에 청년단체를 결성하였던 것이다.

형평청년회가 내건 기본 목표는 형평운동의 발전과 활성화였다.

그들의 활동은 대개 야학 개설, 대중 강연, 도서실 운영 등 전체 사원들의 권익을 위한 것이었다. 그러면서 청년 집단은 형평사 안에서 독자적인 위상을 갖고 활동의 주축 세력이 되었다. 1920년대 중반 각 지역 형평운동의 활력은 실질적으로 형평청년회로부터 나왔다. 권역과 전국의 형평청년 조직이 만들어지면서 그들의 영향력은 더욱 커졌다. 그들은 권역이나 전국 차원의 형평사 활동에도 적극 참여하여 임원을 맡는 등 형평운동의 핵심 세력이 되었다. 더 나아가 지역과 전국 차원에서 다른 청년단체와도 협력하고 연대하였다. 다른 한편, 사회 문제 전반에 많은 관심을 갖고 여러 사회운동에 적극적으로 참여하는 청년단체 활동가들이 형평청년회에도 참여하거나 연대 활동을 벌였다. 이와 같이 지역의 형평청년회와 청년단체는 형평운동과 사회운동계를 이어주는 연결고리 구실을 하였다. 그러면서 진보적인 청년운동 단체의 분위기는 형평청년회에도 파급되어 형평청년들은 자연스럽게 형평사 안의 진보 세력이 되었다. 그와 같은 형평청년회의 진보적 지향성은 형평운동의 방향을 결정하는 주요 요소로 작용하였다.

요컨대, 형평청년회는 젊은 사원들의 독자적인 활동 공간으로서 형평사 안의 진보 세력이 모이는 중심지가 되었고, 하위 조직이지만 형평운동을 이끄는 주요 세력이 되었다. 특히, 형평청년회의 핵심 활동가들이 1920년대 후반 중앙총본부의 임원을 맡으면서 형평운동 지도부의 일익을 담당하게 되었고, 그들의 진보적 경향은 형평운동에 커다란 영향을 미쳤다. 그런데, 아이러니하게도 형평청년 조직의 해체는 진보적 사회운동계의 영향으로 말미암아 일어났다. 형평청년단체의 해체 제안은 형평청년운동이 활발하게 전개되고 있는 1927년에 처음 나왔다(김준엽·김창순 1973, 3권 146~152). 이 제안은 모든 청년단체를 해체하여 강력한 지도력 아래 하나의 연합체를 형성하여야 한다는 공산주의 세력의 해소론에 따른 것이었다.

해소론을 둘러싸고 형평청년운동 안의 의견은 찬반으로 크게 갈렸다. 일부 지역의 형평청년회는 해소론에 적극 찬동하여 자체적으로 해체를 결의하였다. 그러나 일부는 백정 신분 차별이라는 특수한 상황을 강조하면서 해소론에 소극적이거나 반대하였다. 이와 같은 논쟁 양상은 몇 년 뒤 형평사를 휩쓰는 해소론 논쟁을 미리 보여주는 전조였다.

　해소 문제는 1928년 4월 형평사 정기전국대회 시기에 맞추어 열린 형평청년총연맹 전국대회의 주요 의제가 되었다. 원래 의안은 조선형평사 총본부의 적극 지지와 형평청년총연맹 해체 권고의 적극 반대'였다. 해체를 의도하였던 것이 아니라고 짐작된다. 그러나 사회운동 세력의 결집을 위해서 각 청년 조직을 해체하여 하나로 모아야 한다는 사회주의 계열 대의원들의 주장이 회의장 분위기를 주도하면서 형평청년총연맹의 해체가 결의되었다(《동아일보》 1928. 4. 16, 27). 이 결정은 그 즈음 형평청년들 사이에 팽배해 있던 진보적 분위기도 작용하였지만, 그 이면에는 전국 조직을 유지하는 어려움과 필요성에 대한 회의도 깔려 있었다. 제6장에서 살펴보겠지만, 형평청년회의 핵심 활동가들은 총본부 임원으로 활동하고 있었기 때문에 별도의 조직을 가질 필요성이 적었던 것이다.

　형평청년연맹의 해체 결의로 형평청년 집단의 전국 조직이 사라지게 되었다. 충북의 청주형평청년회 같이 이듬해까지 조직을 유지하며 활동하는 경우도 있지만(《동아일보》 1929. 5. 5), 대부분의 형평청년 단체가 해체되었다. 그 뒤 형평청년들은 분사, 지사, 총본부의 청년부에 편입되어 활동하였으며, 경남 김해와 같이 일부 지역에서는 지역 청년단체에 편입한 경우도 있었다(《동아일보》 1928. 5. 9). 이렇게 형평청년회는 1924년부터 1928년까지 짧은 기간 존속하였지만, 형평운동의 활성화에 크게 이바지하였으며, 형평청년들이 형평사의 주축 세력으로 성장하는 활동 공간의 구실을 하였다.

② 정위단

형평사 안에는 형평청년회 이외에도 하위 조직이 여럿 있었다. 규모나 활동 기간, 내용 측면에서 형평청년회와 같은 위상과 영향력을 갖고 있지 않았지만, 이 하위 조직들은 구성원의 성격이나 활동 내용에서 그 나름의 특징을 갖고 있었다. 그 가운데 하나가 정위단(正衛團)이었다(김중섭 1994, 200~203).

정위단은 1925년 1월 서울 총본부에서 결성되었다. 총본부 지도부의 파벌 대립이 형식적으로 해결되었지만 여진이 남아 있는 상황에서 형평사를 올바로 지키기 위한 사상 단체를 만든다는 명분 아래 창립되었다. 주요 목적은 형평사원들의 결속과 연대의 와해를 막고, 형평운동 반대 활동에 적극 대항하여 사원들의 권익을 보호하는 것이었다. 이러한 목적은 창립총회에서 채택된 다음의 강령에 잘 나타나 있다(《조선일보》 1925. 1. 11).

　　　1. 우리는 우리의 생활 안전을 기도할 일.
　　　1. 우리는 우리의 직업을 침해하는 자를 적극적으로 방어할 일.
　　　1. 우리는 상호간의 친애, 부조를 기도할 일.

요컨대, 정위단의 목적은 형평사 안으로는 파벌을 없애고 분열을 경계하며, 밖으로는 형평운동 반대 활동에 적극 대응하여 사원들을 보호하려는 것이었다. 창립 직후 1월 14일에 열린 임시총회에서는 파벌 대립의 원인을 제공한 형평사 중앙집행위원을 문책하고, 전국대회를 무시하는 강상호와 장지필을 응징할 것을 결의하는 한편, 정위단의 창립 취지를 알리고자 각 지역에 단원을 파견하기로 하였다. 그 뒤 5월에는 경기도 고양의 차별 사건에, 또 8월에는 예천 형평사 습격 사건에 대표자를 현장에 파견하여 피해입은 사원들을 돕는 활동을 벌였다.

정위단이 지부를 결성하거나, 형평사 지사나 분사에 연계 조직
을 만든 증거는 찾을 수 없다. 1926년 1월에 창립 1주년 행사를 가
졌지만, 9월에 열린 총본부의 중앙집행위원회 회의에 정위단 부흥
촉진에 관한 안건이 상정된 것으로 보아 활동이 부진하였던 것으
로 짐작된다. 이렇게 정위단은 일반 사원들의 참여를 이끌어 내지
못 한 채 서울 총본부 중심으로 단기간 활동하였지만, 서울의 진보
적인 젊은 활동가인 단장 이경춘, 부단장 김사전, 총무 서광훈 등은
향후 형평운동을 이끄는 지도 세력으로 활약하였다.

그런데 사원들을 지키기 위한 정위부가 창립 초기부터 본사 부서
로 설치되고, 또 비슷한 성격의 조직이 몇 군데 결성된 것에서 보듯
이, 사원 보호의 중요성에 대한 공감대가 형성되어 있었다. 예를 들
어, 총본부에서는 1925년 3월 26일에 정행단(正行團)을 조직하고,
"계급의식을 촉진하며 형평적 신사회 건설 역군의 훈련과 교양을
도(圖)하고, 해방 전선에 반역분자를 철저하게 박멸키로" 한다는 강
령을 채택하였다(《동아일보》1925. 3. 30). 또 그 해 12월에 경북 김
천의 정위단(《조선일보》1925. 12. 27;《시대일보》1925. 12. 28), 1927
년 10월에 충남 대전의 정행단이 결성된 것처럼, 사원이나 형평사
를 지키며 올바른 행동을 위한 목적의 단체가 지역에 따라 독자적
으로 만들어졌다(《동아일보》1927. 10. 27). 결국 정위단은 설립 이후
특별한 활동을 하지 않은 채 지내다가 1928년 4월의 전국대회에
즈음하여 해체를 선언하고 총본부의 사회정위부로 바뀌게 되었지
만,[13] 1920년대 후반에도 총본부와 일부 분사에 정위부를 설치하
여 일반인들의 공격으로부터 형평운동을 지키며 올바른 행동을 위
한 활동을 지속한 것은 정위단 같은 단체가 필요하다는 인식이 형
평사 안에 퍼져 있었다는 것을 보여준다.

---

13) 京鍾警(京城鍾路警察署)高秘 제17444호, "団体解散ニ関スル件"(1930. 12. 11).

③ 형평학우회 등 기타

1925년 6월 13일에 형평학우회가 서울에서 결성되었다. 이 단체의 목적은 상급 학교에 재학 중인 형평사원 자녀들의 친목 도모였다. 창립 초기부터 교육을 강조하는 형평사 목적에 잘 부합되는 하위 조직으로서, 학우회는 단순히 친목 도모에 멈추지 않고 사원 자녀들의 학업 열의를 높이기 위한 순회강연 개최 등 여러 활동을 펼쳤다(김중섭 1994, 208~210). 또 조직 활성화와 활동 진작을 위하여 1925년 8월에 대전에서 형평사 전조선 학우회를 열기도 하였다(《매일신보》 1925. 8. 8; 《동아일보》 1925. 8. 9, 11; 《조선일보》 1925. 8. 10).

중앙총본부에서는 다른 하위 조직과 달리 형평학우회를 적극 지원하였다. 예를 들어, 1926년도에 학우회 보조 예산으로 300원을 책정하였다(平野小劍 1927, 222). 이것은 중앙총본부 전체 예산의 3%에 해당되는 액수였다. 그러나 중앙총본부가 적극적으로 지원했지만, 강원도 원주, 횡성, 충남 입장 등 일부 지역에 결성되었을 뿐, 학우회가 전국 조직으로 발전하지는 못하였다. 교육의 중요성은 인식하였지만, 상급학교에 진학하는 사원 자녀가 많지 않았고, 학우회에 대한 일반 사원들의 관심도 그다지 크지 않았기 때문에 조직 활성화를 기대하기 어려웠다. 게다가 학생들이 주축이었기 때문에 주로 방학 동안에만 활동하는 한계를 갖고 있었다. 결국 1928년 이후 활동 흔적을 찾을 수 없는 것으로 보아, 학우회는 단기간 유지된 것으로 짐작된다.

청년회, 정위단, 학우회 이외에도 형평사 구성원들의 관심 사항을 반영하는 여러 하위 조직이 있었다. 그 가운데 하나가 형평여성회였다(김중섭 1994, 210~212). 언론에 보도된 여성회 활동은 1926년 충남 강경의 형평여성동우회(《조선일보》 1926. 5. 16), 1927년 전북 군산의 형평여성동우회(《조선일보》 1927. 6. 7), 1929년 전북 김

제군 금구의 형평여성회(《동아일보》 1929. 1. 15) 등이 있었다. 이렇
게 일부 지역에 제한되어 있고, 1926년부터 1929년까지 단기간 활
동하였지만, 여성 사원들이 독자적인 조직을 결성하여 자신들의 자
율적 활동 공간을 구축하였다는 점은 주목할 필요가 있다. 이것은
1920년대 후반 여성 문제에 대한 사회적 관심이 고조된 상황에서
형평여성들도 독자적인 활동을 모색하였다는 것을 보여준다. 여성
회가 전국 조직으로 발전하였다거나 연대 활동을 벌였다는 증거도
찾을 수 없고, 또 중앙총본부 차원에서 형평여성회의 결성이나 활
동을 지원한 것 같지도 않지만, 여성 사원 문제는 간과할 수 없는
주요 현안 과제였다(김중섭 1994, 210~212).

　3.1운동 이후 여성의 사회적 지위 향상과 권익 증진을 위한 활동
이 활발하게 일어나는 상황에서도 형평여성들은 백정으로서, 또 여
성으로서 이중적인 차별을 겪고 있었다. 여성 사원들은 전통적 방
식대로 고기나 고리 제품을 머리에 이고 마을이나 거리를 돌아다
니며 판매하였는데, 그 과정에서 성희롱이나 차별 언어를 빈번하
게 겪었으며, 그로 말미암아 집단적인 충돌이 일어나서 형평사 차
원에서 대책이 논의될 정도였다. 다른 한편, 야학 개설이나 공개강
좌 개최 등 여성 사원을 위한 특별 활동이 이루어졌으며, 형평사 총
본부는 진보적 여성운동가들이 주장하는 강제 결혼 반대, 여성 노
동력 착취 반대 등의 활동에 동참하기도 하였다. 그리고 1928년부
터는 형평청년동맹의 해체에 즈음하여 여성 문제를 다루는 청년부
인부가 총본부에 설치되었다. 1928년 전국대회에 여성 대의원들이
처음 참석한 것이 확인되었으며, 1930년의 전국대회에서는 천약
동(千若同)이라는 여성 사원이 학교에서 차별을 받은 경험을 얘기하
면서 열심히 공부하면 압박을 벗어날 수 있다는 소감을 발표하기도
하였다.[14] 점진적이지만, 여성 사원의 위상이 높아지고, 여성의 사

14) 京鍾警高秘 제5596호, "集会取締状況報告 (通報)" (1930. 4. 28).

회적 참여와 권익 증진 활동이 추진된 것을 확인할 수 있다.

　이밖에도 사회 전반에 확산된 관심사를 반영하는 하위 조직이 여럿 있었다. 1924년 경남 진영에 결성된 형평소년동락회도 그 가운데 하나였다(《조선일보》 1924. 7. 7). 조선 유교 사회에서 억눌려온 어린이의 권익을 위한 사회운동이 확산되면서 형평사에서도 어린이에 대한 관심이 높아졌던 것이다. 또 지나친 술과 담배로 야기된 사회문제 개선을 위한 금주단연 운동이나 저축을 장려하는 사회 분위기를 반영하여 1930년에 충북 음성군 무극지부의 금주동맹이나 경남 김해지부의 저축계가 결성되었다(《중외일보》 1930. 4. 21; 《동아일보》 1930. 12. 31).

　이와 같이 하위 단체의 발전 양상도 다양하였다. 형평청년회는 지역에서 시작되어 전국 조직으로 발전하였지만, 대개의 하위 조직은 지역 차원에서 만들어졌다가 없어졌다. 형평학우회나 정위단은 중앙총본부에서 적극 지원하였지만, 대부분이 지역 사원들의 관심에 따라 만들어져서 독자적으로 운용되었다. 다양한 성격의 하위 조직 결성과 발전은 그만큼 형평운동이 활발하게 전개되고, 형평사원들의 사회적 관심사가 광범위하였다는 것을 보여준다. 그리고 하위 조직은 사원들의 참여 기회를 확대하고 다양한 프로그램을 제공하는 등 형평운동의 지평을 넓히는 데 이바지하였으며, 젊은 활동가들이 형평사 총본부 임원에 선출되어 형평운동을 이끌어 가는 세력으로 성장하는 디딤돌과 공간 구실을 하였다. 그런데 형평운동이 활발한 1920년대에는 다양한 하위 단체가 생겨난 것과 달리, 형평운동이 퇴조하는 1930년대에는 하위 단체의 활동을 거의 찾아볼 수 없다. 곧, 하위 단체의 활성화가 형평운동의 발전과 밀접하게 연관되어 있었던 것이다.

2. 형평사의 활동과 전략

(1) 초기 활동

형평운동이 성공적인 사회운동으로 평가된 것은 조직 확대와 더불어 사원들이 차별 철폐와 평등 대우라는 목표 달성을 위하여 활발하게 활동하였기 때문이다. 형평운동 발전의 주요 척도인 활동 내용은 여러 형태의 집회나 회의 안건에 반영되어 나타났다. 곧, 전국대회, 권역별의 다양한 집회, 그리고 각 분사에서 열리는 회의는 현안 문제와 활동 내용을 다루었다. 전국 단위의 집회는 해마다 창립 기념일인 4월 24일과 25일에 열리는 정기전국대회, 사안에 따라 열리는 임시전국대회나 임시총회 등의 대표자 대회가 있었다. 전국 집회에서는 형평사의 활동 목표를 정하거나 활동 과정을 점검하였으므로 형평운동을 전망하고 가늠하는 기회가 되었다.

한편, 도 단위의 지사나 생활권 중심의 분사 회의는 현지의 당면 과제를 논의하는 자리가 되었다. 도청 소재지나 거점 도시에 위치한 지사는 필요에 따라 권역 집회를 가지면서 활동의 활성화를 도모하였으며, 총본부와 분사를 연결시켜 주는 역할을 하였다. 이렇게 권역의 중심지인 지사에서 활동하는 핵심적인 지도자들이 총본부의 임원진에 참여하였다(김중섭 1992ㄱ). 그리고 생활권 중심으로 조직된 분사는 실질적으로 형평사 활동을 펼치는 현장이었다. 분사에서는 형평사원들이 일상생활에서 부딪히는 현안 과제를 해결하며, 형평사원들을 위한 통상적인 프로그램을 시행하였다. 예컨대, 차별 사건에 대한 일차적인 대처나 사원들의 교육 활동, 권익 보호 활동이 분사 중심으로 이루어졌다. 따라서 분사의 결성은 그 지역 백정들이 형평운동의 거점을 갖게 되었다는 것을 뜻하였다.

전국, 권역, 지역 차원에서 각기 다른 특성의 활동이 이루어졌지만, 형평운동의 전반적인 방향 설정과 활동 증진 방안의 모색은 주로 전국대회나 권역 집회에서 이루어졌다. 따라서 전국대회와 권역 집회의 안건 중심으로 형평운동의 활동을 살펴보고자 한다. 1923년 5월의 창립 축하식 이후 첫번째 권역 집회인 형평사 남조선대회가 5월 21일 대전에서 열렸다(《동아일보》 1923. 5. 28). 이 대회에는 진주 본사 임원을 포함하여 주로 충청도와 전라도에서 온 각 지역 대표자 100여명이 참석하였다. 창립 이후 형평사의 조직 확산을 다짐하는 자리가 되었다.

그 다음 권역 집회는 11월 7일 대전에서 열린 "전조선 형평 대표자대회"였다(《동아일보》 1923. 11. 12; 《매일신보》 1923. 11. 11). 주로 충청도와 전라도에서 온 50명 정도의 대표자들이 참석한 이 집회에서는 백정들이 전통 산업에서 겪는 어려움을 해결하기 위한 협력 방안이 논의되었다. 전통 산업의 진흥책을 강구하자는 전북 익산분사 대표자의 주장에 많은 참석자들이 공감하였다. 그리고 형평운동의 발전을 위하여 본사를 1924년 3월까지 한반도의 중심지인 대전으로 이전하기로 결의하였다. 본사 이전 결의는 진주 본사 임원을 포함하여 경상도 지역의 사원들로부터 거센 반발을 불러일으키며 파벌 대립의 씨앗이 되었다. 파벌 갈등과 대립 문제는 제6장에서 자세하게 살펴보고자 한다.

그 이듬해 2월 10일과 11일 부산에서 "형평사 전조선 임시총회"가 열렸다(《동아일보》 1924. 2. 12, 13). 주로 경상도의 49개 군에서 온 대표자 330여명의 참석자들은 본사를 이전하기로 한 대전 대회 결정을 번복하고 4월 전국대회까지 보류하기로 결의하였다. 형평운동의 초기 활동 목표와 내용을 보여주고 있는 이 날 회의의 결의 사항은 다음과 같다(《동아일보》 1924. 2. 13).

〈1924년 임시총회 결의 사항〉

◇ 아동 입학의 건

   1. 우리 형평사원은 본년 신학기에 학령 아동의 취학에 노력할 일.

   2. 종래 불합리한 관습에 의해서 형평사원의 아동 입학에 방해하는 자가 있을 때에는 전 사원이 결속하여 이에 대항하며 그 선후책을 강구할 일.

◇ 사원 교양의 건

   1. 계급의식에 관한 지식을 충분히 수득(修得)하기 위해서 신문 잡지를 구독하며 강연 강좌의 시설을 이행할 일.

   2. 사회적 상식을 비(備)키 위하여 각지 지분사에 단기 강습회 등을 개최할 일.

◇ 관습적 사회에 대한 건

   1. 종래 불합리한 계급의식에 의하여 인권 유린적 행동을 하는 시(時)는 전 사원은 결속하여 차(此)에 최후까지 대항할 일.

◇ 총독부 당국에 관한 건

   1. 형평사 운동에 대하여 당국의 양해를 득(得)키 위하여 대표자 약간 명을 선거하여 재등(齋藤) 총독을 방문할 일.

◇ 일본 시찰의 건

   1. 제2회 정기대회까지 차(此)를 보류할 일.

◇ 규칙 수정의 건

   1. 본사 위원에게 일임할 일.

◇ 조직 변경의 건

   1. 제2회 정기대회까지 보류할 일.

◇ 본사 유지에 대한 건

   1. 의연금으로 할 일.

◇ 지분사 유지에 관한 건

   1. 동상(同上)

◇ 본사 이전 문제의 건

   1. 제2회 정기대회까지 보류할 일.

◇ 수평동지회에 관한 건

   1. 본사에 가입하기를 교섭하되 만일 불응하는 시(時)는 차(此)를 파괴에 노
      력할 일(단 경북 상주에서 창립된 수평동지회에 한함).

◇ 형평단체 미조직 지방에 관한 건

   1. 본사 위원이 인접 지방 기성 단체에서 기 조직에 노력할 일.

이 결의 사항은 크게 세 가지 사항에 초점이 맞추어져 있다. 첫
째는 교육 및 교양 문제였다. 신학기에 학령 어린이의 학교 입학
을 위하여 노력하며, 방해받을 경우에 전 사원이 단결하여 적극 대
항한다는 것과, 사원 교양, 특히 계급의식에 관한 지식을 얻기 위
해서 신문 잡지 구독, 강연 강좌 개설, 강습회 개최 등을 실시한다
고 결의하였다. 이것은 진주 본사가 1923년 8월에 미취학 사원 자
녀를 위하여 야학을 개설해서 우리 글 읽기와 쓰기, 상식, 윤리 등
실생활에 유용한 내용을 교육한 것과 상통하는 것이었다(《조선일보》
1923. 6. 21; 8. 18, 29). 이와 같은 자녀 취학 권유, 야학 개설, 잡
지 신문 구독 권장, 강연회 개최 등 교육과 교양 문제는 형평운동의
핵심적인 활동 내용이었다. 특히, 사립학교령(1908년), 조선교육령
(1911년) 등 일제의 교육 통제로 한국인들의 취학 기회가 크게 줄어
든 상황에서 백정 자녀들은 차별로 학교 입학이 쉽지 않았고, 또 입
학하더라도 학교 안에서 차별을 받는 이중적 고통 상황을 타개하고
자 형평사는 교육 증진 활동에 치중하였다.

둘째는 차별 문제였다. 차별 철폐 활동은 형평운동의 핵심 내용
이었다. 차별을 "불합리한 계급의식에 의한 인권 유린적 행동"으로
인식하면서 편협한 보수 세력의 공격에 적극 대항할 것을 결의하였
다. 자세한 내용은 제7장에서 다루겠지만, 창립 직후부터 형평사는
진주에서와 같이 형평운동 반대 활동과 차별로 빚어지는 충돌 사건
에 적극 대항하였으며, 또 차별 관습 철폐를 위하여 다양한 활동을

하였다. 전남 순창과 경북 예천에서는 차별 관습의 상징인 상투 머리를 단체로 잘랐다(《동아일보》 1923. 10. 3;《조선일보》 1923. 11. 6). 그리고 차별 제도 철폐를 위해서 총독부의 양해와 협력을 얻으려고 하였다. 예를 들어, 창립 직후에 형평사 간부들이 경남 경찰국을 방문하여 붉은 색 동그라미나 도부(屠夫) 등 호적에 있는 백정 신분 표시의 삭제를 요구하여 경찰국장이 예하 기관에 삭제를 지시하는 성과를 얻기도 하였다(《조선일보》 1923. 5. 14).

셋째는 조직 유지와 발전 문제였다. 기부금으로 본사와 지분사를 유지하기로 결의하고, 상당액을 모금하기도 하였다. 또 미조직 지역에 형평분사를 결성하고, 별칭으로 개설된 수평동지회의 흡수 등 조직 확대를 위하여 노력하기로 결의하였다. 그리고 수평사와의 협력을 위한 일본 시찰을 유보하는 등 대외적 관계를 다루었다. 이와 같은 조직과 활동의 외연 확대는 형평운동 발전의 또 하나의 핵심 사항이었다.

이상의 세 가지 논의 사항은 시기에 따라 강조점이 다소 바뀌기는 하였지만, 형평운동 내내 지속적으로 추진된 주요 활동 내용이었다. 그것은 차별 관습 철폐와 사원들의 권익 증진을 도모하려는 형평운동의 목적을 실현하기 위한 구체적인 방안이었다. 한편, 부산 대회를 계기로 본사 이전 문제를 둘러싼 파벌 대립이 더욱 뚜렷하게 드러났다. 본사 이전 연기 결정에 대하여 중부 지역 사원들이 즉각 반발하여 별도 조직을 결성하려는 움직임을 보였고, 그 결과 1924년 3월 12일 천안에서 형평사 혁신회의 창립총회를 열었다. 이 자리에서 본사의 서울 이전을 결의하는 한편, 피혁공장 설립, 학교 건설, 잡지 발간 등 새로운 활동 방향이 논의 되었다(《동아일보》 1924. 3. 17, 24).

결국 형평사는 파벌 대립으로 중부 지역 사원들 중심의 '형평사 혁신총동맹'와 경상도 지역 사원들로부터 지지 받는 진주 본사 중심의 '형평사연맹 총본부'로 나뉘어졌다. 본사 위치에 따라 진주파와 서울파로 지칭되는 파벌 사이의 대립은 활동 내용뿐만 아니라 지도 세력의 변화에 커다란 영향을 미쳤다. 이에 관해서는 제6장에서 자세하게 살펴보고자 한다.

본사의 분립으로 1924년 4월 25일 창립 1주년 기념식도 서울과 진주에서 따로 열렸다(《조선일보》 1924. 4. 26;《동아일보》 1924. 4. 25). 진주의 기념식에는 34개 단체, 약 220여명의 대표자가 참석하였다. 경상도, 충청도, 전라도 등지에서 왔다고 발표되었지만, 대부분 경상도 지역에서 온 사원들이었다(《시대일보》 1924. 4. 28). 형평 깃발을 들고 진주 시내를 행진한 뒤 개최된 창립 기념식에서 일본의 수평사를 포함한 약 30개 단체에서 보내준 축전이 낭독되었고, 진주지역 사회운동가들의 축사가 이어졌다. 한편, 같은 날, 형평사 혁신동맹이 주최한 창립 축하식이 서울 경운동 천도교당에서 열렸다(《조선일보》 1924. 4. 26;《동아일보》 1924. 4. 25;《시대일보》 1924. 4. 24, 26). 일본 경찰의 감시 아래 진행된 기념식에는 서울의 사회운동가들이 참석하였다. 또 일본의 오이타(대분, 大分)수평사의 젊은 활동가인 리츠메이칸(입명관, 立命瑄)대학 경제과생 이노하라 히사시게(저원구중, 猪原久重)가 축사를 하였다.[15] 수평사의 공식 대표인지 확인되지 않았지만, 그의 형평사 행사 참석으로 일본 수평사와의 인적 교류가 처음 이루어졌다.

그 후 파벌 대립을 극복하기 위한 노력이 결실을 맺어 양측의 합의로 1924년 8월 15일 대전에서 임시전국대회가 열렸다(《조선일보》 1924. 8. 15, 18, 20;《동아일보》 1924. 8. 19;《매일신보》 1924. 8. 20). 형평사 통일대회로 명명된 이 집회에는 31개 지사 및 분사의 대표자 51명을 포함하여 100여명이 참석하였다. 파벌 대립의 종식이 핵심 사항이었다. 조선형평사 중앙총본부로 개칭하고, 전국 본부를

---

15) 京鍾警高秘 제4555호의 4, "衡平社創立一周年紀念祝賀式ノ件" (1924. 4. 25).

서울에 두기로 하였다. 그리고 규칙, 재정, 임원 선거, 조직, 예산 편성 등이 처리되었다. 총본부 조직을 전면 개편하여 서무, 재무, 교육, 조사, 사교, 산업 등 여섯 부서의 상무위원을 두기로 하였다. 또 두 파벌의 지도자인 강상호와 장지필은 분열의 책임을 지고 중앙집행위원을 사임하였다.

대전의 통일대회에서 인권과 공동체 권익이라는 활동 방향을 거듭 확인하였다. 특히, 백정 산업의 경제적 권익에 대하여 더 많은 관심을 기울이게 되었다. 이 후 형평사는 대동사로 명칭 변경을 결의한 1935년 제13회 정기대회까지 창립 기념일인 4월 24일과 25일에 즈음하여 해마다 서울에서 정기전국대회를 가졌다. 정기전국대회에서 그 해의 주요 현안 문제를 다루었다는 점에서 전국대회 안건을 중심으로 형평운동의 활동 내용을 살펴보고자 한다.

1925년 4월 24일 창립 2주년 기념식 및 전조선 형평사 제3차 정기대회가 예정대로 서울 견지동의 시천교당에서 열렸다(《조선일보》 1925. 4. 24, 25, 27; 《동아일보》 1925. 4. 24, 25, 26; 《시대일보》 1925. 4. 24; 김중섭 1994, 135~142). 다시 중앙총본부에 복귀한 두 세력의 지도자 장지필과 강상호를 비롯하여 전국의 지사와 분사 대표자 162명과 사원 30여명, 방청객 150여명이 참석하였다[16]. 일본의 수평사를 포함한 여러 단체에서 보내온 수십 통의 축전이 낭독된 뒤 향후 활동 방침이 논의되고, 총본부 임원진이 선출되었다. 다음 날에는 "형평의 날"이라는 이름 아래 형평운동 홍보활동이 펼쳐졌다. 형평운동의 목적을 소개한 유인물 2만여 장을 길거리에서 배포하고, 확성기를 단 자동차로 가두 안내 방송을 하였다. 그 뒤에 열린 형평사 창립 2주년 기념식에서는 사원들이 차별 경험을 발표하고, 사회운동가들의 축사가 이어졌다. 파벌 통합 이후 처음 열린 이 전국대회의 안건은 다음과 같다(《조선일보》 1925. 4. 25, 28; 《동아

16) 京鍾警高秘 제4639호의 1, "衡平社大会ニ関スル件"(1925. 4. 25).

일보》1925. 4. 26. 28).

〈1925년 제3회 전국대회 결의 사항〉

1. 운동 진행 방침

가. 부정사원에 관한 건 : 부정 사원과는 수화(水火) 불통(不通)하고[물불을 가리
   지 않고] 일체 교제를 단절할 일.

나. 우리 운동에 박해를 가하는 자에 관한 건 : 박해당한 일체 사실을 들어 관
   계 당국에 진정할 것. 그 진정도 무효가 되는 시는 40만 사원의 단결력으
   로 최후의 태도를 취할 것

2. 교육 문제

가. 각 지분사에 야학 강습소를 설치할 것

나. 사원의 자질(子姪, 자손)은 의무교육을 하되 방법 기타는 중앙총본부 집행
   위원에 일임할 것.

3. 생활 문제

가. 도수장에 관한 것

나. 수육 판매에 관한 건

다. 우피 건조장에 관한 건

라. 도부 요금에 관한 건.

 안건 가운데 운동 진행 방침과 교육 문제는 그 간의 활동 내용과
크게 다르지 않았다. 그리고 부정 사원과의 교제 단절은 사원들의
단결과 올바른 행동을 요구하는 것이었다. 형평운동 발전의 주요
관건인 조직 유지와 사원 참여, 교육 등을 위하여 정행(正行)과 교육
관련 부서가 서무, 재무, 서기 등과 같이 설치되었다(김중섭 1994,
118). 또 하나의 주요 안건은 생활 문제였다. 도수장, 수육 판매,
우피(소가죽) 건조장, 도부 요금 등 서로 밀접하게 연관된 사원 권익
보호 방안이 논의되었다. 이것은 관청과 밀접한 관계가 있는 사항

이므로 중앙집행위원회에 처리를 위임하고 다음 대회에서 보고 받기로 결의하였다.[17]

전국대회 후 4월 25일 저녁에 열린 중앙집행위원회에서는 생활 문제가 집중적으로 논의되었다.[18] 이것은 1923년 11월의 대전 대회에서 처음 제기된 이후 파벌 대립 과정에서 더욱 주목받게 된 사안이었다. 특히, 서울파에서 관심을 기울였다. 제2장에서 살펴본 바와 같이, 백정 전통 산업에서 격변이 일어나 백정들이 갖고 있던 특권은 사라지고, 비백정 출신들의 점유율이 높아지면서 더욱 열악해진 사원들의 경제 상황을 타개하는 것이 형평사의 중요한 과제였다. 예를 들어, 일본인 단체나 관청이 도수장(도축장)을 관할하면서 도부로 전락한 백정들이 겪고 있는 열악한 노동 환경과 저임금, 고용 불안을 개선하기 위하여 형평사는 고정 임금의 도입을 원하였다 (金靜美 1983). 또 도축장의 경영자나 관청이 고기 공급량이나 가격을 통제하면서 수육을 판매하는 정육점이 겪게 된 경영 악화를 개선하기 위해서 형평사는 도살장의 직접 경영을 도모하였다.

건피장(소가죽 건조장)의 상황도 아주 나빠졌다. 백정 산업 가운데 가장 수익성이 높은 부분이 소가죽 거래였는데, 일본인 거류 단체인 학교조합 등이 건피장을 운영하면서 피혁산업에서 백정들의 점유율이 하락하였을 뿐만 아니라 피혁 관련 경제 활동에서 통제를 많이 받았다. 그래서 형평사 측에서는 피혁공장 설립, 우피 건조장 운영, 피혁의 공동 판매 등 일련의 연계 작업을 통하여 사원들의 공동 이익을 지키고자 하였다. 1924년 3월 서울파의 혁신동맹 창립 집회에서 피혁공장 설립 계획을 논의하였으며, 그 이듬해 정기전국 대회에서는 우피 건조장 운영을 모색하기도 하였다. 또 형평사원들이 가내 수공업으로 생산하는 피혁을 형평사 조직을 활용하여 공동

---

17) 京鍾警高秘 제4639호의 1, "衡平社大会ニ関スル件"(1925. 4. 25).

18) 京鍾警高秘 제4639호의 3, "衡平社中央執行委員会ニ関スル件"(1925. 4. 27).

판매하는 방안도 모색하였다. 피혁공장 설립 계획은 실현되지 않았
지만, 군산, 정읍 등지에서 피혁의 공동 판매를 실현하기도 하였다
(《동아일보》 1925. 2. 27; 《조선일보》 1925. 4. 2). 그러나 형평사가 지
속적으로 노력하였어도, 우피 건조장이나 도살장 경영은 일제의 행
정적 방해로 계속 실현되지 않았다.

   이와 같이 전통 산업에서의 권익 보호는 1920년대 전반기 형평
운동의 주요 활동 가운데 하나였다. 특히, 도살장의 직접 운영, 도
부들의 작업 환경 개선, 분사의 고기값 통제 확보, 가죽 제품의 집
단 거래, 건피장 설립과 피혁회사의 직영, 소가죽의 공동판매 방안
구축, 도부 임금이나 합리적인 고기 가격 책정 등을 통하여 사원들
의 공동 이익을 증진하고자 하였다. 곧, 사원들의 경제적 권익을 보
호하여 생활 개선을 도모하였던 것이다.

   그밖에도 차별에 대한 적극적 대응, 교육 및 교양 증진이 사원들
의 인권과 공동체 구성원의 권익을 위한 형평운동의 핵심 사항으로
자리 잡았다(김중섭 1994, 127~130). 전국대회나 권역 집회, 분사 회
의에서 형평운동 반대 활동이나 차별에 대하여 단호하게 대처한다
는 것을 거듭 결의하면서 형평운동의 인권운동 성격을 명확하게 보
여주었다. 앞으로 제7장에서 집중 논의하겠지만, 차별 철폐 활동,
특히 '편협한 보수 세력'에 대항하는 활동은 형평운동의 핵심 내용
이었다. 그리고 적극적인 교육 및 교양 증진 활동은 각 급 단위의
형평사 조직에서 추진하는 주요 프로그램이었다. 특히, 사원 계몽
증진을 위한 강연회 개최, 분사의 의무 사항으로 야학 개설과 취학
권장, 잡지 발간과 사원 자녀를 위한 기숙사 설립 등을 추진하였다.
이와 같이 1920년대 전반기의 형평운동은 차별 철폐, 교육과 경제
적 권익 보호, 백정 전래 산업에서의 구체적인 권익 보호 및 생활
개선 등을 중심으로 전개되었다. 요컨대, 형평운동은 처음부터 사
원들의 권익과 공동 이익을 도모하는 인권운동과 공동체 운동의 성

격을 함께 갖고 있었다.

1925년 전국대회에서 확인된 또 하나의 변화는 사회운동계와의 관계가 더욱 가까워진 점이다. 4월 25일에 열린 창립기념 축하식에서는 사원 170명을 포함하여 약 250명이 참석한 가운데 일본에 있는 조선노동총동맹, 무산청년동맹회 등을 비롯하여 전국 각지의 사회운동 단체에서 보내준 축전이 낭독되었다.[19] 제8장에서 상세하게 살펴보겠지만, 이미 창립 초기부터 형평사와 사회운동계와의 협력과 연대가 이루어지고 있었다. 그에 따라 사회운동계의 영향을 받았는데 그것이 극명하게 드러난 것이 1925년 4월의 민중운동자대회를 둘러싼 갈등이었다. 화요회에서 민중운동자대회를 추진하자 그것에 대항하여 서울청년회가 반대 집회를 계획하였다. 이와 같은 사회운동계의 경쟁 구도가 형평사 내부의 분열로 나타났다. 형평사 중앙총본부에서는 민중운동자대회에 참가하기로 하였지만, 이에 반대하여 서울청년회 측에 참가 신청을 한 지분사도 있었다. 그래서 1925년의 전국대회에서 이 사안을 논의하면서 지나간 일은 불문에 붙이고 앞으로 총 단결하기로 하며, 사회단체끼리의 분열과 대립에 개입하지 않기로 결의하는 일도 있었다.

(2) 1920년대 후반기 활동

1920년대 후반기에도 초기의 활동 내용과 크게 다르지 않다. 각 지역 대표자들이 모여 형평운동을 점검하고 새로운 방향을 설정하는 전국대회나 권역 집회의 방식이나 성격도 그대로 유지되었고, 활동 내용도 크게 바뀌지 않았다. 1926년의 4월 24일과 25일 서울 시천교당에서 제4회 정기전국대회가 300여명의 대의원이 참석한

---

19) 京鍾警高秘제4639호의 2, "衡平社第二周年創立紀念祝賀式 ノ件"(1925. 4. 26).

가운데 열렸다(《동아일보》1926. 4. 26;《조선일보》1926. 4. 27. 28;《시
대일보》1926. 4. 26). 그 전 해 8월에 '편협한 보수 세력'의 공격으
로 형평운동 역사상 가장 치열하였던 예천 사건을 겪으면서 형평사
원들의 연대감과 결속력이 더욱 강화되어 있었다. 이 날 논의된 의
제는 다음과 같다(《조선일보》1926. 4. 25. 26;《동아일보》1926. 4. 26;
《시대일보》1926. 4. 25. 26).

〈1926년 제4회 전국대회 의제〉
1. 차별문제 : 백정이라는 모욕적 호칭을 철저히 규탄할 것. 호적, 관공리 차
   별 철폐 등을 위원에게 일임할 것.
2. 생활문제 : 도축장 세금, 우육 판매, 우피 건조장, 도부 요금 등에 관한 건.
3. 교양문제 : 형평 소년의 교양 보급, 사원교양, 월간 잡지에 관한 건.
4. 운동진행 방침 : 형평지분사 명칭, 본부 유지, 형평 청년, 여성, 학생, 학우
   회, 소년회 등에 관한 건.
5. 사회문제 : 일반 사회운동 단체에 관한 건.

의제에서 보듯이 차별 문제는 여전히 주요 활동 내용이었다. 백
정이라는 모욕적 호칭을 철저하게 규탄하고, 총본부 중심으로 호적
이나 관공리 차별 철폐 문제에 대처하고자 하였다. 또 생활 문제와
교육 문제도 이전의 기조를 유지하고 있으며, 조직의 유지와 확대
를 도모하였다. 특히 1924년과 1925년에 활성화된 청년, 여성, 학
생, 소년 등의 하위 조직에 대한 방침을 논의하였다. 아울러 그 전
해 정기전국대회와 마찬가지로 다른 사회운동 단체와의 협력 문제
가 주요 논제였다. 사회운동 세력과의 연대와 협력은 1920년대 중
반의 주요 현안 문제였던 것이다.
그 뒤 1926년 9월에 열린 임시전국대회에서는 경제적 조건을 필
요로 한 인권 해방, 다른 사회단체와의 공동 제휴를 통한 합리적 사

회 건설, 계급 이익을 위한 투쟁 등의 혁신적인 내용을 담은 강령을
채택하였다(《매일신보》 1926. 9. 28). 이것은 앞서 제4장에도 살펴본
것처럼, 차별 철폐를 목적으로 하는 인권운동 성격에 경제적 요건
을 강조하면서 형평운동의 지평을 확대해가는 모습이었다. 진보적
인 사회운동의 개혁 지향적인 분위기가 형평운동에도 확산되었던
것이다.

  다른 사회운동 단체와의 활발한 협력은 1920년 후반기의 형평
운동에 여러 형태로 커다란 영향을 미쳤다. 앞으로 제8장에서 깊
이 다루겠지만, 우선, 사회주의 영향이 널리 확산되었다. 또 1927
년 초에 드러난 고려혁명당 사건 같은 민족주의 영향도 있었다. 특
히, 고려혁명당 사건으로 일제 경찰에 체포된 총본부 핵심 활동가
들의 투옥으로 지도부의 활동이 타격을 받았다. 그 결과 1927년 4
월 24일과 25일에 서울에서 열린 제5회 정기전국대회에서 지도부
가 재편되었다(《동아일보》 1927. 4. 27;《매일신보》 1927. 4. 27;《조선
일보》 1927. 4. 29). 이때 소장층 활동가들이 총본부 임원으로 선임
된 것은 특기할만한 일이었다. 이와 같은 격변을 겪는 가운데 열린
1927년 전국대회의 안건은 다음과 같다(《조선일보》 1927. 4. 29;《동
아일보》 1927. 4. 29).

  〈1927년 제5회 전국대회 주요 의제〉
  1. 총연맹 명칭 변경 : 조선형평사 총연맹을 조선형평사 총본부로 변경함.
  2. 차별 문제 : 무의식한 일반에게 형평 정신을 보급키로 함.
  3. 사원 교양 : 기관지를 발간키로 함.
  4. 수평사 제휴 : 시기와 정도에 따라 제휴키로 보류함.
  5. 금후 운동방침 : 사원 자체부터 완전한 교양을 주입키로 함.
  6. 지방순회 : 집행위원에게 일임함.

안건에서 보듯이, 차별 문제와 교양 문제는 여전히 주요 현안 과제였다. 또 조직 유지와 발전을 위한 활동이 강조되었다. 지방 순회 등 조직 확대와 활동의 활성화가 도모되었다. 단체 이름을 조선형평사 총연맹에서 조선형평사 총본부로 변경하여 그동안 통칭되어 온 '총본부'를 되살렸다. 또 사원 교양을 위하여 이전부터 추진해온 기관지 발간을 다시 시도하였다. 이미 1924년에 기관지 《세광(世光)》을 창간하였으나 일제의 압수로 배포하지 못한 적이 있었다(《조선일보》 1924. 12. 19; 《동아일보》 1924. 12. 22). 1926년 2월의 중앙 집행위원회에서 《세광》 2호 발간을 결의하였지만(《동아일보》 1926. 2. 19), 실현되지 않은 상황에서 1927년 전국대회에서 기관지 발간을 다시 결의하였는데, 발간되었다는 기록을 찾을 수가 없다. 이렇게 일제의 압수와 발간 금지로 거듭 실패하다가 1929년에 비로소 기관지 《정진(正進)》이 최초로 발간 배포되었다.

1927년 전국대회에서 대외적 관계도 주요 현안 문제로 다뤄졌다. 그 가운데 하나가 수평사와의 교류와 협력 문제였다. 일본에 출장가려고 계획하던 장지필이 1월에 고려혁명당 사건으로 수감되어 가지 못 하였고, 그 뒤 3월에 총본부 임원 이동환이 일본을 방문하여 교토(경도, 京都), 오사카(대판, 大阪), 가가와(향천, 香川) 등지에서 수평운동을 시찰하고 돌아왔는데, 이 날 집회에서 이동환이 일본 방문 결과를 보고하고, 수평사와의 제휴 문제를 논의한 것이다. 참석자들은 조직 정비 등 당면 과제가 많다는 이유로 수평사와의 교류를 일단 보류하기로 결의하였다. 두 단체의 교류와 협력에 관하여는 제10장에서 집중적으로 살펴보고자 한다.

또 하나의 대외적 문제는 사회운동계와의 연대와 협력에 관한 사항이었다. 사회운동계와의 연대가 활발한 상황에서 고려혁명당 사건이 알려지자 경남 지역 지도자 강상호는 이에 상관없이 형평운동을 계속해 갈 것이라는 입장을 보였다. 또 사원 권익에 치중하고자

하는 사원들이 불만을 표출하면서 창립 초기의 파벌 대립의 앙금이
되살아났다. 그들은 1928년 3월에 마산에서 경남 지역 대표자 회
의를 열어 중앙총본부 간부들의 부정행위를 비난하며 경남북 형평
대회를 개최하기로 결의하였다. 그러자 총본부에서도 경남 지도자
들이 분열을 조장한다고 비판하여 양측의 갈등이 증폭되었다.

한편, 사회주의 영향을 받은 진보적 활동가들은 사회운동계와의
협력과 연대를 강화하고자 하였다. 그들은 유산사원과 무산사원을
구분하면서 무산 노동자 사원의 문제를 제기하였다. 특히, 버들고
리[柳器]를 제작 판매하며 어렵게 살아가는 무산 노동자 사원들, 이
른바 고리백정들의 문제를 권역 집회와 분사 회의에서 쟁점화하였
다. 이 문제는 1927년 11월의 전(全)강원 형평대회(《동아일보》 1927.
11. 23; 《중외일보》 1927. 7. 24), 합천분사 회의(《동아일보》 1927. 12.
18), 1928년 2월의 입장분사 회의(《동아일보》 1928. 2. 22), 1929년
2월의 전북 형평대회(《조선일보》 1929. 2. 16; 《중외일보》 1929. 2. 16;
《동아일보》 1929. 2. 16) 등에서 주요 쟁점으로 다루어졌고, 그들과
관련된 산업별 조합 결성이 1929년과 1930년의 정기전국대회에서
안건으로 상정되기도 하였다.

진보적 이념의 확산, 사회운동계와의 관계 확대, 파벌 대립의
조짐 재현 등 여러 가지 상황이 복잡하게 뒤얽힌 가운데 제6회 정
기전국대회가 1928년 4월 24일과 25일 서울에서 열렸다(《동아일
보》 1928. 4. 27; 《조선일보》 1928. 4. 28). 이 대회에 즈음하여 형평
운동의 중추 역할을 하던 형평청년연맹이 해체를 결정하였다. 그
리고 진보적 활동가들의 영향력이 확대되면서 새로운 강령이 채
택되었다(《동아일보》 1929. 1. 4). 다음의 제6회 전국대회 의제는 이
와 같은 상황을 반영하고 있다(《조선일보》, 1928. 4. 21; 《동아일보》,
1928. 4. 17).

〈1928년 제6회 전국대회 주요 의제〉
(대내적 문제)
1. 조직 문제에 관한 건.
2. 지도방침 확립에 관한 건.
3. 사원 교양에 관한 건.
4. 차별 대우 적극적 철폐에 관한 건.
5. 사원 생활권 보장에 관한 건.
6. 기관지 발간에 관한 건.
7. 반동분자 배격에 관한 건.
8. 형평 청년 운동에 관한 건.
9. 형평 여성 특수 교양에 관한 건.
(대외적 문제)
1. 일본 수평사와의 제휴에 관한 건.
2. 전민족적 단일당의 매개체인 신간회 적극적 지지에 관한 건
3. 노농 운동의 유기적 연락에 관한 건.
4. 제반 봉건적 사상 지지 기관 적극적 반대에 관한 건.
5. 변호사 위로 격려에 관한 건.

의제는 크게 대내적 문제와 대외적 문제로 나뉘었다. 부분적으
로 차별 철폐, 교양 증진, 생활 개선, 조직 유지 및 발전 등 기존의
현안 문제와 크게 다르지 않았다. 그러나 인권 개념을 확대한 생활
권 보장이나 사원 교양을 위한 기관지 발간 문제를 논의하면서 활
동 영역의 확장을 도모하였다. 또 경상도 사원들이 중앙총본부를
비난하는 등 파벌 조짐이 재연되자 통합을 방해하는 반동분자 배격
을 결의하면서 지도부의 위상을 확립하고자 하였다. 형평청년연맹
이 예상과 달리 해체를 결의한 상황에서 형평운동의 중추적인 역할
을 하는 형평청년에 관하여도 논의하였고, 여성 대의원이 전국대회

에 처음 참석한 가운데 형평여성의 교육 문제도 다루었다.

또한 사회운동계와의 관계가 심도있게 논의되었다. 1920년대 중반 이후 형평사와 다른 사회운동 단체와의 협력과 연대가 더욱 밀접해졌으며, 그에 따라 형평운동은 사회운동계 전반의 흐름으로부터 커다란 영향을 받았다. 이날 전국대회에서는 1927년 2월에 좌우익 사회운동 단체들이 결성한 민족 단일 조직인 신간회를 적극 지지하고, 노동, 농민 등 다른 사회운동 단체와 유기적으로 협력하기로 결의하였다. 또 하나의 당면 과제였던 수평운동과의 협력 문제는, 1927년의 보류 결정과 달리, 교류하기로 결정하였다.

1929년 벽두부터 사회운동계는 원산 총파업의 영향으로 어수선하였다. 언론은 그 해의 형평사 활동을 전망하면서 "특수부락 인권운동에서 민족 내지는 계급운동"으로의 방향 전환이 주목된다고 적었다(《동아일보》 1929. 1. 4). 또 《동아일보》는 각 분야의 사회운동을 점검하는 시리즈를 연재하면서 형평운동을 창립기, 분열과 통일기, 대결기, 중앙집권기의 4단계로 나누면서 총본부 지도력 아래 발전하고 있다고 평가하였다(《동아일보》 1929. 1. 14).

형평사는 제7회 정기전국대회를 관례대로 4월 24일과 25일에 개최할 것을 계획하였다. 총본부는 포스터를 제작하고, 각 지역에 제반 사항에 종사할 준비위원 추천을 의뢰하고, 전국대회 통지서를 인쇄하고, 각 지부로부터 참가비를 수납하는 등 개최 준비를 진행하였다. 그리고 사기(社旗)를 제작하고, 형평사원을 밝히는 마크를 제작하여 판매할 계획을 세웠다.[20] 그런데 1월부터 4월까지 거세게 전개된 원산 총파업의 여파로 경찰이 단속을 강화하여 진행에 차질이 생겼다(《동아일보》 1929. 4. 26; 《조선일보》 1929. 4. 26; 《중외

---

20) 京鍾警高秘 제(불명)호, "朝鮮衡平社ポスター印刷ニ関スル件"(1929. 4. 2); 제4131호, "衡平社本部通文発送ノ件,"(1929. 4. 5); 제4522호, "衡平社本部印刷文ニ関スル件"(1929. 4. 10); 제4524호, "衡平社全鮮大会準備金ニ関スル件"(1929. 4. 10) 등 볼 것.

일보》1929. 4. 26). 그래서 실질적인 회의를 제대로 못한 채, 유례없
이 일정을 조정하게 되었다. 4월 24일 낮에는 참석자 147명 방청
객 약 100명이 참석한 가운데 정기대회를 열고, 저녁에는 희생 사
원의 추도식을 가졌다.[21] 그 이튿날 25일 낮에는 중앙집행위원회
를 열고, 저녁에 기념식을 가졌다.[22] 예년과 달리, 행사를 약식으로
빠르게 진행한 것이다. 그러나 사전에 준비된 다음의 의제에서 형
평사의 현안 문제를 엿볼 수 있다(《조선일보》1929. 4. 14; 《동아일보》
1929. 4. 17).

〈1929년 제7회 전국대회 주요 의제〉
(대내적 문제)
1. 차별 철폐
2. 지방 쟁의
3. 사원 교양
4. 조직
5. 희생당한 가족 후원
6. 산업별 조합 결성
7. 정진사(正進社) 적극적 지지
8. 봉건 사상 지지기관 박멸 건
9. 도지부 연합회 설치 건
10. 사원 행동
11. 하부 조직 문제 – 청년, 여성, 학우회

---

21) 京鍾警高秘 제5346호, "朝鮮衡平社第七回定期大会ノ件"(1929. 4. 25); 제5342호
   의 2, "衡平社員追悼式ニ干スル件"(1929. 4. 25).
22) 京鍾警高秘 제5385호, "朝鮮衡平社第一回中央執行委員会ノ件"(1929. 4. 26); 제
   5389호, "朝鮮衡平社第七回紀念式ニ干スル件"(1929. 4. 26).

(대외적 문제)

1. 미신 타파

2. 신간회

3. 사회운동 – 노동, 청년, 농민, 여성, 소년

대내적 문제와 대외적 문제로 나뉜 의제는 이전의 활동 내용과 크게 다르지 않다. 차별 철폐와 쟁의, 교양 증진, 기관지인 정진사 지지, 희생당한 가족 후원, 산업별 조합 결성 같은 생활 개선 문제, 도지부 연합회 설치, 하부 조직 문제 같은 대내적 문제를 다룰 계획이었다. 그리고 대외적 의제로 신간회를 비롯한 여러 사회운동과의 협력 사항이 상정되었다.

1920년대 후반기에 사회운동 단체와의 협력이 활발해지면서 진보적인 젊은 활동가들을 중심으로 사회주의 영향이 더욱 확산되었다. 이러한 급진적 경향은 1930년대로 넘어가면서 더욱 두드러지게 나타났다. 그에 따라 일제의 감시와 탄압도 더욱 심해졌다. 일반 사원들의 경제적 곤란, 지도부의 이념적 긴장 등 복합적인 상황은 1930년대 초의 형평운동에 여러 형태로 영향을 미쳤다. 그런 가운데 1930년 4월 24일과 25일에 서울에서 제8회 정기전국대회가 열렸다(《중외일보》1930. 4. 27;《조선일보》1930. 4. 27). 이날 상정된 의제는 다음과 같이 차별, 생활 개선, 교양, 조직 유지 등 형평운동의 전반적인 현안 문제를 망라하고 있다(《조선일보》1930. 4. 17;《중외일보》1930. 4. 17).

〈1930년 제8회 전국대회 주요 의제〉

1. 희생동지 가족 후원에 관한 건.

2. 기관지 확립에 관한 건.

3. 생활문제

　　가. 도살 요금 감하 운동에 관한 건.

　　나. 도부 요금에 관한 건.

　　다. 수육 정가 제한 철폐에 관한 건.

　　라. 산업별 조합 조직에 관한 건.

　4. 교양문제: 사원, 청년, 여성, 학생, 무산 소년 등의 교양에 관한 건.

　5. 금후 운동방침

　　가. 형평데이(day)에 관한 건.

　　나. 천시 차별 대우 적극적 철폐에 관한 건.

　　다. 지부 연합회에 관한 건.

　　라. 미조직 대중 획득에 관한 건.

　　마. 지부 월손금에 관한 건.

　6. 미해결 쟁의 문제: 제천 사건, 강경 사건, 금남 사건, 금구 사건.

　각 지부에 발송된 회의록에 간략히 기록된 이날 회의 결과는 1930년의 상황을 잘 보여주고 있다.[23] 대의원 자격 심사 결과 참가 단체는 65개, 대의원은 174명이었다. 회의는 각 부서의 경과보고, 쟁의 사건 논의로 진행되었다. 그리고 제6장에서 자세하게 살펴보겠지만, 가장 논란이 된 임원 선출이 있었다. 노장층과 소장층 사이의 대립이 표출되었다. 그리고 형평운동 가운데 희생당한 사원 가족의 후원 문제를 논의하였다. 한편, 경찰의 금지 지시로 언론 출판 집회 자유 획득의 건, 학생 사건 재판의 건, 교토 경찰 조선인 모욕 사건의 건 등은 토의조차 할 수 없었다(《중외일보》 1930. 4. 25).

　2일간의 정기대회를 마치고 4월 26일 집행위원회가 열렸다. 15인의 집행위원 가운데 13인이 참석하여 전국대회에서 위임받은 사항을 결의하였다. 차별 대우의 적극적 철폐에 관한 건, 쟁의에 관한

<hr>

23) 京城地方法院検事局, 《思想ニ関スル情報綴》 第五冊, "衡平社印刷文ニ関スル件" (第八回定期大会 記念式 執行委員会 及 常務執行委員会에 関한 顚末) (衡平社總本部, 1930. 4. 25).

건, 미조직 대중에 관한 건, 교양 문제, 본부 유지 방침 등은 상무
집행위원회와 교양출판부 등 관련 부서에 다시 일임하였다. 매년 9
월 제3일요일을 형평데이로 정하고 전국적으로 행사를 열 것을 결
의하였다. 또 반동 사원에 관하여는 제명 등 강력하게 징계하기로
하고, 기관지 기본금을 조성하기 위하여 모집 위원을 선임하였다.
그리고 도살 요금 인하, 도부 임금, 수육 정가 제한 철폐, 산업 별
조직 결성 등 생활 개선 사항을 논의하였다. "인생권과 생활권을
획득하자"는 전국대회 포스터 슬로건대로 대공항 여파로 더욱 어
려워진 경제 상황을 개선하기 위하여 활동을 강화하고자 한 것이었
다. 아울러 충돌사건으로 어려움을 겪거나 빈궁에 처해 있는 사원
가족들을 도울 후원금을 각 지부에 알려 모금하기로 결의하였다.

　지금까지 살펴본 것처럼, 1920년대 후반기 형평운동의 주요 활동
내용은 비백정들과의 충돌 문제, 교육과 교양 문제, 생활 향상과 경
제 권익 증진 활동 등 창립 이후의 기조에서 크게 벗어나지 않았다.
곧, 핵심 사항은 1) 편견과 차별에 대한 저항 및 인권 보호와 증진,
2) 사원들의 교육과 계몽, 3) 사원들의 경제적 권익 보호였다(김중
섭 1994, 229~248). 이 세 가지 사항을 살펴보면, 1920년대 후반기
의 형평운동이 비교적 성공적으로 진행되었다고 평가하게 된다. 우
선, 인권운동으로서 형평운동은 차별 문제와 형평사 반대 활동에 적
극 대처하면서 인권운동의 성격을 더욱 분명하게 보여주었다. 이 문
제는 해마다 전국대회의 주요 의제로 다뤄졌다. 1926년에는 "백정
이라는 모욕적 호칭을 철저히 규탄"하며 호적, 관공리 차별 철폐 등
의 문제를 본사 임원에게 일임하여 대처하기로 하였고, 1927년에
는 "무의식한 일반에게 형평정신을 보급키로 한다"고 결의하였다.
1928년에는 "차별 대우 적극적 철폐에 관한 건"이 상정 논의되었
고, 1929년에는 경찰 금지로 토의를 하지 못했지만, 차별 철폐와 지
방 쟁의를 의제로 상정하였다. 그리고 1930년에도 "천시 차별 대우

적극적 철폐"를 운동 방침으로 논의하였다. 요컨대, 차별 철폐 활동
은 1920년 후반기 형평운동의 핵심 내용이었다.

둘째, 사원 교육과 교양 함양을 위한 활동을 다양하게 전개하였
다. 야학이나 강습소를 개설하였고, 정규 학교 입학을 권장하는 활
동을 벌였다. 또 교양 증진을 위한 순회 강연회, 신문 구독 권장 활
동 등을 실시하였다. 일제의 압수와 발간 금지로 여러 차례 실패하
였던 사원 교양을 위한 잡지 발간이 1929년에 형평사 기관지《정
진》의 창간으로 결실을 맺었다. 그러나《정진》은 사원들로부터 기
금을 모금하는 등 다각적으로 노력하였지만, 발간이 지속되지 못하
였다.[24]

형평운동이 교육 활동에 치중한 배경에는 형평사원들의 양면적
교육 상황이 있었다. 우선, 백정의 정규 학교 교육 수준이 극히 낮
았다. 1926년 일제의 백정 조사에 따르면(朝鮮總督府警務局 1927,
2-9-11), 전체 조사 대상자 2,312명 가운데 절대 다수인 2,229명
(96.4%)이 보통학교(오늘날의 초등학교) 교육을 받았다. 대부분(1,466
명, 63.4%)이 재학생이었고, 졸업자가 267명(11.5%), 중퇴자가 496
명(21.5%)이었다. 이와 달리, 고등보통학교(오늘날의 중학교)의 교육
수혜자는 졸업, 중퇴, 재학을 모두 포함하여 75명(3.2%)이었고, 전
문학교 이상은 8명(0.4%)에 지나지 않았다. 조사 대상에 대한 정확
한 정보가 없어 판단하기 어렵지만, 이 결과는 백정의 교육 수준이
아주 낮았으며, 고등교육 수혜자가 극히 적었다는 것을 보여준다.
대부분 보통학교 교육을 받고 있으며, 그 가운데 절대 다수가 재
학 중이라는 것은 형평운동이 시작된 이후 입학하였을 가능성이 높
다는 것을 의미한다. 이렇게 낮은 교육 수준을 타개하기 위하여 형

---

24) 형평사 총본부는 기관지 발행을 지속하기 위하여 다양한 방안을 강구하였다. '기관
지 발행준비위원회'를 설치하여 기금 모금 활동을 벌였으며, 1930년에는 이에 상응
하는 기관을 각 지부에 설치하도록 호소하였다. 京城地方法院,《思想問題ニ関スル情
報綴》第三冊 "衡平社ニュース發送ノ件"(朝鮮衡平社總本部 機關紙発行準備委員会
《뉴-쓰》)(1930. 3. 24).

평사는 지속적으로 교육을 강조하였다. 교육받을 기회가 절대적으로 부족한 점을 고려하여 야학이나 강습소 개설을 적극 추진하였다. 곳에 따라서는 야학 출석을 강제로 규정하였다. 야학이나 강습소는 형평분사의 경비 지원으로 운영되었고, 형평청년회 회원들이 교사로 봉사하였다. 이와 같은 형평 야학이 언론에 보도된 경우만도 20군데가 넘었다(김중섭 1994, 238). 또한 형평사는 입학 시기가 되면 적령기 사원 자녀들의 취학을 권장하는 활동을 펼쳤다. 당시에 정규 학교 입학은 다른 한국인에게도 어렵다는 점을 고려할 때 형평사의 취학 권고 활동은 그들의 교육열을 보여주는 것이기도 하다 1926년 총본부 예산 가운데 5분의 1(20.9%)이 유학보조금에 배정할 정도로 교육을 강조하였고(平野小劍 1927, 222), 실현되지는 않았지만 상급 학교 설치를 계획하기도 하였다(《조선일보》 1926. 5. 16; 《매일신보》 1926. 5. 16). 이와 같은 교육 활동은 형평운동의 공동체운동 성격을 반영하는 것이었다.

셋째, 경제적 권익 보호 활동을 강화하였다(김중섭 1994, 243~248). 파벌 대립 과정에서 부각된 사원들의 경제적 권익 보호 활동이 1920년대 후반기에 더욱 구체적으로 추진되었다. 예를 들어, 전국대회 의제로 1926년에는 "생활문제 : 도축장 세금, 우육 판매, 우피 건조장, 도부 요금 등에 관한 건"을 다루었고, 1928년에는 "사원 생활권 보장에 관한 건"으로 인권 관점에서 접근하였다. 1929년에는 "산업별 조합 결성"을 설정하였고, 1930년에는 더욱 구체적으로 도살 요금 감하 운동, 도부 임금 정액제, 수육 정가 제한 철폐, 산업별 조합 조직 등을 논의하였다. 요컨대, 산업별 조합 결성, 건피장 소유와 운영권 확보, 고기 가격 자율 결정, 수육판매 조합 결성 등 다양한 형태의 생활 개선 방안을 모색하고 실천하고자 하였다. 때로 파업에 참가한 도부들을 지원하는 활동을 벌였다. 백정 고유 산업에서 비백정 출신의 점유율이 높아지고 일제 총독부의 통제가 강화되어 사원들의 경제 활동이 위축되고 경제적 곤란이 더욱 심해지는 상황에서 형평사의 경제적 권익 보호 활동은 소기의 성과를 거두지 못하였다고 판단된다. 그러나 교육 활동과 함께 형평운동의 '공동체운동' 특징을 보여준 그러한 활동은 사원들의 결속력 유지에 크게 기여하였다.

(3) 1930년대 전반기 활동

1920년대 말에 형평운동 지도부의 이념적 갈등이 더욱 심해지는 한편, 집단 이익에 대한 일부 사원들의 관심이 크게 고조되었다. 1929년 미국에서 시작된 대공황으로 전 세계의 경제가 어려운 상황에서 백정의 전통 산업도 경기 부진을 겪었다. 전반적으로 사원들의 참여가 줄어들면서 형평사 지역 조직의 활동도 크게 위축되었다. 활동을 중단한 지역 조직이 늘어나고, 총본부에 분담금을 납부하는 지사와 분사의 수가 크게 줄어들었다. 따라서 총본부의 재정적 어려움이 심각하게 되었다. 1920년대 말 총본부가 각 지부에 월부담금 납부를 빈번하게 독촉하였지만, 그 결실은 별로 없었다.[25] 그러면서 형평운동의 활동이 급속도로 줄어들었다. 이런 상황은 1930년대의 형평운동에 크게 영향을 미쳤다.

우선, 사회주의 계열의 진보적 소장파 활동가 세력이 확장되면서 지도부 구성원 사이의 갈등과 분열이 표출되었으며, 형평사 활동의

---

25) 京城地方法院檢事局, 《思想問題ニ関スル調査書類》 "月捐金 독촉의 件"(朝鮮衡平社 総本部, 衡平七年(1929) 6. 4); 또 총본부 중앙집행위원회에서도 '본부 유지 방침에 관한 건'에서 급하게 처리해야 할 채무가 8~900원에 가깝다고 하면서 중앙위원이 책임지고 메꿀 방안을 강구하고 있으며, 또한 각 지부에서는 순회위원 출장 때 성실하게 납부할 것을 촉구하고 있다. 京城地方法院檢事局, 《思想問題ニ関スル調査書類》 "第二回中央執行員会顚末書"와 "순회위원 출장의 관한 건"(朝鮮衡平社総本部, 1929. 9. 13) 볼 것

방향 전환을 둘러싸고 논쟁이 벌어졌다. 대표적인 사례가 해소론 논쟁이었다. 해소론의 핵심은 모든 사회운동 단체가 해체하여 노동 조합으로 통합되어야 한다는 것이었다. 그 배경에는 소련이 주도하는 코민테른의 지령이 있었다. 그에 따라 사회주의 단체의 활동가들이 소속 단체의 해체를 주도하고 노동조합을 결성하고자 하였다. 이와 같이 형평사 존폐를 결정짓는 해소론 논쟁은 제8장에서 자세하게 다루겠지만, 1920년대 후반과 1930년대 초에 바깥 사회운동 단체와의 긴밀한 관계에서 진행되었다. 또 해소론 논쟁을 통하여 지도부의 노장파와 소장파 사이에 일어난 갈등과 대립이 1930년대 전반기의 지도 세력 구성에 미친 영향은 제6장에서 자세하게 살펴보고자 한다.

　해소론을 둘러싼 갈등과 대립이 1931년 내내 전국의 형평사 집회에서 일어났다. 4월 24일과 25일 서울에서, 개회사를 맡은 이한용이 "살인적 불경기"가 전국을 휩쓴다고 할 정도로 어려운 상황이었지만, 제9회 정기전국대회가 51개 단체, 121명의 대의원이 참석한 가운데 열렸다.[26] 해소론 지지파와 반대파의 대립이 예상되는 가운데 열린 이 집회의 핵심 쟁점 역시 해소론이었다. 또 5월에 의령에서 열린 경남도 지부 연합회나 7월 강릉에서 열린 형평사 강원 연합회에서도 해소론을 둘러싸고 열띤 토론이 벌어졌다. 경남 의령의 도지부 연합회 집회장에는 '사원으로서의 사원 착취를 반대하자' 같은 해소론 지지자들의 현수막이 내걸려 있었다(이양코 1931, 73). 강원도 연합회에서도 해소론 지지 세력이 회의를 주도하였다. 그러나 전국대회나 도 단위 집회에서 해소론이 가결된 곳은 한 군데도 없었다. 참석자들 사이에 열띤 토론이 벌어지고, 투표 과정의 우여곡절이 있었어도 해소론은 최종적으로 부결되었다. 1931년 5월 민

---

26) 京鍾警高秘 제5271호, "集会取締状況報告 (通報) (第九回衡平社全鮮大会)" (1931. 4. 27).

족 단일 전선을 표방한 신간회가 해소론의 영향 아래 해체된 것과
달리, 형평사는 존속되었다.

그러나 해소론 논쟁은 형평운동 전반에 다양한 파장을 남겼다.
지도부 안의 갈등이 표출되었고, 활동의 침체가 가속되었다. 일제
경찰 기록도 1931년을 기점으로 형평사 조직의 수가 급격히 줄어
든 것을 보여준다(朝鮮總督府警務局 1933; 1935). 1931년 166개에서
1932년 161개, 1933년 146개, 1934년 113개, 그리고 대동사로
바뀌는 1935년에 98개로 줄어들었다. 사원수도 급감하였다. 1932
년에 8,293명이던 사원수는 1935년에 6,540명으로 줄어들었다.
실제 활동하는 분사나 사원 수는 이보다 훨씬 더 적었을 것으로 짐
작된다. 외부의 압력이 아니라 내부 여건에 따라 활동을 중지하고
자연 해산하는 분사가 크게 늘어났다. 경찰이 존재하는 것으로 분
류한 분사 가운데 실제로 활동을 하지 않는 유명무실한 곳도 많았
다. 1931년 4월 전국대회에 즈음하여 일제 경찰이 남긴 정세 보고
에 따르면, 전국 총 231개 지부 가운데 활동하는 지부는 113개, 침
체 상태 지부는 118개였다.[27] 〈표 5-1〉에서 보는 바와 같이 지역
에 따라 상황이 크게 달랐다.

지역에 따라 차이는 있지만, 형평운동이 전반적으로 크게 침체된
것을 확인할 수 있다. 특히, 경북, 전남, 황해 등지의 활동이 크게
침체되었다. 자연히 총본부에 보내는 분사의 분담금 납부 실태도
저조해졌다. 일제 경찰은 서울 총본부에 회비를 납부하는 분사가
10여개에 지나지 않는다고 보고할 정도였다(朝鮮總督府警務局 1933,
136). 사원들의 참여가 두드러지게 줄어들면서 형평사의 실질적 활
동도 크게 위축되었다. 총본부 조직이나 활동을 유지하는 것도 쉽
지 않은 상황이었다.

---

27) 京鍾警高秘 제5271호, "集会取締状況報告 (通報) (第九回衡平社全鮮大会)" (1931.
    4. 27)

〈표 5-1〉 형평사 지부 활동 현황 (1931년)

	총 지부	활동 지부	침체 지부
경기	16	10	6
충북	16	11	5
충남	32	26	6
전북	25	13	12
전남	29	4	25
경북	36	7	29
경남	33	25	8
강원	26	16	10
황해	10	1	9
평북	1	0	1
평남	2	0	2
함북	0	0	0
함남	5	0	5
합계	231	113	118

한편, 사원들의 경제적 곤경이 심해지면서 경제적 권익에 대한 관심이 늘어났다. 형평사 활동은 점점 경제적 권익 중심으로 바뀌었다. 비백정 출신이 경영하는 정육점이 늘어나는 것을 저지하기 위한 방안이 강구되었다(《동아일보》 1931. 1. 11, 18; 5. 19; 1932. 4. 29). 1931년 5월 의령에서 열린 형평경남도연합회에서는 경남피혁 조합 결성을 논의하기도 하였다(《동아일보》 1931. 5. 29). 피혁조합 설립뿐만 아니라 건피장 관리권 확보, 수육조합이나 동인공제사 설립이 모색되었다(《동아일보》 1933. 2. 16). 진보적 활동가들이 '무산' 노동자들의 권익을 위하여 활동을 벌인 1920년대 후반과 달리, 자본이 요구되는 산업에서의 경제적 권익 활동에 대한 관심이 고조되었다. 1920년대 후반에도 가죽 산업의 진흥책으로 형평산업주식회사 설립이 추진된 적이 있지만,[28] 1930년대 초 해소론이 부결되고

---

28) 조귀용, 김동석, 길봉서 등 충남 지역 유력자 14인의 발기인은 형평충남산업주식회사 설립을 준비하기 위한 취지서를 각 지역에 보내며 형평사 중심의 피혁 거래 회사 설립을 추진하였다. 京鍾警高秘 제16352호, "衡平忠南産業株式会社設立趣旨書配布ニ関スル件"(1928. 12. 5).

진보 세력이 형평청년전위동맹 사건으로 붕괴된 상황에서 피혁상 중심의 부유층 사원들은 가죽 산업의 활성화 등 실질적인 집단 이익을 위한 활동을 더욱 활발하게 모색하였다(김중섭 1992ㄱ). 이것은 형평사가 이익 단체로 변화할 조짐의 전조였다.

한편, 1930년대 전반기 형평사 활동이 크게 위축된 상황에서 일제의 탄압은 더욱 거세어졌다. 일제는 1925년부터 시행된 치안유지법을 1928년에 개정하여 사회운동 탄압을 강화하였다. 1931년 만주 사변 이후 일제의 감시와 탄압이 더욱 심해지면서 사회운동은 전반적으로 크게 위축되었다. 형평운동도 1933년에 일제의 조작으로 짐작되는 형평청년전위동맹 사건을 겪으면서 더욱 위축되었다 (김중섭 1994, 279~285). 제9장에서 자세하게 논의하겠지만, 이 사건으로 형평운동의 중추 세력인 진보적 소장파 활동가들은 감옥에 갇혀 있어, 또 풀려났더라도 경찰의 삼엄한 감시 아래서 더 이상 활동을 할 수 없게 되었다. 이렇게 가장 왕성하게 활동하는 청년 집단의 와해는 형평사 내 급진 세력의 소멸을 의미하였다.

활동의 위축은 전국대회 모습에 잘 나타났다. 1934년 4월 서울 천도교당에서 열린 제12회 정기전국대회에는 불과 24개 분사에서 온 대의원 50여 명만 참석하였다(《조선일보》 1934. 4. 25; 《동아일보》 1934. 4. 25; 조선중앙일보 1934. 4. 27). 그리고 누적되어가는 부채 상환 문제는 총본부의 주요 과제가 되었다(《동아일보》 1935. 3. 11; 《조선일보》 1935. 3. 12). 1935년 4월에 열린 제13회 정기전국대회에서 "형평운동이 완성되었다"는 중앙집행위원장 장지필의 선언과 함께 단체 이름을 대동사로 개칭하였다(《동아일보》 1935. 4. 25; 《조선일보》 1935. 4. 26). 창립 이후 12년 동안 해마다 전국대회를 열며 인권 증진과 공동체 발전을 위하여 다양한 활동을 전개해온 형평사가 실질적인 활동 중단을 선언한 것이다. 일제 시기에 동일 조직체로 가장 오랫동안 활동해 오던 단체의 종말이었다. 경제적 권익에 대한 지도부의 관심에 따라 활동 방향을 바꾸겠다는 것이었지만, 실제로 형평운동의 취지를 더 이상 유지하지 못하겠다는 의미로 해석되었다. 새로운 지도부가 이끄는 대동사는 인권운동의 성격을 상실한 채 이익 단체로 전락하고 말았다. 이익 단체로 전락하였을 뿐만 아니라 친일 부역까지 벌인 대동사의 활동은 제9장에서 자세하게 살펴보고자 한다.

3. 수평사의 조직 발전

(1) 조직의 확산

형평운동과 마찬가지로 수평운동의 발전도 조직 확산과 활동 내용에서 찾아볼 수 있다. 1922년 교토에서 열린 창립대회 이후 수평사 조직은 빠르게 확산되었다. 조직의 기틀은 창립대회에서 확정된 칙(則)이었다. 곧, 각 부현(府縣) 수평사는 수평사에 가맹한 개인과 단체로 조직하고, 각 부현의 지방 형평사는 자체 규약을 갖기로 하였다. 그리고 전국수평사 본부는 교토에 두고, 중앙집행위원장 1명과 약간 명의 집행위원을 선출하여 운영하기로 하였다(朝治武 2001, 126). 이것은 엄격하게 말해 '규칙'은 아니다. 수평사 창립자들은 무정부주의적인 발상에서 위계질서의 조직 체계를 갖지 않은 자유 연합의 단체를 만들 생각이었다. 훗날 공산주의 계열의 활동가들로부터 '무조직의 조직'이라고 비판받은 조직 틀이었다.

1924년 10월에 이른바 도지마 테쓰오(원도철남, 遠島哲男) 스파이 사건이 발각되고, 그 여파로 12월 오사카에서 열린 부현위원장 회의에서 본부 임원이 교체되었다. 주도권을 잡게 된 수평사청년동맹이 주장하여 1925년 4월의 제4회 전국대회에서 규약 제정이 논의되었다. 수평사청년동맹 측에서 작성한 초안이 전국대회에 상정되었지만, 반대 의견이 많아 최종 초안을 규약 기초위원회에 위임하기로 하였다. 그에 따라 그 위원회에서 논의하여 조정한 안을 각 지역으로 보내면서 최초의 '규약'이 만들어졌다. 그러나 창립대회에서 채택된 '칙'이 있었기 때문에 이것은 제2차 규약이라고 불렸다(朝治武 2001, 131~150).

이 규약의 내용은 1920년대 중반의 수평사 조직 양상을 반영하고 있다. 본부는 오사카에 두고, 본부 기관으로 전국대회, 중앙위원회, 특별위원회, 연합회위원회, 부현수평사위원회, 정촌(町村)수평사위원회를 설치하고, 청년, 부인, 어린이, 농민 등의 하위 수평사 조직을 두었다. 각 권역별로 연합회를 설치하기로 하고, 구역을 간사이(관서, 關西: 오사카, 효고, 와카야마), 긴키(근기, 近畿: 교토, 나라), 고세(강세, 江勢: 미에, 시가), 주고쿠(중국, 中國: 오카야마, 히로시마, 야마구치, 시마네, 도토리), 전규슈(전구주, 全九州), 시코쿠(전사국, 全四國), 주부(중부, 中部: 기후, 아이치, 시즈오카, 나가노, 니카타, 도야마, 이시카와, 후쿠이), 간토(관동, 關東; 군마, 사이타마, 도치키, 지바, 도쿄, 가나가와, 야마나시, 오우(오우, 奧羽) 지방) 등으로 나뉜 8개의 연합회를 설치하였다. 부현 중심의 수평사위원회를 두고 그 위에 권역별로 부현 수평사를 묶어 연합회를 구성한 것이다. 이것은 광역 단위로 부현이 설치되고, 그 아래 시정촌(市町村)이 있는 일본의 행정 구역 체제에다가 하나 더 광역 단위 위에 권역 조직을 만든 것이다. 지사와 분사로 구성된 형평사 조직과 달리, 수평사는 조직 단위를 하나 더 갖춘 셈이었다.

각 지역의 수평사 결성은 부락민들의 참여 수준에 따라 다양한 양상을 보이며 진행되었다. 지역 간에 차이가 컸으며, 연합회 구성 면모에서도 각 지방 수평사 활동의 특징이 나타났다. 예를 들어, 간토 지역으로부터 도호쿠(동북, 東北) 지방에 걸친 동일본 지역에는 수평사 조직이 거의 없어 연합회가 결성되지 않았지만, 서일본 지역은 조직 결성이 활발하였다. 특히, 간사이, 긴키, 시코쿠, 주고쿠, 규슈 지역에서 수평운동이 활발하였다. 부분적으로 융화운동과 경쟁하는 성격을 갖고 있었기 때문에 융화운동이 활발한 지역에서는 상대적으로 수평사 결성이 부진하였고, 그렇지 않은 지역에서는 더 활발하였다. 부락의 상층부 유력자들이 융화운동에 적극 참여한 반면에, 부락민 대중은 수평운동에 참여하는 경향이 생겼다.

〈표 5-2〉 전국 수평사 단체 및 전국대회 현황

년도	단체 수	회원 수	전국대회 회차(월, 장소)
1922			1회 (3월 교토)
1923			2회 (3월 교토)
1924			3회 (3월 교토)
1925			4회 (5월 오사카)
1926			5회 (5월 후쿠오카)
1927			6회 (12월 히로시마)
1928	−	−	7회 (5월 교토)
1929	319	48,483	8회 (11월 나고야)
1930	−	44,246	9회 (12월 오사카)
1931	291	43,292	10회 (12월 나라)
1932	259	27,824	−
1933	335	33,133	11회 (3월 후쿠오카)
1934	314	35,903	12회 (4월 교토)
1935	349	35,527	13회 (5월 오사카)
1936	378	38,449	−
1937	391	40,366	14회 (3월 도쿄)
1938	391	38,960	15회 (11월 오사카)
1939	488	35,527	
1940	348	37,659	16회 (8월 도쿄)
1941	410	36,859	−
1942	0	0	− (1월 20일 해산)

창립 초기의 확장 추세가 이후에도 계속되었다. 특히, 1923년 3월 제2회 전국대회 이후 더욱 급속도로 확장되어 그 해 말까지 3

부 20현에 240개의 수평사가 결성되었다(部落問題硏究所 엮음 1986,
263).[29] 정기적으로 열린 전국대회와 더불어 각 지역에 결성된 수평
사 조직 수는 〈표 5-2〉와 같았다(秋定嘉和 2004, 76, 83).

각 지역의 조직 발전은 지역 상황에 따라 다르게 나타났지만,
일정한 결성 양상의 유형이 있었다(秋定嘉和·朝治武 엮음 2002, 제2
부). 대개의 지역 부락민들은 1918년의 쌀소동과 같은 차별 사건
의 경험을 갖고 있었고, 부락개선활동에 참여하기도 하였다. 그
리고 부락해방에 관심을 가진 사람들이 단체를 결성하면 그 단체
를 중심으로 지역 수평사 결성이 추진되었다. 때로는 인근 지역의
수평사 결성으로부터 영향을 받기도 하고, 수평사 관계자의 방문
이나 강연회 같은 행사가 열리는 것을 계기로 수평사 결성이 결의
되었다. 부현의 광역 수평사가 결성되는 것과 함께 여러 곳의 지
역 수평사가 결성되기도 하였다. 지역 수평사의 결성과 발전에 관
한 많은 사례 연구를 통하여 각 지역 상황이 밝혀지고 있다(関口寬
2009ㄱ). 지역 수평사의 발전 양상을 가늠하기 위하여 몇 가지 사
례를 살펴보고자 한다.

우선, 나가노(장야, 長野)현의 수평사 창립과 발전을 살펴보고자
한다(中山英一 2002). 나가노에서도 1918년 쌀소동을 겪으면서 부락
민이 여럿 체포되었다. 그 뒤 1920년에 지역 유지를 중심으로 부락
차별 철폐를 위한 단체 신농동인회(信濃同仁會)가 조직되어 계몽, 선
전, 차별 문제 해결, 경제적 자립 촉진을 위한 활동을 전개하였다.
1923년 3월 인근의 군마(군마, 群馬)현에서 간토수평사 창립대회가
열린 것을 계기로 수평사 설립을 추진하는 움직임이 생겨났다. 그
리고 1924년 1월에 수평사 연설회가 열리면서 수평사 창립 분위기
가 확산되었고, 그 결실이 4월의 나가노현수평사 창립으로 이어졌

---

29) 수평사 조직은 1922년 3월 창립 이후 1년 간 3부 21현 220개가 되었다는 기록도
   있다(秋定嘉和 2004, 73).

다. 다른 지역과 마찬가지로 나가노현에서도 수평사 주도 아래 차별규탄 활동이 벌어졌고, 지역 중심의 활동이 전개되었다. 이러한 과정에서 다카하시 구라코(고교구라코, 高橋くら子) 같은 나가노현 수평운동을 대표하는 활동가가 생겨났고, 지역 수평운동을 이끄는 지도자 집단이 형성되었다. 이후 지역 상황을 반영하여 나가노현수평사 중심으로 다양한 활동이 역동적으로 전개되었다. 예를 들어, 1926년 1월에 소년소녀수평사가 조직되었고, 1927년에는 여직공의 쟁의를 지원하였고, 1928년에는 공산당 계열의 집단과 무정부주의자 집단 사이의 내부 대립이 벌어졌다. 1938년에는 거국일치 참여를 결의하는 등 일제의 전쟁 수행에 적극 협력하기도 하였다.

또 하나의 사례로서 아이치(애지, 愛知)현의 수평사 창립과 활동 과정을 볼 수 있다(斎藤勇 2002). 1913년부터 아이치현 지사가 주도하여 행정경찰 중심으로 빈민대책을 세워 부락개선사업을 벌였고, 행정 관청이 주도한 '감화구제사업'으로 강습회 등 교육을 시행하였다. 그리고 관리들과 유력자로 구성된 감화구제협회에서 이런 사업을 이끌어나갔다. 한편, 부락 유력자들도 자강회를 결성하여 부락개선사업을 주도하였고, 1910년대 후반에는 그들의 후원을 받는 청년회가 중심이 되어 풍기 개선, 저축 장려, 공동목욕탕 개설 등의 활동을 전개하였다. 이와 같이 관청이 주도하여 부락개선사업을 진행하는 가운데 경찰은 부락 주민을 감시 관리하는 것에 치중하였으며, 1918년의 쌀소동 시기에는 부락민의 동요를 방지하는 것에 주력하였다. 그 뒤 부락에 '부락처녀회'가 조직되었고, 놀이터, 간이식당, 주택개선사업 등이 추진되었다.

1922년 3월 교토에서 수평사가 창립된 뒤에는 수평사가 아이치현의 부락해방활동을 이끌었다. 10월에 수평사 나고야지부 이름으로 차별 철폐 강연회가 열렸고, 이어 11월에 아이치현수평사 창립 대회가 거행되었다(斎藤勇 2002, 255~258). 아이치현에 가까운 미에(삼중, 三重)현에서는 4월에 현수평사가 설립된 뒤 지부가 급속도로 늘어났다. 그리고 시즈오카(정강, 靜岡)와 기후(기부, 岐阜)에서는 1923년에 들어서 수평사가 설립되었다. 이와 같이 도카이(동해, 東海) 지역 4개 현의 수평사 설립 진행은 각 지역의 부락 상황에 따라 차이가 있었다. 미에현이 가장 강력한 지역 기반을 반영하여 빨리 발전하면서 노농(勞農)조합 결성의 모체가 되었지만, 아이치, 시즈오카, 기후는 지역 기반이 약하였고 노농운동과의 결합도 거의 이루어지지 않았다. 다음 단원에서 청년단체를, 또 제6장 지도 세력의 변화를 논의하면서 깊이 살펴보겠지만, 공산당 계열의 수평사 청년동맹이 본부 주도권을 장악하여 노농 계급 투쟁으로 나아갈 때 미에현은 우에다 오토이치(상전음시, 上田音市)의 지도 아래 적극적으로 그 진영에 참여하였다. 이와 달리, 아이치, 기후, 시즈오카 3개 현의 수평사는 독자적으로 도카이수평사 대회를 열고 '도카이연맹'을 결성하여 온건한 노선을 지향하였다. 초기에 이 단체는 우익 단체인 국수회와도 원만하게 지내면서 미에의 공산주의 계열인 우에다 측과도 우호적인 관계를 유지하였다. 그러나 볼셰비키파와 무정부주의파(아나키스트파)와의 대립 과정에서 아이치현수평사는 무정부주의파의 본거지 역할을 하였다. 이에 관하여는 제6장에서 자세하게 살펴보고자 한다.

또 다른 사례로서 시코쿠 지방의 수평사 결성 과정을 살펴보고자 한다(吉田文茂 1986; 增田智一 2002). 4개현으로 구성된 시코쿠 지방에는 현수평사의 결성과 함께, 시코쿠 전체의 연대 활동이 함께 이루어졌다는 특징이 있다. 고치(고지, 高知)현수평사는 결성 날짜는 불분명하지만, 1923년에 결성된 것은 확실하다. 1923년 즈음에 지역 지부로서 나가오카(장강, 長岡)수평사, 야마다(산전, 山田)수평사 등이 결성되었던 흔적이 있다. 그리고 에히메(애원, 愛媛)현수평사가 1923년 4월에, 가가와현수평사가 1924년 7월에 결성되었다. 이

세 현의 수평사는 단결을 목적으로 에히메현수평사가 주최한 1924
년 9월의 전(全)시코쿠수평사 대회에 참여하였다. 그 뒤 도쿠시마
(덕도, 德島)현수평사가 1924년 12월에 결성되면서 시코쿠 지방의
4개 현 모두 수평사 조직이 만들어졌다. 도카이 지방과 마찬가지
로 시코쿠 지방에서도 지역과 현 단위뿐만 아니라 권역 단위의 연
대 활동이 이루어졌다. 이와 같은 조직 결성은 지역 활동가들의 열
성적인 헌신 덕분이었다. 대표적으로, 에히메현에서는 도쿠나가 산
지(덕영삼이, 德永參二)가 결성과 활동을 주도하였다. 그는 1924년에
전시코쿠수평사 대회 개최를 추진한 전시코쿠수평사 집행위원장
을, 그 이듬해부터는 수평사 중앙위원을 맡아 수평운동에 진력하였
다. 또 하나 특기할 만한 사항은 시코쿠수평사와 형평사의 교류가
활발하게 이루어졌다는 점이다. 제10장에서 자세하게 살펴보겠지
만, 1927년 1월에는 가가와현수평사의 활동가 다카마루 요시오(고
환의남, 高丸義男)가 개인 자격으로 서울의 형평사 본부를 방문하였
고, 3월에는 일본에 갔던 형평사 임원 이동환이 가가와를 방문하였
다.[30] 그리고 1928년 4월의 형평사 전국대회에 에히메의 도쿠나가
산지가 참석하여 축사를 하던 중에 경찰의 금지를 받기도 하였다.

이와 같이 지역 수평사의 확산 추세는 각 지역의 상황에 따라 다
양한 양상을 보였다. 지역 중심으로 전개되기도 하고, 권역별로 협
력하기도 하고, 인근 지역의 활동이 결성의 계기가 되기도 하고, 공
산주의 계열의 청년동맹 활동이 활성화의 기회가 되기도 하였다.
요컨대, 창립 직후부터 다양한 방식으로 폭발적으로 확산된 수평
사의 조직 확장은 〈표 5-2〉에서 보는 바와 같이, 1920년대 말에

---

30) 부락해방동맹 가가와현지부 관계자들이 2009년 2월 23~24일에 인권역사 탐방의
  일환으로 형평사 발상지 진주를 방문하면서 형평사와 수평사의 교류 역사를 기억하고
  있다는 것을 알게 되었다. 그 연유로 나는 시코쿠현수평사 지도자들이 형평사와 교류
  하게 된 이유나 계기를 밝혀 줄 자료를 찾기 위하여 2011년 10월 11~12일에 가가와
  를 방문하였다. 현지 조사 과정에서 부락해방동맹 가가와현지부 관계자들로부터 많은
  도움을 받았지만, 구체적인 관련 자료를 찾을 수 없었다.

300개가 넘었다. 1930년대 초 위축되었지만, 1933년의 다카마쓰 차별재판 규탄 활동을 계기로 수평사의 활동이 활발해지면서 1930년대 후반에 그 수가 더욱 급증하였다. 그 배경에는 차별규탄뿐만 아니라 '생활권' 활동의 활성화가 있었다. 부락민의 경제 활동 강화를 지향하는 '생활권' 옹호 활동이 부락민 대중에게 호소력 있는 방안으로 인식되었던 것이다.

  (2) 하위 조직의 발전

  형평사와 마찬가지로 수평사도 다양한 형태의 하위 조직이 발전하였다. 그런데 형평사와 달리, 수평사의 하위 조직은 결성이나 활동이 전체 수평사 차원의 활동과 밀접하게 연관되어 진행되었다. 하위 조직과 전체 수평사의 활동을 구분하는 것은 간단치 않지만, 소년, 소녀, 여성, 청년과 같은 특정한 집단의 활동을 중심으로 살펴보고자 한다.

  ① 소년소녀수평사
  어린이 부락민의 문제, 특히 학교에서의 차별은 1922년의 창립대회 때부터 수평사 전체 차원의 주요 관심 대상이었다. 창립대회에서 16세의 나라(내량, 奈良) 학생인 야마다 고노지로(산전효야차랑, 山田孝野次郞)가 행한 학교 차별의 경험에 대한 연설은 청중의 심금을 울렸다. 7월 3일에 나라현 시키(기성, 磯城)군 다이후쿠(대복, 大福)촌에 최초로 주와(중화, 中和)소년수평사가 창립되었는데, 그 배경에도 학교에서의 차별이 있었다(朝治武 2001, 31).
  수평사 창립 이후 차별규탄 투쟁이 벌어지는 가운데 학교에서의 차별 문제가 더욱 주목되었다. 학교에서의 차별에 저항하여 벌이는 규탄 활동이 때로는 동맹 휴교로 이어지지도 했다. 창립되던 1922년만 보더라도 5월에 나라현 시키군에서, 6월에 가가와현 쇼즈(소두, 小豆)군에서, 7월에 오카야마(강산, 岡山)현 도마타(점전, 苫田)군 등지에서 교육 차별 규탄 활동이 전개되었다. 차별에 대항하여 비부락민 측과 충돌하고, 동맹 휴교를 벌이기도 하였다. 나라현의 경우 1922년 차별로 일어난 42건의 소요 사건 가운데 15건이 교육 관련 차별규탄 투쟁이었다.

교육 투쟁은 수평사의 주요 활동이었다. 차별 사건을 규탄하는 투쟁 과정에서 경찰의 탄압을 받았고, 그러면서 수평사의 적극적인 대처가 강화되었다(部落解放研究所 1989, 중권 214~215). 교육 현장이나 교육 내용에서의 차별 문제에 대한 경각심이 높아지고, 교육과 어린이 문제에 대한 관심이 고조되었다. 그런 가운데 주와(중화)소년수평사가 창립되고, 어린이 수평사 조직에 대한 관심이 증대되었다. 그 이듬해 제2회 대회에서 야마다 고노지로의 제안으로 소년소녀수평사 창립안이 만장일치로 가결되었다. 각 지역 수평사가 학교에서의 차별 문제에 적극 대처하며 소년소녀수평사의 결성을 추진하였다.

그러다가 1923년 가을 볼셰비키파인 수평사청년동맹이 결성되면서 교육 차별 규탄 문제를 둘러싸고 수평사 구성원들 사이에 입장 차이가 드러나고 내부 분열로 이어졌다. 그 해 12월 미나미 우메키치(남매길, 南梅吉) 중앙집행위원장이 정부에 차별 교육을 시정할 것을 요구하는 교육 관련 제안서를 보내면서 입장 차이가 더 뚜렷하게 드러났다. 특히, 교육 차별규탄과 학교에서의 순회 강습 등에 관하여 두 세력 사이의 갈등이 더욱 심해졌다. '교화와 훈련'을 강조하는 수평사청년동맹 측에서는 정치 교육을 강화하였다. 노농(勞農)운동에 합류하여 동맹 휴교 투쟁을 벌이고 프롤레타리아 교육을 실시하였다. 이에 대항하여 반대 세력인 무정부주의파는 문부성에 항의하며 교과서의 차별 표현 시정을 요구하는 차별 교과서 규탄 투쟁을 벌였다. 이와 같이 교육 차별에 대항하는 방식을 둘러싸고 벌어진 볼셰비키파와 반대 세력 사이의 다툼은 지도 세력의 대립, 활동 노선을 둘러싼 투쟁으로 확대되었다. 볼셰비키파가 주도하는 수평사청년동맹에 대항하여 수평사청년연맹이 1925년에 결성되었다. 그러면서 청년동맹의 정치학교와 그에 대항하는 청년연맹 측의 수평학교 활동이 경쟁하였다.

한편, 일본 정부는 수평사의 교육 투쟁에 대응하여 융화운동을 활성화하였다. 반관반민의 융화단체가 늘어나고 교육 방침이나 내용에 대한 논의도 활발해졌다. 1925년 2월에 창립된 전국융화연맹은 인간 존중, 상호 이해와 협조의 정신을 높이는 교육 개선 방안을 학교 윤리 교육에 포함시킬 것을 요구하는 활동을 벌였다. 이와 같이 교육 현장에서의 차별, 그에 따른 교육 투쟁, 정부의 대응 등이 뒤섞이면서 교육 문제는 수평사의 핵심 사항이 되었다. 이러한 상황은 1920년대 후반에도 지속되었다. 볼셰비키파는 노농운동과 연대 협력하여 소작쟁의와의 연대, 동맹 휴교 투쟁을 벌였다. 이러한 활동은 특히 나라현, 미에현에서 활발하였다. 1930년 6월에 와카야마(화가산, 和歌山)현의 노동조합 파업을 응원하기 위한 다나베(전변, 田辺)무산소년단이 처음 결성된 이후 교육 차별과 어린이 운동, 투쟁을 연계하는 무산소년단(피오니루, pioneer) 운동이 좌파 활동의 일환으로 확산되었다. 무산소년단의 결성은 수평사와 전국농민조합 지부의 연대 아래 이루어진 곳도 많았다.

이와 같이 수평사 총본부는 창립 초기부터 어린이들의 조직화를 중시하여 지역 수평사에 소년소녀 단체의 결성을 권장하였으며, 학교 안에서 일어나는 차별적인 언동에 적극 대처하였다. 곧, 교육 현장에서의 차별 철폐와 어린이 인권 증진과 평등 교육 활동과 더불어 소년소녀수평사의 조직 결성이 함께 추진되었던 것이다. 그 과정에서 수평사 지도부의 이념 갈등과 주도권 다툼이 어린이 수평운동에 반영되기도 하였다.

② 부인수평사

어린이 수평사 조직과 함께 주목받는 또 하나의 하위 조직은 여성 회원들의 활동 공간인 부인수평사였다. 수평사 선언에서도 보듯이 부락민조차 여성의 사회적 지위에 대한 평등 의식이 저조하였다. 그렇지만 오사카의 나카니시 치요코(중서천대자, 中西千代子)를 비롯한 다수의 여성들이 1922년의 창립대회에 참석하였고, 또 창립대회 직후 열린 연설회에서 여성 부락민이 차별 소감 연설을 하는 등 여성 회원들은 초기부터 수평운동에 적극 참여하였다. 그 이듬해 3월 교토에서 열린 제2회 전국대회에서는 수평사 창립을 주도한 사카모토 세이치로(판본청일랑, 阪本淸一郎)의 부인 사카모토 가즈에(판본수지, 阪本數枝)가 제안한 부인수평사 결성안이 채택되었다. 이 제안은 사카모토 세이치로의 증언대로 수평사 창립 직후 조직 확산을 촉진하기 위한 차원에서 모색된 방안이었다(守安敏司 2000). 이와 같이 여성들의 참여가 활발하고, 부인수평사 결성을 추진하는 등 창립 초기부터 수평사는 여성 문제에 대한 관심이 많았다(黒川みどり 2002).

그 이듬해 3월 제3회 전국대회에서 부인수평사의 조직화 발전에 대한 촉구안이 다시 결의되었다. 10월에는 간토부인수평사 본부가 결성되었고, 그 후 사이타마(기옥, 埼玉), 군마에서 부인수평사가 생겼다. 11월에는 수평운동의 핵심적인 활동 거점지 가운데 하나인 규슈에서 후쿠오카(복강, 福岡)현부인수평사가 창립되었다. 후쿠오카현부인수평사는 수평사 안에서 가장 활발한 '여성운동의 본보기'였다. 지역 단위의 가네히라(금평, 金平)부인수평사가 먼저 창립되었고, 곧 이어 광역 단위인 후쿠오카현부인수평사가 창립되었다. 후

쿠오카시 외곽의 하카다(박다, 博多)좌에서 후쿠오카현부인수평사 창립대회가 600명의 여성 부락민이 참석한 가운데 열렸다. 여성 수평운동의 핵심 활동가인 니시다 하루(서전하루, 西田ハル)의 사회로 수평사 여성교육, 국제 여성대회의 개최, 일반 무산 여성운동과의 제휴 등이 논의되었다(鈴木裕子 2002ㄴ).

부인수평사는 지역의 여성 문제, 부락민 문제에 대하여 적극적으로 활동하였다. 여성으로, 부락민으로, 또 저소득의 임금 노동자로서 2중, 3중의 차별을 겪는 여성 부락민의 권익을 증진하고자 하였다. 여성 활동가들은 부인수평사라는 독자적인 조직을 통하여 활동하였지만, 곳에 따라서는 상위 조직인 수평사 활동에도 적극 참여하였다. 예를 들어, 나가노의 다카하시 구라코, 창립 초기에 '수평운동의 꽃'으로 불린 소녀 연사 마스다 히사에(증전구강, 增田久江) 등은 각 지역의 수평사 집회에 참석하여 명연설을 하면서 수평운동 발전에 이바지하였다(水平社博物館 엮음 2002). 부인수평사의 결성 여부와 상관없이 그러한 여성 회원들의 활동을 통하여 여성 문제에 대한 관심이 높아졌다. 예를 들어, 미에에서는 수평사와 노동, 농민의 3각동맹을 추진하면서 남녀 불평등 문제 등 여성 문제에 적극적인 관심을 보였다.

그런데 여성 문제는 수평사 전체 차원에서 볼 때 여전히 주요 관심 대상이 아니었다. 예전보다 여성 문제에 대한 관심이 고조되고, 여성 회원의 참여가 활발하게 이루어졌지만, 수평사 활동은 남성 중심으로 전개되었고, 여성 문제는 부차적인 것으로 인식되었다. 그러면서 부인수평사 활동이 퇴조하였다. 여러 지역에서 부인수평사의 기반이 흔들리면서 여성 수평운동의 침체가 두드러지게 나타났다. 1927년 제6회 전국대회에서 후쿠오카부인수평사의 니시다 하루가 부인수평사의 퇴조 추세를 막아 보려는 의도에서 수평사 조직에 부인부 설치를 제안하였다. 그러나 그러한 노력에도 남성 회

원들의 무관심 탓에 여성 문제는 주목을 받지 못하였다. 1928년 3.15사건으로 좌익 운동에 대한 탄압이 강화되는 와중에 5월의 제 7회 전국대회에서 '수평사 부인부 설치의 건'이 가결되었지만, 실질적인 성과는 없었다. 그 이후 부인수평사의 조직적인 활동 흔적은 거의 찾아볼 수 없다(黒川みどり 2002).

이와 같이 수평사 안의 독자적인 여성 조직으로 부인수평사는 짧은 기간 활동하였지만, 여성 문제에 관심을 불러일으키는 데 일정 수준 이바지하였다. 또 각 지역의 부인수평사 활동을 통하여 오사카의 이토와카 류코(사약류자, 糸若柳子), 나가노의 다카하시 구라코, 후쿠오카의 니시다 하루 등과 같은 여성 활동가가 등장하여 수평운동의 여성 참여 폭을 넓히는 데 이바지하였다(鈴木裕子 2002ㄱ; 2002 ㄴ; 塩谷隆弘, 2002).

③ 청년단체

어린이, 여성과 마찬가지로 청년도 수평사의 주요 하위 집단이었다. 수평사에서 처음 등장한 청년단체는 1923년 11월 공산주의자 다카하시 사다키(고교정수, 高橋貞樹)의 지도 아래 결성된 '전국수평사청년동맹'(앞으로 수평사청년동맹 또는 청년동맹으로 줄임)이었다. 다카하시 사다키는 러시아혁명의 이론과 실천을 소개하며 일본 노동운동의 조직화를 도모한 볼셰비키파 지도자 야마카와 히토시(산천균, 山川均)의 제자였다. 도쿄 상대를 중퇴한 그는 일본공산당 창설에 참여하였으며, 1922년 10월부터 나라의 가시와라(백원, 柏原)에 거주하면서 부락 문제를 연구하였다. 그때 그와 함께 활동하던 기시노 시게하루(안야중춘, 岸野重春), 마츠다 기이치(송전희일, 松田喜一), 기무라 교타로(목촌경태랑, 木村京太郎) 등 젊은 활동가들이 청년동맹을 조직한 것이다. 그들은 1922년 7월에 결성된 일본공산당과 비밀리에 접촉하면서 수평운동을 노동운동, 농민운동과 연대시켜 계급투쟁 활동을 하려는 의도를 갖고 있었다.

청년동맹의 결성 총회가 오사카, 나라, 교토, 효고, 와카야마 등지에서 온 30여명이 모인 가운데 오사카에서 열렸다. 곧, 수평사 안의 공산주의 세력이 결집하여 결사체를 만든 것이다(部落解放研究所 1989, 중권 190~193). 그들이 '청년단체'의 이름으로 활동하고, 또 그들에 대항하는 집단도 청년단체 이름으로 활동하였기 때문에 여기에서 논의하지만, 그들의 활동 내용이나 범위는 하위 조직 수준을 넘어 수평운동 전체에 관련되어 있었다. 특히, 수평사 안의 공산주의운동을 대표하는 그들의 활동은 수평운동의 전개에 커다란 영향을 미쳤다. 따라서 지도 세력의 구성과 대립에 관하여는 제6장에서, 또 사회운동 세력과의 연대 부분에 관하여는 제8장에서 다루고자 한다. 단지, '청년'이란 이름을 단 단체 활동에 관한 부분만 여기에서 살펴보고자 한다.

청년동맹은 인간주의, 부락민 의식을 강조하는 초기 지도부와 다른 입장이었다. 특히, 차별규탄 투쟁만으로 부락 차별 철폐가 어렵다고 인식하였다. 그들은 부락 차별이 자본주의 모순과 밀접하게 연결되었다는 입장이었다. 그렇기 때문에 차별규탄 투쟁으로 형성된 부락민과 일반민들 사이의 대립 구도를 타개할 방안으로 계급적 연대를 강조하였다. 곧, 수평운동은 노동운동, 농민운동과 연대하는 공산주의운동을 통하여 계급 투쟁을 벌어야 한다는 것이었다. 그리고 1924년 2월부터 월간 기관지《선민(選民)》을 발행하여 부락 청년들을 대상으로 공산주의 이념 교육을 강화하였다. 그 영향으로 많은 부락 청년들이 차별의 근본 원인이 자본주의 사회에 내재해 있다고 인식하면서 차별의 구조적 특성에 접근하게 되었다.

청년동맹 활동가들은 수평운동이 '양보다 질'로 전환하여 계급 투쟁을 통한 자본주의 사회를 변혁하여야 한다고 주장하면서 수평사 활동의 방향 전환을 모색하였다. 그리고 1924년 제3회 전국대회에서 계급의식에 기초한 활동 증진을 위하여 수평운동과 다른 사회운동과의 상호 협력을 제안하였다. 그들은 부락민이 역사적으로 착취를 당했다는 점을 강조하면서 착취 없고, 차별 없는 사회 건설을 위하여 연대 활동이 필요하다고 주장하였다. 그러나 그들의 제안은 채택되지 않았다. 또 《선민》을 통하여 계급 투쟁의 참가, 공산당의 비밀 가입, 소비에트 러시아의 승인을 요구하면서 수평운동의 좌경화를 시도하였다. 그러나 이러한 요구도 전국대회 참가자들의 거부로 채택되지 않았다.

다음 단원에서 자세하게 살펴보겠지만, 이른바 도지마 스파이 사건의 여파로 중앙본부 임원진이 축출되면서 청년동맹 활동가들이 수평사 본부의 주도권을 장악하게 되었다. 이렇게 무정부주의파(아나키스트파)와의 주도권 다툼에서 이긴 청년동맹의 볼셰비키파는 공산주의 이념 아래 수평운동과 무산대중의 연대와 협력을 강화해 갔다(秋定嘉和 1986).

1925년 5월에 볼셰비키파에 반대하는 회원들이 청년동맹에 대항하는 청년 조직을 결성하면서 수평사의 균열이 뚜렷하게 드러났다. 그들은 제4회 오사카 전국대회가 끝난 1주일 뒤 나고야(명고옥, 名古屋)에 모여 자유청년연맹 준비회를 가졌다(斎藤勇 2002, 258~261). 간토, 도카이, 긴키 등지에서 온 청년 유지들은 규약 초안, 반볼셰비키 연합대회 개최, 연합 기관지 등을 협의하면서 무정부주의파, 자유주의 세력, 융화단체와의 협력에 우호적인 집단 등이 모인 반볼셰비키파 단체의 결성을 추진하였다. 이와 같은 파벌 대립 양상은 '청년단체'라는 이름을 내건 탓으로 젊은 활동가들 사이의 대립으로 비추어졌다. 수평사청년연맹 소속인 아이치청년연맹이 16세부터 21세까지의 80여명 청년으로 구성되었다는 언론 보도로 보아 주축 세력이 실제로 청년들이었음을 알 수 있다(斎藤勇 2002, 261).

한편, 그 해 9월에 수평사청년동맹은 창립 제2주년 대회를 오사카의 나카노시마(중지도) 공회당에서 개최하였다. 참석자들은 기관지《선민》을《청년대중》으로 바꾸기로 하였다. 그리고 전국적인 무산청년단체의 결성을 준비하고 있던 다카하시 사다키 등은 청년동맹을 해체하고 전일본 무산청년동맹 조직 준비회에 참가한다는 의안을 제출하였다. 그리하여 수평사 안의 노동자, 농민 등 프롤레타리아를 포괄하는 전국수평사무산자동맹이 새로 결성되고, 중앙위원회 의장에 마츠다 기이치, 중앙위원에 다카하시 사다키, 우에다 오토이치, 기무라 교타로 등이 선출되었다. 그리고 나라, 오사카, 효고, 후쿠이(복정, 福井), 히로시마(광도, 廣島), 후쿠오카, 구마모토(웅본, 熊本) 등의 각 부현 조직을 결성하여 수평사청년동맹의 역할을 계승하도록 하였다. 그 바탕에는 수평운동에 뿌리내리고 있는 부락배타주의를 무산계급의 계급 투쟁과 결합하여 극복하고자 하는 의도가 있었다. 그렇지만 무정부주의파의 자유청년연맹 준비회에 대항하는 측면도 있었다(部落問題硏究所 엮음 1986, 269~270).

이런 상황에서 청년동맹과 그 후속 조직인 무산자동맹 등에 대항하기 위하여 무정부주의파에서도 그 해 10월에 교토에서 자유청년연맹 제1회 전국협의회를 개최하였다. 이 자리에서 명칭을 전국수평사청년연맹으로 바꾸고, 기관지《자유신문》을 발행하기로 한 뒤 순수 수평운동을 배격하는 행동을 철저하게 박멸한다고 결의하였다. 실제로 그 대상은 무산자동맹임에 틀림없었다. 반볼셰비키파는 이듬해 8월에 나고야에서 전국수평사청년연맹을 해산하고 수평사 해방연맹을 결성하면서 '자유연합', '정치운동 배격'을 핵심 기치로 내걸었다. 나고야의 이코마 죠이치(생구장일, 生駒長一), 기후의 기타하라 다이사쿠(북원태작, 北原泰作) 등이 이 단체를 주도하였고, 교토, 아이치, 시즈오카, 나가노, 기후, 히로시마 등지의 활동가들이 참여하였다. 훗날 기타하라는 반볼셰비키파로 기울어진 이유를 도카이와 간토에 인접한 지역적 인연도 있지만, 볼셰비키파가 중앙집행위원장 미나미 우메키치를 파면하는 비정한 처사에 대한 반발 심리도 있었다고 진술하였다. 그들의 분파 활동에는 볼셰비키파에 대한 불만이 깔려 있었던 것이다(斎藤勇 2002, 258).

청년연맹의 움직임에 대항하여 무산자동맹은 10월에 전국수평사 노농당(勞農黨)지지연맹을 결성하였다. 그렇게 형성된 파벌, 이른바 볼셰비키파로 일컬어지는 공산주의 집단과 그에 대항하는 무정부주의파(아나키스트파) 사이의 대립은 수평운동 전반에 영향을 미쳤다. 이와 같이 수평사의 역동적인 전개의 주요 요인이 된 청년단체들의 이념 대립과 분파 활동은 지도 세력의 변화와 맞물려 있다는 점에서 제6장에서 좀 더 자세하게 살펴보고자 한다.

4. 수평사의 활동 내용

(1) 초기 활동

형평사와 마찬가지로 수평사도 창립하자마자 조직 확산과 더불어 활동을 활발하게 벌였다. 이것은 전국대회를 통하여 확인되었다. 형평사는 파벌 대립 탓으로 분열된 제2회 대회를 제외하고 해마다 창립일 즈음에 서울에서 정기적으로 전국대회를 개최하였지만, 수평사는 전국대회의 개최 시기나 장소가 일정치 않았다. 〈표 5-2〉에서 보듯이, 1932년, 1936년, 1939년에는 열리지 않았으며, 개최 장소도 제3회 전국대회까지 3월에 교토에서 열렸지만, 그 이후에는 전국의 주요 도시를 순회하며 열렸다. 제4회 대회는 1925년 5월에 오사카에서, 제5회 대회는 1926년 5월에 후쿠오카에서, 제6회 대회는 1927년 12월에 히로시마에서 열렸다. 제7회

대회는 1928년 5월에 다시 교토에서 열렸고, 1929년 제8회 대회
부터는 나고야, 오사카, 나라, 후쿠오카, 교토, 도쿄 등지를 순회하
며 열렸다. 이와 같은 전국대회 순회 개최는 수평운동의 전국화를
도모하는 것이기도 하고, 또 전국화의 결실을 보여주는 것이었다.
수평운동의 전개 양상을 전국대회 중심으로 살펴보고자 한다.

   수평사 창립대회에서 채택한 '결의'는 활동 방침에 관한 것이었
다. 결의의 첫번 째 사항은 "에타(예다)나 특수부락민 등의 언행으로
모욕을 줄 때에는 철저하게 규탄한다"는 것이었다. 차별 사건에 적
극 대응하며 집합적으로 규탄 활동을 한다는 전략이었다. 곧, 차별
규탄 투쟁은 창립 초기부터 수평사의 핵심적인 활동 내용이었다.
이런 맥락에서 채택한 '결의' 가운데 하나로 본원사(本願寺, 혼간지)의
개혁을 명기하였다. 그래서 동서 본원사의 차별 관습을 창립 직후
제일 먼저 차별규탄 활동의 대상으로 삼았던 것이다. 13세기 초 일
본 불교를 개혁하며 정토진종을 개종한 신란(친란, 親鸞, 1173~1262)
의 사상은 평등을 강조하고 있지만, 정토진종의 본산인 동서 본원
사는 뿌리 깊은 차별 관행을 유지하고 있었다. 정토진종을 믿는 부
락민들이 많았지만, 차별 관행 탓으로 양 본원사에 대한 부락민들
의 반감 또한 대단히 컸다. 그래서 수평사는 본원사 교단의 차별 관
행을 바꾸고자 하였던 것이다.

   우선, 수평사는 차별 철폐와 수평운동과의 협력에 대한 동서 본
원사의 입장 표명을 요구하였다. 그리고 그 회답에 따라 행동을 결
정하기로 하였다. 대표자들이 수평사 창립대회 다음날 본원사의 의
견을 듣기 위하여 방문하였지만, 본원사는 특별한 반응을 보이지
않았다. 그리하여 4월 10일에 차별에 대한 항의로 향후 20년 동안
모재(募財)를 거부한다는 내용을 수평사 집행위원장 명의로 양 본원
사에 통고하였다(部落解放研究所 1989, 중권 186). 양 본원사가 1923
년에 개종 700주년 기념법회를 열 계획으로 모금을 하였고, 또 9월

에는 도쿄대지진의 부흥을 위한 모금 활동을 하였지만, 결의한 대로 수평사는 계속 모금 거부 활동을 벌였다.

1923년 3월 3일 교토에서 열린 제2회 수평사 전국대회 당일에 800여명의 수평사 회원들이 양 본원사에 가서 항의 시위를 벌였다. 그러면서 수평사는 정토진종을 반대하는 것이 아니라, 오히려 인간 해방을 지지해 주는 힘의 근원으로 신란의 평등주의를 활용하고자 한다는 것을 거듭 밝혔다. 이와 같은 수평사의 차별 거부 활동은 본원사 교단 내부로부터도 지지를 받았다. 1922년 11월 나라현 고죠정(오조정, 五条町)의 주지는 상납금에 따라 절의 격을 결정하고 승력의 좌석이나 옷 색깔을 규정하는 본원사 교단의 관행을 거부하면서 흑의동맹(黑衣同盟)을 주도하며 신란의 평등주의 사상으로 돌아갈 것을 주장하였다.

한편, 창립대회에서 채택한 '결의' 가운데 하나는 부락민 단결을 위한 월간 잡지 《수평》의 발간이었다. 그에 따라 수평사 활동을 홍보하며 부락민 참여를 독려하는 잡지 《수평》이 1922년 7월에 창간되었다. 이 기관지는 차별사건이나 개선사업에 대한 소식, 융화운동 비판, 수평사 창립에 관한 각지의 반응, 소설 등으로 구성되었다. 그러나 제2호를 발간한 뒤 재정난으로 계속 발간되지 못하였다. 1924년 6월에 《수평신문》이 창간되었지만, 그것도 재정난으로 종종 휴간하였다(秋定嘉和 2004, 73). 불안정한 형편이었지만, 《수평신문》은 각 지역의 소식을 알리는 매체로서 중요한 역할을 하였다. 또 '부인란' 같은 기획을 통하여 수평사 활동을 알리는 데 요긴하게 활용되었다.

앞서 언급한 바와 같이 수평사 전국대회는 시기와 장소가 일정하지 않았지만, 각 대회마다 수평운동 발전에 크게 이바지하였다. 회의 내용이나 진행은 개최 시기의 상황을 반영하여 각기 다른 특징을 보였다. 창립 이듬해 3월에 교토에서 열린 제2회 전국대회에서는 창립 초기의 조직 정비와 활동 내용의 정착이 주요 과제였다. 이 대회에서 수평사 공식 깃발인 형관기(荊冠旗)가 처음 사용되었다. 그 해 2월 오사카에서 열린 전국대회 준비모임에서 형관기 제작을 논의하여 수평사 선언문 초안을 쓴 사이코 만키치가 제안한 도안을 채택하였다. 암흑의 차별 사회를 표현하는 검은 색 바탕에 붉은 색 가시관을 그린 도안이었다. 기독교 예수의 수난을 상징하는 가시 면류관을 원용하여 스스로의 힘으로 해방을 바라는 결의를 담고자 한 것이었다. 도안의 취지를 담은 호소문을 통하여 수평운동의 참여를 촉구하였다. 곧, "암흑의 한 가운데에서 피로 물들은 형관의 깃발 그 자체가 사실 우리들의 수난과 순교의 표징이 되어야만 한다. 지하에서 신음하는 수천만의 조상의 영혼을 불러오는 제단의 앞에 참가합시다. 옛날에 우리들은 천민이었다. 지금 우리는 선민(選民)이다. '좋은 날'을 위하여 그리운 3백만의 형제여, 단결합시다"라는 내용이었다(部落問題研究所 엮음 1986, 262). 이 형관기는 지금도 부락해방동맹 공식 깃발의 기본 틀로 사용되고 있다. 또 각 수평사마다 이 도안에다가 자체 이름을 붙인 형관기 깃발을 제작하여 사용하였다. 집회 때마다 대나무 죽창의 깃대에 단 각 지역의 수평사 깃발을 도열 배치하여 연대를 과시하였다. 그와 더불어 각 수평사는 수평가(水平歌)를 제작하여 부락 차별에 대한 울분과 수평운동의 목표를 널리 알리는 데 활용하였다(朝治武 2001, 177~251).

제2회 전국대회가 1923년 3월 2, 3일에 각지에서 온 3,000명이 참석한 가운데 교토의 오카자키(강기, 岡崎) 공회당에서 열렸다. 군대 안의 차별에 관하여 육해군대신에게 항의하는 건, 도쿠가와(덕천, 德川) 일가에 항의하는 건, 농촌 부락에 농민조합을 설립하는 건, 소년소녀수평사와 전국부인수평사 설립의 건 등을 논의하였다. 와카야마 대표는 도쿠가와 일가에게 항의하는 건을 긴급동의로 제안하면서 그 이유를 "덕천가의 조상은 부락민을 수시로 분명히 학대했다. 이러한 조상을 둔 덕천가 집안이 황제의 울타리인 화족의 최고위가 되었다는 것은 당치도 않기 때문에 우리들은 덕천가에게 반성을 촉구하려는 것"이라고 설명하였다(部落問題研究所 엮음 1986, 262).

전국대회 결의 내용은 향후 수평사 활동의 주요 지침이 되었다. 특히, 제2회 전국대회에서는 학교와 군대에서의 차별 철폐 문제가 가장 큰 쟁점이 되었다. 1923년 3월부터 1924년 3월까지 1년간 사법성이 확인한 차별 사건은 1,432건이었는데, 대부분이 소학교(초등학교)에서 일어났다(部落解放研究所 1989, 중권 188). 1920년대에 이른바 다이쇼(대정, 大正) 민주주의 시기의 개혁 정책으로 부락학교가 통폐합되는 과정에서 부락 차별이 빈번하게 일어났다. 앞서 언급한 바와 같이, 교육 현장에서의 차별에 대하여 수평사 측이 적극적으로 규탄 활동을 벌이며, 소년소녀수평사의 창립을 적극 추진하였다.

또 하나의 대표적인 사례는 군대 안에서의 차별을 규탄하는 활동이었다(秋定嘉和 2004, 76~78). 20세 이상의 모든 남자를 징집하는 징병제가 실시되면서 부락 청년들도 군대에 가게 되었다. 그런데 군대 안에서 부락 차별이 심했다. 겉으로는 '천황'의 자식으로 모두 평등하다고 하였지만, 실제 병영 생활에서 사회의 차별 관행이 고스란히 재현되었다. 대개 부락 청년들은 차별을 겪으면서도 침묵과 인내로 극복하였다. 그러나 제2회 전국대회에서 군대 안의 차별에 적극 대항하기로 결의하면서 그에 대한 경각심을 갖게 되었다. 그리고 수평사는 육해군 당국에 군대에서의 부락 차별을 항의하는 한편, 규탄 투쟁을 지속적으로 벌여 나가기로 하였다.

제3회 전국대회가 1924년 3월에 교토의 오카자키 공회당에서 열렸다. 이 대회에서 형평사와의 연대 안이 가결되었고, 재일 조선인 차별 철폐 운동을 지원하고, 재일 조선인 운동을 압박하는 일본

정부에 경고하는 안이 채택되었다. 그리고 제2회 대회에서 결의한
도쿠가와 가문에 대한 항의 안을 다시 확인하면서 아울러 작위 반
환을 권고하기로 결의하였다. 그리고 무산자 단체와의 협력 기관을
설치하는 안이 논의되었다. 제안자는 초기의 차별 규탄 활동으로부
터 사회운동과의 연대를 추구하는 것으로 활동 방향 전환을 모색하
려는 의도 아래 노동, 농민, 수평의 3각동맹을 역설하였지만, 격론
끝에 보류하기로 하였다. 이와 같이 무산단체와의 연대 안이 부결
되었지만, 경관의 제지를 뚫고 이 집회를 방청했던 사회주의자 사
카이 도시히코(계리언, 堺利彦)는 "수평운동이 노동운동 및 농민운동
과 결합하여 일본 무산계급운동의 3대 진영이 되는 것은 의심할 여
지없이 명확하다"고 예측하였다(部落問題研究所 엮음 1986, 264).

제3회 전국대회에서 결의한 도쿠가와 이에다쓰(덕천가달, 德川家
達)의 사죄와 작위 반납 요구는 수평사 안에 여러 형태의 파장을 낳
았다. 이 결의는 차별의 법적, 정치적 원인(遠因)이 도쿠가와 막부의
근세 천민제도에 있다고 보는 인식 변화를 반영하는 것이었다. 곧,
부락 차별의 책임은 국가에 있다고 인식하면서, 그 책임을 물어 후
손인 도쿠가와 이에다쓰의 사죄와 작위 반납을 요구한 것이었다.
예전에 볼 수 없는 차별에 대한 새로운 인식이었다(秋定嘉和 2004,
78). 그러나 도쿠가와 이에다쓰는 이 요구에 불응하면서 선조들의
일은 모른다는 입장을 취하였다. 그러자 후쿠오카 수평사원들이 상
경하여 도쿠가와 집을 번갈아가며 항의 방문하였다. 그 과정에서
경찰에 도쿠가와 암살 계획에 관한 밀고가 들어와 관련자들이 검거
되었고, 그 가운데 한 사람이 옥안에서 병사하였다. 규슈수평사 지
도자 마쓰모토 지이치로(송본치일랑, 松本治一郎)도 이 사건에 관련되
었다는 혐의를 받고 붙잡혀 옥에 갇히게 되었다. 그러자 마쓰모토
와 가까운 후쿠오카수평사원이 도쿠가와 집을 찾아가 방화하여 전
소되는 일이 일어났다.

이렇게 복잡하게 전개되는 가운데 경찰에 밀고한 당사자가 동화통신사 사장 도지마 테쓰오라고 알려졌다(Neary 1989, 92~94). 그래서 그와 친교를 맺고 있던 수평사 본부의 간부들이 의심받게 되었다. 도지마가 그들에게 접근하여 금품을 주자 수평사 관련 정보를 넘겼다는 것이었다. 이른바 스파이 사건의 내막이 밝혀지면서 도지마에 대한 불신과 의혹이 제기되자 일제 경찰은 이 사건을 무마하려고 도지마를 사기죄로 기소하였다가 11일 만에 보석으로 석방하였다(金靜美 1989, 94; 신기수 1993, 142). 그 사건은 수평사에 커다란 파장을 미쳤다. 결국 1924년 12월에 오사카에서 열린 대표자 회의에 일부 간부들이 출석하지 않은 상태에서 관련 임원들에 대한 징계가 내려졌다. 도지마에게 정보를 준 혐의로 히라노 쇼켄(평야소검, 平野小劍)을 수평사에서 제명하고, 미나미 우메키치를 집행위원장에서 파면하고, 요네다 도미(미전부, 米田富)에게는 공개사과의 처분을 내렸다(部落問題硏究所 엮음 1986, 265).

이와 같이 창립 당시의 임원진이 퇴진하고 볼셰비키파의 수평사 청년동맹 간부들이 수평사 지도부의 주도권을 장악하면서 수평운동의 방향 전환이 적극 추진되었다. 곧, 수평사청년동맹의 주장대로 교육과 훈련을 강화하며, 조직 강화, 재정 확립, 민주적 집중제에 기초한 중앙 본부 체제의 확립 등을 중점적으로 추진하였다. 특히, '무조직의 조직'이라고 비판하던 수평사 조직 체계를 바꾸어서 연맹 본부제를 폐지하고 새로 이사제를 도입하였다. 그리고 상임이사에 수평사청년동맹의 핵심 활동가 기무라 교타로를 선임하였다.

1925년 5월 수평사 제4회 전국대회가 오사카의 나카노시마 공회당에서 열렸다. 대회의 초점은 수평사청년동맹에서 제출한 규약 개정과 운동 방침에 관한 대회 선언 초안의 처리였다. 순수 수평운동을 주장하는 우파와 무정부주의자(아나키스트)파가 반대하면서 논란이 커져, 결국 중앙집행위원회가 중재하게 되었다. 그 결과, 규약 개정은 대회 후 법규위원회에서 결정하기로 하였고, 대회 선언 초안은 위원회의 중재 뒤에 폐기되었다. 그러나 계급적 입장으로부터 운동의 방향을 전환하려는 청년동맹의 의도는 실질적으로 큰 변화없이 수용된 셈이었다. 요컨대, 수평운동은 민주적 집중제의 조직 형태 아래 본부의 주도권을 장악한 볼셰비키파가 의도하는 방향으로 흘러 갔다.

(2) 1920년대 후반기 활동

앞서 언급한 바와 같이 차별규탄 활동은 창립 초기부터 수평사의 주요 활동 내용이었고, 그 가운데 하나가 군대 안에서의 차별규탄 투쟁이었다. 차별규탄 투쟁은 1924년에 사사야마(소산, 篠山), 후시미(복견, 伏見) 등지의 군대에서 벌어진 이후 1920년대 후반기에 더욱 활발하게 일어났다. 수평사 역사상 가장 대표적인 사례가 후쿠오카연대 투쟁이었다(김중섭 2009, 158~159; Neary 1989, 119~125; 部落問題硏究所 엮음 1986, 278~280).

후쿠오카연대의 차별규탄 활동의 핵심 인물은 후쿠오카수평사 간부 이모토 린지(정원린지, 井元麟之)였다. 그는 입대 전부터 차별 사례를 보고받고, 입대 뒤에 차별규탄 투쟁을 벌일 계획을 세웠다. 1926년 1월에 이모토를 비롯한 후쿠오카수평사 회원들이 형관기와 적기를 들고 성원하는 동료들의 배웅을 받으며 후쿠오카연대에 입대하였다. 이모토는 입대하자마자 개인적으로 차별에 항의하는 한편, 부락 출신의 장병들을 모아 극비리에 '병졸연맹'을 조직하여 군대 안의 차별을 조직적으로 적발하였다. 그렇게 수집된 차별 사례를 수평사에게 알려 군대에서의 부락 차별에 관심을 갖도록 하였다. 이모토는 전(全)규슈수평사와 연계하여 청년훈련소에서의 보이

콧 등 후쿠오카연대 중심의 차별규탄 투쟁을 전개하였다. 그러면서 차별 사항을 군 당국에 항의하였지만, 군 당국은 무성의하게 대응하였을 뿐만 아니라 차별규탄 활동을 방해하였다.

한편, 이모토로부터 군대 안 차별 내용을 전달받은 후쿠오카현 수평사는 노동농민당, 일본노동조합평의회, 일본농민조합, 전일본무산청년동맹 등과 협력하여 군 당국에 항의하면서 진상을 밝히는 활동을 벌여 나갔다. 그런데 군 당국은 오히려 경찰과 결탁하여 '후쿠오카연대 폭파 음모 사건'을 날조하였다. 경찰은 수평사 지도자인 마쓰모토 지이치로 집 마루 밑에 다이너마이트를 감추어 놓았다가 후쿠오카연대를 습격하여 폭파하려고 하였다는 증거라면서 제시하였던 것이다. 언론에 대서특필된 이 사건으로 수평사는 곤경에 빠지게 되었다. 1925년 제4회 전국대회에서 중앙위원회 의장으로 선출된 마쓰모토 지이치로, 중앙본부 상임이사 기무라 교타로 등 11인이 이 사건에 연루된 혐의로 체포되어 유죄 판결을 받아 복역하였다.

한편, 1927년 11월에는 기후연대에 복무 중인 기후현수평사 집행위원장 기타하라 다이사쿠가 후쿠오카사건에 항의하기 위해서 히로히토(유인, 裕仁) 천황의 열병을 이용하여 '직소'를 감행하였다. 군대 안 차별의 심각함과 군 당국의 무성의한 대응과 고압적인 태도를 비판하면서 차별 철폐를 천황에게 직접 호소한 것이다. 그는 헌병대에 체포되어 군법회의에서 징역 1년을 선고받았지만, 이 사건으로 군대 안의 부락민 차별 문제는 한국 언론에 보도되는 등 국내외에 널리 알려지게 되었다(《조선일보》 1927. 11. 23). 또한 이 사건을 계기로 1928년 내무대신이 융화 촉진에 관한 훈령을 발령하였고, 중앙융화사업협회에서도 부락 차별 철폐를 위한 융화운동을 활성화하였으며, 군대도 융화독본을 편집해서 장병들을 교육하였다. 수평사는 1928년 1월에 '군대 차별철폐 요구주간'을 설정하여

차별규탄과 함께 차별 사례를 조사하여 군 당국에 항의하는 활동을
폈다. 이렇게 차별 관행에 대하여 조직적으로 대항하며 제도적 개
선을 추구하는 집단 활동을 지속하였지만, 군대 안에서 차별 사건
은 이후에도 계속해서 빈번하게 일어났다.

차별규탄과 함께 수평사가 치중한 활동 내용은 생활 개선 문제
였다. 수평사는 예전부터 관(官)과 부락 유력자 중심으로 시행되어
온 부락개선활동을 시혜적이며, 자비를 베푸는 방식이라면서 비판
하였다. 그래서 창립 때부터 "경제 활동의 자유와 직업의 자유를
사회에 요구하며 이를 기필코 획득한다"는 강령을 채택하고 독자
적인 경제 활동을 모색하면서 관 주도의 부락개선사업에 참여하지
않았다. 그렇게 부락개선활동을 기만적인 정책이라고 비판해 왔지
만, 부락 대중의 빈곤이나 열악한 생활 여건을 외면할 수만은 없었
다. 그런데도 도지마 스파이 사건을 계기로 중앙본부의 주도권을
잡은 수평사 내의 공산주의 세력은 부락민의 생활 악화가 자본주
의 체제에서 비롯된 것이라고 하면서 노동조합이나 농민조합과의
연대 투쟁에 치중하였다. 부락의 무산자 중심으로 계급 투쟁만 강
조할 뿐, 실질적으로 부락민의 생활 개선을 위한 활동은 소홀히 하
였던 것이다.

한편, 일본 정부 내무성은 수평운동에 대항하기 위하여 1923년
이후 지방개선사업을 훈령으로 지시하며 예산을 대폭 증액하였다.
그렇기 때문에 정부 정책을 거부한다는 수평사 중앙본부의 기본 방
침을 어기고, 부락개선사업에 참여하여 부락민의 생활에 도움되
는 방안을 모색하는 현이나 지역의 수평사가 늘어났다. 심지어 부
락개선사업에 참여하기 위해서 융화단체나 부락개선단체와 제휴하
는 사례도 나타났다. 지역에 따라 수평사 활동가들이 부락개선단체
의 임원을 맡기도 하였다. 이런 상황에서 공산주의 세력이 주도하
는 노동쟁의나 소작쟁의는 소기의 성과를 얻지 못하였다. 그러면서

1920년대 후반에 수평사 내부에서도 부락개선사업에 대한 인식이
바뀌기 시작하였다. 부락개선사업을 부락 차별에 대한 배상으로 봐
야한다는 인식이 확산되었고, 더 나아가 부락개선사업을 수용해야
한다는 주장도 나왔다.

　1928년 수평사 부현 대표자회의에서 차별규탄 투쟁과 함께 생활
옹호 투쟁을 수평운동의 주요 과제로 채택하였다. 부락 차별에 대
한 배상이라는 인식이 확산되면서 부현의 융화단체나 지역의 부락
개선활동 단체 중심으로 진행되어온 부락개선사업에 수평사도 독
자적으로 참여하여야 한다는 것에 합의한 것이다. 그에 따라 수평
사 중앙본부, 각 부현 수평사, 지역 수평사 등이 공동작업장이나 탁
아소 같은 사업을 요구하기 시작하였다. 이와 같이 1920년대 말부
터 생활옹호 투쟁은 수평사의 주요 활동 내용이 되었다.

　(3) 1930년대 활동

　1929년 미국의 대공황에서 비롯된 세계적인 경기 불황이 일본의
부락민들에게도 미치면서 생활 개선 활동은 더욱 중요하게 되었다.
수평사의 '생활옹호 투쟁'은 부락 대중의 참여를 높이기 위한 실질
적인 방안으로 간주되었다. 1931년 12월 나라에서 열린 제10회 전
국대회장에는 "봉건적 신분제를 폐지하자"와 함께 "생활권을 획득
하자"는 슬로건이 내걸렸다. 그런데 볼셰비키파가 해소론을 제안하
면서 오랫동안 잠복해 있던 공산주의 계열의 볼셰비키파와 그들에
반대하는 무정부주의파의 대립이 다시 살아났다. 해소파는 신분 조
직인 수평사가 사회주의 혁명의 방해물이라고 하며 해체하여 혁명
적 노동조합이나 농민조합에 결합하여야 한다고 주장하였다. 그들
은 전국수평사 해소투쟁중앙준비위원회를 조직하여 전국의 부락민

들에게 해소의 취지를 알리며 수평사 해체를 추진하였다. 해소론을 둘러싼 논쟁과 갈등은 1930년대 수평운동 전개에 크게 영향을 미치는 중요한 요소가 되었다. 이것은 사회운동 세력과 밀접하게 연계되어 있었다는 점에서 제8장에서 자세하게 살펴보고자 한다.

1930년대 초 경제적 불황과 더불어, 해소론을 둘러싼 이념 대립이 격화되는 상황에서 수평운동은 더욱 침체되었다. 수평운동이 다시 활기를 찾는데 전기가 된 것은 1933년 5월에 일어난 다카마쓰(고송, 高松) 차별재판 규탄 투쟁이었다. 이 사건의 발단은 차별 인습과 그에 대한 차별적인 재판이었다. 그것을 규탄하는 활동이 대대적으로 전개되었다(香川人權硏究所 엮음 2004). 사건의 전말은 다음과 같다. 1932년 가가와현의 부락 청년이 비부락민 여성과 결혼을 약속하고 동거 생활을 하였다. 그런데 딸이 부락민과 결혼하는 것에 불만을 품은 여성의 부친이 경찰에 수사를 의뢰하였고, 경찰은 청년 형제를 유괴죄로 체포하였다. 그리고 1933년 5월에 다카마쓰지방재판소에서 논고를 담당한 검사는 '특수부락민'이라는 단어를 사용하면서 부락민이라는 신분을 감추고 결혼하였다는 죄로 징역형을 구형하였다. 6월의 1심 재판 판결에서 청년 형제에게 유죄가 언도되었다. 차별 인습에 따른 가족의 수사 의뢰, 경찰, 검찰, 재판부의 불공정하고 부당한 처리가 총체적으로 작용한 것이었다.

이 차별 재판에 대하여 수평사는 전국적으로 대대적인 규탄 활동을 전개하였다. 중앙본부는 연설회 개최 등 진상을 알리는 활동을 전국 곳곳에서 벌였다. 8월에는 전국부락대표자회의를 개최하였고, 10월부터 전국 규모의 청원 활동을 벌여 나갔다. 처음에는 청원 행진을 도보로 하려고 계획하였으나 당국의 금지 조치로 후쿠오카에서 도쿄까지 기차를 타고 가면서 경유지에서 그 지역 중심의 집회를 개최하였다. 그 과정에 각 지역에서 겪은 차별 사건과 생활 옹호 투쟁을 연계하는 활동이 함께 이루어졌다. 이 투쟁 활동에는 수평사뿐만 아니라 재향군인, 청년단, 소방단 등 지역 주민들도 조직적으로 합세하였다. 또 농민조합, 노동조합, 정당 등도 공동 투쟁에 합류하면서 청원 행진은 범사회적인 참여 양상을 띠었다. 도쿄에 도착한 청원대는 사법성, 대법원, 검찰총장 등을 방문하여 재판 결과에 항의하였다.

이와 같은 청원 활동은 사회적으로 커다란 반향을 불러일으켰다. 그 뒤 2명의 청년은 가석방되고, 다카마쓰지방재판소의 재판관은 퇴직하고, 담당 검사는 좌천되는 등 차별재판 규탄 활동은 성공적인 결과를 가져왔다. 사회 편견에 저항한 이 투쟁의 영향은 사회 각 부문에 널리 확산되었다. 특히, 사법, 교육, 행정 등 사회제도에서 일어나는 조직적인 차별에 대한 철폐 활동이 일어났다. 또한 '특수부락'이라는 호칭은 '지배 계급이 자의로 붙인 명칭'이라고 인지되어 '피압박부락'으로 바뀌었다. 창립대회 때부터 수평사 선언의 '특수부락민'이라는 표현이 논란이 되었지만, 부락민 의식의 발로로 이해되어 계속 사용하였다. 그러나 다카마쓰 차별 사건을 계기로 1935년 5월 제12회 전국대회에서는 특수부락 대신에 피압박부락이라고 쓴 강령의 개정안을 채택하였다.

차별재판 규탄 활동에서 얻은 무엇보다도 큰 성과는 전국적인 관심 속에서 수평운동이 다시 활기를 찾게 된 것이었다. 침체되었던 조직이 청원 활동을 통하여 다시 가동되었고, 부락해방운동의 중요성이 다시 확인되었다. 차별재판 규탄 대회와 청원 활동의 투쟁 과정을 통해서 수평사 활동에 적극 참여하게 된 젊은 활동가들이 다음 세대의 지도자 집단으로 발전하였다. 아울러 부락 문제에 대한 사회적 관심이 높아졌다. 그리고 제9장에서 자세하게 보겠지만, 부락개선활동에 참여하는 집단 중심으로 '부락위원회'가 구성되어 부락 문제를 개선하는 데 중추적인 역할을 담당하게 되었다. 부락위원회는 수평사 활동가뿐만 아니라 수평사를 비판하던 지역의 유력자까지 참여하였다. 이 활동을 중심으로 부락민의 생활 개선과 부락 정비를 권리로서 요구하면서 향후 부락해방운동에 새로운 전기를 가져왔다. 이것은 융화운동 참여자들뿐만 아니라 일본 정부와 새로운 관계를 갖는 계기가 되었다.

수평운동의 활성화에 힘입어 수평사도 부락개선사업에 활발하게 참여하였다. 1934년 4월 교토에서 열린 제12회 전국대회에서 "봉건적 신분제 철폐"와 함께 "전액 국고 부담으로 철저한 부락시설 획득", "응급시설비 폐지 반대, 지방개선비 증액" 등을 슬로건으로 채택하고, 관련 사항을 정부에 요구하기로 결의하였다. 또 각지에서 생활권 옹호운동이 활발하게 벌어졌다. 이것은 곳곳에서 열린 강연회나 《수평신문》을 통하여 널리 알려졌다. 생활권 증진 관련 사항이 전국대회나 각급 집회의 주요 안건으로 상정되어 추진되었다.

이와 같이 부락개선활동을 접합점으로 융화운동과의 협력이 모색되다가 결국 1930년대 중반에 이 두 계열의 운동이 합치되기에 이르렀다. 일제가 1931년 만주사변에 이어 1937년에 중일전쟁을 일으키면서 침략 전쟁을 확대해가는 본격적인 전시 체제로 접어들고, 일본 사회의 모든 구성원들을 전쟁 지원 체제로 끌어들이는 국민총동원이 이루어졌다. 수평사도 국가주의적 전쟁 협력 단체로 전락하였고, 급기야 1940년 초에 활동을 중단하게 된다. 이 과정에 관하여는 제9장에서 살펴보고자 한다.

5. 형평사와 수평사의 발전 비교 이해

형평사와 수평사는 조직이나 활동 내용에서 창립되면서부터 빠르게 발전하였다. 전국 조직으로 확장되고, 여러 하위 조직이 생겨났으며, 차별 철폐와 구성원의 권익 증진을 위한 활동이 활발하게 이루어졌다. 이와 같이 두 단체의 발전 양상은 전반적으로 아주 유사하였다. 그 특징을 좀 더 살펴보면, 두 단체는 창립 초기부터 전국 조직을 지향하며 지역 조직의 결성이 빠르게 확산되었다. 형평사는 진주라는 작은 도시에서 창립되었지만 중부 지역 이남에서 지사와 분사 조직이 결성되면서 전국 조직으로 발전하였다. 수평사는 처음부터 대대적인 준비 과정을 거쳐 대규모의 집회를 통하여 창립되었고, 이어 광역의 부현과 생활권의 정촌 조직이 결성되어 전국 조직의 모습을 갖추었다.

이와 같이 형평사와 수평사가 빠르게 조직을 결성하며 적극적으로 활동할 수 있었던 바탕에는 모두 전통 사회로부터 유지되어온 구성원들의 연대감과 결속력이 있었다. 공동체 의식과 연대주의의 기반 위에서 각 지역의 백정이나 부락민이 참여하는 지역 단체, 그 상위에 광역 단체, 전국단체가 유기적으로 작용하면서 형평운동과 수평운동이 발전하였다. 그리고 두 단체는 전국 조직으로 확산하면서도 활동의 지역적 편차를 보였다. 형평운동은 한반도의 남부 지방에서 활발하게 전개된 반면에, 북부 지방에서는 거의 이루어지지 않았다. 수평사의 경우에도 간토 지방으로부터 중부, 긴키, 시코쿠, 주고쿠, 규슈 지방에 이르기까지 서일본 지역에서 활발하게 활동한 반면에 일본 열도의 동부에 위치한 도호쿠 지방이나 홋카이도 (북해도, 北海道)에서는 거의 이루어지지 않았다. 이와 같은 지역 편차는 차별 관습의 정도와 거주하는 백정이나 부락민의 규모와 역량의 차이에서 비롯된 결과라고 판단된다.

하부 조직의 활성화도 두 단체는 비슷한 양상을 보였다. 두 단체 모두 어린이, 학생, 여성, 청년 등 여러 성격의 구성원들이 참여하는 하위 조직이 생겨서 활동하였다. 그런데 조직 강도나 활동력에서 차이가 있었다. 형평사의 경우, 어린이와 여성 단체는 몇 지역에 한정되어 생겼다가 사라졌으며 활동 성과로 기록될 만한 내용도 없었다. 단지 전통 사회에서 억압받아온 사회적 약자에 대한 관심이 있다는 것을 보여주는 수준의 활동이었다. 그러나 수평사의 경우에는 어린이나 여성의 조직이 훨씬 활성화되었다. 여성과 어린이들은 창립대회에서 차별 경험을 연설하는 등 초기부터 활발하게 참여하였다. 전국대회에서 수년소녀수평사와 부인수평사의 결성이 결의되었고, 그와 더불어 하위 조직의 결성과 활동이 활발하였다. 또 수평사는 교육 현장과 교육 내용에 관련된 차별규탄 활동과 함께 소년소녀수평사 창립을 적극 지원하였다. 부인수평사는 지역에 따라 활성화의 정도가 달랐지만, 1920년대 중반 수평사의 독자적인 단체로서 여성 부락민의 활동 공간을 제공하였다. 부인수평사 해체 이후에도 부락 여성들은 수평사 부인부를 통하여 수평운동에 적극 참여하였다.

형평사와 수평사 모두 청년단체의 활동이 다른 하위 단체보다 활발하였다. 형평사 창립 초기에 만들어지기 시작한 형평청년회는 1920년대 중반에 왕성하게 활동하며, 사회운동계와 연결고리가 되어 진보적 이념의 확산에 중추적인 역할을 하였다. 수평사의 경우에도 청년 회원들은 수평운동의 중추적인 집단이었다. 특히, 공산주의 계열의 집단이 청년동맹을 결성하여 활동하며 수평사 중앙본부의 주도권을 장악하여 수평운동을 이끌어갔다. 이에 대항하여 반볼셰비키파에서도 청년연맹을 결성하여 활동하였다. 곧, 청년단체의 이름 아래 파벌 대립과 이념 투쟁을 벌이며 수평운동 전반에 커다란 영향을 미쳤다. 이와 같이 형평운동과 수평운동 모두 청년 활동가들이 진보적 이념을 받아들이며 조직과 활동의 활성화에 크게 이바지하였다.

형평사와 수평사는 조직 발전 양상 못지않게 활동 내용에서도 비슷하였다. 두 단체의 활동 내용은 차별 철폐를 중심으로 하는 인권운동과 구성원들의 권익 보호와 증진, 생활 개선을 도모하는 공동체운동의 성격을 공통적으로 갖고 있었다. 정기전국대회에서 논의된 내용을 중심으로 살펴보면, 형평사는 차별 철폐와 교육 활동, 계몽 활동과 더불어 사원들의 열악한 상황을 개선하기 위한 경제적 활동, 특히, 전래 산업에서의 경제적 권익 증진을 위한 활동에 치중하였다. 경제적 권익 보호 활동은 형평운동이 침체된 1930년대에 더욱 강화되었다.

한편, 수평사는 초기부터 차별규탄 활동에 중점을 두었다. 개인적 차별뿐만 아니라 학교, 군대 같은 제도적 환경에서 일어나는 차별을 규탄하는 활동을 전개하였다. 그리고 경제 활동과 직업의 자유를 요구하며 자력으로의 부락해방을 주장하였다. 특히, 일본 정부에서 시행하는 융화정책과 부락의 유력자들이 주도하는 부락개선활동을 비판적으로 보면서 독자적인 활동을 추진해갔다. 1920년대에 볼셰비키파의 주도 아래 노동 농민 세력과의 연대와 계급투쟁 활동이 활발하게 이루어졌지만, 1920년대 말 1930년대 초 부락대중의 생활 여건이 더욱 악화된 상황에서 수평사에서도 관 주도의 부락개선사업에 대한 관심이 높아졌다. 일본 정부의 부락개선사업을 부락 차별에 대한 배상으로 보는 인식이 확산되고 생활옹호투쟁이 활발해지면서 수평사도 부락개선사업에 참여하여 부락의 기반시설과 생활 여건의 개선을 도모하게 되었다.

요컨대, 형평사와 수평사는 모두 차별 철폐라는 인권운동과 구성원들의 권익 증대라는 공동체운동의 성격을 공유하고 있었다. 창립 때부터 형평사원과 부락민의 권익 증진을 위한 활동을 벌였지만, 그 방식과 전략은 안팎 환경의 영향 아래 끊임없이 바뀌어갔다. 그와 같은 안쪽 환경의 주요 내용 가운데 하나로서 지도 세력의 구성을 다음 제6장에서 살펴보고자 한다.

제6장 지도 세력의 구성과 변화

형평사와 수평사의 충원 방식은 크게 개방형과 폐쇄형으로 대비되었다. 형평사는 비백정 출신 활동가들의 참여를 허용하는 개방형을 채택한 반면에, 수평사는 부락민의 독자적인 단체로서 부락민만으로 참여를 제한하는 폐쇄적 충원을 채택하였다. 충원 방식의 차이에 따라 형평사는 백정과 비백정 출신이 지도부를 구성한 반면에, 수평사는 부락민이 아닌 경우 축출의 사유가 되었다. 이와 같은 지도 세력의 구성과 변화, 특히 지도부 안에서의 갈등과 파벌은 형평운동과 수평운동의 활동 내용과 목표, 전략 등에 많은 영향을 미쳤다. 제6장에서는 안팎환경의 영향 아래 일어난 두 단체 지도 세력의 특징과 변화를 비교하여 살펴보고자 한다.

1. 형평사의 지도 세력

(1) 초기 지도 세력의 파벌 대립

형평사 측에서는 통상 40만 사원이라고 하였지만(朝鮮衡平社總本部 1927), 일제 경찰의 1926년 통계에는 백정이 36,779명, 형평사원이 7,681명이었다(朝鮮總督府警務局 1927). 두 자료의 정확성은 의문이지만, 회원 수가 수천 명이고, 잠재적 참여자인 백정이 적게는 수만 명, 많게는 수십만 명이라는 것을 알 수 있다. 이와 같이 결코 적지 않은 규모의, 특히 오랫동안 형성된 결속력과 연대 의식을 가진 백정 집단의 적극적 참여는 형평운동이 전국적인 사회운동으로 빠르게 확산되는 토대였다. 백정은 백정 차별 철폐와 평등 대우를 주장하는 형평운동의 직접적인 수혜자였다. '본 사원의 자격은 조선인은 여하를 불문하고 입사할 수 있다'는 사칙(제4조)의 규정대로, 형평사는 누구나 참여할 수 있는 개방형의 충원 방식을 택하였지만, 백정 권익 단체로서 그 주축 세력은 백정이었다.

신분 차별 관습 철폐라는 형평운동의 목적은 신분제 유산이 남아 있는 한국 사회를 개혁하려는 것이었다. 백정 이익을 도모하는 이전의 백정 단체와 달리, 형평사가 한국 사회의 변혁을 요구하면서 사회운동계의 주요 구성원으로 활동한 것은 비백정이 참여한 구성원의 특징과 무관하지 않다. 이와 같이 형평운동의 활동 방향과 성격에 영향을 미친 주요 요소 가운데 하나가 형평사 지도부의 구성이었다(김중섭 1992ㄱ).

형평사 지도부는 시기에 따라, 특히 안팎 환경의 변화에 따라 바뀌었다. 제3장에서 살펴보았듯이, 창립 시기에는 진주 지역의 비백정 출신 직업적 사회운동가들과 백정 공동체의 유력자들이 협력하여 형평사를 이끌어 갔다(김중섭 1988; 2012). 그리고 창립 20일 만에 열린 창립 축하식 직후에 경북 대구의 김경삼, 경남 부산의 이성순과 마산의 박유선 등 경상도의 백정 유력자들이 지도부에 참여하였다. 그 이후 각 지역의 지도자들이 총본부 임원을 맡으면서 형평운동 지도부는 전국의 백정 유력자들과 활동가들이 참여하는 연합체 성격을 갖게 되었다(김중섭 1992ㄱ). 그렇게 지도 세력의 다양한 배경은 형평운동의 전개 과정에 영향을 미치는 주요 요소였다. 특히 비백정의 지도부 참여는 형평사가 백정들의 이익 집단에 머무르지 않고 차별 철폐와 평등 사회를 도모하는 사회운동으로 발전하는 데 일정 수준에서 이바지하였다.

비백정 출신의 지도자들은 대개 직업적 사회운동가들이었다. 초기에는 사회 개혁에 관심이 많은 지역 인사들이 참여하였다. 보기를 들어, 진주에서의 창립에는 지역 언론인, 직업적 사회운동가가 참여하였고, 전북 이리(《조선일보》 1923. 6. 2; 《동아일보》 1923. 6. 3) 와 정읍(《조선일보》 1923. 5. 27)에서는 은행원, 공무원, 의사, 청년 회 회장 같은 지역 유력자들이 고문을 맡았다. 광주 서정희의 경우 처럼, 직업적 사회운동가나 지역 언론인들이 자문역을 맡은 곳도 있었다. 또 정읍의 《조선일보》 지국장이며 노동공제회 간부였던 최 중진처럼, 형평사에 직접 참여하여 활동을 주도하는 경우도 있었다 (《조선일보》 1923. 5. 23, 25; 6. 4, 23; 1924. 6. 24; 8. 13). 이와 같이 비백정 출신의 참여자들은 조직 결성에 참여하거나 지도부 운영에 가담하였으며, 또는 고문이나 자문 역을 맡아 후원하였다. 그들은 형평사와 다른 사회운동 단체를 잇는 고리 역할을 하면서 형평사가 사회운동계의 구성원으로 자리잡는 데 이바지하였다.

비백정 출신의 역할이 컸지만, 지도부 구성원의 절대 다수는 백 정이었다. 그들은 차별과 억압을 함께 경험하였을 뿐만 아니라 경 제 활동의 동역자들로서 대개 피혁상이나 정육점을 경영하여 부를 축적한 지역의 유력자들이었다. 그렇기 때문에 초기의 형평운동은 백정 유력자 중심의 사회운동이었다. 이런 요소가 전국의 백정 조 직으로 발전하는 데 크게 이바지하였다.

형평운동의 지도부 구성은 전 기간에 걸쳐 몇 차례의 커다란 변 화를 겪었다. 그 첫번째 변화는 창립 초기의 파벌 대립이었다(김중 섭 1994, 135~159). 파벌 대립의 발단은 본사 위치를 둘러싼 견해 차이였다. 당시의 사회운동은 대개 서울 중심으로 이루어졌고, 지 방에서 시작되었다고 하더라도 전국적인 사회운동으로 발전하면서 활동의 중심지를 서울로 옮겼다. 이런 상황에서 형평사 본사 위치 문제가 창립 직후부터 제기되었다(《매일신보》 1923. 6. 2; 《조선일보》 1923. 6. 4). 경남 진주가 너무 외져서 전국적인 사회운동을 벌이는 데 불편하다는 것이었다. 당시 진주는 철도로 연결되지 않았고, 신작로 도로 개설도 미진한 상황이었다. 부산에서 배를 이용하여 삼천포에 간 뒤 육로로 진주에 갔다. 또는 김천에서 가거나 마산, 의령을 거쳐 가는 방법도 있지만, 도로가 제대로 개설되지 않아 아주 불편하였다. 따라서 본사 이전 문제는 형평운동의 발전을 위하여 고려할 만한 사안이었다.

1923년 11월 대전에서 열린 "전조선 형평 대표자대회"에서 본사 이전 문제가 처음 논의되어 이듬해 3월까지 본사를 대전으로 이전하기로 결의하였다(《동아일보》 1923. 11. 12; 《매일신보》 1923. 11. 11). 이 결정에 대하여 진주 측에서 거세게 반발하였다. 그리하여 그 이듬해 2월에 부산에서 열린 "형평사 전조선 임시총회"에서 본사 위치 문제가 다시 제기되어 4월의 전국대회까지 본사 이전 논의를 연기하기로 대전 대회의 결정을 번복하였다(《동아일보》 1924. 2. 12, 13). 참석자들이 주로 경상도 사원들이었던 이 대회의 결정에 대하여 중부 지역 사원들이 즉각 반발하였다. 그들은 부산 대회를 마치고 돌아오는 길에 천안에서 별도 모임을 갖고, 독자적인 조직을 결성하기로 결의하였다. 그리고 3월 12일에 같은 곳에서 형평사 혁신회 결성 대회를 열었다. 혁신회 결성을 주도한 이는 충남의 오성환을 비롯하여 중부 지역의 유력자들이었다. 단지, 형평사 창립을 주도한 경남 의령 출신 장지필의 가담이 예외적인 사례였다. 그들은 본사의 활동 방향을 성토하면서 본사를 2주 안에 서울로 옮길 것을 결의하였다(《동아일보》 1924. 3. 17, 24). 본사 임원 강상호도 이 집회에 참석하였지만, 그 결정을 저지할 수 없었다.

형평사가 두 개로 나뉘어져서 대립하는 양상이 되었다. 형평사 지도부가 분열되고, 지지하는 사원들도 뚜렷하게 갈렸다. 경상도 지역에서는 진주 본사를 선호하였고, 중부 지역에서는 서울로의 이전을 지지하였다. 본사를 서울로 옮기자는 집단은 '서울파'로, 진주에 그대로 두자는 집단은 '진주파'로 지칭되었다. 지지 세력의 지역

기반에 따라 북파와 남파로, 또 혁신을 주장한다고 하여 혁신파와
그에 대비되는 온건파로 불렸다.

　형평사는 본사 위치뿐만 아니라 조직도 둘로 나뉘었다. 서울파는
'형평사 혁신총동맹'이라는 이름을 내걸고 본사를 총본부라고 개칭
하여 서울에 두었다. 진주 본사를 고수하려는 진주파도 단체 이름
을 '형평사연맹 총본부'로 변경하였다. 두 조직은 제각기 활동하였
다. 1924년 4월 창립 1주년을 맞아 기념식도 진주와 서울에서 따
로 가졌다. 두 곳의 기념식 참석자들의 지역적 기반이 뚜렷하게 구
분되었다. 진주에는 주로 경상도 지역의 사원들이 참석하였고, 내
빈도 주로 진주 지역에서 왔다. 이와 달리 서울 행사에는 중부 지역
사원들과 서울의 사회운동가들이 참석하였다. 제5장에서 본 것처
럼, 수평사의 축전이 진주 행사에서 낭독되었고, 수평사 활동가가
서울 행사에 참석하는 혼선도 있었다.

　출신 지역에 따라 본사 위치의 선호도가 갈렸다. 경상도 출신은
진주파를, 그 밖의 지역은 서울파를 지지하는 경향이 컸다. 이것은
활동 지역에도 영향을 미쳐 비백정들과의 충돌 사건에 대하여 진주
파는 경상도 지역을 중점적으로 지원한 반면에, 서울파는 그 외의
지역에 치중하였다. 두 파벌의 지역적 기반은 지도부 구성에도 영
향을 미쳤다. 진주파는 경상도 출신이, 서울의 혁신총동맹은 호남
과 중부권 출신이 주도하였다. 지도부의 사회적 배경도 달랐다. 진
주파의 지도부는 창립 초기의 특징대로 강상호로 대표되는 비백정
출신의 직업적 사회운동가들과 김경삼, 이성순 등 백정 출신의 지
역 유지들로 구성되었다. 반면에, 서울파의 지도부는 비백정 출신
의 사회운동가들도 있지만 주로 여러 지역의 백정 출신 유력자들로
구성되었다. 집행위원 구성에 경기, 강원, 충남북, 전남북의 지역

안배를 하였다.[31] 특히, 장지필, 오성환[32] 같이 교육 수준이 높고 백정 산업의 권익에 관심이 많은 활동가들이 주도하였다.

두 집단은 파벌 대립을 벌였지만, 모두 백정 차별 철폐와 권익 증진 활동을 강조하였다. 형평사 반대 활동에 적극 대항하면서, 또한 교육이나 교양 증진을 위한 사원 자녀의 학교 입학, 야학 개설 등을 추진하였다. 그러나 경제적 활동에 대하여는 우선순위가 달랐다. 진주파는 실업 상태의 사원들을 구제하기 위하여 출판사 설립을 모색하였지만(《조선일보》 1923. 6. 21), 서울파는 피혁공장 건립이나 제품의 공동 판매를 추진하였다(《동아일보》 1924. 3. 17, 24). 1924년 4월 26일에 열린 혁신동맹 총회에서 교육 문제, 기관 잡지 발행 등과 함께 제혁 사업의 경영을 논의하고, 공장 건립에 관한 상세한 사항을 임원들에게 일임하기로 결의하기도 하였다.[33] 비백정들의 진출로 백정들의 기득권이 위축되는 상황에서 혁신회 측은 백정들의 전통 산업에 대하여 관심이 컸다. 그것은 교육과 교양 활동에 치중하는 진주파 지도부에 대하여 중부 지역 사원들의 불만을 반영하는 것이었다.

서울파가 혁신을 강조하며 전통 산업에서의 경제적 권익에 중점을 두고 형평운동의 방향 전환을 모색하였다는 점에서 진보적이라고 인식되었다(김준엽·김창순 1973, 2권 168, 고숙화 1984; 김중섭 1994, 146~148). 또 서울파 지도부의 대다수는 중부 지역의 백정 유력자들이었지만, 서광훈 등 비백정 출신의 활동가들이 다른 사회운동 단체와 폭넓은 협력 관계를 가지면서 진보적 경향이 형평사

---

31) 京鍾警(京城鍾路警察署)高秘 제4555호의 5, "衡平社革新同盟總會 ノ件"(1924. 4. 26).

32) 형평사 탐방 기사를 쓴 일본 언론인은 오성환이 일본의 메이지(명치, 明治)대학 출신이라고 적고 있지만(柏本守人 1926), 글쓴이가 면담한 오성환의 아들은 부친이 일본 유학 경험이 없다고 증언하였다.

33) 京鍾警高秘 제4555호의 5, "衡平社革新同盟總會 ノ件"(1924. 4. 26).

안에 확산되었다. 1924년이나 1925년 즈음 이미 진보적 이념이 사
회운동 단체들에 널리 퍼져 있었던 것이다(朝鮮總督府警察局 1934).
그렇다고 하더라도 서울파의 지도 집단을 사회주의 세력으로 규정
할 정도의 이념적 경향은 보이지 않았다. '온건'한 성향의 진주파에
서는 서울파의 배후에 '불순한' 사회주의 집단이 형평운동의 분열
을 조장한다고 의심하였지만, 서울파는 혁신을 주장하며 사원들의
권익을 보호하고자 하였을 뿐, 사회주의 운동을 전면에 내세우지는
않았다.

    지금까지 논의한 바와 같이 형평운동 초기 지도 세력이 둘로 나
뉘어 벌인 파벌 대립은 활동 방향의 차이를 반영하는 것이었다. 이
것은 형평운동 전 기간에 걸쳐 커다란 영향을 미쳤는데, 두 파벌의
차이를 정리하면 다음의 〈표 6-1〉과 같다(김중섭 1994, 146, 표 4-1
을 다시 구성함).

〈표 6-1〉 형평사 진주파와 서울파의 차이점

	진주파	서울파
지역적 지지 기반	경상도	충청, 전라, 경기, 강원도
주도집단 배경	비백정 지식인, 부유한 백정	백정 지식인
중점 활동사항	(공통점)	
	인권 증진 사원 자녀의 학교 입학 야학 개설	
	(차이점)	
	출판사 설립	잡지 발간 피혁회사 설립 도부임금 고정 제품의 공동 판매 추진
성향	온건	진보

지도부의 파벌 대립은 형평사의 조직 확장이나 활동에 방해가 되었다. 특히, 차별 사건이나 형평운동 반대 활동에 효과적으로 대응하는데 커다란 지장을 주었다. 공동의 적을 앞에 놓고 분열하고 반목하여 스스로 패배하는 꼴이었다. 일반 사원들은 물론이고, 다른 사회운동 단체로부터 파벌 대립에 대한 비판이 거셌다. 아울러 다양한 통합 노력이 일어났다. 마침내 양측의 갈등이 수습되어 1924년 8월 15일 대전에서 형평사 통일대회가 열렸다(김중섭 1994, 135~142). 이 집회에서 두 파벌의 핵심 지도자인 강상호와 장지필이 분열의 책임을 지고 중앙집행위원 자리에서 사임하였다(《조선일보》 1924. 8. 15, 18; 《동아일보》 1924. 8. 19; 《매일신보》 1924. 8. 20). 그들의 사임은 파벌 종식의 상징으로 인식되었다. 그러나 두 사람은 몇 달 뒤인 10월 초에 서울 총본부의 상임집행위원으로 복귀하여 형평운동의 지도자로서 활동하였다(《조선일보》 1924. 10. 1; 1925. 3. 22).

통일대회를 통하여 총본부 조직이 전면 개편되었다. 임원진이 전국 각 지역의 백정 유력자 중심으로 새로 구성되었다(《동아일보》 1924. 8. 19; 《조선일보》 1924. 8. 20). 40명의 중앙집행위원으로 분사 조직이 없는 평안도 출신 2명을 포함하여 경기도와 강원도 이남의 전 지역 출신이 골고루 선임되었다. 전국의 각 지역 출신이 균형있게 선임되면서 초기에 임원진을 독점하던 경상도 출신의 영향력은 상대적으로 줄어들었다. 이와 같은 선임 기준은 이듬해 4월의 전국대회에서 중앙집행위원회 구성에도 반영되었다. 중앙집행위원 수가 40명에서 25명으로 줄어들었지만, 장지필과 강상호를 비롯하여 두 파벌의 활동가들을 중심으로 지역적 안배가 이루어졌다. 지역적 안배는 실질적인 집행 기구인 상무집행위원회 구성에도 고려되었다. 1924년 8월 통일대회에서 서울의 백송계, 경기 수원의 이지영, 충남 입장의 조귀용과 강경의 오성환, 천안의 이이규, 경남

진주의 이학찬 등 옛서울파 5명과 옛진주파 1명을 선임하였으며,
1925년 5월에는 이지영, 조귀용, 오성환, 이학찬이 유임되고, 충
남 대전의 김동석, 경남 진주의 강상호, 의령 출신이지만 서울파 지
도자인 장지필이 새로 선임되어 구성비는 크게 바뀌지 않았다. 그
렇지만 통합 이후 두 차례의 집회에서 선임된 본사 임원진 구성에
서 보듯이, 진주파의 영향력은 줄어들고, 주도권이 옛서울파로 옮
겨가는 흐름이었다(김중섭 1994, 151~152, 표 4~2 볼 것).

이후에도 각 지역 유력자들의 지역 안배는 총본부 임원 선임의
관행으로 유지되었다. 그리하여 형평운동은 각 지역 유력자들의
"연합 활동" 성격을 갖게 되었다. 아울러 비백정 출신의 활동가들
과 백정 유력자들이 협력하는 관행도 유지되었다. 그 결과 형평사
지도 세력은 각 지역의 유력자들과 사회운동가들로 다양하게 구성
되었다. 예를 들어, 강원도 횡성 출신의 천도교인으로 3.1운동에
참여하였던 이동구나, 경기도 고양에서 출생하여 서울에서 활동한
서광훈 같은 다양한 배경을 가진 비백정 출신의 사회운동가들이 총
본부 임원으로 참여하였다.

또 총본부의 상임위원이나 중앙집행위원, 검사위원 같은 직책을
계속 맡으면서 직업적 형평운동가로 자리 잡아가는 활동가들이 생
겨났다. 대표적으로 서울의 이경춘, 서광훈, 경기의 이지영(수원),
김봉주(개성), 강원의 길만학(횡성), 이동구(횡성), 이춘봉(화천), 충북
의 조봉식(청주), 충남의 조귀용(입장), 김동석(대전), 오성환(강경),
이이규(천안), 전북의 조경찬(군산), 권두호(전주), 경북의 김경삼(대
구), 경남의 이학찬(진주), 강상호(진주), 신현수(진주), 장지필(의령),
이상윤(마산) 등이었다. 그들은 대개 각 권역의 중심 도시에 설치된
지사나 형평운동이 활발한 지역의 분사에서 중추적인 역할을 맡고
있었다(김중섭 1992ㄱ).

이와 같이 초기의 파벌 대립은 형평운동에 두 가지 점에서 커다

란 파장을 남겼다. 첫째, 활동 방향의 전환이다. 서울파의 활동 방침에 따라 전래된 산업에 관한 관심이 증폭되면서 사원들의 경제적 권익 보호 활동이 강화되었다. 둘째는 지도부 구성의 변화였다. 파벌 대립은 끝났지만, 경상도 출신 중심으로 구성되었던 총본부 임원진이 전국 백정 집단의 유력자들로 바뀌면서 중부권 유력자들의 영향력이 예전보다 커졌으며, 활동의 중심지도 서울로 옮겨갔다. 그러면서 진주파는 지도력을 상실하게 되었고, 서울파가 형평운동을 주도하는 결과를 낳았다(김중섭 1994, 150~155). 그렇게 파벌 대립은 끝났지만, 그 앙금은 이후에도 간헐적으로 표출되었다.

(2) 1920년대 후반기 지도 세력의 특징

파벌 대립과 통합을 거치면서 형평사 지도부의 구성과 지도력이 바뀌게 되었다. 지역 안배가 이루어지면서 경상도 지역 활동가들의 비중이 현저하게 줄어들었지만, 각 지역 활동가들이 총본부 임원으로 참여하는 '연합체' 성격은 강화되었다. 지도 세력의 구성은 형평운동의 역동적인 전개 과정에 맞물려서 계속 바뀌었고, 그에 따라 활동 방향과 성격도 달라졌다(김중섭 1994, 213~229, 특히 215~216, 〈표 6-3〉[34]). 또 1925년 4월 전국대회 직후 위계질서 구조가 형평운동 정신에 부합되지 않는다는 지적에 따라 집단지도체제로 바뀌었던 총본부 조직은 8월에 형평운동 역사상 가장 격렬한 예천 사건을 겪으면서 조직 강화의 필요성에 따라 다시 업무 분장과 위계 체계를 도입하였다(김중섭 1992ㄱ). 그리고 중앙집행위원회와 상무집행위원회로 구분된 업무 분장 지도체제는 이후 계속 유지되었다.

---

34) 이 표에서 지역적 배경이 미확인으로 분류된 1927년의 이선이는 1926년의 중앙집행위원으로, 1927년의 길봉우는 1928년 중앙집행위원으로, 1928년의 편태중은 1929년의 중앙집행위원 후보로 수정되어야 함.

1920년대 후반기의 지도부 구성은 1927년의 고려혁명당 사건을 계기로 커다란 변화가 일어났다(김중섭 1994, 250~256). 1926년 4월 만주 길림에서 독립운동을 목적으로 형평사가 만주의 정의부와 국내의 천도교와 함께 고려혁명당을 결성하였는데, 이 사실이 1927년 1월 초에 경찰에 발각되어 주모자들이 체포되었다. 그 가운데 형평사원들도 여럿 포함되었는데, 모두 총본부의 핵심 인물이었다. 고려혁명당의 책임 비서 이동구(일명 이소)는 1925년도 형평사 중앙집행위원이었고, 연루 혐의를 받은 장지필, 오성환, 조귀용, 서광훈, 유공삼은 현직 중앙집행위원이었고, 유공삼을 제외하고 모두 상무집행위원을 맡고 있었다. 곧, 상무집행위원 9명 가운데 4명이 감옥에 가게 된 상황이었다.

이렇게 핵심 인물들이 활동할 수 없는 상황에서 그 공백을 메꾼 집단은 젊은 활동가들이었다. 청년회, 정위단, 학우회 같은 하위 조직이나 각 지역에서 활동하던 젊은 사원들이 총본부 임원을 맡게 되었다. 곧, 정위단의 이경춘, 김사전, 이장명, 학우동맹의 이선동, 청년회의 심상욱, 김수동, 길의성, 이준호, 박평산 그리고 각 지역의 핵심 활동가인 이동환(규사), 나수완(전주), 조명욱(이리), 강용생(경산), 이용수(진영) 등이 1928년에 대거 중앙집행위원으로 선임되었다. 또 1929년에도 이경기(전주), 김수동(전주), 이명록(마산) 같은 젊은 활동가들이 새로 중앙집행위원으로 선임되었다. 출신 지역이 중부 이남 전역에 걸쳐 있는 그들은 창립 초기부터 형평사 활동을 이끌어온 활동가들에 비해서 나이가 젊었기 때문에 소장파로 구분되었다(김중섭 1992ㄱ). 일제 경찰 기록은 이들을 신파로, 초창기부터 지도부를 구성하던 노장파를 구파로 구분하였다.

젊은 활동가들이 지도 세력의 한 축을 담당하게 되면서 형평운동의 방향에도 변화가 일어났다. 대개 그들은 다른 사회운동 단체와의 연대 활동에 적극적이었으며, 또 정치적 사회적 문제에 진보적 입장을 갖고 있었다. 심지어 일부 활동가들은 사회주의 사회 건설에 앞장 설 것을 주장하였으며, 유산 백정이 무산 백정을 착취한다고 성토하는 등 백정 집단의 동질성을 부정하는 입장을 보이기도 하였다.

그런 가운데 고려혁명당 사건에 연루된 형평사 지도자들이 감옥에서 풀려나서 형평운동에 복귀하였다. 조귀용과 장지필은 1928년 4월 20일에 열린 신의주법원의 제1심에서, 서광훈은 그 해 10월 평양 복심법원에서 무죄 판결을 받아 풀려난 뒤 그 이듬해 정기전국대회에서 총본부 중앙집행위원으로 다시 선임되었다. 형기를 마친 오성환도 1930년 4월 정기대회에서 중앙집행위원으로 다시 선출되어 지도부에 합류하였다. 그에 따라 1920년대 말 총본부의 중앙집행위원회는 창립 초기부터 형평운동을 이끌어온 노장파 지도자들과 1920년 후반기에 새로 지도부에 합류한 소장파 활동가들이 공존하게 되었다. 그 과정에서 옛진주파의 경상도 지도자들은 점차 중앙 무대에서 지도력을 상실하였다. 파벌 화해에 적극적이던 신현수는 1929년에 임원으로 선임되었지만, 1928년 4월에 경상형평연맹을 결성한 강상호는 1929년 전국대회의 대의원 자격심사에서 무자격자로 발표되기도 하였다. 또 경북에서도 김경삼 대신에 젊은 활동가 강용생이 총본부 임원을 맡았다.

1920년대 후반과 1930년대 초반의 지도부 구성과 활동은 노장파와 소장파가 협력하며 이루어졌다. 그러나 소장파의 영향력이 점점 커지면서 진보적 방향으로 선회하는 양상이었다. 경제적 조건에 기초한 인권 해방과 백정 계급의 실제적 이익을 위한 투쟁을 강조한 강령 채택, 사원 교양과 생활 개선에 중점을 둔 활동 강화 등 진보적 경향이 더욱 두드러졌다. 또 젊은 활동가들이 연결고리 구실을 하면서 다른 사회운동 단체와의 연대와 협력 활동이 더욱 활발해졌다.

　요컨대, 1920년대 후반기에 고려혁명당 사건으로 핵심 지도자
들이 투옥된 상황에서 하위 단체의 진보적인 젊은 활동가들이 새로
운 지도 세력으로 부상하여 창립 초기부터 형평운동을 이끌어온 노
장파와 형평운동의 지도력을 분담하게 되었다(김중섭 1992ㄱ). 사회
운동계에 확산된 사회주의 이념의 영향을 받은 젊은 소장파가 방
향 전환을 모색하면서 노장파와의 대립이 표면화되었다. 그렇지만,
창립 초기 서울의 혁신파와 진주의 온건파 사이에 벌어진 파벌 대
립이 총본부의 분립으로 이어진 것과 달리, 노장파와 소장파의 대
립은 총본부의 분열로까지 나아가지 않았다. 그러나 다른 한편으
로 전래 산업에서의 경제적 권익 보호에 관심을 가진 형평사원들은
진보적 젊은 활동가들의 영향력 증대에 불만이 많았다. 그러면서
초기의 파벌 대립의 앙금이 되살아났다. 경상도 지역의 활동가들
은 총본부 지도부를 비판하면서 독자적인 활동을 모색하다가 급기
야 1928년 4월에 옛진주파 지도자 강상호 중심으로 경상형평연맹
을 결성하였다(《동아일보》 1928. 4. 30; 5. 1, 6). 이와 같은 파벌 대립
조짐에 총본부도 적극적으로 통합을 모색하였지만, 그 뿌리가 깊은
탓에 갈등이 계속 간헐적으로 표출되었다.[35] 1929년 전국대회 자
격심사에서 강상호를 무자격자로 분류하고, 1930년에는 총본부에
서 주도하는 경남도지부 연합회 결성을 반대하는 부산지부에 무기
정권 처분의 징계를 내리기도 하였다.[36] 그 뒤 1931년에 대표자를
부산지부에 보내 협의하여 부산지부가 경남 각 지부에 사죄문을 발
송하고, 총본부는 동시에 복권을 허가하기로 하는 등 갈등을 최소

---

35) 京城地方法院検事局,《思想問題ニ関スル調査書類》"第二回中央執行員会願末書"
　　(朝鮮衡平社総本部, 1929. 9. 13).

36) 京鍾警高秘 제5346호, "朝鮮衡平社第七回定期大会ノ件"(1929. 4. 25); 제7982
　　호, "集会取締状況報告 (通報)"(1930. 5. 30); 제8641호, "集会取締状況報告 (通
　　報)"(1930. 6. 9).

화하려는 노력이 지속되었다.[37]

(3) 1930년대 지도 세력의 구성과 특징

1920년대 후반기에 형평사 지도부의 소장파와 노장파는 대립하며 갈등을 빚으면서도 일정 수준에서 협력하며 공존하였다. 그런데 두 집단 사이의 긴장과 대립은 1930년대에 훨씬 더 심해졌다. 특히, 노장층 사원들은 신분 차별 철폐와 사원들의 권익을 보호하려는 창립 목적을 지키려는 경향을 보인 것과 달리, 젊은 활동가들은 사회주의 영향 아래 급진적 변혁을 도모하였다(김중섭 1993). 활동 방향을 둘러싼 노장층과 소장층의 대립은 온건파와 급진파의 대결 양상으로 나타났다. 그러한 갈등은 지도부 구성이나 활동 방향을 둘러싸고 더 뚜렷하게 드러났다. 대표적인 사례가 1930년 4월 정기전국대회 중 임원 선출 과정에서 드러난 갈등이었다(《조선일보》1930. 4. 25, 26, 27; 《중외일보》 1930. 4. 25, 27).[38]

발단은 장지필의 중앙집행위원장 선출이었다. 대의원들은 장지필을 반대하는 세력과 지지하는 세력으로 나뉘었다. 그 바탕에는 노장파와 소장파의 대결 구도가 깔려 있었다(김중섭 1994, 226~227). 길한동을 비롯한 10명의 신임 중앙집행위원이 장지필의 중앙집행위원장 선출에 반대하여 사임서를 제출하였다. 개혁을 추구하는 소장파가 보수적인 노장파의 지도력에 도전한 것이다. 결국 양측이 타협하여 중앙집행위원장 선거를 다시 하기로 하였다. 그리고 치뤄진 선거에서 조귀용이 선출되었다. 오랫동안 장지필과 함께 활동해온 서울파의 핵심 활동가 조귀용의 선출은 노장파의 승리로

---

37) 京鍾警高秘 제529호, "集会取締状況報告 (通報)"(1931. 1. 17).

38) 京鍾警高秘 제5596호, "集会取締状況報告 (通報)"(1930. 4. 28).

인식되었다. 소장파가 그 결과에 거세게 반발하였지만, 임원 선출을 계속 진행하여 장지필을 검사위원장으로 선출하였다. 대의원 다수가 노장파를 지지한다는 것이 분명하게 확인된 셈이다. 1920년대 후반에 소장층 지도자들의 영향력이 커졌지만, 전국의 대의원들은 여전히 형평사 본연의 활동을 유지하고자 하였던 것이다.

1930년 정기전국대회에서 일어난 대립 양상은 1931년 4월의 전국대회에서 다시 나타났다. 그 배경에는 해소론을 둘러싼 갈등이 깔려 있었다. 정기전국대회의 핵심 쟁점은 해소론의 채택 여부였다.[39] 그런데 그 이전에 해소를 지지하는 소장파와 이에 반대하는 노장파가 임원 선출을 둘러싸고 대립하였다. 양상은 1930년의 정기전국대회와 비슷하게 나타났다. 먼저, 소장파 활동가들이 1년 동안 검사위원장 직무에 태만하였다는 이유로 장지필의 중앙집행위원장 선임을 반대하였는데, 그 밑바탕에는 장지필의 지도력을 공격하여 회의 주도권을 장악한 뒤 해소론을 관철시키려는 의도가 있었다. 그런데 다수의 참가자가 장지필의 중앙집행위원장 선임에 찬성하면서 소장파는 뜻을 이루지 못하였다. 결국 해소론은 전체 사원들의 지지를 받지 못한 채 부결되었고, 노장파의 바람대로 형평사는 유지되었다. 다수의 지지를 받은 노장파는 신분 해방의 원래 목적을 유지하고자 하였지만, 소장파는 진보적인 입장에서 계급 해방 활동을 지향하였다. 이와 같이 해소론을 둘러싸고 벌어진 갈등이 총본부 지도부 선출에도 영향을 미쳤으며, 온건과 급진 세력의 대결 구도에서 대다수의 대의원들은 온건한 신분 해방의 방향을 택하였던 것이다.

노장파가 지도부의 주도권을 가졌지만, 이전의 관행대로 소장파와 협력하며 활동하였다. 혁신파와 온건파의 협력 공존은 1930년

39) 京鍾警高秘 제5271호, "集会取締状況報告 (通報) (第九回衡平社全鮮大会)" (1931. 4. 27).

대 초에도 지속되었다. 그런데 1920년대 말 1930년대 초에 형평사
는 전반적으로 어려운 상황에 있었다. 1929년 미국 대공항의 여파
로 형평사원들의 경제 상황이 크게 어려워졌으며, 1931년 만주 사
변을 일으킨 일제의 철저한 통제로 다른 사회운동과 마찬가지로 형
평운동도 침체를 겪었다. 제5장에서 본 것처럼, 형평사 조직 수가
격감하였고, 참여하는 사원 수도 줄어들었다. 이와 같은 상황을 타
개하기 위해서 형평사 지도부는 변화를 모색하였다. 1932년 4월
의 전국대회에서 옛진주파를 대표하는 부산의 피혁상 이성순을 중
앙집행위원장으로 선임하였다. 그리고 소장파를 대표하는 서광훈
을 서기장으로, 노장파를 대표하는 장지필을 검사장으로 선출하였
다. 옛진주파, 노장파, 소장파 등 각 세력을 모두 아우르는 모양새
였다. 창립 초기의 파벌 앙금 탓으로 서울 총본부에 협조하지 않는
경상도 지역의 유력자를 끌어들이는 동시에 노장파와 소장파의 대
립 구도를 극복하며 형평사의 부흥을 도모하려는 것이었다. 그러나
이성순이 위원장의 책무를 수행하지 않으며 서울의 총본부에 협력
하지 않아 이러한 의도는 성공하지 못하였다.

　그런 가운데, 형평사 지도 세력 구성뿐만 아니라 형평운동 전체
의 운명을 결정짓는 사건이 일어났다. 이른바 형평청년전위동맹 사
건이었다. 일제 경찰은 1933년 1월부터 100여명의 젊은 활동가들
을 검거하여 취조하고, 이동환, 서광훈 등 14명의 핵심 활동가를
구속하였다. 51명은 불구속 상태로 검찰에 넘겨져서 불기소나 기
소 유예 처분을 받았다. 대부분 진보적 성향의 소장파 활동가들인
그들은 공산주의운동을 목적으로 형평청년전위동맹이란 비밀 단체
를 결성하였다는 혐의를 받아 재판에 회부되었지만, 1심과 복심에
서 모두 무죄 판결을 받았다. 일제의 조작으로 의심되는 이 사건으
로 진보적 젊은 사원들은 더 이상 형평운동에 참여할 수 없게 되었
다(김중섭 1994, 279~285). 가장 왕성하게 활동하던 젊은 사원 집단

이 사라지게 된 것이다. 곧, 형평사에서 급진 세력이 소멸되었다는 의미였다. 이것은 형평사가 대동사로 바뀌는 원인(遠因)이 되었다.

1933년 4월에 열린 전국대회에서 장지필을 다시 중앙집행위원장을 뽑고, 마산의 박유선 등을 집행위원으로 선임하였다. 진보적인 소장파 활동가들이 활동할 수 없는 상황에서 초기에 파벌 대립을 벌이던 옛진주파와 옛서울파가 협력하며 형평운동을 다시 주도하는 모양새였다. 그리고 1935년 4월에 열린 제13회 정기전국대회에서 형평사는 대동사로 바뀌면서 사라지게 되었다(《동아일보》 1935. 4. 25;《조선일보》 1935. 4. 26). 이후 경남 지역 유력자들이 대동사의 지도 세력으로 다시 등장하였다. 제9장에서 살펴보겠지만, 옛진주파와 옛서울파가 다시 손을 잡고 인권운동의 취지를 상실한 채 이익 집단으로 전락한, 심지어 친일 부역 활동을 벌이는 대동사를 이끌어갔다.

지금까지 살펴본 바와 같이, 형평운동의 지도부는 각 지역의 유력자와 활동가들이 협력하여 구성하는 '연합체'의 특징을 갖고 있었다. 또 형평운동 안팎 상황의 영향 아래 지도부의 구성이 바뀌었다. 초기에는 혁신을 내세우는 서울파와 온건한 활동을 펼치는 진주파가 파벌 대립을 벌이며 분립까지 하였지만, 통합 이후 서울파가 형평운동을 주도하였다. 1920년대 중반 이후에는 급진적인 사회주의 영향을 받은 젊은 활동가들 중심의 소장파가 지도부에 가담하게 되면서 창립 초기부터 형평운동을 이끌어오던 노장파와 함께 지도 세력을 구성하였다.

이와 같은 지도 세력의 변화는 형평운동의 전개에 커다란 영향을 미쳤다. 특히, 지도부의 입장 차이와 대립은 현안 문제를 해결하기 위한 다양한 방안 모색과 맞물려 일어났다. 초기에는 진주파와 서울파가 대립하는 가운데 백정 산업에 대한 관심이 고조되었고, 나중에는 소장파와 노장파가 대립하면서 '무산 사원'에 대한 관심이 커지고 인생권과 생활권을 옹호하는 활동이 강조되었다. 그러면서도 일부는 형평사 정체성을 유지하며 경제적 권익을 보호하고자 하였다. 일제 식민지 세력의 간섭과 억압으로 진보 세력이 소멸된 상황에서 옛진주파와 노장층의 온건 세력이 주도하는 대동사는 인권운동의 성격을 상실한 채 이익 집단으로 전락하였다.

2. 수평사의 지도 세력

(1) 초기 지도 세력의 특징, 그리고 분열과 대립

창립 당시 수평사는 부락민의 순혈주의적인 구성이라는 점에서 형평사와 달랐다. 관 주도의 부락개선활동을 비판하며 부락민의 자력 해방을 강조한 수평사는 배타적 충원 방식을 채택하여 지도부는 당연히 모두 부락민으로 구성되었다. 비부락민의 참여 기회는 근본적으로 봉쇄된 것이다. 1922년 3월 창립대회를 마친 뒤 저녁에 열린 협의회에서 전국수평사 연맹본부 임원이 선출되었는데, 그 구성은 여러 점에서 다양하였다. 중앙집행위원장은 교토의 미나미 우메키치(남매길, 南梅吉), 중앙집행위원은 나라의 사이코 만키치(서광만길, 西光万吉), 사카모토 세이치로(판본청일랑, 阪本淸一郎), 고마이 기사쿠(구정희작, 駒井喜作), 교토의 사쿠라다 기쿠조(앵전규구삼, 桜田規矩三), 오사카의 이즈노 리키조(천야리희장, 泉野利喜藏), 도쿄의 히라노 쇼켄(평야소검, 平野小劍) 등 수평사 창립을 준비해온 사람들이 맡았다. 그들의 지역적 배경을 보면, 창립을 처음 제안한 제비회 회원들은 나라현 출신이었고, 위원장 미나미 우메키치와 사쿠라다 기쿠조는 교토, 이즈노 리키조는 오사카 출신이었다. 또 히라노 쇼켄은 후쿠시마(복도, 福島) 출신으로 도쿄에서 활동하고 있었다. 진주 출

신으로만 구성된 형평사 창립 당시의 임원진과 달리, 수평사 지도
부에는 간사이(관서), 간토(관동) 지방 출신이 폭넓게 참여하였다. 임
원으로 선출되지 않았어도 규슈(구주, 九州), 시코쿠(사국, 四國), 주고
쿠(중국, 中國), 중부 지역 등 전국의 부락민들이 참여하였다.

  수평사 지도부는 출신 지역뿐만 아니라 경력, 정치적 성향 등에
서 다양한 배경의 활동가들로 구성되었다. 곧, 백정과 비백정으로
구성된 형평사 지도부의 다양성과 다른 의미의 다양성이었다. 집행
위원장으로 선임된 미나미 우메키치는 융화운동에 참여한 전력이
있는 온건파였다. 사가(자하, 滋賀)현 출신인 그는 교토로 이주하여
결혼한 뒤 일본 가죽신인 조리 중개업을 하며 부락개선활동에 참여
하여 마을 사람들로부터 신망을 얻은 지역 활동가였다. 쌀소동 이
후 융화운동에 참여하던 그는 1921년 가을 나라현에서 수평사 결
성을 준비하던 사카모토 세이치로를 만나 부락민 자력으로 부락해
방을 추진하는 활동에 참여하게 되었다(久保在久 2002ㄱ, 124~125).
한편, 수평사 창립을 주창하며 창립 취지서를 발간 배포하고, 거
리 홍보를 하면서 동지 규합에 앞장 섰던 나라현의 제비회 출신의
젊은 지도자들은 인간주의적인 성향이 강하였다. 수평사의 발상지
'와키가미(액상, 掖上)촌 가시와라(백원, 柏原)부락의 세 청년'으로 일
컬어지는 사이코 만키치, 사카모토 세이치로, 고마이 기사쿠는 화
가, 변호사 등을 지망하거나 문필 활동을 하던 젊은이들이었다. 사
회주의자인 사노 마나부(좌야학, 佐野學)의 영향을 받아 자주적인 부
락해방을 도모하였던 것이다(仲林弘次 2001; 2002; 駒井忠之 2002).

  도쿄에서 인쇄노동자로 일하면서 일본인쇄공조합 신우회에 가입
하여 활동하였던 히라노 쇼켄은 무정부주의적 성향을 갖고 있었다.
1920년 이래 일본에서 무정부주의자(아나키스트)나 공산주의자는
위험 인물로 인식되었다. 또 무정부주의자는 경쟁 집단인 공산주의
자들로부터 최대의 적으로 간주되는 실정이었다. 이와 같이 그의

정치적 입장은 일본의 지배 집단뿐만 아니라 공산주의 단체와 갈등 관계에 있었다. 그는 천황제나 일본공산당의 중앙 집권에 대항하여 자유와 평등을 강조하였다. 또 '에타' 민족해방을 주장하는 한편, 사회주의자로서 평등사상을 신봉하는 민족사회주의자였다(宮崎芳彦 2002; 朝治武 2013ㄱ).

요컨대, 창립 당시 수평사의 지도부는 미나미 우메키치 같은 융화운동가, 사이코 만키치, 사카모토 세이치로, 요네다 도미(미전부, 米田富) 같은 인간주의자, 사회민주주의자, 히라노 쇼켄 같은 무정부주의자 등으로 구성된 다양한 배경의 집단이었다. 이와 같이 인간주의적, 무정부주의적 성격이 강한 초기 수평사 지도부는 휴머니즘과 부락민 의식을 강조하면서 부락 민중의 자각을 일깨우며, 차별규탄 활동에 치중하였다. 그러나 공산주의 세력의 공격을 받으면서 수평사 지도부의 이념적 분열 조짐이 나타났다. 그러한 조짐은 특히 1923년 11월에 오사카에서 열린 전국수평사청년동맹(앞으로 청년동맹으로 줄임)의 창립을 통하여 뚜렷하게 드러났다.

제5장에서 살펴본 것처럼, 1922년 7월에 결성된 일본공산당 창립 당원인 다카하시 사다키(고교정수, 高橋貞樹)를 중심으로 공산주의 계열의 젊은 활동가들이 결성한 청년동맹은 노동운동, 농민운동과 연대하여 계급 투쟁을 벌여야 한다는 입장이었다. 청년동맹은 수평사 임원진의 인간주의적이며 부락 제일주의 입장을 비판하면서 공산주의 이론에 따라 자본주의를 타도하고 평등 사회를 실현하는 사회 변혁을 주장하였다. 곧, 부락 차별은 자본주의 모순과 밀접하게 연결되었기 때문에 차별규탄 투쟁만으로 해결되기 어렵다고 인식하면서 수평운동은 공산주의운동과 함께 전개되어야 한다고 보았다.

이와 같은 상황에서 제5장에서 살펴본 것처럼, 1924년에 후쿠오카 수평사원들이 도쿠가와 암살 혐의로 검거된 '도쿠가와(덕천, 德

川) 사건'이 일어났다. 그 과정에서 이른바 '스파이 사건'이 일어나
서 그 해 12월 오사카에서 긴급 개최된 부현위원장회의에서 임원
진 징계가 이루어졌다. 집행위원 히라노 쇼켄에 제명되고, 조직 책
임을 지고 있는 중앙위원장 미나미 우메키치는 위원장직에서 파면
되고, 요네다 도미는 공개사과의 처분을 받았다(部落問題硏究所 엮음
1986, 265). 실제로 이 스파이 사건의 진상은 불분명하다. 물적 증
거도 없고 징계를 받은 임원들은 한결같이 혐의 사실을 부정하였
다. 그들이 재심을 청구하였지만, 새로 구성된 집행부는 재심 청구
를 받아주지 않았다. 위원장 미나미는 융화운동에 우호적인 입장을
갖고 있었고, 집행위원 히라노는 공산주의 세력과 대립하는 무정부
주의자였다. 모두 공산주의 세력과 대척점에 있는 활동가들이었다.
이와 같은 배경에서 진행된 징계로 창립 초기 임원을 맡았던 활동
가들이 물러나고, 청년동맹의 핵심 인물인 기무라 교타로(목촌경태
랑, 木村京太郎)가 상임이사를 맡는 등 청년동맹 회원들이 그 자리를
채웠다.

도지마 스파이 사건의 파장으로 임원진이 바뀌고, '볼셰비키파와
아나키스트파의 대립' 조짐이 드러나면서 수평사 안의 파벌 대립이
격화되었다(秋定嘉和 2006, 83~113). 그 배경에는 일본 공산주의운
동을 둘러싼 갈등과 대립이 있었다. 곧, 1920년대 초 일본 노동운
동을 이끈 아나키스트 계열과 일본공산당 결성을 주도한 볼셰비키
파 사이 갈등과 대립에서 시작되었다(정혜선 2001, 29~52). 제8장에
서 자세하게 살펴보겠지만, 두 파벌의 대립과 갈등은 1925년 보통
선거제가 도입될 때 무산정당을 결성하는 과정에서 증폭되었다. 그
양상이 수평사에서도 볼셰비키 좌파와 그 반대 세력 사이의 갈등으
로 나타났던 것이다. 곧, 공산주의 계열의 청년동맹과 무정부주의
자 등 온건 세력 사이의 대립이었다.

요컨대, 미나미 우메키치를 비롯한 옛 간부들이 물러나고 청년동

맹 핵심 활동가들이 임원을 맡으면서 수평사 본부에서 공산주의 세력의 영향은 더욱 커졌다(秋定嘉和 2004, 79; 部落解放研究所 1989, 중권 192). 그러면서 중앙본부의 정책이나 기관지 《수평신문》은 계급투쟁을 지지하는 양상으로 바뀌었다. 이런 상황에서 볼셰비키파에 대항하는 세력이 결집하였다. 그 중심에 무정부주의 집단이 있었다. 무정부주의파는 공산당도 정치적 경제적 권력을 쟁취하여 지배하려고 한다는 점에서 천황제와 다를 바 없는 속성을 가졌다고 비판하였다. 또 공산주의가 주장하는 계급 투쟁은 지배 세력의 교체를 추구하는 것에 지나지 않는다면서 반대하였다. 그 결과, 수평사는 청년동맹의 볼셰비키파와 그들에 대항하는 무정부주의파(아나키스트파)의 두 진영으로 나뉘어졌다. 곧, 농민, 노동자와 결합하여 계급 투쟁을 도모하는 공산세력과, 계급 혁명을 반대하며 수평사 선언을 중심으로 모인 반공산세력이 대립하였다. 특히 미나미 위원장 지지자들이나 도쿄, 도카이(동해, 東海) 지역, 오사카, 히로시마, 야마구치 등 무정부주의파가 강세를 보인 지역에서 두 파벌의 대립이 심하였다(秋定嘉和 2006, 84~88).

스파이 사건을 빌미로 수평사 본부의 주도권을 장악한 청년동맹 집단이 반볼셰비키파 간부들을 추방하면서 이념 대립과 활동 노선을 둘러싼 다툼이 더욱 심해졌다. 본부 지도부를 장악한 좌파는 더 나아가 부락 내부에서도 계급 투쟁을 벌여야 한다는 입장을 표명하였다. 그렇지만 부락의 소자본가나 소지주는 부락민 친척이 많았기 때문에 자본가와 노동자, 지주와 소작인 같은 대립 구도의 투쟁을 벌이는 것이 곤란하였다. 피혁 산업이 발달한 오사카 니시하마(서빈, 西浜) 구역 같은 도회지에서는 노사 쟁의가 일어나기도 하였지만, 지방도시나 농촌에서 계급 투쟁은 관헌에게 가혹한 탄압을 받았다. 이렇게 볼셰비키파의 계급투쟁론은 현실과 괴리된 측면이 있었기 때문에 볼셰비키파가 본부의 지도력을 장악하였어도 수평사 전체를 대표하는 세력으로 영향력을 가졌던 것은 아니었다.

그런데도 공산주의 세력은 초기에 치중하였던 차별규탄 활동보다 노동자와 농민 중심으로 정치적 경제적 투쟁에 주력하는 방향으로 이끌어 가고자 하였다. 곧, '양에서 질로', '무조직의 조직을 전국적인 통일의 집중 조직으로', '규탄 투쟁으로부터 정치, 경제 투쟁으로'라는 슬로건을 내걸고 수평운동의 방향 전환을 시도하였다 (秋定嘉和 2006, 86). 1925년 5월 오사카에서 열린 제4회 전국대회에서 청년동맹의 주도권 아래 볼셰비키파의 중앙집권주의 방침에 따라 규약을 개정하고, 각 부현의 수평사를 연합회 방식으로 바꾸었다. 중앙집행위원장에서 파면되었던 미나미 우메키치가 전국대회 직전에 위원장을 사임한다는 성명을 발표하자, 전국대회에서 규슈수평사 지도자 마쓰모토 지이치로(송본치일랑, 松本治一郎)를 중앙집행위원장으로 선임하였다. 후쿠오카 출신인 마쓰모토는 성공한 기업인으로서 여러 부락 활동을 이끌어왔다(Neary 2010; 福岡県人権研究所 2003). 후쿠오카 수평사원들 중심으로 벌어진 군대 차별 투쟁이나 도쿠가와 막부의 후손인 도쿠가와 이에다쓰에게 차별 사과와 귀족 지위 반납을 요구하는 투쟁 과정에서 마쓰모토는 지도적인 위치에 있었고, 그로 말미암아 수감 생활을 하는 등 여러 활동을 통하여 부락민들의 신망을 받고 있었다. 마쓰모토 지이치로의 위원장 취임으로 부락민 억압과 해방 활동의 경험이 풍부한 규슈 지역의 수평운동이 더욱 주목받게 되었다.

마쓰모토는 청년동맹을 중심으로 하면서 옛 임원들과 중간파를 끌어들여 임원진을 구성하였다. 간사이뿐만 아니라 간토, 긴키, 주부, 주고쿠, 시코쿠, 규슈의 연합회로부터 중앙위원을 선발하였다. 옛 임원인 사이코, 사카모토, 이즈노 등도 본부의 전문부원으로 선임되었다. 그렇지만 계급 투쟁을 지향하는 좌파의 영향력이 커진 것은 부정할 수 없었다(朝治武 2013ㄱ, 215~216).

　수평사 본부의 지도력을 장악한 좌파의 방향 전환 시도에 수평사의 중간파가 거세게 반발하였다. 중간파는 합법적인 사회운동, 노동운동, 농민운동 세력과 연대를 시도하였다. 그러자 좌파는 인간주의, 수평주의를 내세운 오사카의 구리스 시치로(율수칠랑, 栗須七郎)도 제명하였다. 정신주의 입장에서 '수평도(水平道)'를 주창하며 오사카, 와카야마를 중심으로 독자적인 영향력을 구축하였던 그는 계급 투쟁을 이해하면서도 공산주의 세력과 거리를 두고, 독자적인 차별규탄 투쟁이나 정치 투쟁을 전개하였던 것이다. 니시오카나 와카야마 등지에서 본부의 노선에 반발하는 독자적인 활동이 생겨났다. 또 공산주의 세력의 계급 투쟁은 수평운동 발전에 도움이 되지 않는다는 입장의 무정부주의 세력도 다시 뭉쳤다. 이렇게 여러 성격의 집단으로 구성된 반볼셰비키 세력은 청년동맹에 대항하는 전국수평사 자유청년연맹을 결성하기로 하고 1925년 5월에 준비회를 가졌다.

　준비회 전날 가진 모임에는 옛 임원이었던 사이코 만키치, 사카모토 세이치로, 이즈노 리키조, 히라노 쇼켄, 그리고 규슈의 마쓰모토 지이치로, 간토의 고야마 몬타로(소산문태랑, 小山紋太郎), 아사쿠라 쥬키치(조창중길, 朝倉重吉), 오사카의 구리스 기이치로(율수희일랑, 栗須喜一郎) 등이 참석하였다. 그들은 계급적 정치 투쟁을 거부하고, 차별규탄 투쟁이 수평운동의 기본 목표를 반영하는 활동이라는 점을 재확인하였다. 곧, 수평운동이 지나치게 공산주의로 기울어지는 것을 비판하면서, 또한 융화정책에 접근하는 것도 비판하는 입장이었다.

　이와 같은 두 세력의 대립에 대하여 일반 지식인들도 우려를 하였다. 후세 다쓰지(포시진치, 布施辰治) 같은 진보적 지식인은 수평운동의 독자성을 강조하면서 무산운동으로 안일하게 합류하는 것을 비판하는 한편, 또한 수평운동 제일주의적인 경향에 대해서도 목

적이 같은데 방법이 다르다고 동지끼리 싸우는 추태를 보이는 것이
라고 비판하였다(秋定嘉和 2006, 90). 그러나 두 집단의 대립은 진정
되지 않았다. 반볼셰비키 세력의 조직화 움직임이 활발해지는 가
운데, 그 해 9월에 청년동맹의 제2주년 대회가 오사카에서 열렸다.
수평사 안의 공산주의 세력을 이끄는 다카하시 사다키가 제안하여
청년동맹 해체와 전일본무산청년동맹 결성을 준비하기로 하였다.
그러면서 '수평운동의 철저한 무산계급화'를 위하여 수평사무산자
동맹을 결성하기로 결의하였다. 그들은 공산당이 수평사를 지도하
고, 그에 따라 부락 안팎에서 계급 투쟁을 벌이는 체제를 구축하기
위하여 공산당 가입을 추진하였다. 그리고 수평사 중심주의, 인본
주의 성향의 반대파를 수평사에서 축출하려고 하였다.

  청년동맹의 조치에 대항하여 반볼셰비키파는 그 다음 달 10월에
교토에서 자유청년연맹 제1회 전국협의회를 열었다. 이 자리에서
단체 이름을 수평사청년연맹(앞으로 청년연맹으로 줄임)으로 바꾸고,
초기 수평사가 내걸었던 강령과 결의를 계승하기로 하면서, 스스로
'순수평운동'으로 되돌아갈 것과 인간주의, 정신주의 등을 견지하는
초기 수평사의 이념을 유지할 것을 결의하였다. 이 단체는 그 이듬
해 9월에 다시 수평사해방연맹(앞으로 해방연맹으로 줄임)으로 개칭하
였다.

  이와 같이 1920년대 중반에 우파와 아나키스트파가 조직을 강
화하면서 수평사는 볼셰비키파와 아나키스트파의 양 세력이 대립
하는 양상을 보였다(秋定嘉和 2006, 92). 반볼셰비키파는 유물사관
을 물질주의와 같은 것이라고 하면서 볼셰비키파를 비판하는 한편,
러시아혁명의 공산당 독재와 달리 자유 연합의 상호부조를 강조하
였다. 이와 달리 볼셰비키파는 아나키스트파를 반동주의라고 비방
하였다. 이렇게 양측이 대립하는 가운데 1926년 5월 후쿠오카에서
제5회 전국대회가 열렸다. 이 자리에서 다카하시 사다키는 부락민

출신이 아니라는 이유로 제명되었다. 그의 축출을 주도한 반볼셰비키 세력은 그를 '일본공산당의 괴뢰'라고 비난하였다.[40]

한편, 1920년 후반기에 수평사의 조직 분열이 일어났다. 중앙집행위원장 자리에서 파면된 미나미 우메키치가 1925년에 일어난 세라다마을 습격 사건 이후 분열된 소규모 세력의 간토수평사 보수파를 규합하여 1927년 1월에 일본수평사를 결성하였다. 교토와 간토 지역을 중심으로 재기하고자 하였던 그는 이 단체를 통하여 정부, 재계, 융화운동에 접근하며 보수 세력 중심의 수평운동을 지속하였다. 온건한 방식으로 차별규탄 투쟁을 벌이고 융화단체와 연대하여 생활옹호 투쟁을 전개하였지만, 일본수평사는 간토 지역 이외에서는 거의 영향력을 갖지 못한 채 퇴조하였다. 이와 같이 내부 분열과 반목 가운데 1920년대 후반기에 수평운동은 급속도로 위축되었다.

(2) 1930년대 지도 세력의 변화

1920년대 전반기부터 본부의 주도권을 장악한 볼셰비키파가 계급 투쟁을 내세우며 수평운동을 이끌어가는 상황에서 1925년 5월 제4회 전국대회에서 위원장으로 선임된 마쓰모토 지이치로는 정부와 투쟁하며 수평운동의 전열을 정비해갔다. 그 과정에서, 특히 러시아 혁명의 성공으로 조성된 사회 분위기에서 볼셰비키파가 득세

---

40) 다카하시가 호적상으로는 사족(士族)으로 되어 있어도 실제로 부락민이라는 것을 주변에서 인정하는 실정이었다. 그런데 볼셰비키파의 이론적 지도자로서 옛 임원을 비판하고, 부락 내 계급투쟁론 등을 제안하면서 수평사 본부의 지도 세력 구성과 활동 방향 전환에 커다란 영향을 미쳐왔던 그의 활동이 파벌 대립의 틈바구니에서 제명 처분을 내리는 데 일정 부분 작용하였으리라고 짐작된다. 그 뒤 공산당운동에 참여하던 다카하시(1905~1935)는 1929년에 검거되었다가 1933년 전향을 발표하였고, 1935년 30세의 젊은 나이에 결핵으로 사망하였다.

하고, 인간주의적 사회민주주의파나 무정부주의파는 소수파로 전락하였다. 1920년대 후반기에 볼셰비키파와 무정부주의자들의 대립, 그리고 일본수평사의 결성 등으로 수평사는 여러 형태로 분열되어 있었다. 그와 같은 상황 변화의 영향이 1920년대 말에 나타나기 시작하였다.

1929년 11월 나고야에서 열린 수평사 제8회 전국대회는 1930년대 수평운동의 전개에 전기가 된 집회였다. 볼셰비키파의 청년동맹과 그 후신인 무산자동맹에 대항하여 결성된 청년연맹과 그 후신인 해방연맹의 근거지인 나고야에서 열린 이 대회에서 수평운동 방향에 대한 새로운 조짐이 나타났다(部落解放研究所 1989, 중권 246~248). 대회장에 걸린 "빼앗긴 생활권을 탈환하자", "부락민의 전선을 통일하자"는 슬로건은 수평운동의 상황을 반영하면서, 또한 지향성을 보여주었다. 곧, 생활권의 중요성을 자각하고 파벌 분열을 끝내겠다는 것이었다. 수평운동이 나아가고자 하는 방향이었다.

궁핍해져 가는 부락민의 경제 상황을 개선하기 위한 생활권의 확보는 수평운동의 시급한 당면 과제였다. 1929년 10월 미국 주식시장 폭락으로 상징되는 대공황의 여파가 전 세계를 휩쓰는 상황에서 일본 국민이나 모든 사업은 커다란 곤란을 겪었다. 부락민이나 수평운동도 예외가 아니었다. 더욱 어려워진 경제 상황의 영향으로 부락민들의 참여가 저조해지면서 수평운동도 크게 위축되었다. 수평사는 타개 방안으로 부락민의 생활권 확보를 강조하였다. 제8회 전국대회를 계기로 수평운동의 활동 중심이 차별규탄 투쟁에서 생활옹호 투쟁으로 옮겨가게 되었다.

이 전국대회의 또 하나의 성과는 수평운동의 통일이었다. 우선, 볼셰비키파에 대항하여 창립되었던 해방연맹의 해산을 결의하였다. 그 배경에는 해방연맹 측의 인식 변화가 있었다. 노동, 농민 운동을 경험한 해방연맹 활동가들이 정치, 경제 투쟁의 필요성을 인

식하게 되면서 계급 투쟁을 주장하는 공산주의 계열에 대한 적대감
이 크게 누그러졌다. 그 사이에, 경쟁 세력이었던 좌파의 수평사무
산자동맹은 무정부주의 집단, 사회민주주의 집단, 융화주의로의 전
향 집단 등으로 분열되었다. 심지어 일부는 일본수평사 결성에 가
담하였다. 이렇게 좌파 영향력이 더 이상 힘을 쓸 수 없게 되면서
두 파벌의 대립 자체가 의미없게 되었던 것이다.

　이와 같은 변화의 배경에는 1920년대 후반부터 더욱 심해진 수
평운동의 침체도 있었다. 일본 정부는 1928년 3월에 일본공산당
원과 그 관계자 1,000여명을 치안유지법 위반 혐의로 일제히 검거
한 이른바 3.15탄압으로 좌파 세력을 붕괴시키려고 하였다(정혜선
2001, 128~135). 사이코 만키치, 기시노 시게하루(안야중춘, 岸野重
春), 마쓰다 기이치(송전희일, 松田喜一), 기무라 교타로 등 본부의 주
요 지도자들을 포함하여 다수의 활동가들이 검거되어 수평사도 큰
타격을 받았다. 이런 상황에서 1928년 7월 나라현에서 부현대표자
회의가 열렸다. 분열되어 떨어져 나갔던 간토수평사도 이 회의에
참가하였다. 나라현수평사가 수평사 활동 방침에 대한 재검토를 제
의하여 볼셰비키파가 주도한 종래의 계급 투쟁 중심 운동을 반성하
게 되었다(部落解放硏究所 1989, 중권 199~200). 감정적 반목과 이념
적, 사상적 대립이 뒤얽혀 있는 가운데, 사회 전체의 계급 투쟁과
이론 투쟁을 중시하면서 부락민의 특수한 상황을 망각한 것에 대한
반성이었다. 그리고 사회적 차별, 부락민의 경제 상황 등을 감안하
여 수평운동이 올바른 실천운동으로 회복할 것을 결의하였다. 아울
러 생활권의 옹호, 차별과 천시 관념의 사회적 철폐 등을 위하여 부
락민이 대동단결할 것을 강조하였다. 이즈노 리키조 등 탄압을 피
한 비볼셰비키파 활동가 중심으로 수평사 조직 재건이 시도되었다.
그런 가운데 1929년 4월 일본공산당 탄압 사건이 다시 일어나 수
평사 회원 12명이 기소되었다.

이와 같은 안팎의 복합적인 상황이 작용하여 1929년 11월 나고 야에서 열린 제8회 전국대회에서 해방연맹 해체와 조직 통일을 추 진하였던 것이다. 아울러 침체된 수평운동의 활기를 되찾기 위하여 여러 가지 노력이 이루어졌다. 9개월 만에 《수평신문》이 복간되었 고, 중앙위원회의 재정비, 각 부현연합회의 활성화를 통하여 수평 사 본부 조직의 위상을 복원하려는 움직임이 일어났다. 그밖에 수 평사간토연합회의 전선통일, 오사카연합회의 갱생집회, 기후현연 합회의 재조직화 등 지방에서도 수평사의 조직 재정비가 추진되었 다. 요컨대, 1920년대 말 1930년대 초에 수평사는 안팎 환경의 영 향 아래 조직이 위축되는 상황에서 지도 세력의 파벌 대립 종식, 조 직의 재정비 등을 도모하였던 것이다. 그 뒤 1933년에 전국적으로 벌어진 다카마쓰 차별재판 규탄 투쟁에 각 지역 활동가들과 부락민 들이 적극 참여하면서 수평운동은 다시 활성화되기 시작하였다.

이 후 1930년대에도 새로운 변화가 끊임없이 일어나면서 지도 세력의 구성과 특징은 수평운동의 전개에 커다란 영향을 미쳤다. 특히, 1930년대 초 공산주의 영향 아래 제기된 해소론 논쟁, 1930 년대 중반 부락의 경제생활 개선을 위하여 융화단체와 협력하는 부 락위원회의 활동, 일제의 전쟁 확대 속에서 확산된 국가주의, 군국 주의적 사회 분위기에서 전쟁 협력 활동 등 일련의 과정에서 수평 사의 지도 세력과 활동 방향은 끊임없이 바뀌었다. 해소론을 둘러 싼 갈등과 대립에 관하여는 제8장에서, 융화단체와 협력하는 부락 위원회 활동과 전쟁에 협력하는 과정에 관하여는 제9장에서 자세 하게 살펴보고자 한다.

3. 형평사와 수평사의 지도 세력 비교 이해

지금까지 살펴본 바와 같이 형평사와 수평사의 지도 세력 구성은 안팎 환경의 변화에 따라 끊임없이 바뀌면서 형평운동과 수평운동의 전개에 커다란 영향을 미쳤다. 그와 같은 지도부 구성원의 특징을 보면, 일정한 수준에서 다양성을 갖고 있었다. 형평사는 백정들이 주축을 이루고 있지만 개방적인 충원 방식을 채택하였기 때문에 백정과 비백정 출신이 함께 참여하며 협력하였다. 지역 안배를 고려하여 여러 지역의 백정 공동체 유력자들이 총본부 임원을 맡으면서 형평운동은 백정 지도자들의 '연합 활동' 성격을 갖고 있었다. 사회운동 단체에서 활동하다가 형평사에 참여한 비백정 출신 지도자들은 전국 차원에서건, 지역 차원에서건 3.1운동의 영향 아래 폭발적으로 생겨난 사회운동 단체와 형평사를 잇는 구실을 하면서 형평운동 발전을 도왔다. 이와 같은 사회운동 단체와의 협력과 연대는 형평운동이 사회운동계의 일원으로 자리 잡는 데 이바지하였다.

형평사와 달리, 수평사는 참여 자격을 부락민에게 한정하는 순혈주의를 채택하였다. 천민 철폐령 이후 일본 정부가 융화정책을 시행하고, 관과 부락 유력자 중심으로 부락개선활동을 벌였지만, 그것이 실질적인 부락해방을 이룰 수 없다고 보았기 때문에 수평사는 부락민 자력 해방운동을 지향하였고, 따라서 회원 자격을 부락민으로 제한하였다. 따라서 부락 출신이 아닌 것은 축출 사유가 되었다. 대표적인 사례가 수평사의 좌파 활동을 이끌어온 다카하시 사다키의 제명이었다. 부락민 출신으로 제한되었지만, 출신 지역이나 활동 배경, 이념적 성향의 측면에서 임원진 구성은 다양하게 이루어졌다. 창립 준비 과정부터 참여한 수평사 초기 중앙본부 임원진은 나라, 교토, 오사카, 도쿄 등 여러 지역 출신이었다. 정치적 입장이나 활동 배경도 융화운동에 우호적인 온건한 세력, 인간주의적

인 사회민주주의 세력, 무정부주의 세력, 공산주의에 경도된 급진
세력 등 다양하였다. 이와 같은 두 단체 지도부의 다양성은 형평운
동과 수평운동의 목표 설정과 활동 과정에서 역동적 변화 요인으로
작용하였다.

두 단체의 지도부 구성은 안팎 환경의 영향 아래 끊임없이 바뀌
었고, 또한 그러한 변화에 따라 두 운동의 목표와 성격이 바뀌었다.
지도부 구성은 창립 초기부터 파벌 대립, 이념 갈등 등의 요인으로
끊임없이 바뀌었다. 형평사는 온건한 세력이 창립을 주도하고 차
별 철폐와 사원 교육을 중심으로 활동하였는데, 본사 위치를 둘러
싼 갈등으로 파벌 대립이 일어나 지도부 구성이 바뀌었다. 그러면
서 백정의 경제적 권익 보호 활동이 강화되었다. 또 파벌 갈등을 거
치면서 형평운동이 지역적으로 확산되고, 활동 내용이 다양하게 되
었다. 다른 사회운동 단체와의 협력과 연대 활동도 활발해졌다.

수평사도 지도 세력의 변화에 따라 이념 대립과 활동 방향의 강
조점이 달라졌다. 초기 임원진들은 인본주의적이며 무정부주의적
인 성격이 강하였는데, 이른바 스파이 사건으로 일부 임원이 물러
난 뒤 지도부를 장악한 공산주의 좌파 집단은 계급투쟁 방향으로
이끌어갔다. 그러면서 노동, 농민운동과 협력하여 계급 투쟁을 지
향하려는 볼셰비키파와 수평사 창립 정신을 강조하는 사회민주주
의 및 무정부주의의 반볼셰비키파가 파벌 갈등과 대립을 벌였다.

이와 같이 1920년대 한국과 일본의 사회운동계에 널리 확산된
공산주의 영향으로 형평사와 수평사에 진보적 이념을 지지하는 집
단이 형성되었고, 그들의 주도 아래 계급운동의 성격이 강화되었
다. 형평운동의 경우에도 사회주의 이념을 받아들인 젊은 활동가들
이 계급 투쟁을 지향하며 온건 세력과의 대립과 갈등이 일어났다.
그 결과 형평사 지도 세력은 진보적인 소장파와 온건한 노장파가
함께 공존하는 가운데 1920년대 후반기 활동을 벌여나갔다. 그러

다가 1930년대 초에 일제가 조작한 형평전위동맹 사건으로 진보적
인 소장파가 더 이상 활동할 수 없게 되면서 형평운동은 초기에 파
벌 대립을 벌이던 두 세력이 지도부를 이끌어가는 상황으로 바뀌었
다. 그리고 대동사로 개칭한 이후에는 인권운동 성격을 상실한 채,
경제권익 옹호에 주력하는 이익 집단으로 전락하였다.

수평사도 일제의 개입과 탄압으로 지도부 구성의 변화를 겪었다.
앞서 언급한 대로, 초기에 이른바 스파이 사건으로 좌파가 지도력
을 장악하게 되었고, 또 조작 사건으로 의심되는 1924년의 도쿠가
와 사건으로 마쓰모토 지이치로 등 지도부가 체포되어 활동을 제대
로 할 수 없었다. 1920년대 후반에도 일본 정부의 공산주의 탄압으
로 좌파 세력이 활동을 못하는 사례가 빈번하게 일어났다.

요컨대, 형평사와 수평사는 공통적으로 안팎 환경의 영향 아래
지도부의 변화를 겪었다. 1920년대와 1930년대 한국과 일본의 사
회 상황에서 지도 세력이 바뀌고, 그에 따라 형평운동과 수평운동
이 역동적으로 진행되었다. 특히, 지도부를 장악한 집단의 이념적
배경, 일제의 지배세력과 다른 사회운동 단체 등과의 대외적 관계,
투쟁 방식, 핵심 활동 내용 등에 따라 두 운동이 바뀌어갔다. 이제
제3부에서는 두 운동을 둘러싼 바깥 환경을 살펴보고자 한다.

제3부 역동적인 바깥 환경

    사회운동은 기본적으로 여러 사람이 집합행동을 통해서 사회 환경을 바꾸려는 것이다. 사회운동을 추진하는 안쪽 환경 못지않게 그것을 둘러싸고 있는 바깥 환경도 사회운동의 전개에 많은 영향을 미친다. 형평운동과 수평운동의 경우, 크게 세 측면의 바깥 환경을 살펴보고자 한다. 하나는 두 운동이 추구하는 차별 철폐에 반대하며 전래된 관습을 유지하려는 반대 세력과의 충돌이고, 다른 하나는 두 운동이 도모하는 차별 철폐와 평등 대우의 개혁에 협력하는 사회운동 세력과의 연대이고, 마지막으로는 한국과 일본의 통치 세력인 일제 지배 체제와의 관계이다. 제3부에서는 형평운동과 수평운동을 둘러싸고 있는 이 세 부분의 바깥 환경을 논의하고, 덧붙여서 형평사와 수평사가 펼친 연대와 협력 활동을 살펴보고자 한다.

제7장 반대 세력과의 충돌

형평운동과 수평운동을 둘러싼 바깥 환경은 여러 측면에서 두 운동의 전개 과정에 다각적으로 영향을 미쳤다. 그 가운데 하나는 전통 사회의 유산인 차별 관습을 유지하며 두 운동에 반대하는 '편협한' 보수 세력의 공격과 그로 말미암아 일어난 충돌 사건이었다. 차별 관습 철폐와 신분 해방을 목적으로 하는 형평사와 수평사는 불가피하게 그에 반대하는 세력과 갈등을 빚으며 충돌하였다. 제7장에서는 그러한 반대 세력과의 갈등과 충돌 양상, 그리고 그로 말미암아 빚어진 파장을 비교하여 논의하고자 한다.

1. 형평운동 반대 활동의 특징

(1) 형평운동 반대 활동의 양상

형평운동은 여러 사람이 집합행동을 통하여 차별 관습과 부당한 대우라는 사회 환경을 바꾸려는 사회운동이었다. 그 과정에서 형평운동을 추진하는 세력과 그 변화를 막으려는 세력 사이에 긴장과 갈등, 심지어 충돌이 빈번하게 일어났다. 3.1운동 이후 개혁적인 분위기가 지역 사회에 널리 확산되어 있었지만, 편협한 보수 집단은 일상적으로 자행하던 백정 차별과 억압 관습을 바꾸려고 하지 않았다. 오히려 그들은 신분 차별 관습을 없애겠다는 형평사에 반감을 갖고 반대 활동을 벌였다. 집단적인 형평운동 반대 활동과 그로 말미암아 빚어진 형평사 측과의 충돌은 형평사 발상지 진주에서 처음 일어난 이래 전국 곳곳에서 다양한 형태로 일어났다.

형평사 창립 직후 진주에서 일어난 충돌 사건은 형평운동 반대 활동의 전형적인 양상을 보여주었다(김중섭 2012, 244~247). 형평사 창립에 대한 일반 주민들의 반감은 창립 직후부터 완연하게 확산되었다. 그 첫 조짐은 신분 사회에서 백정과 같은 천민 집단이었던 기생들의 비협조였다. 1923년 5월에 열리는 창립 축하식의 여흥을 위하여 형평사 측이 공연을 요청하였는데, 기생들이 거부한 것이다. 그 전 해, 대구에서 백정들 야유회에 기생을 동반한 것에 사회적 분란이 일어났던 분위기와 크게 다르지 않았다. 창립 축하식 이후 백정들의 움직임이나 형평사 활동에 대한 지역 주민들의 반감은 더 확산되었다. 급기야는 "백정들이 버릇없다"면서 시작된 사소한 개인적 충돌이 집단적인 형평사 반대 활동으로 확대되었다.

형평사 반대 활동을 주도한 집단은 농촌 마을의 자율적 조직인 농청 대표자들이었다. 그들은 집회를 열어 형평사 배격을 결의하고 여러 가지 반대 활동을 벌였다. 형평사원들을 경제적 곤경에 빠트릴 목적으로 소고기 불매운동을 벌였으며, 형평사와 그 지지 세력을 규탄하는 시가행진도 벌였다. 그들의 공격 대상은 형평사뿐만 아니라 그들을 지지하는 비백정 출신의 활동가들과 청년회, 노동공제회 같은 지역 사회운동 단체였다. 농청의 반대 활동에 대하여 형평사 측에서도 적극 대항하였다. 결사대를 조직하여 공격에 대비하였고, 소고기 불매운동에는 도축 거부로 맞섰다. 진주의 형평운동 반대 활동과 양측의 충돌은 언론에 크게 보도되어 전국적인 관심사가 되었다(《동아일보》 1923. 5. 30; 《조선일보》 1923. 6. 13, 15). 그런 가운데 형평사 창립을 도와준 사회단체 활동가들이 농청 집회에 참석하여 설득하는 등 양측을 중재하였다. 그들의 노력으로 4주 가까이 지속된 갈등과 대립이 해결되면서 표면적으로 형평운동 반대 활동이 끝났다.

그 이후에도 형평사원 구타 사건이나 모욕 사건이 각 지역에서 빈번하게 일어났다. 충돌 사건이 언론에 보도된 사례도 1925년 말까지 44건에 이르렀다(김중섭 1994, 179~192). 백정에 대한 차별이 여전히 심하게 자행되고 있으며, 형평사 결성이나 형평운동의 확산에 대한 적대감이 사회 전반에 확산되어 있었던 것이다. 언론 보도를 보면, 충돌 규모가 크고, 폭력 수준이 심각하고, 전근대적인 사고가 요인이었다는 것을 알 수 있다. 예를 들어, 1923년 8월 경남 김해에서는 일본 유학생이 주도한 순회 강연회를 준비하는 과정에서 사소한 충돌이 일어나자 평소에 형평사 활동에 불만을 갖고 있던 일반 주민들이 집단적으로 형평사와 지지 세력을 공격하여 기물을 파손하고 폭력을 휘둘러서 형평사원들이 다른 마을로 피신해야 할 지경에 이르렀다(김중섭 1994, 162~165). 또 9월에 충북 제천에서는 주민들이 형평분사 창립 축하식을 준비하는 형평사원들과 본사 임원을 난타하고 강제로 평양자(패랭이)를 씌워 끌고 다니며 모욕을 주었다(《조선일보》 1923. 9. 9;《동아일보》 1923. 9. 11).

1924년 7월에 충남 천안군 입장에서는 비인가 교육기관인 학술 강습회에서 벌어진 학생 차별로 비백정 학부모들과 형평사 측이 충돌하여 등교 거부가 일어났고, 폭력 사태로까지 확대되어 재판을 받는 일이 벌어졌다(김중섭 1994, 165~169). 교장과 교사의 차별 의식과 태도에 대한 반발로 형평사 측이 자녀들의 등교를 거부하자 비백정 주민들도 자녀들의 등교 거부로 맞섰고, 그것이 고기 불매운동과 도축 거부운동으로 발전하면서 갈등이 심화되었다. 그런데 어느 형평사원이 주민들의 부탁으로 도축을 하자 형평사원들이 도축 거부를 깼다는 이유로 그에게 폭력을 가하였다. 이에 경찰이 개입하여 형평사원들을 체포하였다. 그렇게 체포된 형평사원들은 재판에 넘겨져서 집행유예의 유죄 판결을 받고 구금된 지 7개월 만에 풀려났다.

　1925년 8월에는 형평운동 역사상 가장 격렬한 충돌 사건이 경북 예천에서 일어났다(《조선일보》 1925. 8. 14, 16, 17; 《동아일보》 1925. 8. 14, 15, 16; 고숙화 1992; 김중섭 1994, 169~179; 김일수 2003). 발단은 형평사 예천분사의 창립 축하식에 축사하러 온 예천청년회장의 부적절한 발언이었다. 그는 "백정들을 억압하는 것은 죄악이 될 수 없다. 어느 시대나 국가나 국법이 있는데 그 국법을 어겨서 백정이 된 것이 아닌가. 이미 칙령을 통해 차별은 철폐된 것 아닌가. 그러니까 형평사는 필요가 없다"는 요지의 축사를 하였다. 참석한 형평사원들이 역사를 왜곡하고 선조와 동료를 모욕하였다면서 거세게 반발하였지만, 집회는 큰 불상사 없이 끝났다. 그런데 기념식이 끝난 뒤 그 날 저녁, 예천청년회원들을 비롯하여 많은 마을 사람들이 형평분사 사무실에 난입하여 집기를 부수고 사원들을 집단 구타하는 일이 벌어졌다. 백정들이 일반인들을 모욕하였다는 것이 이유였다. 그들은 그 다음날에도 형평사 사무실에 몰려가서 폭력을 휘두르며 기물을 부수었다. 그리고 형평사원 집단 거주 지역에까지 가서 형평사원들을 집단 폭행하였다. 여러 형평사원들이 군중들에게 맞아서 상해를 입고 마을을 도망 나와 피신해야 했다. 그때 얻어맞은 형평사원 한 사람이 6개월 뒤에 사망할 정도로 폭력이 심하였다(《조선일보》 1925. 2. 21).

　예천 사건은 여기에서 그치지 않았다. 군중들의 거친 폭력에 경찰은 사태를 해결하려고 하지 않고 수수방관하였다. 경찰은 지역 유지들로 구성된 예천청년회의 폭력에는 관대한 반면에, 형평사를 지원하는 진보적인 신흥청년회는 철저하게 감시하였다. 또 예천분사 창립 축하식에 참석하려고 와 있던 서울총본부 간부들이 신변보호 요청을 하였는데도 경찰이 협조하지 않았다. 결국 그들은 사무실로 가는 도중에 군중들의 공격을 받아 크게 다쳐 안동 병원에 후송되어 입원하는 일이 벌어졌다. 이와 같은 사건은 신문에 연일 보도될 만큼 사회적 파장이 컸다. 전국 각 지역의 형평사와 사회운동 단체의 지지와 성원이 답지하는 등 전국적인 사건으로 확산되었다. 심지어 일본에 거주하는 동포들이 지지와 성원을 결의하기도 하였다.

이와 같이 크고 작은 충돌 사건이 형평운동 전 기간에 걸쳐 계속되어 일어났다(김중섭 1994, 233~237). 심지어 인명 살상이 벌어지기도 하였다. 1928년 4월에 경북 영천에서 충돌 사건으로 사원 한 사람이 맞아 죽는 일이 일어났다(《동아일보》 1928. 4. 17, 18; 《매일신보》 1928. 4. 17). 또 1929년 5월에는 충남 선장 시장에서 고기 장사를 하는 사원이 고객과 가격을 놓고 실랑이를 벌이는 중에 옆에 있던 사람이 "백정놈" 운운하며 욕설하자 화가 나서 그 사람을 칼로 찔러 죽이는 사건이 일어났다(《조선일보》 1929. 5. 5; 6. 15).

형평운동 반대 활동이나 충돌 사건에 대한 정확한 상황은 파악되지 않지만, 언론 보도 자료를 활용하거나(김중섭 1994, 161~192; 고숙화 1996, 147~170), 일제의 경찰 자료를 통하여(朝鮮總督府警務局 1933; 1935) 양상이나 원인, 규모, 빈도 등을 짐작하게 된다. 우선, 발생 지역이 중부 이남의 전 지역에서 걸쳐 있었다. 1923년부터 1925년까지 경남의 울산, 삼가, 하동, 통영, 합천, 그리고 전북 군산, 전남 목포, 경북 칠곡, 충북 제천 등 곳곳에서 충돌 사건이 일어났는데, 대개 형평운동이 활발한 곳이었다. 요컨대, 형평운동의 발전과 반대 활동이 병행하여 일어났던 것이다.

사건 촉발의 제일 큰 요인은 전통 사회의 차별 관습이었다. 1923년부터 1925년까지 언론에 보도된 44건의 충돌 사건을 살펴보면(김중섭 1994, 179~191), 형평사원의 불손한 태도에서 비롯된 충돌, 관공서 관리의 차별과 부정에 대한 형평사원의 반발, 고기 판매를 둘러싼 이해 대립, 학교나 관공서에서의 차별 등이 빈번하게 나타났다. 그 가운데 적어도 20건 이상이 형평사원들이 일반인에

게 불손한 행동을 했다거나 공손한 말투를 쓰지 않았다거나, 일반
인들이 백정이라고 부르는 것에 형평사원이 반발하는 등 차별 관습
을 둘러싼 개인적 충돌에서 시작되었다. 편협한 보수 집단은 형평
사가 창립되면서 백정들 버릇이 나빠졌다거나, 건방지게 양반을 못
알아본다거나, 또는 단순히 태도가 못마땅하다는 이유로 형평사 집
회나 행사를 공격하고, 형평운동 반대 활동을 벌였다. 형평사 사무
실이나 사원 마을의 가재도구를 파손하고, 형평사원들에게 폭력을
휘둘렀다. 이와 같이 오랫동안 지속되어온 백정에 대한 편견과 차
별 의식이 사건에 작용하고 있었다. 편협한 보수 집단은 전통적 차
별 의식과 관행을 유지하려고 하였고, 이에 대하여 형평사원들이
종래의 순종과 굴종의 관습에서 벗어나 적극 저항하면서 양측의 충
돌이 빈번하게 일어났던 것이다.

　백정에 대한 차별 의식이나 편견은 일상생활에 한정되지 않았다.
관공서나 학교 같은 공공 영역에서 차별과 억압이 자행되어 충돌로
발전하였다. 김천에서는 형평사원이 면의회 의원에 입후보하려고
하자 주민들이 반대하여 출마 자체가 좌절되었다(《동아일보》 1925.
9. 8). 근대식 교육제도가 도입되었지만, 학교는 또 다른 차별 현
장이 되었다. 전북 군산에서는 청년회가 형평사 측의 학교 설립 헌
금을 문제 삼아 "더러운 돈"이라며 거절하였다(《조선일보》 1923. 6.
28). 또 경북 달성의 학교 선발위원회는 형평사원 자녀라는 이유로
입학 허가를 내주지 않았다(《동아일보》 1925. 5. 21). 이에 대하여 형
평사는 취학 연령이 된 사원 자녀들의 학교 입학을 적극적으로 권
유하는 활동을 벌이는 한편, 학교에서의 차별에 적극 대항하였다.
경북 영양에서는 형평사 측이 사원 자녀들의 입학 거부에 대항하여
학교 유지비 납부 거부 운동을 벌여 충돌이 일어나기도 하였다(《조
선일보》 1925. 4. 24). 주민들이나 관리들이 차별 의식을 갖고 있는
상황에서 충돌의 잠재성은 항상 존재하였던 것이다.

양측의 충돌을 증폭시키는 요인 가운데 하나는 개 도살을 둘러 싸고 벌어진 갈등이었다(김중섭 1994. 69; 김재영 2007ㄱ, 190~193). 일제는 1920년대 초부터 광견병 예방을 이유로 백정 출신의 일꾼 을 동원하여 길거리의 개를 잡아 죽였다. 그 과정에서 개를 길거리 에서 잔혹하게 죽이거나, 주인 있는 개를 실수로 죽이는 일이 빈번 하게 일어나서 개 주인이나 일반 주민들의 불만이 컸다. 백정의 개 도살을 둘러싼 분쟁이 형평사 창립 이전부터 빈번하게 일어났었다 (《매일신보》 1921. 5. 14; 1922. 4. 14; 5. 30; 6. 20; 7. 17; 《동아일보》 1922. 6. 21; 1923. 2. 3. 등 볼 것). 그러한 분쟁을 통해서 백정을 "짐 승을 죽이는 천민"을 취급하는 사회적 편견과 불만이 증폭되었다. 그렇게 갈등을 부추기는 개 도살 작업은 공중위생을 이유로 1920 년대에도 지속되었고, 개 도살을 둘러싼 불만이 형평사원들에 대한 적대감으로 이어졌다. 형평사도 이 문제의 심각성을 인식하고 있었 다. 각 지역 상황을 고려하여야 하지만 충돌의 소지를 줄여야 한다 는 생각을 갖고 있었다.[41]

충돌의 또 하나의 주요 요인은 경제적 이해관계에서 비롯된 갈등 이었다. 고기 판매를 둘러싼 형평사원과 음식점 주인 사이의 가격 흥정 다툼, 수육판매 방식이나 도축장의 작업 환경을 둘러싼 이해 관계 대립, 도살장을 감독하는 경찰이나 관리들이 고기나 도축 부 산물을 공짜로 가져가는 관행에 대한 형평사원들의 저항, 세금을 포탈하는 관공리의 비리 고발 등으로 충돌이 빈번하게 일어났다. 물론 정육점이나 도축장, 건피장 같은 산업 현장에서 일어나는 갈 등과 충돌의 바탕에는 백정을 차별하고 부당하게 억압해도 괜찮다 는 의식과 관행이 깔려 있었다.

이렇게 여러 요인으로 형평운동 반대 활동이나 충돌이 일어났지

---

41) 京鍾警(京城鍾路警察署)高秘 제4639호의 3, "衡平社中央執行委員会ニ関スル件" (1925. 4. 27).

만, 형평사를 집단적으로 공격하고 사원들에게 폭력을 휘두른 사람들은 특정한 성격의 집단이었다. 신문에서는 대개 농민이라고 보도하였지만, 형평사 측은 주민 전체가 반대 세력이라고 보지 않았다 (오성환 1925). 경우에 따라 농민들의 행동을 부추기는 세력이 있었지만, 대개의 공격자들은 백정 차별 관습의 철폐에 반대하는 '편협한' 보수 세력이었다. 또 경제적 이해관계에 얽혀 있는 음식점 주인이나 관리, 지주들이었다. 그들은 편견과 차별 의식을 갖고 형평사를 반대하고 사원들을 차별하였다. 또 신분 차별 관습에 젖어서 백정 해방 활동에 반발하며 폭력으로 억압하려고 들었고, 심지어 형평사를 지지하는 집단을 공격하였다. 사원 자녀의 학교 입학 거부나 사원의 면의원 선거 출마 방해에서 보듯이 그들은 새로운 제도에서도 차별과 억압의 관습을 유지하려고 하였다.

형평사를 공격하고 충돌을 일으킨 집단의 성격은 1927년에 한국을 방문하였던 수평운동가 히라노 쇼켄(평야소검, 平野小劍)의 기록에서도 확인된다. 그의 기록에 따르면, 형평사 창립 이후 1926년 4월까지 총본부에 보고된 차별 사건 건수가 모두 110건이었다. 그 가운데 양반의 선동에 의한 것이 28건(25%), 관공리에 의한 것이 33건(30%), 상민에 의한 것이 24건(22%)이었다. 그밖에 학생에 대한 차별 언어 사건이 10건(9%), 경제적 쟁의가 15건(14%)이었다(平野小劍 1927, 221). 수치의 정확성은 의문이지만, 사건의 4분의 3이 양반, 관공리, 상민 등으로 말미암아 일어났다. 또 학교에서의 언어차별, 경제적 쟁의도 원인이었다는 것을 보여준다. 경제적 쟁의의 개념은 분명하지 않지만, 도부 임금이나 정육점 고기 가격을 둘러싼 갈등 등 경제적 이해관계로 말미암아 갈등과 충돌이 빈번하였던 것으로 짐작된다. 이와 같은 내용은 앞의 신문 보도 내용 분석과 크게 다르지 않았다.

충돌 사건을 보여주는 또 하나의 자료는 일제 경찰 기록이다. 이것은 각 지역에서 올라온 경찰 보고에 근거한 것으로 짐작되는데, 통계 수치의 정확성은 여전히 의문이다. 예를 들어, 경찰 자료는 1925년의 충돌 사건 건수를 14건으로 기록하고 있는데, 신문 보도 사례만도 23건이 된다(김중섭 1994, 181~182). 그럼에도 일제 자료는 충돌 사건 수의 변화 추이를 보여주고 있다. 형평사 창립 이후 1926년까지는 10여 건에 지나지 않다가 1927년부터 급증하여 60건 안팎이 되었다. 그러다가 1930년을 기점으로 줄어들기 시작하여 1932년부터는 불과 30건에 지나지 않았다(朝鮮總督府警務局 1933; 1935). 이것을 막대그래프로 그리면 〈그림 7-1〉과 같이 나타났다.

〈그림 7-1〉 연도별 비백정들과의 충돌 사건 수: 1923~1935년

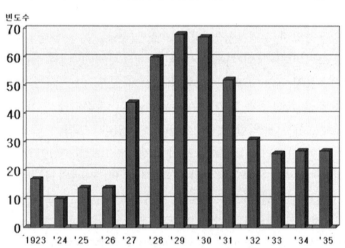

변화 추이의 원인은 불분명하지만, 몇 가지 짐작해 볼 수 있다. 우선, 집계가 부정확하여 그런 변화가 생겼다고 짐작된다. 특히, 초기에는 작은 규모의 사건을 집계하지 않다가 1927년부터 포함시

켰을 수도 있다(朝鮮總督府警務局 1933, 137). 그러나 실제로 충돌 사건이 크게 늘어나서 그렇게 보고되었을 개연성이 높다고 판단된다. 형평사원들이 일상생활에서 겪는 차별이나 억압의 굴욕적인 관습을 더 이상 감내하지 않고 저항하게 되면서 충돌이 더 빈번하게 일어났을 것이다. 형평사 총본부가 하급 기관에 차별 사례를 보고하도록 지시를 내렸고, 충남 천안의 입장분사처럼(《동아일보》 1928. 2. 22), 차별과 굴욕에 저항하지 않은 사원을 처벌한다는 자체 규정을 두었을 정도로 강경하게 대처하였다는 점을 고려할 때 형평운동이 활성화되면서 충돌 사건이 더 많이 일어났을 것으로 짐작된다.

그런데 1932년을 기점으로 충돌 사건 건수가 크게 줄어들었다. 앞서 제5장에서 살펴보았지만, 1930년대 전반기에 형평운동은 크게 위축되었다. 1920년대 말 세계 대공항의 여파로 경제가 위축되어 사원들이 경제적으로 더 곤란을 겪게 되었고, 활동을 중단한 형평사가 크게 늘어났다. 상부에 분담금도 내지 않는 유명무실한 분사도 많았다. 또 1931년에 해소론을 둘러싸고 전국 조직이 내홍을 겪었다. 해소론을 지지하는 급진세력, 특히 소장층 활동가들이 주도하는 가운데 지도부의 갈등이 심해졌고, 활동 방향을 둘러싼 혼란이 가중되었다. 게다가 1933년 일제가 꾸민 형평청년전위동맹 사건으로 소장층의 많은 활동가들이 구금되어 더 이상 활동할 수 없게 되었다.

이런 상황에서 차별 사건이 일어나도 총본부나 지사 같은 상급 기관에 제대로 보고되지 않고, 형평사 차원에서도 적절하게 대응하기가 어려웠을 것이다. 한편, 총본부 활동이 위축되고 충돌 사건에 효과적으로 대응하지 못하면서 충돌 사건이 보고되지 않았을 가능성도 있다. 그렇기 때문에 개인적 충돌이 있다고 하더라도 집단적으로 대응하지 않고 사회적 쟁점으로 발전되지 않고, 그러면서 상급 기관에 보고되지도 않고, 언론에도 보도되지 않았을 것으로 짐

작된다. 이와 같이 여러 요인이 상호 작용하면서 결과적으로 발생
건수가 제대로 보고되지 않은 채 적게 기록되었을 것이다.

　그러나 다른 한편으로는, 차별에 대한 형평사원들의 저항 의식이
확산되고, 또 차별의 부당함에 대한 일반인들의 의식이 변화하면서
차별 사건이 줄어들었을 가능성도 있다. 실제로 형평사원들은 차별
에 적극 저항하고 거세게 반발하였다. 일반인들의 의식도 바뀌어
차별 관습이 줄어든 증거도 곳곳에서 엿볼 수 있다. 또 충돌을 겪으
면서 차별 관행이 누그러지기도 하였다. 형평사원들이 관리들의 부
당한 요구, 세금 포탈 등을 더 이상 받아들이지 않으면서 관리들도
섣불리 요구하지 못하게 되었다. 한편, 형평사원들이 고기를 독점
판매하면서 가격에 불만을 가진 음식점 주인들과 충돌하는 사례가
많았는데, 전북 군산, 전남 목포, 경남 진주 등지에서는 일반인들
이 정육점을 열거나 별도 조합을 만들어 형평사원들의 독점에 대항
하였다. 이렇게 백정의 전래 산업에 대한 독점이 무너지는 것은 한
편으로는 그런 업종에 대한 편견이 사라지고 있다는 의미였다. 이
와 같은 여러 요인이 복합적으로 작용하여 1930년대 중반 충돌 사
건 건수가 급감하였을 것으로 짐작된다. 그러나 차별 관습이 완전
히 사라졌다거나 충돌 사건이 일어나지 않았다고 보기는 힘들다고
판단된다(김중섭 1994, 233~237).

　(2) 형평운동 반대 활동의 파장

　형평운동 반대 활동의 원인, 빈도수, 규모는 불공정한 관습이
나 신분 차별 상황의 심각함을 구체적으로 보여주었다. 이것은 차
별 철폐와 평등 대우를 내건 형평운동의 존재 이유였으며, 또 목적
설정의 근거였다. 형평운동의 목적을 달성하려면 그와 같은 갈등

과 충돌을 피할 수 없었다. 그 과정에서 여러 형태의 파장이 일어났다. 우선, 형평사원들이 차별 문제를 민감하게 인식하며 비판 의식을 갖고 차별이나 굴욕적인 관습에 더 이상 순응하지 않게 되면서 충돌은 더욱 빈번해졌다. 또 사원들이 일반인들의 사적인 모욕이나 비하, 억압이나 폭행에 집단적으로 대항하면서 충돌 규모가 커졌다. 더 나아가 1924년의 천안 입장 사건이나 1925년 9월의 김천 면의원 선거 차별 사건처럼 새로운 제도에서의 차별이나 부당함에 적극 대응하며, 제도적 차원의 공평한 대우를 요구하였다.

이와 같이 형평사원들이 차별 사건이나 형평운동 반대 활동에 집합적으로 적극 대응한 것은 형평사 창립 이전과 다른 모습이었다. 이것은 형평운동이 인권운동으로서 성공적으로 발전하였다는 것을 보여주는 것이었다. 형평사원들의 협력과 연대가 강화되고 차별에 집단적으로 대항하면서 충돌이 더욱 빈번하고, 또 크게 일어났다. 반대 활동이 처음 일어났던 진주나 최대 규모로 충돌하였던 경북 예천에서는 결사대를 조직하여 대항하였고, 경남 김해나 충남 입장에서는 고기불매운동에 도축 거부로 대응하였다. 전통 사회에서 겪던 차별이나 억압을 더 이상 숙명으로 받아들이지 않았다. 개인적인 다툼에서 비롯되어도 사원들은 동료 의식과 연대감 아래 집단적으로 대항하였으며, 형평사는 조직적으로 대응하였다.

반대 활동에 저항하고 충돌 사건을 겪으면서 형평사원들의 의식이 바뀌고, 차별 관습을 더 이상 용인하지 않는 모습은 1920년대 후반의 언론 보도에 반복하여 나타났다. 1929년 5월 경북 달성군 구지면에서는, 시장 거리에서 형평사원 몇 사람이 술을 마시고 흥얼거리며 걸어가는데, 어느 술취한 사람이 "이놈 백정놈들이 어른들 앞에서 무슨 주정이냐"며 시비를 거는 바람에 충돌이 일어나서 사원들과 일반 주민들 사이의 집단 패싸움으로 발전하였다(《동아일보》 1929. 5. 31). 같은 해 6월 충북 제천군 장호원에서는 형평사원이 아버지 장례를 치루면서 공동묘지를 장지(葬地)로 삼았는데, 마을 사람이 자기 어머니 묘 옆이라고 방해하여 분쟁이 일어났다. 그러자 장례식에 온 형평사원들이 집단으로 항의하여 마을 사람들과의 집단 싸움으로 확대되었다(《조선일보》 1929. 6. 10). 같은 해 4월 전북 군산에서도 비슷한 일이 일어났다. 형평사원이 일반 사람들의 묘 옆에 자기 어머니 묘를 쓰려고 하자 마을 사람들이 합세하여 못하게 하였다. 그러자 다른 형평사원들이 대항하여 마을 사람들과 집단으로 항의하며 충돌하였다(《중외일보》 1929. 5. 3). 이와 같이 백정이라면서 가하는 모욕이나 멸시, 차별, 억압을 더 이상 용납하지 않았던 것이다. 형평사원들의 집단적 저항은 형평운동을 통하여 차별 철폐와 평등 의식을 갖게 된 결과라고 평가된다.

또 집합적으로 대응하면서 형평사원들의 전국적인 연대도 강화되었다. 각 분사가 충돌 사실을 상급 기관인 지사나 중앙총본부에 알리면 상급 기관에서는 임원을 현장에 파견하여 진상 조사를 하는 한편, 사태 추이에 적극 개입하여 형평사 전체의 문제로 쟁점화하면서 대응해 갔다. 때로는 입장이나 예천에서처럼, 사태가 악화되면 다른 지역의 사원들을 동원하기도 하였다. 특히, 총본부는 차별 사건이나 충돌이 일어났을 때 상부 기관에 보고할 것을 각 지역 형평사에 지시하는 등 대응 활동을 강화하였다. 예를 들어, 예천형평사 습격 사건 때 서울 총본부는 긴급 대책 회의를 열고 전국의 형평사에 지원을 요청하였고, 이에 호응하여 각 지역의 형평사나 정위단 같은 하위 단체는 응원단을 보내는 등 예천형평사를 적극 도왔다. 그와 같은 집합적 대응의 원동력은 기본적으로 백정 공동체의 결속력과 연대감에 있었다. 오랫동안 차별과 배제를 겪으며 형성되어 온 동료 의식에서 형평사원들은 정신적으로 서로 성원할 뿐만 아니라 인적, 물적 지원을 보내고 격려하였다. 이와 같은 공동 대응을 통하여 형평사원들의 결속력을 강화하고, 형평운동의 취지를 이

해하고 활동에 더 적극적으로 참여하는, 보이지 않는 효과를 얻었
다. 또한 차별은 개인적인 문제가 아니라, 전국의 형평사 차원에서
대응해야 할 공동의 사안이라는 의식이 확산되었다.

　충돌 과정에서 얻은, 또 하나의 의도하지 않은 결실은 형평운동
을 지지하는 사회운동 세력과의 연대 강화였다. 당사자인 형평사
뿐만 아니라 사회 개혁 세력도 형평사 반대 활동을 정의롭지 않다
고 인식하며 분노하였다. 그들은 집단적인 형평사 반대 활동의 바
탕에 보수적인 기득권 세력의 부추김이나 일제의 방관이 작용하였
다고 보았다. 그래서 보수 세력의 공격과 충돌 사건이 일어났을 때
사회운동 단체들도 적극적으로 형평사를 지원하였다. 그와 같은
지원을 보수 세력이나 일제에 대한 저항으로 인식하고 사회운동
세력의 연대를 보여주는 것으로 간주하였다. 대표적인 사례가 예
천 사건이었다. 예천과 인근 지역뿐만 아니라 다른 지역의 사회단
체들도 예천형평사 습격 사건의 진상 규명과 책임자 처벌을 요구
하며 응원하였고, 예천까지 관계자를 파견한 단체도 있었다(김중섭
1994, 174, 〈그림 5-1〉 볼 것). 서울, 대구, 안동, 마산, 군산, 함흥,
인천 등지에서는 여러 단체가 합동으로 예천 사건의 진상 조사와
대책을 협의하기 위한 연대 기구를 만들었다. 노동, 농민, 청년,
사상 등 다양한 사회운동 단체가 참여하였다. 대표적인 예로, 서울
에서 열린 대책집회에는 북풍회, 화요회 등 사상 단체, 한양청년연
맹, 신흥청년동맹 등 청년단체, 경성양말조합, 서울인쇄직공청년
동맹 등 노동단체, 여성동우회, 여자청년동맹 등 여성단체 같은 다
양한 단체가 모였다.[42] 그들은 예천형평사 습격 사건의 배후에 친
일 부역 세력이 있다고 보면서 진보와 친일 세력의 대결로 인식하
였던 것이다. 또 예천 사건을 통하여 형평사와 사회운동 단체 사이
의 연대와 결속이 강화된 것을 보여주는 단적인 장면은 예천에서

---

42) 京鍾警高秘 제9307호의 1, "醴泉衡平社事件対策集会ニ干スル件"(1925. 8. 20).

습격을 당하였던 장지필과 이소의 귀경 환영회 자리였다. 여기에
는 북풍회, 화요회, 무산자동맹, 여성동우회, 서울청년회 등 서울
의 여러 사회운동 단체의 주요 활동가들이 대거 참석하였다.[43]

  형평사에 대한 사회운동계의 협력과 지원은 지역에 한정되지 않
고, 전국 차원에서 이루어졌다. 전국의 주요 도시뿐만 아니라 많은
소읍 지역에서까지 사회운동 단체들이 연합하여 형평사 지지를 밝
히며 연대를 강조하였다. 또 강연회나 결의안 채택 등을 통해서 형
평운동 반대 활동의 부당함을 지적하며 사회적 경각심을 불러일으
키고자 하였다. 이와 같은 후원과 협력의 바탕에는 형평사와 사회
운동 단체들 사이의 밀접한 연대 의식과 결속력이 있었다. 그것은
사회 연대의 한 유형이었으며, 사회 변혁을 도모하는 세력이 결속
을 도모하는 방안이었다. 제8장에서 자세하게 논의하겠지만, 형평
사에 참여하는 비백정 출신의 활동가들과 직업적 형평운동가들이
연결고리 역할을 하면서 형평운동은 빠르게 사회운동계의 일원으
로서 활동하였다.

  형평운동 반대 활동과 충돌 사건에 대한 사회적 관심의 고조에는
언론 보도의 역할이 컸다. 언론은 충돌의 규모가 크고, 폭력의 정
도가 심각하다는 것뿐만 아니라 반상(班常) 의식에서 비롯된 충돌이
라는 점에서 커다란 관심을 기울였다. 곧, 충돌 사건은 한국 사회
의 성격과 형평운동의 역사성을 반영하는 것이라고 보았던 것이다.
때로는 사설이나 칼럼을 통해서 충돌 사건의 성격을 규명하며 문제

---

43) 京鍾警高秘 제10506호의 2, "衡平社幹部歡迎会ニ関スル件"(1925. 9. 18). 경찰
   기록에 따르면, 북풍회(마명, 손영극), 노농총동맹(김홍작, 김남수), 혁청단(권태휘,
   김혁), 화요회(원우관, 김경재), 무산자동맹(박일병), 노동자구락부(김장균, 이일심,
   이명의), 경성청년회(김평산, 이칠성), 신흥청년동맹(김찬), 한양청년연맹(송봉우), 여
   성동우회(허정숙), 경성여자청년동맹(주세죽), 노동당(이극광), 그리고 서울청년회파
   로 청년총동맹(이영, 정학원), 서울청년회(정백), 무산자청년회(윤식, 이윤식), 경성노
   동회(이병의, 김경식), 그밖에 신문기자로 김단야, 박헌영, 홍덕유, 임원근 등이 참석
   하였다. 그 당시 사회운동계를 대표하는 단체와 활동가들이 대거 참석한 것을 확인할
   수 있다.

해결 방안을 제시하였다. 이와 같은 언론 보도와 입장 표명은 형평운동 반대 활동이 갖는 반동성을 일깨우는 데 크게 이바지하였다.

한편, 충돌 사건을 처리하는 과정에서 형평운동에 대한 경찰의 적대적 태도가 확연하게 드러났다. 1924년 8월의 입장 사건이나 1925년 8월의 예천 사건에서 보듯이 경찰은 형평사 활동에 우호적이지 않았다. 형평사를 공격하는 주민들의 폭력과 난동에 대하여 경찰은 소극적이며 불공정하게 대처하였으며, 그로 말미암아 사태는 더욱 악화되었다. 예천 사건에서 형평사원들은 폭력적인 공격을 받아 거주 지역에서 피신해야 할 정도였는데, 경찰은 오히려 형평사 측에게 재갈을 물리는 형국이었다. 경찰은 창립 축하식에 참석하러 왔던 총본부 임원 장지필과 이동구에게 예천을 떠나도록 요구하면서도 폭력 사태를 일으킨 예천청년회 측에게는 관대한 태도를 취하였다. 서울에서도 경찰이 격문을 배포하는 총본부 임원들을 출판법으로 구금하고, 총본부의 임시전국대회 개최를 허용하지 않았다. 또 예천 사태를 논의하려는 사회운동 단체의 간부들을 구금하였으며, 이 사태를 알리려는 강연회도 못 열게 하였다. 그리고 예천청년회 측이 안동의 진보적인 사회단체 활동가들을 명예훼손 혐의로 고소하자 경찰과 검찰은 조사를 빌미로 사회운동단체 사무실을 수색하였다. 그 뒤 고소인들이 고소를 취하하였는데도 수사를 계속하여 기소하였고, 재판부에서는 유죄로 판결하였다. 반면에 습격 사건의 주동자인 예천청년회 측에게는 죄를 묻지 않았다. 단지 난동에 참여하였다가 붙잡힌 주민들만 재판에 회부되어 처벌을 받았다.

한편, 예천 사건에서 보듯이, 형평운동 반대 세력과의 충돌 사건을 둘러싸고 사회단체의 색깔이 더욱 분명하게 드러났다. 진보적인 단체들은 형평사와 연대와 협력을 강화하려고 하였지만, 친일 부역 단체는 형평운동에 적대감을 표출하며 대립하는 양상을 보였다. 그 과정에서 경찰로 대표되는 식민지 지배 세력은 겉으로는 수수방관하였지만, 실제로는 형평사에 적대적인 태도를 드러냈다. 이와 같이 형평운동 반대 활동과 충돌 사건을 계기로 편협한 보수 세력의 정체가 더욱 분명하게 밝혀졌으며, 불공정하게 처리하며 형평운동을 통제하려는 일제의 입장을 확인하였다.

지역 주민들과의 갈등은 사사로운 감정이나 개인적인 다툼에서 시작되었어도 형평운동 반대 활동의 집단적인 충돌로 발전하는 사례가 많았다. 심한 경우에는 형평사 행사장이나 형평사원들의 거주지를 집단적으로 공격하여 파괴하고, 소고기 불매운동을 벌였다. 그런데 반대 활동이 조직적이며 장기적인 사회운동으로 발전하지는 않았다는 것에 주목할 필요가 있다. 반대 활동을 이끄는 조직이 상설 기구로 발전한 사례가 없으며, 다른 지역의 반대 세력과 조직적으로 연대한 경우도 없었다. 또 형평사 반대 활동이 인근 지역으로 전파된 경우도 없었다. 요컨대, 신분 차별 관습의 폐습을 보여주는 형평사 반대 활동과 충돌 사건이 중부 지역 이남에서 빈번하게 일어났지만, 상시적인 집단적 적대 관계로 굳어지거나 사회의 고질적인 병폐로 제도화되지는 않았던 것이다.

지역이나 사례마다 차이는 다소 있지만, 대개의 반대 활동은 자체적으로 해결되었고, 지역 주민들이 화해하는 형식으로 끝을 맺었다. 진주나 김해의 경우처럼, 형평사에 호의적인 사회운동가들이나 지역 인사들이 중재하여 양측의 갈등을 해소하는 경우가 많았다. 전국 차원이건, 지역 차원이건 사회운동 단체들이 적극적으로 개입하여 중재하거나 화해를 주선하여 주민들을 설득하면서 신분 대립 의식을 완화시키는 데 이바지하였다. 3.1운동 이후 크게 늘어난 개혁적인 사회운동 단체들이 형평사에 우호적인 입장에서 문제를 해결하려고 하였던 것이다.

요컨대, 백정 차별 사건은 더 이상 개인의 문제가 아니라 형평사 전체의 문제였고, 더 나아가 사회 전반의 관심과 시정이 필요한 사안이었다. 차별 사건의 증가는 형평사원들의 요구에도 불구하고, 사회적 편견이나 차별이 쉽게 사라지지 않았다는 것을 보여주었다. 그렇지만, 다른 한편으로는 형평사원들이 차별에 적극 저항하면서 증가한 측면도 있었다. 충돌 사건의 의도하지 않은 결과로서 형평 사원들과 주민들이 차별의 부당함을 깨달으며 인권 의식을 갖게 되었으며, 형평사 자체의 조직적인 연대와 결속력이 강화되었고, 더 나아가 사회운동계와의 연대와 결속력도 높아졌다. 그 과정에서 경찰이나 검찰 등 일제 당국의 적대적 태도를 확인하게 되었다. 사회운동 단체와의 협력 문제는 제8장에서, 그리고 일제 총독부의 정책이나 경찰의 태도에 관해서는 제9장에서 자세하게 다루고자 한다.

2. 수평운동 반대 활동의 특징

(1) 수평운동 반대 활동의 양상

수평사의 목적은 부락 차별 철폐이고 부락해방이었다. 제5장에서 살펴보았듯이 차별규탄은 수평사의 가장 중요한 활동 가운데 하나였다. 수평사가 시행하는 차별규탄은 두 가지 성격을 갖고 있었다. 하나는 전통 사회에서 자행되어온 차별에서 비롯된 사건에 대한 규탄이다. 그러한 차별은 일상생활의 개인적 관계로부터 법이나 학교 등 제도적 차원에 이르기까지 광범위하고, 다양한 형태로 자행되었다. 차별에 적극 대항하며 규탄 활동을 펴는 것이 수평사의 주요 과제이며 목표라는 것을 창립 초기부터 선언으로, 강령으로, 또 결의로 거듭 밝혔다. 곧, 차별규탄 투쟁은 공격에 대응하는 수동적인 방식이 아니라 차별을 시정하려는 적극적인 방식이었다. 그렇게 차별에 적극 대응하면서 충돌이 급증하였고, 또 충돌 상황에서 수평사의 집합적이며 조직적 대응이 강화되었다.

부락 차별에서 비롯된 또 하나의 사건 유형은 부락민이나 수평사를 폭력적으로 공격하여 일어난 충돌 사건이다. 곧, 일반민들이 수평사 창립이나 부락해방활동에 적개심을 갖고 집단으로 공격하거나 수평사 반대 활동을 펴는 것에 수평사 측이 적극 대응하면서 충돌이 일어났다. 제2장에서 보았듯이, 부락민들은 이미 1871년에 천민 철폐령(해방령)이 선포되었을 때 전국 곳곳에서 일어난 폭력적인 해방령 반대 봉기를 경험하였다. 그와 같은 수준의 폭력을 수반하지는 않았지만, 일부 지역에서는 수평사 창립에 노골적으로 반대하는 분위기를 보였다. 차별 관습을 유지하려는 일반민들이 부락민을 공격하고 수평사를 반대하는 활동을 벌였다. 부락개선활동이나 정부의 융화운동으로 부락 문제는 이미 사회적 쟁점이 되어 있었지만, 그들은 수평사 활동에 적개심을 갖고 공격하였다. 그런 상황에서 수평사 측은 방어적인 성격의 규탄 활동을 폈던 것이다.

충돌 사건을 이 두 가지 유형으로 명료하게 구분하기는 쉽지 않다. 그러나 여기에서는 수평사에 대한 거부감, 심지어 적개심을 갖고 수평사나 부락민들을 공격한 사건을 중점적으로 살펴보면서 수평사 반대 활동 양상을 논의하고자 한다. 이것은 수평사에 대한 사회적 반발이나 억압이 겉으로 드러난 사례로서 차별 철폐 활동을 거부하며 차별 관행을 유지하려는 지역 사회의 분위기를 보여주는 것이었다.

일상적인 차별인지, 제도적 차원의 차별인지, 그 원인이나 내용은 불분명하지만, 차별 건수는 다음 〈표 7-1〉과 같이 보고되었다 (秋定嘉和 2004, 76, 83).

〈표 7-1〉 부락 차별 건수(1923~1942)

연도	차별 건수
1923년	854
1924년	1,052
1925년	1,025
1926년	825
1927년	567
1928년	620
1929년	484
1930년	557
1931년	736
1932년	652
1933년	752
1934년	824
1935년	715
1936년	650
1937년	474
1938년	499
1939년	417
1940년	373
1941년	348
1942년	294

보고된 차별의 원인이나 형태는 불분명하지만, 차별 건수로 기록된 것은 적어도 차별로 인지하여 갈등이나 충돌이 일어난 것으로 보고된 것이다. 따라서 보고된 차별 건수의 변화 추이는 일정 수준에서 수평운동의 전개 양상을 반영한다고 판단된다. 〈표 7-1〉에서 보듯이, 차별 사건은 수평사 창립 초기부터 빈번하게 일어났다. 차별규탄을 주요 활동 내용으로 설정하고, 또 차별의 부당성을 인식하고 저항하는 부락민들의 행동이 확산되면서 충돌이 빈번하게 일어났다. 그 결과 이 표에서도 확인되듯이, 창립 직후부터 차별 건수가 폭발적으로 보고되었다. 제5장에서 언급한 바와 같이, 수평사는

창립 직후부터 본원사의 차별에 대항한 모재(募財) 거부를 비롯하여
차별규탄 활동을 적극적으로 전개하며 차별 철폐라는 수평사 목적
을 뚜렷하게 보여주었다.

그런데 1927년부터 차별 건수가 줄어들다가 1929년과 1930년
에는 그 수치가 더욱 현격하게 떨어졌다. 이 시기에 수평사는 이념
갈등으로 지도부의 파벌 대립이 거세게 일어났다. 특히, 공산주의
계열의 볼셰비키파가 지도부를 장악하여 계급 투쟁 활동을 강화하
였다. 또 1920년대 말에는 미국에서 시작된 경제공황의 여파로 부
락민들의 경제 상황이 아주 열악하였다. 그렇기 때문에 이 시기에
는 차별이 줄어들었다기보다는 수평사가 위축되면서 차별 사건에
적절하게 대응하지 못하여 차별 건수가 덜 보고되었던 것으로 판단
된다.

그러다가 1931년부터 차별 건수가 다시 늘어났다. 1934년에 정
점을 기록한 뒤 다시 줄어들었다. 1929년 11월의 나고야 전국대회
에서 조직 통일을 선언하였고, 생활권 옹호 활동을 통하여 부락민
들의 생활 여건 개선하고자 하였다. 또 1932년에 일어난 다카마쓰
(고송, 高松) 차별재판 사건을 계기로 1933년에 전국적인 차별재판
규탄대회와 청원 활동을 벌이면서 수평운동이 다시 활기를 띠게 되
었다. 요컨대, 차별재판 규탄 활동은 기본적으로 차별 사건에 대한
집합적 대응이었지만, 수평운동이 다시 활기를 띠는 계기가 되었던
것이다. 수평사 활동이 활발해지면서 차별에 대한 경각심이 높아지
며 적극 대응하게 되었고, 그에 따라 차별 보고 건수도 늘어났다고
판단된다.

1930년대 후반기에 차별 건수가 다시 크게 줄어들기 시작하여
1940년대 초에는 유례없이 큰 폭으로 줄어 수평사의 존재에 의구
심이 들 정도가 되었다. 이와 같은 추이 역시 그 시기의 수평사 상
황과 밀접하게 이어져 있었다. 수평사가 부락민의 열악한 생활환

경을 개선하기 위하여 정부의 융화정책을 수용하지 않던 방침을 바꾸어 부락개선사업에 참여하면서 융화운동과 부락개선활동 세력과 협력하여 부락위원회를 구성하였다. 그에 따라 차별규탄 활동에 치중하던 초기 정책이 퇴조하게 되었다. 게다가 1930년대 후반기에 제2차 세계대전으로 치닫는 일제의 확전 도발 와중에 수평운동은 크게 위축되었다. 심지어 수평사는 일제의 전쟁 수행에 적극 협력하였다. 이런 상황에서 차별에 대한 보고나 대응이 소홀히 되었던 것이다.

이와 같이 차별 건수의 변화 추세는 수평사의 전개 과정과 관련되어 있었다. 구체적인 충돌 사례는 차별 사건의 특징을 보여준다. 수평사 창립 직후 1922년 5월에 나라현 다이쇼(대정, 大正) 마을에서 일어난 충돌 사건은 초창기의 대표적 사례였다. 사건은 초등학교에서 부락 어린이를 차별하는 호칭에서 비롯되었다. 차별 호칭에 현지 수평사가 항의하였지만, 학교 당국은 시정하려고 하지 않고, 오히려 수평사가 학교에 협박한다고 왜곡 선전하였다. 이에 마을 주민들이 수평사에 항의하자 수평사원들이 마을 주민들에게 폭력으로 대항하여 양측이 충돌하게 되었다. 경찰이 개입하여 백여 명의 부락민을 체포하였고, 기무라 교타로(목촌경태랑, 木村京太郎) 등 3명을 소요죄로 투옥하였다. 이와 같은 충돌 사건을 포함하여 첫해에 확인된 차별규탄 사건이 69건이나 되었다(部落問題硏究所 엮음 1986, 253~254).

학교에서의 차별 사건은 수평운동 내내 가장 빈번하게 일어난 유형이었다. 앞서 제5장에서 살펴본 것처럼, 1922년에 나라현에서 일어난 42건의 차별 소요 사건 가운데 15건이 교육 차별 관련 사건이었다(部落解放硏究所 1989, 중권, 214~215). 소년소녀수평사가 곳곳에서 활발하게 창립된 것도 학교에서의 빈번한 차별과 밀접하게 이어져있었다. 최초의 소년수평사로 시키(기성, 磯城)군 다이후쿠(대복,

大福)촌의 주와(중화, 中和)소년수평사가 창립된 배경에도 학교에서
의 차별 문제가 있었다(朝治武 2001, 31).

수평사 창립 이듬해에는 주민 조직이 수평사를 집단적으로 공
격하여 양측이 크게 충돌하였다. 1923년 3월에 나라현 시키군에
서 일반민이 차별 행동을 하여 시모나가(하영, 下永)수평사가 사과
를 요구하였는데, 오히려 주민들이 반발하여 양측이 대립하게 되
었다. 그러자 우익 단체인 대일본국수회(大日本國粹會)가 주민들 편
에 가담하여 양측의 충돌은 더욱 격렬하게 되었다(部落解放硏究所
1989, 중권 189). 약 2,000명이나 되는 대규모의 충돌로 양측에 부
상자가 생겼다. 이 사건을 일으킨 국수회는 노동쟁의와 사회주의
확산을 막기 위하여 황실 중심의 질서 유지와 노사 협조를 내걸고
1919년에 결성된 우익 단체였다. 이 충돌 사건은 우익 단체가 조
직적으로 수평운동 반대 활동을 펼친 첫 번째 사례였다. 이 사건이
전국의 수평사원들에게 널리 알려지면서 보수 세력에 단호하게 대
항해야 한다는 결의를 다지게 되었다. 이 사건은 언론 보도를 통
하여 한국에도 널리 알려지면서 수평사의 성격과 활동 내용이 소
개되는 계기가 되었다(《동아일보》1923. 3. 21, 22, 24, 25; 《조선일보》
1923. 3. 22, 24).

경찰은 이 사건을 처리하면서 수평사 본부에서 지원 온 고마이
기사쿠(구정희작, 駒井喜作), 이즈노 리키조(천야리희장, 泉野利喜藏)를
비롯하여 35명을 소란죄로 검거하였고, 국수회 측에서는 12명을
검거하였다. 오사카 법원은 수평사 측의 35명 전원을 유죄로 인정
하면서 국수회 측은 1명 무죄, 나머지 11명 유죄로 판결하는 차별
재판을 자행하였다. 이 충돌 사건은 신분 질서와 차별 관습을 유지
하려는 보수 세력의 존재를 잘 보여주었다. 지역 주민들뿐만 아니
라 우익 단체, 더 나아가 경찰이나 법원 같은 공공 기관도 차별의
부당함을 외면한 채 수평사에게 비우호적이었던 것이다.

보수 세력이나 단체가 조직적으로 수평사 활동을 탄압하는 사
건이 그 이후에도 끊임없이 일어났다. 대표적인 사례가 1925년 1
월에 군마현 닛타(신전, 新田)군 세라다(세량전, 世良田)촌에서 일어난
부락 습격 사건이었다(部落解放硏究所 1989, 중권 189~190; 秋定嘉和
2004, 75~76). 사건 배경에는 간토(관동, 關東) 지방의 수평사 반대
분위기와 부락민에 대한 차별 의식이 깔려 있었다. 그 단초는 1924
년에 일어난 마을 주민의 차별 사건이었다. 세라다 마을의 목재가
게에 물건을 사러 왔던 주민이 차별 발언을 하자 이 말을 들은 수
평사 회원들이 그를 규탄하였다. 그리고 수평사는 사죄를 요구하
는 강연회를 열기로 하였다. 촌장의 중재로 차별을 자행한 당사자
는 강연회 자리에서 사죄하기로 하였다. 그러다가 그 약속을 일방
적으로 파기하였다. 1923년에 "수평사로부터 규탄을 받은 자가 있
을 때는 마을 주민의 협력 아래 그것을 비호하며 사건을 해결한다"
고 결의한 자경단의 약정을 이용하여 사태를 모면하려고 하였다.
지역공동체 구성원들이 수평사에 반대하고 부락 차별 관습을 유지
하기 위하여 규약을 만들어 놓았던 것이다. 그리고 자경단을 비롯
하여 천여 명의 주민이 집단적으로 부락을 습격하여 가옥을 파괴하
고, 금품을 강탈하고, 부락민들을 폭행하였다. 부락의 23호 가구
가운데 15호가 피해를 입었다. 무방비상태였던 부락민 15인이 중
경상을 당하였다.

세라다수평사는 습격 소식을 간토수평사 본부에 알렸고, 소식을
들은 인근의 약 500명의 수평사 회원들이 간토수평사 본부에 모였
다. 또 각 지역의 수평사에 전보로 이 소속을 알렸다. 전보를 받은
간토수평사 간부 히라노 쇼켄은 세라다촌 습격 현장에 가서 상황을
파악한 뒤, 그 진상을 전국에 알렸다. 혼란을 우려한 경찰이 보도 금
지 조치를 하였다가 해제하자 이 사건은 신문 보도를 통하여 전국에
알려졌다. 수평사는 히라노 중심으로 치안 당국과 사법 당국에 접

촉하여 대책을 세울 것을 촉구하였다. 동애회 회장 아리마 요리야스(유마뢰녕, 有馬頼寧)를 만나 협조를 구하고, 그의 주선으로 각 정당 관계자 등 정치인들을 만나 대책 수립을 촉구하였다(朝治武 2013ㄱ, 206~213). 한편, 경찰은 자경단 폭도 68명을 체포하여 징역과 벌금 판결을 받도록 하였다. 그런데 피해를 입은 수평사 측 5명도 기소하였다. 차별 의식을 갖고 불공평하게 처리하였던 것이다.

세라다촌 습격 사건으로 수평운동은 여러 가지 어려움을 겪게 되었다. 우선, 군마, 사이타마 등지의 간토 지방에서 차별규탄 사건이 크게 줄어들었다. 실제로 차별이 줄었다기보다 차별규탄 활동을 주도할 수평사의 역량 부족으로 적절하게 대처하지 못하여 보고가 제대로 이루어지지 않았던 탓이었다. 또 간토수평사의 일부 간부들이 의연금 지출의 내역을 명확하게 밝히지 않아 의혹이 제기되었는데, 철저하게 규명하지 않은 채 넘어갔다. 그리고 일부 수평사 간부는 내무성과 군마현 당국의 방침에 따라 융화식으로 문제를 해결하려고 하였다. 차별규탄을 강조하는 수평사 방식과 동떨어진 것이어서 조직원들의 반발이 컸다. 결국 융화식 처리 방식에 반발하는 회원들이 군마현수평사와 간토수평사를 해산하는 등 내분이 일어나서 조직이 크게 위축되었다. 관에 협조하며 융화주의적 방식으로 채택한 세력에 대항하여 히라노 중심으로 별도의 전(全)간토수평사청년연맹을 결성하였다. 이와 같은 분열 상황에서 이 지역의 수평운동이 지지 부진하게 되었고, 그 여파로 제2차 세계대전 이후에야 부락해방운동이 재건되었다. 이와 같이 세라다촌 습격 사건은 수평사에 반대하며 부락민을 공격하여 벌어진 것이었지만, 수평사 지도부의 부패와 관에 협력하는 방식의 일처리로 불화를 낳으며 조직 내홍으로 이어져 지역 수평사 활동의 침체 이유가 되었다.

직접 공격을 감행하는 주민들만이 아니라 경쟁 관계에 있는 관 주도의 융화운동 집단도 수평사 창립을 반대하고 활동을 방해하였다. 융화운동이나 부락개선활동에 참여하는 부락 유력자들은 수평운동을 적극적으로 반대하기보다는 비협조적이었고, 경쟁 관계에 있던 탓으로 때로 적대적이었다. 차별 관습을 유지하려는 보수적 일반민들과 달리, 그들은 부락해방이라는 목적을 공유하였기 때문에 갈등과 경쟁을 하면서, 경우에 따라서 협력하는 양면적 태도를 갖고 있었다. 1930년대에 수평사가 부락개선활동에 참여하면서 융화단체와 협력하게 되지만, 초기에 두 세력은 일정 수준에서 긴장 관계에 있었다. 심지어 수평사 반대를 목적으로 단체를 결성한 곳도 있었다. 대표적으로, 교토의 일심회(一心會), 국민연구회, 오사카의 사카에(영, 榮)연합청년회, 계명회(鷄鳴會), 나라의 친우회(親友會), 와카야마의 임술회(壬戌會) 등이었다(秋定嘉和 2004, 74). 이렇게 부락의 상층부 집단이 수평사와 경쟁하는 융화운동에 적극 참여하였기 때문에 전국의 부락은 융화운동이 활발한 지역과 수평운동에 적극 참여하는 지역으로 나누어지는 경향도 생겨났다.

요컨대, 외부 세력으로서 수평운동에 적대적인 일반민들은 부락을 공격하고 수평사에 반대하였지만, 부락 내부의 관제 융화운동 세력은 수평사 활동에 비우호적이거나 경쟁적인 태도를 보였다. 이와 같은 반대 세력의 이중적 양상에 따라 수평사는 차별규탄 활동을 강화하는 한편, 부락 대중의 지지를 획득하기 위해 융화 활동 집단과 경쟁하였다. 이와 같은 관계는 수평운동의 전개에 여러 형태로 영향을 미쳤다. 특히, 융화 세력과의 관계는 1930년대 이후 수평사가 활동 방침을 바꾸는데 크게 작용하였다. 제9장에서 살펴보겠지만, 융화정책을 비판하던 수평사가 1930년대에 부락위원회 활동에 참여하며 융화운동 세력과 협력하게 되고, 더 나아가 침략 전쟁이 확대되고 국가주의가 확산되는 가운데 황국운동에 참여하였던 것이다. 그리고 내무성이 융화단체의 일체화를 종용하는 상황에서 수평사와 융화단체가 통합하기로 합의하였다. 그 유산으로 두

세력은 1945년 제2차 세계대전이 끝난 뒤 부락해방운동 재건에 동
참하였던 것이다.

(2) 수평운동 반대 활동의 파장

창립 당시부터 적극적으로 펼쳐온 차별규탄 활동은 수평운동과
부락민에게 여러 형태의 파장을 가져왔다. 차별과 수평사 반대 활
동에 대한 대응은 수평사의 주요 활동 내용이 되었다. 수평사 창립
이후 계속 일반민들과의 충돌을 겪으면서 부락민의 결속 의식은 더
욱 강해졌고, 차별의 부당함을 인식하고, 단호하게 대응하는 차별
규탄 활동이 활발해졌다. 차별 사건을 통하여 차별의 실상을 자각
하게 되면서 부락민들은 수평사 활동에 더욱 적극적으로 참여하게
되었다. 그것은 관 주도의 융화단체 활동에서 얻을 수 없었던 깨우
침이었다. 또 법, 제도, 교육 현장, 행정 관행 등에서 지속되는 부
락 차별을 인식하고 대응하면서 수평운동의 활동 영역을 넓혀갔다.
더 나아가 도쿠가와 가문의 사죄 요구에서 보듯이 차별의 역사적
근거와 제도적 성격을 인식하며 국가 책임을 주장하게 되었다.
차별 사건과 반대 활동에 적극 대응하면서 회원들의 인식이 변화
하였을 뿐만 아니라 구성원 사이의 연대 활동이 강화된 점도 주목
할 만하다. 차별의 부당함을 인식하고, 회원들의 결속력이 단단해
지고, 연대 활동이 활발해진 것은 서로 밀접하게 이어져서 작용하
였다. 이와 같은 연결 고리가 작동하며 차별규탄 활동도 더 효과적
으로 이루어지게 되었다. 그와 같이 차별 사건을 겪으면서 규탄 활
동이 활발하게 일어난 바탕에는 부락민의 새로운 인식, 결속력과
연대가 있었다. 그것은 수평운동이 활발하게 전개되는 원동력이 되
었다. 곧, 수평사 반대 활동에 대응하면서 총본부, 부현, 지역 등

전국의 수평사가 결속하고 다각적으로 협력하며 연대를 강화해 갔던 것이다. 그러면서 일본 사회 전체가 부락 차별의 실상을 알게 되고, 해결 방안을 모색하는 움직임이 좀 더 활발하게 되었다.

한편, 반대 세력의 공격을 겪고 차별규탄 활동을 벌이면서 다른 사회운동 단체와의 연대 활동이나 일반 대중과의 상호 지원이 더욱 활발하고 광범위하게 이루어지는 의도하지 않은 결과를 얻었다. 제5장에서 살펴본 바와 같이, 1933년의 다카마쓰 차별재판 규탄 활동을 위하여 총본부가 전국부락대표자회의를 개최하고, 전국 규모의 청원 행진을 기획하여 추진한 후쿠오카(복강, 福岡)에서 도쿄까지의 청원 행진은 그 자체가 각 지역의 활동을 활성화하는 기회였고 현장이었다. 기차를 타고 가는 경유지 중심으로 지역 집회가 열렸고, 각 지역의 차별 사건과 생활 옹호 투쟁을 연계하는 활동이 전개되었다. 그 과정에서 재향군인, 청년단, 소방단 등 지역 주민 단체들이 조직적으로 합세하고, 농민조합, 노동조합, 정당 등 사회운동 단체가 적극 협력하는 연대 활동을 폈던 것이다. 이것은 1920년대 말 침체되었던 수평운동이 다시 활성화되는 과정이었고, 다른 사회단체와의 협력과 연대를 공고하게 만드는 자리였다.

다른 한편, 차별 사건이나 수평사 반대 활동을 통하여 수평운동에 대한 일반인들의 오해와 반발심이 뿌리 깊다는 것을 확인하였다. 나라현의 우익 집단 국수회는 수평사를 노동쟁의나 농민 항쟁을 일으키는 세력으로 간주하고, 배후에 사회주의나 공산주의 세력이 있다고 보았다. 또 국수회와의 충돌 사건과 세라다마을 습격 사건에서 보듯이, 자경단 같은 주민 조직이 조직적으로 수평사 반대 활동을 벌였다. 심지어 수평사가 차별규탄투쟁을 벌일 때 공동 대응한다는 규약을 만들어 놓고 있었다. 요컨대, 형평사의 경우와 달리, 수평사 반대 활동은 자경단, 국수회 같은 상설 조직을 통하여 집단적이며 폭력적으로 이루어졌다. 그리고 그 파장은 세라다 마을

의 부락민 습격 사건처럼 수평운동의 발전에 커다란 장애로 작용하
였다.

또 차별과 충돌 사건에서 경찰, 검찰, 재판 등 법을 집행하고 판
결하는 공적 기관이 부락 차별을 자행하는 것을 확인하였다. 대표
적인 보기가 1932년의 다카마쓰 차별 재판이었다. 차별 의식을 갖
고 사적 관계에 개입한 경찰, '특수부락민'에 대한 편견에 근거한
검사의 논고, 그것을 유죄로 인정한 재판관 등이 총체적으로 차별
을 자행하였던 것이다. 그러나 제도적 차별을 규탄하는 활동이 성
공적인 결실을 맺으면서 제도적 차별이나 사회 편견에 대한 투쟁이
확산되며, 차별 철폐의 제도적 개혁을 도모하게 되었다. 이와 같은
경험을 바탕으로 사법, 교육, 행정 등 사회제도에서의 차별 철폐 활
동이 조직적으로 일어났다.

3. 반대 세력과의 충돌 비교 이해

지금까지 살펴본 것처럼, 형평사와 수평사가 겪은 충돌의 바탕에
는 차별 의식이 깔려 있었다. 또 개인적이며 우발적인 갈등이 대규
모의 충돌로 격화되는 양상이 많았다. 이와 같이 백정과 부락민에
대한 차별 철폐와 평등 대우를 주장하는 형평운동과 수평운동을 둘
러싸고 벌어진 갈등과 충돌은 전통 사회의 신분 차별 유습이 여전
히 남아있다는 방증이었다. 19세기 말에 법적으로 신분 해방이 이
루어졌지만, 여전히 신분 차별이 심각하다는 것을 보여주었다. 그
것은 한국과 일본의 전근대성이 그대로 남아 있다는 증거였고, 또
역설적으로 형평사와 수평사가 필요한 이유를 증명하였다.

그런데 반대 세력과의 충돌 양상이나 전개 과정이 형평사와 수평
사의 경우가 다소 달랐다. 형평사의 경우, 충돌 양상의 구도가 비교

적 단순하였다. 형평운동을 공격하는 '편협한 보수 세력' 집단과 충
돌하였고, 이를 둘러싸고 방관하는 일제와 형평사를 지지하는 사회
운동 세력이 제3자처럼 있었다. 경찰을 비롯한 일제 식민지 세력은
사건을 차별적으로 처리하였으며, 때로 형평사에 적대적인 자세를
보였다. 이와 달리, 사회운동계는 형평사를 지원하거나 우호적인
입장에서 사태 해결에 주력하였다. 그렇기 때문에 형평운동에 호의
적인 사회운동 단체나 활동가들의 중재와 설득으로 충돌하는 양측
이 화해하면서 형평운동 반대 활동이 종식되는 경우가 많았다. 또
충돌 사건이 해결된 뒤 반대 활동을 위한 상설 조직으로 발전하거
나 다른 지역과 연계하여 사례를 찾을 수 없었다.

그런데 수평사의 경우에는 충돌 정도나 양상이 더 복잡하였다.
1871년 천민 철폐령 반대 봉기 수준의 폭력은 아니지만, 수평사 창
립에 대한 경계와 반발이 광범위한 지역에서 폭력적으로 일어났으
며, 수평사 반대 세력의 양상도 복잡하였다. 예를 들어, 우익 단체
인 국수회나 마을 주민들의 자경단 등은 의도적이며 조직적으로 폭
력을 자행하였다. 국수회는 수평사를 좌파 활동으로 간주하여 공
격하였고, 또 세라다촌 부락 습격은 수평사의 차별규탄 활동에 공
동 대처한다는 마을 규약에 따라 이루어졌다. 다른 한편, 수평사
는 일본 정부나 부락 유력자들의 탄압이나 비우호적인 경쟁을 겪었
다. 처음부터 수평사가 일본 정부와 부락 유력자들의 시혜적인 융
화정책과 부락개선활동에 반발하여 자력으로 부락해방을 도모하였
기 때문이다. 또 정부가 극도로 경계하는 공산주의 집단이 수평사
를 주도하면서 더 심한 간섭과 탄압을 받았다.

요컨대, 수평사는 여러 성격의 집단으로부터 협공당하는 형국이
었다. 이런 상황에서 수평사는 반대 세력에 적극 대항하며, 폭력적
이며 조직적인 충돌을 겪었다. 수평사는 일상적 관계뿐만 아니라
제도적으로 자행되는 차별을 철폐하고자 규탄 활동을 적극적으로

벌였다. 또 학교, 군대, 행정, 경찰, 재판 등의 제도적 차별에 대항하였다. 이와 달리, 형평사는 융화정책 같은 일제 식민지 세력의 정책적 고려나 융화단체처럼 경쟁 집단이 없었다. 오히려 식민 지배의 정치적 상황이 활동 요인으로 작용하였다.

요컨대, 형평사와 수평사가 겪은 반대 활동은 갈등 구도뿐만 아니라 충돌 양상이나 규모 측면에서 차이가 있었다. 사회 전반적인 차별 양상이나 성격의 차이를 규명하는 것은 쉽지 않지만, 수평사의 경우가 훨씬 조직적이고 지속적인 차별과 탄압을 겪었다고 판단된다. 이것은 일본 사회에서의 부락민 차별이 한국에서 백정이 겪는 상황보다 더 심한 것을 반영하는 것이라고 판단된다.

이와 같이 형평사와 수평사 모두 일반민들과의 충돌 사건을 겪으면서 구성원들의 전통적인 유대와 결속력을 강화하고, 다른 사회운동 단체와의 협력이 활발해지는 의도하지 않은 결과를 얻었다. 이것은 백정과 부락민이 억압을 겪던 두 단체 결성 이전의 상황과 달리, 백정과 부락민이 차별의 부당함을 인식하고, 두 단체가 적극적으로 차별 철폐 활동을 펼친 성과였다. 이와 같은 역동적인 과정에서 다른 사회운동과의 협력 관계와 연대가 중요하게 작용하였다는 점에 주목하게 된다. 다음 제8장에서는 사회운동 세력과의 연대를 자세하게 살펴보고자 한다.

제8장 사회운동 세력과의 연대

형평운동과 수평운동은 한국과 일본이 근대 사회로 이행하는 과정에서 일어났다. 그 시기에 두 나라 모두 다양한 형태의 사회운동이 활발하게 전개되었다. 그러한 사회운동의 배경에는 민족주의, 국가주의, 아나키즘, 사회주의 같은 다양한 이념이 있었다. 이와 같은 사회운동 단체와의 협력과 연대, 그리고 사회 전반에 확산된 이념은 형평운동과 수평운동의 전개 과정에 주요한 변인으로 작용하였다. 심지어 사회주의 영향 아래 제기된 해소론 논쟁에서 보듯이, 사회운동 세력과의 관계는 형평사와 수평사의 진로를 결정하는 주요 요인이었다. 이런 점을 고려하여 제8장에서는 두 운동과 사회운동 세력과의 관계와 연대를 살펴보고자 한다.

1. 형평사의 대외적 협력

(1) 사회운동 단체와의 연대

형평사가 활동한 1920년대와 1930년대는 사회 개혁을 지향하는 다양한 사회운동이 활발하게 일어나서 '사회운동의 시대'라고 일컬어진다(김중섭 2012). 이것은 19세기 말부터 일어난 오랜 사회운동의 전통을 잇는 것이었다. 외세 침략을 겪으며 일어난 의병활동, 국채보상운동, 교육운동 같은 전통은 1919년의 3.1운동으로 이어졌고, 3.1운동을 기점으로 다양한 사회운동이 전국 곳곳에서 활발하게 전개되었다. 1920년대 전반기에 노동, 농민, 청년, 소년, 여성 등 여러 부문의 사회운동으로 널리 확장되었으며, 그러한 추세는 1920년대 후반기에 더욱 강화되었다. 이 과정에서 3.1운동 이후 생겨난 청년단체들은 다양한 사회운동 발전에 인적 자원을 공급하는 둥지 역할을 하였다. 그리고 전국적으로, 또한 각 지역에서 사회운동 단체를 한데 아우르는 사회운동계가 구축되었으며, 그것이 지역, 권역, 전국 차원에서 서로 이어지면서 사회운동 단체의 연결망을 형성하였다. 또 사회운동에 열심히 참여하면서 동지(同志) 의식을 공유하며 서로 연대를 도모하는 직업적 사회운동가 집단이 생겨났다. 이와 같이 3.1운동 이후에 생겨난 사회운동계와 직업적 사회운동가들은 사회 현안 사안에 적극 참여하는 주요 행위자였다. 이러한 사회 환경에서 형평사가 만들어지고 발전하였다.

전통적 신분 질서에 근거한 차별 관습을 타파하고 평등한 대우를 주장하는 형평운동은 근대 사회로 나아가고자 하는 대표적인 사회운동이었다. 거기에는 사회 개혁을 통하여 근대 사회를 건설하려는 '근대성'의 열망과 의식이 깔려 있었다. 곧, 신분제의 기득권 관습을 유지하려는 보수 세력에 대항하는 형평운동은 사회 개혁을 도모하는 다른 사회운동들과 친화성이 높았다. 그들은 사회 개혁을 위해서 협력과 연대가 필요하다는 것을 공유하고 있었다. 이와 같이 형평운동은 처음부터 다른 사회운동 단체들과 밀접한 관계를 갖고 있었다. 곧, 다른 사회운동과의 관계는 형평운동을 이해하는 주요 요소였다.

형평사가 창립뿐만 아니라 초기의 확산 과정에 다른 사회운동 단체와 밀접한 협력 관계를 갖는 데 중요하게 작용한 것은 개방형 충원 방식에 따라 사회운동가들이 형평운동에 참여한 것이었다. 그래서 각 지역마다 형평운동에 참여하거나 후원하는 비백정 출신의 사회운동가들이 생겨났다. 대표적으로, 경상도 지역에서는 진주의 강상호, 신현수, 조우제, 마산의 여해, 안동의 김남수 등, 전라도 지역에서는 전북 정읍의 최중진, 이리의 임중환, 조선노동공제회 광주지회장 서정희 등이었다(김재영 2007ㄱ, 103, 106, 184~186). 이와 같은 비백정 출신의 직업적 사회운동가들을 매개로 형평운동은 손쉽게 사회운동계의 일원이 되었다.

지역 사회운동 단체는 다양한 방식으로 형평운동의 발전에 이바지하였다. 진주에서는 직업적 사회운동가들이 형평사 창립에 중추적 역할을 하였고, 전북 김제의 서광회 경우에는 현지의 사회운동가들이나 유력자들이 창립의 고문이나 자문역으로 참여하였다. 또 사회운동 단체 차원에서 형평사 행사에 축전을 보내거나, 활동가들이 직접 참석하여 축사를 하며 연대를 과시하고 지지 의사를 밝혔다. 이와 같은 지지 방식으로 말미암아 형평사 행사에서 축전 낭독과 축사가 진행 순서의 하나로 자리 잡았다. 축전은 다른 지역, 경우에 따라서는 멀리 일본으로부터 왔다. 이와 같이 형평운동은 초기부터 다른 사회운동의 지지를 받고 연대하였다.

일본 유학생 단체인 북성회의 형평사 지지 활동은 형평운동에 대한 사회운동계의 열렬한 성원을 보여주는 대표적 사례이다. 북성회는 형평사 창립 소식에 즉각 지지 의사를 밝히면서 기관지 《척후대》(제3호 1923. 5. 15)에 형평사의 창립 취지, 활동 내용을 특집으로 소개하였다. 그리고 창립 축하식에 축전을 보내주었고, 그 해 8월에는 여름방학을 이용하여 전국의 주요 도시 순회강연회를 개최하여 형평운동의 역사적 의미와 사명을 널리 홍보하였다(《동아일보》 1923. 8. 11, 18; 《조선일보》 1923. 8. 6). 이에 부응하여 형평사 측에서는 각 지역의 순회 강연에 맞추어 현지 사회운동 단체와 협력하여 북성회를 환영하는 모임을 주관하였다. 또 북성회 회원 장적파(張赤波, 본명 장일환)는 신문 논설을 게재하여 형평운동에 대한 이해를 증진시키고자 하였다(장적파 1923).

창립 이후에도 형평사와 다른 사회운동 단체와의 연대와 협력 관계는 다양한 형태로 증진되었다. 사회운동계의 주축 세력인 노농(勞農)운동이나 청년운동 단체들이 개별적이거나 단체로 형평운동 지지를 표명하였다. 또 사회운동 단체의 연합 집회나 회의에서는 형평운동 지지안을 결의하였다. 예를 들어, 1924년 1월 진주노동공제회 주최로 열린 경남 노농운동자 신년 간친회에서 참석 단체들이 합동으로 형평운동 지지를 결의하였다(《조선일보》 1924. 1. 20). 지역 사회운동 단체들의 형평운동 지지와 우호적 관계 표명은 1924년 상반기 형평사 지도부의 파벌 대립 가운데서도 계속 나타났다. 4월에 열린 조선노농총동맹과 조선청년총동맹은 제각기 창립총회에서 형평운동을 의제로 채택하고 지지 의사를 밝혔다. 전국의 사회운동 단체들을 총망라하는 이 양대 세력은 서로 경쟁 관계에 있었지만, 형평운동 지지에는 같은 뜻이었던 것이다(김준엽·김창순 1973, 2권 86~98, 136~149;《동아일보》1924. 4. 22, 26;《조선일보》1924. 4. 22;《시대일보》1924. 4. 22).

1924년에도 다양한 방식으로 형평운동 지지가 이루어졌다. 사회주의 계열의 북풍회는 형평운동 지지를 강령에 포함시켰으며(《조선일보》1924. 11. 29), 경남 합천군 삼가, 전남 목포 등지의 지역 사회단체는 개별적으로 형평사 지지를 선언하였다(《동아일보》1924. 8. 1;《조선일보》1924. 12. 24). 또 경남에서는 도(道) 단위의 사회단체 연합체가 집단적으로 형평운동 지지를 표명하였다(《동아일보》1924. 4. 2). 이와 같은 사회운동 단체들의 형평운동 지지 표명은 형평사를 동료로 받아들인다는 의미였다. 형평운동은 창립 이후 빠른 속도로 사회운동계의 일원이 되었던 것이다(김중섭 1994, 155~158).

형평운동은 사회운동 단체로부터만 지지받은 것이 아니었다. 진보적 지식인들, 특히 언론인들도 형평운동을 적극 지지하였다. 신문이나 잡지의 서울 본사뿐만 아니라 각 지역 지국에서 일하는 언론인들도 형평사 창립과 발전을 지원하였다. 진주에서처럼 창립을 주도하거나, 마산의 여해나 정읍의 최중진처럼 임원을 맡는 등 직접 형평운동에 참여하는 언론인도 있었다(김중섭 1994; 김재영 2007 ㄱ). 언론인들의 지원 덕분에 형평운동 관련 사항이 언론에 상세하게, 대체로 우호적으로 보도되었다. 그 시기에 언론은 사회운동계의 동향을 상세하게 보도하는 관행이 있었는데, 형평운동도 그 대상이었던 것이다. 그 결과, 형평사의 조직 결성이나 회의, 집회, 차별 사건 등이 언론에 자주 보도되었다. 더 나아가 형평운동 반대 활동이나 충돌 사건이 일어났을 때에는 형평사에 우호적인 입장의 사설이나 시론을 게재하였다. 특히, 3.1운동 직후 창간된 한글 신문 《조선일보》와 《동아일보》는 형평운동에 우호적이었다. 형평사 창립 직후만 살펴보더라도, 이 신문들은 사설을 연이어 게재하여 형평사 결성을 시대에 적합한 행동이라고 평가하면서 일반 백성의 각성을 촉구하였으며, 비백정들과의 충돌이 일어날 때는 시론(時論)을 통하여 형평사 입장을 지지하였다(《조선일보》 1923. 5. 3, 21; 8. 26; 《동아일보》 1923. 5. 18, 29, 31).

사회운동계와의 연대와 협력은 창립 초기 지도부의 파벌 극복에도 이바지하였다. 형평운동을 지지하고 후원하는 사회운동계의 여러 단체와 활동가들, 그리고 언론은 파벌 해소를 적극적으로 요구하였다(차천자 1924). 사회운동계의 일원으로서 파벌 지도자들도 이와 같은 요구와 압력을 거부하기 힘들었던 것이다. 물론 파벌 대립의 종식에는 형평청년회의 젊은 활동가들을 비롯한 사원들의 요구도 크게 작용하였다. 형평청년회는 앞서 제5장에서 살펴본 것처럼, 1920년대 중반 이후 젊은 활동가들의 활동 공간으로서 다른 사회운동 단체와 연대하고 협력 활동하는 통로였다. 젊은 형평사원들이 지역의 청년 단체에 가입하여 활동하기도 하고, 또 청년 단체의 활동가들이 형평청년회 창립이나 활동에 직접 관여하기도 하면서 청년 활동가들은 형평운동과 다른 사회운동의 연대와 협력에 이바지

하였다. 그들의 활동을 통하여 형평사가 사회주의 진영으로 합류할
것이라는 기대도 커졌다(김덕한 1924).

파벌 대립을 극복하고 중앙총본부를 서울로 옮기면서 형평사와
사회운동계의 협력 활동은 더욱 활발해졌다. 경성청년회 회원 서광
훈, 강원도 횡성 천도교도 이동구 같이 비백정 출신 활동가들이 형
평사에 참여하는 사례가 늘어났다. 그러면서 사회운동계의 영향이
형평운동에 광범위하게 퍼졌다. 특히, 젊은 형평사원들이 사회운동
전반에 확산된 진보적 이념을 빨리 수용하였다. 그러면서 형평사
도 경찰의 밀착 감시 대상이 되었다. 일제는 1924년 4월 조선청년
총동맹 창립총회에서 형평운동 지지를 결의한 것도 '계급투쟁'을 위
한 것이라고 보는 등 사회주의 운동 세력이 형평운동을 포섭하려는
것에 대한 경계심을 늦추지 않았다(《동아일보》1924. 4. 25, 26). 이와
같은 경찰의 기본 입장은 이후에도 크게 바뀌지 않았다. 더욱이 예
천 사건을 겪으면서 경찰의 감시는 더욱 강화되었다.[44)]

1925년에 형평운동과 다른 사회운동과의 협력은 더욱 활발해졌
다. 많은 사회운동 단체들이 형평운동 지지를 결의하였다. 공식 회
의에서 형평운동 지지를 결의하였다고 언론에 보도된 사례만도 전
남 광주, 나주, 경남 합천, 진영, 경북 상주, 안동, 충남 보령, 강원
통천, 황해 사리원, 평안 평양 등 전국에 걸쳐 있었다. 또 전남, 전
북, 경북, 황해도 등지의 사회운동단체 도(道)연합회가 형평운동 지
지를 밝혔다(《조선일보》1925. 3. 14, 24; 4. 1;《동아일보》1925. 2. 26;
3. 22; 4. 1). 지지와 연대를 표명하는 사회운동 단체들은 신분 차별
철폐와 평등 사회를 주장하는 형평운동의 사회 개혁을 성원하였다.
형평사원과 편협한 보수 세력 사이의 충돌에서 형평사원들을 적극
지지하였다. 비백정들과의 갈등과 충돌 과정에서 다른 사회운동 단

44) 京鍾警(京城鍾路警察署)高秘 제8946호의 1, "衡平運動卜北風系主義者ノ行動ニ関
スル件"(1925. 9. 3).

체와의 교류와 협력 관계가 더욱 강화되었다. 특히, 제7장에서 살펴본 것처럼, 예천 사건을 겪으면서 1920년대 중반에 더욱 긴밀해졌다.

연대와 협력을 통하여 형평운동은 사회운동계의 일원으로 확고하게 자리를 굳혀갔지만, 그와 동시에 사회운동계 내부에 확산된 이념적 갈등이나 파벌 싸움의 여파가 형평사에도 미쳤다. 1920년대 중반 사회운동 단체들은 화요회 계열과 서울청년회 계열로 나뉘어서 치열하게 대립하고 경쟁하였는데, 형평사도 그 틈에 끼어 있었다. 대표적인 사례가 1925년 4월 조선민중운동자대회를 둘러싸고 벌어진 분열이었다. 화요회가 4월 24일 서울에서 "조선민중운동자대회"를 개최하기로 계획하고 형평운동을 토의 안건에 포함시켰다(《동아일보》 1925. 2. 19; 4. 19, 20, 21; 《조선일보》 1925. 4. 20; 김준엽·김창순 1973, 2권 269~284). 형평운동 지지를 공식적으로 결의한 뒤 백정 차별 철폐 활동을 벌일 계획이었다. 물론 그 배경에는 전국 조직인 형평사를 화요회 계열로 끌어들이려는 의도가 깔려 있었다. 민중운동자대회의 계획에 대하여 형평사 서울본사는 긍정적이었다(《동아일보》 1925. 4. 25). 장지필이 준비위원으로 참여하였고, 일부 지역의 형평분사가 대회 참가 신청서를 제출하였다. 민중대회 주최 측은 18개의 형평사 단체가 참가를 신청하였다고 밝혔다. 이에 대하여 화요회의 경쟁 단체인 서울청년회는 "민중운동자대회 반대단체연합회"라는 집회를 계획하였다(《조선일보》 1925. 4. 20; 《동아일보》 1925. 4. 21). 서울청년회 계열의 지방 단체들이 참가를 신청하는 가운데 그 영향권에 있던 형평사 지사와 분사도 신청서를 냈다. 주최 측에서는 12개의 형평사 단체가 참가 신청을 하였다고 발표하였다.

이렇게 사회운동계의 파벌 대립의 여파가 형평사에도 미치는 가운데 지역의 형평분사는 형편에 따라 각기 다른 계열의 단체들로부터 지원을 받고 협력하였다. 특히, 각 지역의 형평청년회는 제각기 서울청년회와 화요회의 연맹에 분산되어 가입한 형편이었다(김준엽·김창순 1973, 2권 160~174; 3권 157~164). 그래서 중앙의 형평청년연맹이 각 지역의 형평청년회에게 파벌 싸움에 개입하지 말고 형평운동에만 매진할 것을 권고하기도 하였다(《시대일보》 1925. 12. 20). 형평사 차원에서도 민중운동자대회의 파열음을 목격하면서 1925년 4월의 정기전국대회에서 외부의 파벌 다툼에 일체 개입하지 말고 형평운동의 독자적인 발전을 위해서 노력하자는 결의안을 채택하기도 하였다(《동아일보》 1925. 4. 25, 26).

이와 같은 혼선이 있었지만, 형평운동과 사회운동계와의 밀접한 유대 관계는 계속 유지되었다. 1926년 1월에는 화요회, 북풍회 등이 개최한 '재경(在京) 사상단체 신년 간담회'에 장지필이 형평사 대표로 참석하여 경과보고를 하였다(《동아일보》 1926. 2. 1). 제5장에서 보았듯이, 다른 사회운동 단체와의 협력 문제는 정기전국대회의 주요 안건으로 다루어졌다. 그러나 대외 협력 문제에 관하여 형평사 지도자들의 의견이 언제나 통일된 것은 아니었다. 사회운동계의 파벌 대립이나 이념 갈등의 영향에서 벗어날 수 없었고, 지도부 임원들 사이에도 견해 차이가 있었다. 특히, 젊은 활동가들 중심으로 사회운동계에 확산된 진보적 이념을 받아들이면서 형평운동의 전개에 커다란 영향을 미쳤다(김중섭 1994, 256~261; 고숙화 1993).

사회운동계에 확산된 다양한 이념 양상은 사회주의에 한정되지 않았다. 겉으로 크게 드러나지 않았지만 민족주의 영향도 있었다. 단적인 증거가 민족주의 단체와 연대한 고려혁명당 사건이었다(김중섭 1994, 250~256). 고려혁명당은 만주의 민족주의 단체인 정의부가 주축이 되고, 국내에서는 천도교와 형평사 지도자들이 참여하여 민족 해방을 목표로 결성한 민족주의 단체였다. 제6장에서 살펴본 것처럼 이 사건으로 말미암아 형평사는 지도부 구성에 커다란 변화를 겪었다. 1924년과 1925년에 형평사 중앙집행위원을 역임한 바가 있고, 천도교인으로 3.1운동에 참여하였던 이동구는 고려혁명당의 책임비서로서 형평사와 연결하는 임무를 맡았다고 재판정에서 밝히고 있다(《조선일보》 1928. 3. 11; 《동아일보》 1928. 3. 11). 오성환 역시 형평사 활동을 만주지역까지 확대하려는 의도에서 이동구의 권유에 응했다고 하였다(《조선일보》 1928. 3. 12). 이러한 진술로 미루어보아 그들은 형평사 활동가로 일하면서 민족주의 단체와 연대와 협력을 추진하였다고 짐작된다. 곧, 소수지만, 일부 형평사 활동가들은 대외적 연대 활동을 통하여 '신분 해방'과 더불어 '민족 해방'을 도모하였던 것이다(김중섭 1993).

그런데 형평사에는 바깥 단체들의 영향력을 경계하면서 독자적으로 형평운동을 발전시키자는 부류도 존재하였다. 예를 들어, 1926년 전국대회와 총본부의 집행위원회에서 외부 지원 없이 독자적으로 형평운동을 수행하자는 안이 통과되기도 하였다(《조선일보》 1926. 12. 2; 《동아일보》 1926. 12. 2; 《중외일보》 1926. 12. 2). 특히, 형평사원들의 권익 보호를 우선시하는 온건한 성향의 활동가들은 진보적 이념의 확산을 비판하는 등 탈이념적 경향을 보였다. 진주파 지도자 강상호도 고려혁명당 사건이 터졌을 때 형평사 본래의 활동을 지속해 나가겠다는 입장을 밝히는 등 이념에서 벗어나려는 모습을 보였다(《조선일보》 1927. 1. 26). 이와 같이 3.1운동으로 복역하였던 강상호가 탈이념적, 실리적 성향으로 바뀐 것처럼, 형평운동가들의 정치적, 이념적 입장은 시대의 흐름에 따라 끊임없이 바뀌어갔다. 그러한 변화 가운데 하나가 1920년대 후반에 나타난 젊은 활동가들의 사회주의 경도였다.

사회운동계 전반에 확산된 사회주의의 영향을 받은 진보적인 젊은 활동가들은 사회주의 운동 세력과의 협력을 강화해갔다. 그러면서 1920년대 후반 형평운동은 더욱 진보적 경향으로 바뀌어갔다.

332 제3부 역동적인 바깥 환경

1928년 전국대회와 지역 집회 장소에는 무산 사원에 대한 유산 사원의 착취를 지적하는 슬로건이 내걸렸고, 진보적 내용을 담은 강령이 채택되었다. 사원 사이의 불평등과 착취를 타개하기 위해서 무산 사원들의 각성과 배려가 중요하다는 주장이 나왔고, 도살장 노동자인 도부나 고리제품 생산자들의 조합을 결성하려는 시도도 있었다. 특히, 1920년대 말에 사회주의 경향의 젊은 활동가들이 형평운동을 주도하면서 사원들 사이의 이념적 긴장과 갈등이 고조되었다. 이에 관하여는 다음 절에서 해소론을 둘러싼 논쟁을 다루면서 살펴보고자 한다.

형평사와 다른 사회운동 단체 사이의 다양한 관계 탓으로 형평운동은 더욱 역동적으로 전개되었다. 1920년대 후반 다른 사회운동과의 연대와 협력이 더욱 강화되었다. 1927년 5월에는 사회주의 단체들이 주도하는 조선사회단체중앙협의회 결성에 참여하였으며(《동아일보》 1927. 5. 18; 김준엽·김창순 1973, 3권 16~21), 1920년대 말에는 민족주의와 사회주의 계열이 연합하여 결성한 민족단일당인 신간회와의 상호 협력과 지지가 이루어졌다. 신간회 중앙집행위원회가 형평운동 지지를 공식 결의하였고(《조선일보》 1929. 11. 23; 《동아일보》 1929. 11. 23, 26; 《중외일보》 1929. 11. 23), 각 지부에서도 이것을 재확인하였다. 형평사도 1928년과 1929년의 전국대회에서 신간회 지지를 결의하였고, 1930년 6월 신간회 경성지회 창립 3주년 기념식에 박평산이 형평사 대표로 참석하여 축사를 하다가 논지가 불온하다고 경찰의 중지 명령을 받기도 하였다.[45] 또 1929년 초 원산 총파업을 벌인 파업 노동자를 지지하는 등 다른 사회운동과의 연대 활동을 광범위하게 펼쳐갔다(《중외일보》 1929. 3. 1).

---

45) 京鍾警高秘 제8815호, "集会取締状況報告 (通報)"(1930. 6. 10).

 (2) 해소론과 이념적 갈등

 1920년대 말 1930년대 초에 일어난 해소론 논쟁은 형평사 안의 이념적 갈등을 잘 보여주었다. 진보적 이념이 확산되면서 사원들 사이의 갈등이 고조되었는데, 그 갈등이 해소론을 통해서 뚜렷하게 드러났던 것이었다. 해소론은 소련의 영향권에 있는 코민테른의 지시에 따라 계급 투쟁의 역량을 강화하기 위해서 모든 사회운동 단체를 해체하고 노동조합으로 결합하자는 주장이었다. 그 의도는 계급해방 전선을 강화하려는 것이었다. 일제가 1925년에 제정된 치안유지법을 1928년에 개정하여 공산주의운동을 더욱 철저하게 탄압하는 상황에서 그 타개책의 하나로 해소론이 제시되었다. 해소 대상은 형평사를 비롯하여 모든 진보적 사회운동 단체였다. 그에 따라 좌우파의 합작 단체인 신간회가 '개량적 부르주아'로 우경화되어 간다고 비판받으며 1931년 5월에 해체되었다. 이렇게 해소론은 사회운동계 전반에, 특히 공산주의운동 단체와 밀접하게 연계되어 확산되었다.
 해소론은 바깥 사회운동 단체들과 밀접하게 관계된 것이지만, 다른 한편 형평사의 존폐를 결정짓는 중요한 문제였다. 제5장에서 본 바와 같이, 형평사는 이미 해소론을 한 번 경험하였다. 젊은 활동가들의 구심점인 형평청년회 활동은 각 지역의 형평운동을 활성화시키는 원동력이었는데, 그에 관계없이 외부 세력과 교감하는 사회주의 활동가들이 형평청년 단체의 해소를 주장하여 형평청년동맹이 1928년 4월에 해체되었던 것이다(《동아일보》 1928. 4. 27).
 1930년대 초 해소론이 다시 제기되자 형평사 지도부는 크게 찬반으로 갈렸다. 사회운동계와 연대 활동을 강화해온 진보적인 젊은 활동가들은 대체로 해소론을 적극 지지하며 공론화를 주도하였다. 공산주의운동을 하면서 형평운동을 무산운동으로 전환시키려고 하는 이종률, 안균 등도 해소론 주장을 적극 지원하였다. 이와 달리 창립 이후 형평운동을 이끌어온 노장층 지도자들은 사원들의 권익 증진을 위한 조직이 필요하다는 입장에서 형평사의 정체성과 조직을 유지하고자 하였다. 이와 같은 분위기가 1931년 전국대회에 널리 확산되었다.[46] 급진 세력은 온건한 지도부를 공격하였다. 진보적 활동가들은 형평사가 그동안 사원들의 계급의식을 일깨우는 데 이바지하지 못하고, 오히려 계급 투쟁을 못 하도록 가로막았다고 주장하였다. 그러면서 형평사원들의 올바른 계급 상황 인식과 그에 부응하는 활동 방향 정립이 시급한데 무산계급운동으로 합류하는 것이 해결 방향이라고 주장하였다(박평산 1931; 권승덕 1931). 또 '유산' 사원과 '무산' 사원의 분화가 심화되면서 무산 동료들에 대한 유산 사원들의 착취가 늘고 있다고 주장하였다(이양코(동환) 1931, 73). 전국대회를 비롯한 각급 집회 장소에는 "사원 착취를 반대하자" 같은 구호가 내걸렸다.

진보적 활동가들의 주장처럼, 형평사원들의 경제 수준은 직업과 부에 따라 커다란 차이가 있었다. 형평사원들 사이의 동료 의식은 여전히 강하였지만(《중앙공중보》 1935. 2. 1), 고기 판매나 가죽 거래 같은 경제적 이권을 둘러싸고 동업자끼리 경쟁하고 대립하면서 갈등이 드러나기도 하였다(《조선일보》 1930. 10. 13). 진보적 활동가들은 형평사원 사이에 분화가 심화되고 갈등이 생기는 것은 형평운동 정신이 없어진 증거라고 주장하면서 불의(不義)에 저항하고 계급 이익을 위하여 투쟁해야 하는 원래 목적을 잃은 형평사는 해소해야 한다는 논리를 폈다(박평산 1931, 54). '비계급적이고 비대중적인' 형평사를 해소한 뒤, 형평사원들은 종사하는 분야에 따라 제각기 노동조합을 결성하여 계급 투쟁을 벌여야 한다고 하였다. 백정이건

---

46) 京鍾警高秘 제5271호, "集会取締状況報告 (通報) (第九回衡平社全鮮大会)" (1931. 4. 27).

비백정이건 관계없이, 대도시의 도부들은 독자적인 도수노동조합을 조직하여 전체 노동 진영에 참여하고, 수가 작아 독자적인 단체를 결성할 수 없는 지역에서는 다른 노동조합이나 농민조합에 가입하여야 한다는 것이다. 그래야 모든 사원이 진정한 계급운동의 지도력 아래서 더욱 효율적이며 충실한 투쟁을 벌일 수 있다고 하였다. 그들은 계급 갈등과 투쟁을 강조할 뿐 형평운동의 독자성이나 고유한 특성은 고려하지 않았다.

해소론 지지 세력은 1920년대 중반에 중앙총본부의 지도 세력으로 부상한 젊은 활동가 집단이었다. 정위단, 청년회, 학우회 같은 하위 단체에서 활동하던 박평산, 심상욱, 이종률과 같은 젊은 활동가들이 공산주의 조류에 동조하면서 다른 사회운동 단체와의 연대를 강화해 왔다. 젊은 활동가들은 대개 해소론을 적극 찬성하였지만, 서광훈, 이동환, 최석, 김수동 같이 시기상조임을 내세워 해소론에 반대하는 활동가들도 있었다(《조선일보》 1933. 8. 12). 그런데 장지필, 김종택, 길순호 등 초기부터 형평운동을 이끌어온 노장층 지도자들은 해소론 반대 입장을 갖고 있었다. 곧, 해소를 둘러싸고 노장층과 소장층이 갈린 셈이었다. 이 두 집단은 형평운동의 활동 방향에 대해서도 견해가 달랐다. 젊은 지도자들은 사회운동계와의 연대를 강화하려고 했지만, 노장층은 형평사의 고유한 특수성을 유지하려고 하였다. 또 활동 내용에 관하여도 견해 차이가 극명하게 드러났다. 해소론 지지 집단은 사회적 경제적 평등 사회를 위한 계급 투쟁을 우선에 두었지만, 해소에 반대하는 노장층 지도자들은 전통 산업에서 비사원들의 점유율이 높아지는 상황에 대처하여 사원들의 권익 보호를 중요하게 인식하였다. 그런 배경에서 경남도 연합회나 전국대회에 '비사원 수육 영업 절대 반대' 안건이 상정되기도 하였다(《동아일보》 1931. 5. 29; 1932. 4. 29). 이와 같은 지도부의 견해 차이 존재는 훗날 형평청년 전위동맹사건 재판 과정에서 장지필 등도 인정하였다(《조선일보》 1936. 3. 6).

1931년 내내 해소론을 둘러싸고 뜨거운 논쟁이 형평사의 각급 회의장에서 벌어졌다. 1930년대 초 중앙총본부 임원 선출 과정에서 일어났던 갈등이 해소안을 둘러싸고 되살아나서 양측이 첨예하게 대립하는 양상이었다. 그런데 대립과 갈등의 원인이었던 해소안은 전국대회에서 부결되고, 지역 집회에서도 채택되지 않았다. 전국대회의 대의원 다수가 반대하고, 또 다수의 사원들이 형평사의 고유한 성격을 유지하고자 하는 상황에서 해소론자들은 소기의 목적을 달성할 수 없었다. 이렇게 형평사가 유지되었어도 형평운동은 급격하게 약화되었다. 활동에 참여하는 사원이나 조직 수가 뚜렷하게 감소하면서 형평사 활동도 급속도로 위축되었다.

이와 같이 1920년대 후반, 1930년대 초 사회운동계와의 연대와 협력은 형평운동 전개의 주요 요소로 작용하였다. 각 지역에서 젊은 활동가들이 형평사와 다른 사회운동 단체의 가교 역할을 하면서 해소론을 추진하였다. 해소론 지지파인 박평산, 심상욱 같은 활동가들이 진보 세력을 이끌었으며, 이동환, 서광훈 같은 소장파 활동가들은 해소에 동의하지 않아도 진보적 입장에 있었다. 해소론 논쟁을 통하여 형평사에 급진 세력이 존재한다는 것이 확인된 셈이었다. 이를 파악한 일제는 제9장에서 자세하게 살펴보겠지만, 1933년에 이른바 형평청년 전위동맹 사건이라는 조작 사건을 통하여 진보적인 소장층 활동가들을 활동할 수 없도록 만들었다. 이와 같이 다른 사회운동 단체와의 협력과 연대, 그리고 그 영향에서 비롯된 해소론 논쟁은 형평운동의 변화를 가져오는 분기점이 되었다.

2. 수평사의 대외적 협력

(1) 사회운동 단체와의 연대

사회운동계와 긴밀한 협조 관계를 갖고 활동하던 형평사 못지않게 수평사도 창립 초기부터 사회운동계와 연계하여 발전하였다. 수평사는 자력 부락해방을 목표로 내걸고 배타적인 충원 방식을 채택하였지만, 앞서 살펴보았듯이 사회 세력과의 연대 활동이나, 또 그 영향 아래 벌어진 지도부의 이념 투쟁이 수평운동의 전개에 크게 영향을 미쳤다. 수평사가 다른 사회운동과 연대 활동을 하면서 창립된 것은 아니지만, 창립을 추진하던 집단은 여러 사회운동 단체에 참여한 전력을 갖고 있었다. 창립을 주도한 나라의 제비회 회원들은 사회주의동맹에 가입하여 활동하였으며, 핵심적인 창립 회원인 히라노 쇼켄(평야소검, 平野小劍)은 인쇄공조합의 모임에 참여한 전력이 있었다. 또 창립을 준비하는 과정에 일본공산당 초대 집행위원장인 사노 마나부(좌야학, 佐野學)으로부터 영향을 받았다.

사회운동계의 영향을 더 확실하게 보여주는 것은 공산주의 계열 활동가들이 주축이 된 수평사청년동맹의 창립과 역할이다(関口寬 2009ㄴ). 앞서 제5장에서 살펴본 것처럼, 청년동맹은 볼셰비키파 지도자 야마카와 히토시(산천균, 山川均)의 제자이자 일본공산당 창립에 참여하였던 다카하시 사다키(고교정수, 高橋貞樹)를 중심으로 1923년 11월에 결성되었다. 한편, 일본공산당도 적극적으로 수평운동에 침투하려고 하였다. 수평부를 설치하고, 위원장에 다카하시, 위원에 사노, 야마카와 등을 선임하였다. 그리고 수평운동 안의 우수한 분자를 뽑아 당원으로 가입시키고, 공산주의 분자를 결집시켜 수평공산당 같은 비밀단체를 만드는 특수 임무를 수행하도록 하였다(久保在久 2002ㄴ, 458). 이렇게 일본공산당은 수평사의 핵

심 활동가인 다카하시, 기시노 시게하루(안야중춘, 岸野重春) 등을 당
원으로 확보하고 무산자운동을 표면화하며 조직화를 서둘렀다. 곧,
수평사의 공산주의 세력을 주축으로 노동운동, 농민운동과 함께 수
평운동을 전략적으로 전면에 내세워 계급 투쟁과 무산계급 동맹을
이끌어가려고 하였다. 제5장과 제6장에서 살펴본 것처럼, 이 단체
는 청년단체의 이름으로 결성되었지만, 이른바 도지마 스파이 사건
을 빌미로 수평사 지도부의 주도권을 장악한 이후 수평운동의 좌경
화를 주도하는 데 핵심적인 역할을 하였다. 특히, 수평운동을 공산
주의운동의 일환으로 삼아 계급 투쟁의 한 방안으로 활용하고자 하
였다.

이와 같이 수평사 내부에 공산주의 세력을 구축하고 노동, 농민
으로 대표되는 무산자 계급운동과의 협력과 연대를 구체적으로 추
진하기 위하여 1924년 3월 제3차 전국대회에 무산자 단체와의 협
력 기관 설치 안을 상정하였다. 요컨대, 노동, 농민, 수평의 3각동
맹을 제안한 것이다. 그러나 참석자들 사이의 견해 차이로 격론이
벌어지면서 이 안은 보류되었다. 그 뒤 수평운동을 노동운동, 농민
운동과 연대하여 계급운동으로 방향 전환하려는 시도가 더 노골적
으로 이루어졌다. 볼셰비키 지도자 사카이 도시히코(계리언, 堺利彦)
의 지적대로 수평운동과 노동운동, 농민운동을 결합하여 일본 무산
계급운동의 3대 진영으로 구축하려는 의도가 사라지지 않았던 것
이다(部落問題硏究所 엮음 1986, 264).

부락민 상층부는 융화운동에 적극적이었지만, 대개의 부락민들
은 하층민이었기 때문에 수평운동이 발전하면서 농민, 노동자, 사
상단체 등 다른 사회운동과의 협력은 어렵지 않게 이루어졌다. 대
개 소작 빈농이거나 영세한 자작농이었던 부락민은 수평사 창립 이
전부터 소작쟁의에 폭넓게 참여하고 있었다. 부락민의 소작쟁의 참
여는 자연히 농민운동의 활성화에 기여하였고, 또 그러한 경험을

통하여 지역의 수평사 조직이 확대되었다. 이와 같이 수평사는 각 지역의 농민운동에 깊이 관여하였다. 대표적인 사례가 미에현의 수평운동과 농민운동의 협력이었다.

1922년 3월 수평사가 창립된 다음 달에 미에현수평사가 만들어졌고, 미에현청년수평사는 그 해 11월에 결성되었다. 수평사청년동맹의 다카하시 사다키의 영향을 받은 공산주의 계열의 우에다 오토이치(상전음시, 上田音市)가 청년수평사 위원장을 맡았다. 우에다를 비롯한 청년 회원들은 현수평사 위원장인 기타무라 쇼타로(북촌장태랑, 北村庄太郎)와 갈등을 빚다가 급기야는 1924년 1월 "규탄 투쟁에 관하여 금품을 강요하는 일에 기타무라도 관련되어 있다"는 이유로 그를 위원장에서 파면하였다. 그리고 우에다를 신임 위원장에 선임하였다(宮本正人 2002, 528~529). 우에다 등 청년 집단은 현수평사의 주도권을 장악한 뒤 무산자운동을 강조하면서 노동, 농민, 수평의 3각동맹을 강화하였다. 그리고 일본농민조합(일농) 미에현연합회를 만들어 수평사, 일농의 협력 체제를 구축하여 투쟁하였다(部落解放研究所 1989, 중권 194~195; 黒川みどり 2004). 그런데 일반 농민의 참여는 적고 부락민들의 참여가 활발하였다. 일농 회원 2,400여 명인데, 비농민 조합원은 6,000여 명이나 되었던 것이다. 1924년에 미에현수평사와 일농 미에현 연합회의 합동기관지 《애국신문》을 창간하면서 무산계급의 비참한 생활과 체험을 기록하는 프롤레타리아 기관지를 만들겠다는 기치를 내걸었다. 농민, 노동, 수평의 3각동맹 활동을 계속 추진하였던 것이다.

수평운동과 농민운동의 협력은 다른 부현에서도 나타났다. 나라현에서 사이코 만키치(서광만길, 西光万吉), 요네다 도미(미전부, 米田富), 사카모토 세이치로(판본청일랑, 阪本清一郎) 등 수평사 간부들이 농민운동을 조직화하였다. 그들은 1924년 11월 결성된 일본농민조합 이코마(생구, 生駒)연합회와 이듬해 1월에 결성된 홋가쓰(북갈,

北葛)연합회 지도부에 참여하였고, 2월에는 나라현연합회 창립에 진력하였다. 사이코 만키치는 일농 중앙위원으로 선출되기도 하였다. 이와 같이 나라현에서는 수평사와 농민조합이 연대하여 대중운동과 무산운동의 공동 투쟁을 벌여나갔다. 소작쟁의도 속출하였다. 수평사의 차별규탄 투쟁 방식을 활용하여 동맹휴교, 납세체납 동맹 결성 등도 병행하였다. 한편, 지주 측도 대일본지주협회에 가입하고, 토지회사를 설립하는 등 적극 대항하였다. 수평사와 대립 관계에 있던 국수회가 소작쟁의에 개입하여 유혈사태가 일어나기도 하였다. 후쿠오카에서도 수평운동과 농민운동의 협력 관계가 이루어졌다. 일본농민조합과 수평사 측 지도자들이 협력하여 소작쟁의를 이끌었고, '3할 감면'의 성과를 성취하기도 하였다. 이와 같은 성과에 일본농민조합 조합원 수가 급증하여 1926년 말 후쿠오카의 조합원 수가 12,273명이나 되었다. 그러면서 좌파와 연대가 강화되었다.

이와 같은 부락 농민의 농민운동 참가와 협력은 사회민주주의 계열이건, 공산주의 계열이건 지역 사회에 커다란 영향을 미쳤다. 지역 투쟁에 적극 참여하는 수평사 활동가들이 일농의 현이나 중앙 간부로 등용되기도 하였다. 대표적인 사례로 나라현의 사이코와 요네다가 중앙본부의 핵심 지도자로 활약하였고, 도쿄, 사이타마, 나가노, 오카야마(강산, 岡山), 후쿠오카, 가가와, 고치 등지의 활동가들이 중앙본부 임원을 맡았다. 물론 일부 농민들 가운데는 차별의식 때문에 부락민들과 함께 지주와 교섭하는 것을 탐탁지 않게 여기는 경우도 있었다.

한편, 도시에서는 부락민과 노동운동의 연대가 이루어졌다. 오사카나 도쿄의 부락에서는 피혁산업 종사 비율이 높았다. 그런 곳에서 부락의 피혁 노동자의 생활을 지원하는 노동조합을 결성하고, 노동쟁의를 통해서 임금 인상을 개선하는 등 노동 조건의 개선을

도모하는 활동이 벌어졌다. 특히, 도쿄수평사가 노동운동과의 협력
에 열성이었다. 소비조합, 생활협동조합 등 생활운동을 전개하며
관념적인 무정부주의파에 대항하였다. 또 부락 근대화를 강조하는
융화주의적인 부락 상층부와 대립하며 피혁공조합 등 노동조합 결
성을 도모하였다. 1925년 도쿄혁공(革工)조합, 1926년 오사카피혁
공노동조합, 1927년 간토혁기공(革技工)노동조합 등이 결성되었다
(部落解放硏究所 1989, 중권 196~197). 또 나라 등지의 농촌에서는 부
락산업인 신발 제조에 종사하는 노동자들의 생활 개선을 위한 활동
이 전개되었다. 효고의 성냥산업과 피혁산업, 오사카의 피혁산업,
후쿠오카의 탄광 운수산업 등의 노동자들이 노동운동에 참여하였
다. 이와 같이 수평사가 농민, 노동운동에 적극 참여하고, 전투적
인 투쟁 활동을 전개하자 일본 정부는 1926년 폭력 처벌에 관한 법
률을 제정하여 이를 탄압하였다.

　1920년대 말부터 세계 경제공황의 여파로 부락민들의 생활이 어
려워진 상황에서 수평사가 생활옹호 투쟁을 전개하면서 부락의 노
동자와 농민들이 노동조합이나 농민운동에 직접 참여하는 사례가
더욱 늘어났다. 아울러 소규모의 부락산업에 부락민 조합 결성을
추진하여 개별 직종의 노동운동을 강화해갔다. 그에 따라 도쿄, 나
고야, 와카야마, 교토, 오사카, 효고, 나라 등지에서 피혁, 제화공
노동조합, 신발직공이나 수선공의 조합, 행상인조합 등이 결성되었
다. 이러한 노동조합은 일본노동총동맹, 전국노동조합동맹, 일본노
동조합전국협의회 등 여러 계열의 노동운동 단체에 참여하였으며,
곳에 따라서는 단독 조합으로 활동하는 경우도 있었다. 이와 같이
1930년대 전반기에 부락민들이 다양한 형태의 노동쟁의에 참여하
는 등 노동운동과 수평운동의 협력 체계가 지속되었다(部落解放硏究
所 1989, 중권 245~253).

　1930년대 노동운동 확산과 함께, 부락 농민들의 소작쟁의도 격

렬하게 일어났다. 미에, 나라, 후쿠오카, 나가노, 와카야마 등지에
서 정부 탄압이 있었지만, 격렬하게 투쟁하며 지주 측의 토지 반환
이나 소작료 과다 청구에 저항하였다. 소작 계약 유지, 소작료 인하
등을 요구하는 농민 측의 투쟁은 성공을 거둔 사례가 많지 않았지
만, 농민들의 권리 의식을 높이고 쟁취하는 데 이바지하였다.

또 1920년대 말 이래 실업자가 증가하는 가운데 도시와 농촌 부
락에서 실업 반대 투쟁이 일어났다. 효고현에서는 1930년 6월에
실업 상태에 있는 부락의 성냥공장 직공 100명이 수평사 지도 아래
고베시와 효고현 당국에게 실업자 구제의 특별방안 수립을 요구하
는 시위를 벌였다. 미에현에서는 전국농민조합과 함께 부락에 조직
된 실업자동맹을 중심으로 지방행정 당국과 협의하여 도로, 하수공
사 등의 하청을 받아 부락민들에게 일용직 일자리를 제공하였으며,
전기료 인하, 쌀 교부권 획득 등 생활 지원을 위한 투쟁을 벌였다.
이와 같이 부락 하층민의 생활 개선을 위한 수평사 활동이 활발해
지면서 자연스럽게 농민조합, 노동조합의 연대가 이루어졌다. 이렇
게 사회적 상황에 따라 수평사와 사회운동 단체, 특히 노동조합, 농
민조합과의 협력이 활발하게 일어났다.

   (2) 정당 건설 운동의 참여

일본에서는 1924년 9월에 정부와 여당, 호헌세력이 보통선거법
안을 수립하고 1925년 5월에 25세 이상의 남자에게 투표권을 주
는 보통선거법을 공포하여 보통선거 체제를 만들었다. 당시 전체
인구 6,165만명 가운데 약 20%가 유권자였다. 이렇게 민중의 요
구를 정당을 통해서 정치에서 실현하는 것이 필요하게 되면서 무
산 세력도 합법 무산정당 결성 운동을 벌였다(部落問題硏究所 엮음

1986, 280~282).

수평사도 처음에는 일본농민조합 등 16개 단체와 함께 무산정당 준비위원회에 참가하는 단체 명단에 들어갔다. 그러나 중앙위원회가 참가를 보류하기로 결정하여 정치부장인 우에다 오토이치를 비롯한 몇 사람만 개인 자격으로 참가하였다. 그리고 수평사청년동맹 후신인 수평사무산자동맹이 1925년 8월 결성된 무산정당조직위원회에 참여하였다. 그런데 무산정당을 결성하는 과정에서 갈등이 일어났다. 공산주의운동 계열의 좌파 집단이 단일 무산정당 결성을 제창하며 일본노동총동맹의 양보를 요구하였다. 결국 일련의 조정을 거쳐 1925년 12월에 무산정당을 표방하는 농민노동당이 결성되었다. 수평사의 우에다 오토이치는 중앙집행위원으로 선출되었다. 일본 정부는 농민노동당의 결성을 공산주의운동으로 파악하고 즉각 금지 조치를 내렸다. 결국 당 결성은 수 시간만에 무산되고 말았다.

당 결성을 다시 시도하는 과정에 좌파는 공산주의 반대 여론과 정부의 압력에 부딪혀 당 외곽에 있기로 하였다. 그리하여 일본농민조합과 노동총동맹이 주축이 된 노동농민당이 1926년 3월에 결성되었다. 노동농민당은 처음에 좌파의 가입을 거부하였지만, 농민조합에 좌파의 영향력이 강해지면서 좌파의 요구를 들어주는 움직임이 일어났다. 그러자 이에 반발한 노동총동맹이 중간파와 함께 탈당하였다(秋定嘉和 2006, 84~85).

한편, 노동농민당의 좌우 양파가 대립하는 가운데 수평사 지도자들은 수평사 안에 노동농민지지연맹을 결성하였다. 1926년 12월 노동농민당이 좌파에게 문호를 개방하자 수평사 노동농민지지연맹은 일본농민조합, 일본노동조합평의회와 함께 노동농민당을 지지하였다. 결국 1927년에 좌익의 계급 투쟁을 중시하는 노동농민당에 반대하며 사회민주주의를 기본으로 결성된 사회민중당, 중간파가 만든 일본노농(勞農)당, 일본농민조합을 탈퇴한 뒤 전일본농민조합을 결성한 세력이 만든 일본농민당 등 무산정당은 4개로 분열되었고, 그 상태로 1928년 2월에 보통선거를 치르게 되었다.

무산 정당의 파벌 대립은 수평사에도 파장을 미쳤다. 좌파와 반대 세력 사이의 갈등이 수평사에도 영향을 미쳐 볼셰비키파와 반볼셰비키파 사이에 대립이 더욱 격화되었다. 그리고 1928년 2월에 처음 실시된 중의원 선거에 수평사 활동가들이 노동농민당 후보로 출마하면서 수평사의 정당 참여가 시작되었다. 나라의 사이코 만키치, 오카야마의 미키 시즈지로(삼목정차랑, 三木靜次郞), 후쿠오카의 마쓰모토 지이치로(송본치일랑, 松本治一郞)가 중의원 선거에 출마하였는데 모두 낙선하였다. 그렇지만, 부현의 광역이나 시정촌의 기초 단위 지역에서 부락 출신 입후보자가 당선된 곳도 여럿 있었다. 이 선거 직후 3월 15일에 일본공산당원 및 관계자 천 수백 명을 치안유지법 위반 혐의로 검거한 이른바 3.15탄압이 일어났다. 수평사의 핵심 활동가들이 여럿 검거되어 수평사 지도부도 타격을 받았다.

그 후 수평사의 정당 참여는 여러 모습으로 추진되었다. 1936년 2월에 실시된 중의원 선거에서 중앙위원장 마쓰모토 지이치로가 무소속으로 출마하여 사회대중당, 전국농민조합, 노동조합의 전폭적인 지지 아래 당선되었다(部落解放硏究所 1989, 중권 199). 정당 건설과 정치 참여를 통한 부락 차별 문제의 해결 노력은 전후 부락해방운동에서도 계속되었다. 제2차 세계대전 후 마쓰모토는 중의원 부의장으로 활동하기도 하였다.

(3) 해소론과 이념적 갈등

　수평사와 사회운동 세력의 밀접한 관계는 1931년에 일어난 해소론 논쟁에서 잘 나타났다. 해소론은 형평사와 마찬가지로 소비에트 지시에 따라 국제 공산당운동의 일환으로 제안되었다. 코민테른은 분파적 단체를 해소하여 단일의 노동조합, 농민조합으로 결합하여 투쟁에 총력을 기울일 것으로 요구하였다. 그에 따라 일본에서도 수평사 해소가 제창되었다. 그로 말미암아 이른바 해소 논쟁이 벌이지고, 수평운동의 전개 과정에 커다란 영향을 미쳤다.

　수평사 지도부 가운데 일부는 1928년 3월 공산당에 관련되어 치안유지법 위반으로 기소되었다. 그리고 후쿠오카 연대 폭파 사건에 연루되어 위원장 마쓰모토가 감옥에 간 상황에서 본부의 지도력은 제대로 움직이지 않았다. 그 사이에 1928년 7월에 사카모토 세이치로, 이즈노 리키조(천야리희장, 泉野利喜藏) 등 사회민주주의자나 무정부주의자들 중심으로 계급 투쟁을 제일 우선시하는 태도를 비판하면서 조직 재건을 모색하였다. 그러나 좌파는 계급투쟁 제일주의로 조직이 약화된다는 것을 인정하지 않으면서 정치적 탄압에 의한 패배와 이론적 패배를 구별하려고 하였다(秋定嘉和 2004, 95~96). 혁명 과정에는 불가피하게 탄압을 겪게 된다고 보면서 좌파가 다시 본부의 임원을 맡았다. 그리고 1930년에 해소론을 주장하면서 수평사를 공산당 지배에 두려고 하였다.

　1931년 12월 나라에서 열린 전국수평사 제10회 전국대회에서 아사다 젠노스케(조전선지조, 朝田善之助), 기타하라 다이사쿠(북원태작, 北原泰作), 노자키 세지(야기청이, 野崎淸二) 등 수평사 좌파 집단은 수평사규슈연합회 상임이사 이름으로 수평사 해소 건의 의견서를 제안하였다. 세계 공황에서 일본 경제는 위기 상황을 맞고 있고, 민중 생활은 불안하고, 사회는 파시즘으로 바뀌고 있다는 점을 강조

하며, 부락 차별을 낳는 봉건적인 사회적, 정치적 기초를 철저하게
개혁하고, 일반 노농계급의 자각과 이해, 제휴를 통해서 부락민의
생활권을 되찾고, 일반 무산단체와 결합하여 공동 투쟁을 하기 위
한 조직 결성의 방향 전환이 필요하다고 주장하였다(部落解放研究所
1989, 중권 257~263; 朝治武 2013ㄴ). 해소 제안서에서 그들은 부락
차별이 봉건적 신분관계의 잔재물이며, 그 바탕에는 봉건적 유제
가 남아 있는 일본 자본주의 사회조직이 깔려 있다고 주장하며, 부
락민의 해방은 자본주의 사회 체제를 타파해야 이룰 수 있다고 하
였다. 수평사는 부락민의 신분적 결합으로 만들어진 대중단체로서,
이해관계가 일치하지 않는 여러 계급이 조직되어 있기 때문에 그
바탕에는 신분 의식이 있고, 그런 탓으로 모든 일반인을 적으로 보
는 배타주의로 흐르게 된다는 것이다. 수평사가 계급 조직과 결합
되지 않는 신분 조직인 이상 수평사의 신분 투쟁은 계급 투쟁으로
발전할 수 없고, 배타주의적 규탄 투쟁은 신분적 감정 대립을 격화
시키며, 오히려 지배 계급의 분열 책동에 기여하게 된다는 것이었
다. 따라서 수평사의 존재는 사회주의 혁명을 추진해가는 상황에서
반동적 방해물로 전락하게 된다고 주장하면서 수평사 해소 투쟁은
수평사 해체를 가져오는 것이 아니라 부락 노동자, 농민, 근로 대중
을 계급 조직으로 만드는 과정이라고 하였다.

　그러면서 해소론을 주장하는 집단은 1929년 나고야의 제8회 전
국대회에서 조직 통일을 선언한 반볼셰비키파의 지도부를 공격하
였다. 그들은 "좌우 사회민주주의자 및 수평주의로 타락한 모든 간
부들을 매장하라", "지배 계급의 분열 정책에 봉사하는 전국수평
사를 즉각 해소하자"는 슬로건을 내걸었다. 그 바탕에는 1920년
대 말, 1930년대 초 소비에트의 코민테른과 일본공산당이 주장한
혁명적 노동조합의 결성 의도가 있었다. 그리고 수평운동의 침체
가 신분 조직의 성격 탓으로 보는 관점도 일정 부분 반영되어 있었

다. 곧, 침체의 타개를 빌미로 부락 노동자와 농민을 일본공산당의 혁명 노선 영향 아래로 끌어내서 혁명적 노동조합과 농민조합에 합류시키려고 하였던 것이다. 이렇게 일본노동조합 전국협의회와 전국농민조합의 공산당계열의 활동가 집단인 전농(全農)전국대회파를 재건하기 위하여 수평사 해소를 주장하는 세력은 전국수평사 해소 투쟁중앙준비위원회를 조직하고 전국적인 캠페인을 벌여 나갔다.

한편, 나라의 전국대회에서 제안된 해소론 안에 대하여 오사카의 이즈노 리키조, 나가노의 아사쿠라 쥬키치(조창중길, 朝倉重吉) 등이 공개적으로 반대하는 입장을 밝혔다. 이즈노는 수평사가 모든 피압박 민중운동의 한 날개이지, 계급운동의 한 날개는 아니라고 하였다. 그러면서 부락민이 모든 피압박민중의 선두대가 되도록 수평사가 지도하여야 하기 때문에 조직을 유지하여야 한다고 주장하였다. 신분 투쟁을 인정하면서 수평사의 존재가 반동적이라고 하는 것에 대해서도 의문을 제기하며 해소에 반대한다는 것을 분명하게 밝혔다. 아사쿠라도 파시즘의 파고가 높은 이 시점에 전국수평사의 해소는 부락민을 반동 세력에 몰아넣는 것이라면서 해소 의견을 비판하였다(朝治武 2013ㄴ).

수평사 활동가들은 해소파와 반대파로 양분되었다. 교토의 아사다 젠노스케, 오카야마의 노자키 세지, 미에의 우에다 오토이치, 기후의 기타하라 다이사쿠, 후쿠오카의 이모토 린시(정원린지, 井元麟之), 아이치의 이코마 죠이치(생구장일, 生駒長一) 등은 해소를 주장하였고, 반대파에는 오사카의 이즈노, 요네다 도미, 나라의 사카모토 세이치로, 기타이 쇼이치(북정정일, 北井正一), 시즈오카의 고야마 몬타로(소산문태랑, 小山紋太郎), 오사카의 구리스 기이치로(율수희일랑, 栗須喜一郎) 등이 주축을 이루었다. 해소파는 반대파를 독일 사민당이 나치에 쉽게 넘어간 것에 빗대어 혁명의 배신자라는 의미로 '사민파시스트'라고 비판하였다. 이에 대하여 반대파는 해소파를 공산당에 맹목적으로 따르는 '당맹종(黨盲從)'이라고 대항하였다. 본부 소재지인 오사카에서는 합법 사회주의자 야마카와 히토시의 영향 아래 이즈노, 기타이 쇼이치, 나루카와 요시오(성천의남, 成川義男), 구리스 시치로(율수칠랑, 栗須七郎), 구리스 기이치로 등이 있었고, 간사이 노동총동맹에서는 노농조(勞農朝)의 연대가 결성되어 있었다. 요컨대, 반해소파는 일정한 운동 기반을 갖고 있었다. 이와 달리, 오사카의 해소파인 아카네 이와마쓰(적근암송, 赤根岩松)는 대중적 기반이 없었고, 마쓰다 기이치(송전희일, 松田喜一)는 감옥에 있었다. 미에의 우에다 오토이치는 좌파였지만 해소론에 적극적이지 않았다. 나라는 사회민주주의파가 강했고, 사이코 만키치는 감옥에 있었다. 후쿠오카의 이모토 린시는 마쓰모토가 출옥한 뒤에 반해소파로 전향하였다(秋定嘉和 2004, 97; 朝治武 2013ㄴ).

전국대회에서 제기된 해소 제안을 1932년 3월의 중앙위원회에서 다시 논의하였다. 후쿠오카연대 폭파 사건으로 복역하고 나온 마쓰모토 지이치로 위원장은 해소론의 근거로 제시한 내용 가운데 수평주의 또는 수평사 제일주의에 대한 비판에 의문을 제기하였다. 그러면서 또한 해소 반대파가 제시한 반대 의견에 대한 원칙적 동의를 유보하면서, 수평사의 당면 위기를 타개하기 위하여 구체적 방안을 모색하자고 하였다. 이렇게 중앙위원회가 해소 의견을 부결시키지 않고 계속 논의하기로 하면서 해소론을 둘러싼 대립이 지속되었다(朝治武 2013ㄴ, 113~116).

1932년 3월에 수평사 해소투쟁중앙준비위원회를 결성한 좌파 집단은 5월에 《수평사운동의 비판: 전국수평사해소론》을 발행하여 전국에 배포하는 등 적극적인 해소 활동을 펼쳐나갔다. 해소파는 자신들을 수평사 내 혁명적 반대파로 규정하면서 수평사 본부를 장악한 반해소파의 사회민주주의자들을 비판하며, 노농조합의 혁명적 반대파와 연대하여 활동하였다. 이에 대하여 반해소파(본부파)는 보다 많

은 단체와 연대하여 해소 반대 활동을 펴면서 차별규탄 투쟁이나 일
상적 생활옹호 투쟁은 신분 투쟁 차원에서 싸우는 것이라고 하여 활
동 방향을 둘러싼 수평사 안의 혼란은 더욱 가중되었다.

해소파와 반해소파가 대립하는 가운데 각 지역의 해소 투쟁이 계
속되었다. 해소파는 전국농민조합의 공산당 계열의 활동가들과 공
동 투쟁을 벌였으며, 노동조합과도 협력하였다. 그러나 경찰의 방
해와 탄압으로 부락 안에서 좌파의 영향력은 점점 줄어들었다. 또
미에현에서 해소론의 적극 지지가 있을 것으로 기대하였지만, 수평
사미에현연합회가 소극적으로 대응한 탓에 실제로 해소론 활동에
거의 영향을 미치지 못하였다. 그리고 후쿠오카에서는 마쓰모토 위
원장이 해소론에 반대하는 입장을 가지면서 해소파는 확고한 지도
력을 확립하는 데 실패하였다.

요컨대, 안팎 환경의 난관 속에서 해소 투쟁은 성공을 거두기 어
려웠다. 게다가 1932년 5월 일본공산당이 이른바 '32년 테제'라고
일컬어지는, "일본의 정세와 일본공산당의 임무에 관한 테제"를 발
표하여 일본 혁명은 봉건 유제인 절대주의 천황제와 지주를 타도하
여야 한다는 것을 강조하고, 만주사변의 제국주의 전쟁에 반대하는
운동을 펼쳤다(정혜선 2001, 166~172). 곧, 부락해방 투쟁도 반봉건
투쟁의 일환으로 인식되어 정당성을 갖게 된 것이다. 한편, 일본 정
부는 1932년 8월에 부락의 경제 구제를 위하여 지방개선응급시설
비 150만 엔을 지출하기로 결정하였고, 그에 기반하여 중앙융화사
업협회는 부락경제갱생운동을 시작하였다. 게다가 수평사 해소 후
에 조직적으로 합류하려고 한 일본노동조합 전국협의회나 전국농
민조합 전국대회파가 경찰의 탄압 아래 내부 분열이 일어나서 괴멸
되어 가는 상황이었다. 결국 수평사의 해소론 지지파도 부락 대중
의 지지를 받지 못하면서 해소론은 대립과 균열만 낳은 채 소멸되
었다. 또 수평사 해소론 투쟁도 점점 사라지게 되었다. 그 뒤에도

몇 년 동안 점진적인 해소론이 간헐적으로 제기되었지만, 오히려 독자적인 부락해방운동이 필요하다는 인식이 널리 확산되었다. 그 후 제2차 세계대전 체제로 바뀌면서 군국주의 입장에서 전혀 다른 성격의 수평사 해소론이 등장하였다. 이에 관하여는 제9장에서 다루고자 한다.

3. 형평사와 수평사의 대외적 협력 비교 이해

형평운동과 수평운동은 신분 차별이 자행된 전통 사회에서 차별 철폐와 평등 대우를 보장하는 근대 사회로 이행하는 과정을 잘 보여주고 있다. 두 운동은 자연히 사회 개혁을 통하여 근대 사회로 이행하고자 하는 사회운동 세력과 밀접한 관계를 갖고 있었다. 한국 사회운동의 지향점에는 식민지 지배라는 특수한 상황에서의 민족 해방, 전통적 신분제 유제가 남아 있는 상황에서의 신분 해방, 자본주의 체제의 부르주아 지배 상황에서의 계급 해방 등 세 가지 요소가 반영되어 있었다. 일본의 경우에는 민족 해방의 성격은 없지만, 나머지 두 요소는 강하게 작용하였다.

비백정 출신의 사회운동가들이 창립 시기부터 참여한 형평운동은 사회운동 세력과의 협력이 자연스럽게 이루어졌다. 특히, 3.1운동 이후 전국적으로 확산된 사회운동 세력은 형평운동을 적극 후원하였으며, 일부 활동가들은 형평운동에 직접 참여하기도 하였다. 이러한 추세는 파벌 대립을 겪으면서 총본부가 서울로 이전한 뒤에도 계속되었다. 형평사는 사회운동 단체 연합체나 노동조합, 농민조합 등과의 연대 활동에 참여하였다. 그런 가운데 사회운동 세력의 파벌 대립이 형평사에도 반영되었다. 심지어 형평사 지방 조직은 파벌 세력의 친소 관계에 따라 분열되는 상황도 발생하였다. 더 큰 영향은 사회운동계에 퍼진 사회주의 이념이 형평사의 젊은 활동가들을 중심으로 확산되면서 형평운동 안에서도 이념 대립이 나타난 점이었다. 1920년대 후반 젊은 활동가들이 형평사 지도부에 참여하면서 지도부는 진보적 소장파와 온건한 노장파가 대립하는 양상을 보였다.

수평사에서도 사회운동의 영향이 다양한 형태로 나타났다. 창립 초기에는 인간주의적이며 부락민 중심의 특성이 강조되었다. 그런데 1924년 이른바 스파이 사건을 빌미로 지도부를 장악한 볼셰비키파가 활동 방향과 내용을 계급 투쟁 중심으로 바꾸면서 노동자, 농민운동 세력과의 연대 활동이 강화되었다. 그러한 변화로 지도부의 내홍이 일어났고, 심지어 조직 분열로 이어졌다. 특히, 볼셰비키파와 반볼셰비키파(아나키스트파)는 조직 결성이나 활동 방향 등에서 서로 대립하며 수평운동 전개에 영향을 미쳤다. 그러나 공산당 당원과 관계자들의 검거 선풍 속에서 볼셰비키파 지도부의 핵심 활동가들이 대거 검거되면서 볼셰비키파 주도권은 타격을 받게 되었다. 그들 대신에 사회민주주의파, 무정부주의파 등이 지도부를 다시 장악하면서 조직 통일을 도모하였다. 그렇지만 수평사와 농민, 노동운동과의 연계 활동은 지역에 따라 여전히 강하게 지속되었다.

이와 같이 형평사와 수평사는 사회운동 세력과 밀접한 관계를 유지하며 다양한 변화를 겪었다. 두 단체는 공통적으로 1920년대 후반, 1930년대 초에 진보적 이념의 영향을 받으면서 지도부의 대립과 갈등을 겪었다. 그러한 영향 가운데 하나가 두 단체에 제안된 해소론이었다. 이것은 형평사 또는 수평사를 해체한 뒤 노동조합에 가담하여야 한다는 주장이었다. 국제 공산당운동의 일환으로 코민테른의 지시에 따라 제기된 해소론은 두 단체의 존폐를 결정하는 주요 쟁점이었다. 해소론을 둘러싼 대립과 갈등이 형평사에서는 1931년 내내, 수평사는 1932년 내내 지속되었다.

형평사와 수평사 모두 해소론을 지지하는 진보적 좌파 세력과 그에 반대하는 세력으로 양분되었다. 형평사에서는 진보적인 젊은 활동가들이 해소론을 지지하였고, 창립 이후 형평운동을 이끌어 온 노장층 활동가들과 많은 사원들은 형평사가 정체성을 유지하며 존속되기를 원하였다. 결국 해소론이 부결되어 형평사가 유지되었다. 이와 비슷하게, 수평사에서도 해소론을 둘러싸고 지지 세력과 반대 세력이 크게 대립하였다. 핵심 활동가들도 분열되어 대립하였다. 수평사가 침체를 겪고 일제의 공산주의운동 탄압이 심해지는 가운데 해소론은 지지를 받지 못하였고, 대립과 분열만 낳은 채 소멸되었다. 결과적으로 두 단체 모두 해소론을 거부하여 존속하게 되었다. 그 과정에서 두 단체의 고유한 목표, 곧 피차별 집단인 백정과 부락민의 정체성을 유지하며 창립 목표를 성취하는 것이 주요 과제라는 점을 다시 확인하였다.

이와 같이 사회운동 단체와의 관계는 바깥 환경의 주요 요소로서 직·간접적으로 형평사와 수평사의 활동과 전개에 커다란 영향을 미쳤다. 협력과 지원, 때로는 갈등과 대립을 통하여 다른 사회운동이 이 두 단체에 미친 영향은 지도부의 구성, 활동 방향과 성격 등에서 다양한 양상으로 나타났다. 다른 사회운동과의 밀접한 관계는 일제 식민지 지배를 받는 형평사이건, 융화정책과 부락개선활동을 이끈 일본 정부 아래 있는 수평사이건, 두 단체가 지배 세력의 간섭과 통제를 더 받게 된 요인 가운데 하나였다. 지배 세력과의 관계에 관하여 다음 제9장에서 살펴보고자 한다.

제9장 일제 지배 세력과의 관계

형평운동과 수평운동은 일제 식민지 지배의 한국과, 천황제와 군국주의가 지배하는 일본의 정치 사회적 상황에서 벗어날 수 없었다. 두 단체의 활동은 지배 세력의 감시 대상이고 억압 대상이었다. 형평사는 일제 탄압으로 지도부 교체나 전략 수정을 겪었고, 수평사도 차별 관습을 타파하려는 활동 과정에서 일제 통제에서 벗어날 수 없었다. 특히, 1930년대 후반 중국 침략과 제2차 세계대전을 일으킨 지배 세력의 정책과 탄압 아래 두 운동은 더 이상 유지되지 못하였다. 이와 같이 두 단체의 활동 방식과 내용, 전략이 일제의 영향을 받았다는 점에 주목하여 제9장에서는 지배 세력인 일제와의 관계를 논의하고자 한다.

1. 형평사와 일제의 관계

(1) 감시와 방관

형평운동을 둘러싼 바깥 환경 가운데 형평사 활동에 커다란 영향을 미치며 직접 부딪친 집단은 대략 세 유형으로 나뉘어졌다. 첫째는 차별 관습을 유지하려고 하면서 형평사에 반대한 '편협한 보수 세력'이다. 형평사 활동 대상은 신분 차별 관습이고 그에 기초한 제도였는데, 그러한 관습과 제도를 유지하려고 하는 보수 세력이 있었다. 제7장에서 살펴본 바와 같이, 형평사는 그들과 직접적이며 역동적인 갈등을 빚었다. 둘째는 형평운동을 지지하고 협력한 사회 운동 세력이다. 그들은 차별 철폐와 평등 사회를 만들고자 하는 형평사 활동의 동반자이자 후원자였다. 앞서 제8장에서 살펴본 바와 같이 형평사는 사회운동 세력과 연대 관계를 맺으며 활동하면서 사회운동계의 영향을 받았다. 셋째는 일제 식민지 지배 세력이다. 일제는 과녁 집단인 '편협한' 보수 세력처럼 직접적인 대결의 대상이 아니었고, 그렇다고 연대 관계에 있던 사회운동 단체들처럼 지지와 협력의 대상은 더더욱 아니었다. 그렇지만 일제 식민지 통치 아래에서 일제와의 관계는 불가피하게 형평운동 전개에 커다란 영향을 미쳤다.

신분 차별 철폐와 평등 대우를 주장하는 형평운동은 차별 관습에 대한 의식 개선이나 제도적 개혁이 필요하였다. 또 형평사원들의 사회적, 경제적 곤경을 해소하기 위한 정책적 배려가 요망되었다. 이런 점에서 정책 수립과 집행의 권한뿐만 아니라 사회 통제의 권력을 갖고 있는 일제는 형평운동의 전개에 직접 영향을 미치는 관련자일 수밖에 없었다. 형평사원들이 차별 관습과 경제적 이해관계 등으로 다른 사회 구성원들과 대립하거나 충돌할 때 사회 질서 유지와 조정 권한을 가진 일제의 방침과 행동은 주요 변수로 작용하였다. 그런데 식민지 지배라는 특수 상황에서 일제는 백정에 대한 어떤 정책적 배려도 하지 않았다. 이것은 부락민의 저항을 무마하기 위해서 융화정책을 시행한 것과 크게 대비되었다. 그러면서도 일제는 국외자처럼 방임하거나 무관심하지 않았다. 오히려 감시와 탄압을 통해서 형평운동의 전개에 결정적 영향을 미친 행위자였다. 이런 점에서 일제 지배 체제와의 관계를 주목하게 된다.

형평사와 일제의 관계는 시기 별로 달랐다. 3.1운동의 사회적 분위기에서 창립된 형평사는 식민지 체제의 피지배 집단으로서 독립과 민족 해방을 원하는 민족주의적 성향을 갖고 있었다. 또 차별 철폐를 지향하는 사회운동 세력으로서 사회 개혁의 성향을 갖고 있었다. 식민지 지배 체제를 유지하고자 하는 일제는 이러한 성격을 가진 형평운동을 감시하고 통제하려고 하였다. 사회 구성원 사이의 갈등 조정 역할을 방기한 채, 오히려 형평사를 지배 체제에 대한 잠재적인 위협 세력으로 간주하여 감시하고 탄압하는 식민 통치자였다.

그런데 일제의 태도는 형평운동의 전개 양상에 따라 다르게 나타났다. 형평사가 창립하였을 때 일제는 일본의 수평사와 비슷한 성격의 단체로 인식하면서 다른 사회운동 단체와 마찬가지로 예의주시하였다. 단지, 형평사가 수평사의 영향으로 창립되었다고 보면서 그 둘이 연대하여 일제 지배 체제를 위협하는 세력으로 발전할 것이라는 염려를 감추지 않았다. 또 형평사가 공산주의자 등 사회 혁신 세력과 연대할 것이라는 우려도 하였다. 그렇기 때문에 형평사 창립 직후 일제 경찰은 백정 실태를 조사하고(《조선일보》 1923. 6. 5; 《동아일보》 1923. 6. 5), 형평사와 다른 사회운동 단체의 동향에 대한 감시를 강화하였다(《매일신보》 1923. 6. 27).

그런데 일제는 형평사가 다른 사회운동 단체와 성격이 다소 다르다고 인식한 것으로 보인다. 백정 차별 문제는 한국의 신분 질서와 관습에서 비롯된 것이므로 형평사는 신분 질서를 유지하려는 기득권 세력과 갈등을 빚고 대립하지, 일제 식민지 체제에 도전하지는 않을 것으로 보았다. 따라서 형평운동이 식민 지배 체제를 위협하지 않는 한 개입하지 않겠다는 입장이었다. 그렇다고 일제가 형평사에서 제기한 문제를 적극적이거나 전향적인 자세로 해결하려고 하였던 것은 아니었다. 오히려 백정 차별 관습을 둘러싸고 기득권 세력과 개혁 세력이 벌이는 갈등과 충돌을 방관 또는 조장하는 태도였다.

한편, 형평사도 적어도 창립 초기에는 일제와 대립하려고 하지 않았다. 형평사 창립을 주도한 장지필은 수평사와의 연대에 대한 일제의 우려를 인식하여 형평사 목적이 백정 해방과 평등 대우에

있다는 것을 강조하였다(《동아일보》 1923. 5. 20). 또 형평사 임원들
이 경찰을 찾아가거나 조선 총독 사이토 마코토(재등실, 齋藤實)에게
대표자를 보내 형평사 목적을 설명하고 양해를 구할 계획을 세우는
등 일제와 협력하며 문제를 해결하려고 하였다(《매일신보》 1923. 6.
27). 적어도 창립을 주도한 진주 본사 지도부는 일제와의 협력이 형
평사 목적 달성에 도움이 될 것으로 판단하였던 것 같다. 실제로 진
주 본사 임원들은 창립 직후 경남 경찰국을 방문하여 호적부의 백
정 신분 표식의 삭제를 요구하였고, 경찰국장이 이를 수용하여 예
하 기관에 표식 삭제를 지시한 일도 있었다(《조선일보》 1923. 5. 14).

그러나 형평운동이 전개되면서 일제의 비우호적인 입장은 노골
적으로 드러났다. 형평운동을 둘러싸고 일반인들과 벌어진 갈등과
충돌 상황에서 일제는 방관을 넘어 방임하였고, 더 나아가 형평사
의 차별 철폐 활동을 방해하였다. 창립 직후 진주에서 일어난 형평
운동 반대 활동과 충돌 사건에서도 일제는 어떤 조치도 취하지 않
았고, 그 이후 대규모 충돌 사건이 곳곳에서 일어나고 신문에 대서
특필되었지만, 적극적으로 사태를 해결하려고 하지 않았다. 1923
년 8월 김해에서 주민들이 형평사 사무실에 난입하여 기물을 파손
하고 사원들에게 폭력을 휘둘러 부상자가 속출하는 상황에서도 경
찰서장은 수수방관하였다. 경찰의 책임 소홀을 비판하며 폭동의 책
임이 부분적으로 경찰에게 있다는 언론 사설이 나올 정도였다(《조선
일보》 1923. 8. 26).

형평사가 사회운동 단체와 밀접해질수록 일제의 감시는 더욱 강
화되었다. 일제는 형평사 활동을 지지하는 사회운동 단체나 활동가
들을 감시하며 두 세력의 연대를 방해하였다. 형평운동과 다른 사
회운동의 연대 활동이 활발해질수록 일제의 태도는 방관에서 감시
로, 더 나아가 탄압으로 바뀌어갔다. 단적인 예로, 1924년 7월 충
남 입장과 1925년 8월 경북 예천에서 일어난 충돌 사건을 보면, 비

우호적이며, 심지어 적대적인 일제의 자세를 쉽게 확인할 수 있다. 현장의 감시 역할을 맡은 경찰뿐만 아니라 법 집행의 책무가 있는 검찰이나 행정기관은 형평사 활동을 노골적으로 탄압하였다. 경찰은 폭력을 유발한 지역 유지들에게는 책임을 묻지 않고 사태를 방임하며 악화시켰다. 심지어 피해자인 형평사 간부들의 활동을 방해하고, 형평사를 지원한 다른 사회운동 단체 활동가들에게 책임을 물어 유죄 판결을 내렸다.

일제의 감시가 가장 분명하게 드러난 것은 진주파와 서울파의 파벌 대립을 끝내며 1924년 8월 대전에서 열린 형평사 통일대회의 스파이 사건이었다(《동아일보》 1924. 8. 19). 이 집회에 참석한 일본의 도지마 테쓰오(원도철남, 遠島哲男)가 일제 경찰의 첩자였던 것이다(秋定嘉和 1974, 55~56; 金靜美 1984, 27; 1989, 94~95; 신기수 1993, 142). 제6장에서 언급한 것처럼, 일제 경찰이 형평사 활동을 정탐하기 위해서 첩자를 동화통신사 대표 자격으로 참석시켰다는 것이다. 이 사건으로 말미암아 수평사 뿐만 아니라 형평사에서도 커다란 파장이 일어났다. 특히, 조심스럽게 추진되고 있던 두 단체의 협력 활동이 파행을 겪었다.

일제 경찰이 형평사를 방문하는 수평사 활동가들을 밀착 감시하며 두 단체의 협력을 방해하는 것은 일상적인 일이었다. 예를 들어, 1924년 4월 형평사 전국대회에 참석한 최초의 수평사원 이노하라 히사시게(저원구중, 猪原久重)는 경찰의 감시를 받았다. 1925년부터 1928년까지 해마다 수평사 대표자가 형평사 전국대회에 참석하였는데, 언제나 임석 경찰의 밀착 감시 대상이 되었다. 1927년의 전국대회에서는 후쿠오카(복강, 福岡)현 수평사의 마쓰모토 기요시(송본청, 松本淸)가 내빈으로 참석하여 연설하던 중에 임석 경관의 명령으로 중단하였으며(신기수 1993, 152), 1928년 제6회 형평사 전국대회에서 수평사 중앙위원 도쿠나가 산지(덕영삼이, 德永參二)는 현해탄

을 건너와 형평사 형제를 만나니 기쁨을 금치 못하는데, 피와 눈물
로 점철된 참혹한 두 단체의 역사를 생각하며 두 단체의 제휴를 도
모하자는 내용의 연설을 하고 있었는데, 불온하다는 이유로 경찰이
중지 명령을 해서 중단하였다.[47] 이렇듯 수평사 대표자들의 행동거
지는 항상 감시 대상이었다. 개별적으로 형평사 본부를 방문한 경
우도 예외가 아니었다. 1926년 7월 형평사 본부를 방문한 히라노
쇼켄(평야소검, 平野小劍)은 경찰의 밀착 감시를 여행기에 기록하기도
하였고(平野小劍 1926), 1927년 1월 다카마루 요시오(고환의남, 高丸
義男)의 형평사 방문 때 이루어진 경찰의 미행과 엄중 감시가 신문
에 보도되기도 하였다(《동아일보》1927. 1. 9;《조선일보》1927. 1. 9).
경찰의 감시 대상은 형평사를 방문한 수평사 회원들뿐만 아니라 형
평운동가들도 포함되었다.[48] 형평사의 모든 활동이 일제의 철저한
감시와 통제 아래에 있었던 것이다.

  (2) 개입과 분열 획책

  1920년대 중반까지 일제는 형평운동 반대 활동이나 충돌 사건에
방관하거나 비우호적인 태도를 보였고, 때로 적대적인 대응을 하였
다. 그러다가 1920년대 후반 형평사와 사회운동 단체의 연대와 협
력이 강화되면서 일제의 감시와 탄압은 더욱 심해졌고, 더 나아가
형평사 활동에 개입하여 분열을 획책하기도 하였다. 그러한 일제
의 개입과 분열 작업은 형평운동 전개에 커다란 영향을 미쳤는데,
그 가운데 하나가 1927년에 드러난 고려혁명당 사건이었다(김중섭

---

47) 京鍾警(京城鍾路警察署)高秘 제4697호의 6, "朝鮮衡平社第六回全鮮大会状況報告
   通牒"(1928. 4. 30).

48) 예를 들어, 장지필이 주거지 홍성을 방문할 때 경찰이 동정을 파악하여 상부에 보고
   하였다. 京鍾警高秘 제5388호, "衡平社幹部ノ動静ニ関スル件"(1931. 4. 28).

1994, 250~256).

앞서 언급한 바와 같이, 고려혁명당은 만주에서 활동하는 정의
부, 국내에 있는 천도교와 형평사의 간부들이 민족 해방을 목표로
결성한 조직이었다. 고려혁명당 사건은 3.1운동에 참여한 적이 있
고, 또 형평운동에 참여하고 있는, 민족주의와 사회 개혁 성향이 강
한 사회운동가들이 다른 사회운동 단체 활동가들과 협력하여 민족
해방활동을 계획하고 벌였다는 것을 보여준다. 형평사를 감시와 탄
압하던 일제는 형평사 중앙집행위원을 역임한 이동구가 고려혁명
당의 책임비서라는 점을 악용하여 형평사의 핵심 활동가들을 검거
하여 기소하였다. 고려혁명당 사건으로 재판에 회부된 혐의자 15
명 가운데 6명이 형평사의 핵심 지도자였다. 그 가운데 이동구와,
이동구의 제안을 받아들인 오성환은 혐의를 인정하였지만, 다른 피
의자는 모두 혐의를 부인하였다. 실제로 각각 징역 5년을 구형받
은 조귀용과 장지필은 1심에서, 서광훈은 2심에서 무죄가 선고되
고, 1심에서 징역 2년을 언도받고 상고를 포기한 유공삼만이 유죄
로 확정되었다. 그러나 무죄로 석방된 이들도 불가피하게 1년 4개
월을 감옥에 갇혀서 활동을 중단할 수밖에 없었다. 일제는 이 사건
을 이용하여 형평사의 혁신세력을 위축시키려고 하였던 것으로 짐
작된다(김중섭 1994, 250~256).

일본의 수평사를 방문하려고 계획하였던 장지필이 이 사건으로
체포되면서 방문이 좌절되는 등 두 단체의 교류 활동에 차질이 빚
어졌다(김중섭 2009, 159~161). 그런데 제6장에서 살펴본 것처럼,
혁신파를 이끌던 활동가들이 감옥에 있는 동안, 진보적인 젊은 활
동가들이 지도부에 참여하면서 형평사는 더욱 진보적 성격의 단체
로 바뀌어 갔다. 혁신 세력을 위축시키려고 한 일제의 의도와 달리,
지도 세력의 구성이 바뀌면서 형평사가 더 진보적으로 되었던 것이
다(김중섭 1992ㄱ; 1992ㄴ).

진보 세력의 영향력이 확대되면서 사회운동계의 동향을 주시하는 일제는 사찰을 더욱 강화하며 노골적으로 형평사의 활동에 개입하고 통제하려고 하였다(朝鮮總督府警務局 1933. 90). 예를 들어, 1928년 말 경기도 개성에서 도부 파업이 일어나자 서울 총본부는 중앙집행위원 서광훈을 파견하여 진상을 조사하고 지원 방안을 모색하였는데, 이에 대하여 경찰은 사회질서를 교란했다는 죄목으로 서광훈을 체포하는 한편, 파업을 와해시키고자 부산 지역의 도부를 데려다가 도축 일을 시키기도 하였다(《조선일보》 1929. 1. 3). 또 임금을 둘러싸고 도축장과 수육조합 사이에 갈등이 있을 때마다 일제가 개입하여 형평사 활동을 방해하고 탄압하였다. 전국대회와 같은 연례 행사는 말할 것도 없고, 핵심 활동가들의 행동도 끊임없이 경찰의 감시와 탄압을 받았다. 축전 낭독, 축사 등은 입석 경관의 제지로 중단되기 일쑤였고, 경찰의 통제로 집회가 열리지 못하거나 축소되었다.

1930년대 초 일제의 개입과 분열 획책으로 형평운동의 진로에 결정적으로 영향을 미친 또 하나의 사건이 일어났다. 이른바 '형평청년전위동맹 사건'(앞으로는 '전위동맹 사건'으로 줄임)이었다(김중섭 1994, 279~294; 고숙화 2008, 284~316). 이 사건은 1933년 1월 말부터 전남 광주경찰서가 이유를 밝히지 않은 채 각 지역의 활동적인 젊은 형평사원들을 잡아들이면서 시작되었다. 경찰은 검거를 시작한 지 7개월만에 그들이 공산주의 혁명을 목적으로 형평청년전위동맹을 결성하였다고 발표하였다(《조선중앙일보》 1933. 8. 2; 《조선일보》 1933. 8. 2; 《동아일보》 1933. 8. 2; 《매일신보》 1933. 8. 3). 경찰 심문을 받은 형평사원이 100여명에 이르렀다(《조선일보》 1933. 8. 12). 대부분은 불법으로 구금되어 취조를 받은 뒤 풀려났지만, 이동안(이명 이동환), 서광훈을 비롯한 14명은 구속되고, 51명은 불구속 상태로 검찰에 넘겨졌다. 불구속된 사람 가운데 18명은 8월 초에 불기소처분으로, 나머지 33명은 10월초에 기소유예처분으로 종결되었다(《동아일보》 1933. 10. 7).

구속된 14명은 치안유지법 위반 등의 죄목으로 기소되었는데, 모두 20대나 30대 초반의 젊은 형평운동 활동가들이었다. 서울(이동안, 서광훈, 이종률, 김수동), 충남 천안(김정원, 박호군(박평산), 길한동), 아산(이한용), 전북 익산(심상욱), 정읍(최석), 전주(나동봉, (일명 나수완), 전남 광주(신점석, 일명 신선문), 경남 마산(박경식, 이명록) 등 전국 곳곳에서 활발하게 활동하던 대표적인 활동가들이었다. 신분 배경은 정확하게 파악되지 않았지만, 재판 조서에 따르면 서광훈과 이종률은 '상민'으로 표기되어 있었다. 마산의 유력자 박유선의 손자 박경식처럼 백정의 고유 산업에 종사하는 경우도 있지만, 잡지, 출판, 신문 같은 언론계를 비롯하여 금광업, 자전차포, 포목상 등 다양한 직업을 갖고 있었다. 대개 정위단, 형평청년회, 형평학우회 등에서 활동하다가 1920년대 후반에 중앙총본부 임원을 맡게 된 젊은 활동가들이었다. 해소론에 관하여는 견해 차이가 있었지만, 대개 다른 사회운동 단체들과 긴밀한 관계를 갖고 있던 형평사 내 진보 세력의 핵심 지도자들이었다.

경찰 발표에 따르면, 그들은 공산주의에 물들어 1929년 4월 20일 서울 총본부 숙직실에서 비밀 단체 형평청년전위동맹을 결성하였다(朝鮮總督府警務局 1933, 134~135; 《동아일보》 1933. 8. 2; 《조선일보》 1933. 8. 12; 《조선중앙일보》 1933. 8. 3). 책임비서 아래 조직 및 선전부장, 재정부장을 두고, 각 도에 책임자를 선임하여 조직 체계를 갖추고, "사유 재산을 부인하고 공산주의 건설과 봉건 세력에 대한 투쟁"을 목적으로 하는 강령을 채택하였으며, 무산 사원을 선동하여 동맹 파업을 유도하고, 형평사를 해체하고 그 대신에 공산주의 단체를 결성하려고 하였다는 것이다.

검찰은 구속자 예비 심문을 1년 5개월이나 끌다가 1934년 12월

말에야 재판에 회부하였다(《동아일보》 1934. 12. 30). 첫 공판은 그
들이 처음 체포된 지 3년 가까이 된 1935년 11월에야 시작되었다
(《조선중앙일보》 1935. 11. 27, 28; 《조선일보》 1935. 11. 28; 《동아일보》
1935. 11. 28, 29). 재판 과정에서 변호인들은 심문 기록의 작성 과
정이 납득하기 어려우며, 내용도 일관성이 결여되어 있다면서 검찰
주장을 반박하였다. 아울러 경찰의 가혹한 수사와 무리한 혐의 씌
우기를 통하여 전위동맹 사건이 날조되었다는 것을 증명해 보이려
고 하였다. 경찰 4명이 4,000여 쪽의 기록을 하루 동안 작성한 것
은 불가능한 일이며, 전국대회에 참석하러 온 각 지역 대표자들이
모인 형평사 총본부 숙직실에서 비밀 단체를 만들었다는 자체가 비
현실적이며 허구라고 주장하였다(《조선일보》 1936. 1. 31; 2. 1; 《동
아일보》 1936. 1. 31; 2. 1; 《조선중앙일보》 1936. 2. 1; 《매일신보》 1936.
2. 1). 피고들도 심문 과정에서 가혹한 고문을 받았다고 폭로하면
서 혐의 사실을 전면 부인하였다. 또 장지필을 비롯한 형평사 지도
자들은 형평운동 방향을 둘러싸고 피고인들과 대립하였던 적은 있
지만, 형평사 안에 공산주의 단체는 없다고 증언하였다(《조선일보》
1936. 3. 6; 《동아일보》 1936. 3. 7; 《조선중앙일보》 1936. 3. 5, 7). 그런
데 공산주의운동이나 독립운동에 대한 철저한 사찰과 파괴 공작으
로 악명 높은 일제 경찰도 고문을 통해서 얻은 취조문 이외에 어떤
증거도 제시하지 못 하였다.

　1936년 3월에 전위동맹 사건의 1심 재판이 끝났다(《조선중앙일
보》 1936. 3. 21; 《동아일보》 1936. 3. 21). 형평사는 이미 대동사로
바뀐 뒤였다. 3년에서 6년의 징역이 구형된 피고에게 모두 무죄
가 선고되었다. 무죄 판결은 혐의가 없다는 의미였다(김중섭 1994,
283~285; 김영대 1978, 152~154). 단지, 이종률에게만 다른 공산주
의운동 사건에 연루된 죄목으로 징역 2년이 선고되었다. 요컨대,
전위동맹 사건은 일제의 간섭과 조작으로 만들어졌던 것이다. 공

산주의운동에 참여한 이종률의 경력(김선미 2006)을 이용하여 전위동맹 사건을 공산주의 활동으로 몰아 가려고 하였던 것으로 짐작된다.

그런데도 검찰은 2심(복심)에서도 1심과 같은 형량을 구형하였다. 그래서 피고인들은 1936년 11월 2심 재판이 끝날 때까지 대구 감옥에 갇혀 있게 되었다. 결국 피고 모두가 체포된 지 거의 4년 만에 무죄로 풀려났다(《조선일보》 1936. 11. 18, 22, 27). 그 사이에 형평사는 대동사로 바뀌었고, 총본부는 대전으로 옮겼다. 대동사는 형평운동의 취지를 상실한 채 사원들의 이익 집단으로 변질된 상황이었다. 이와 같이 전위동맹 사건은 사원들의 활동을 위축시키고 급기야는 형평운동의 종말을 가져오는 데 작용하였다(김중섭 1994, 279~285). 일제가 조작한 이 사건으로 말미암아 진보적인 소장파 활동가들은 더 이상 형평운동을 계속할 수 없게 되었다. 감옥에 갇혀 있던 이동환, 서광훈을 비롯한 14명의 활동가들은 말할 것도 없고, 불기소나 기소 유예 처분을 받거나, 경찰에 검거되었다가 취조를 받고 풀려난 활동가들조차 경찰의 감시 아래 활동할 수 없었다. 이렇게 일제는 이 사건을 통하여 잠재적인 위험 집단으로 간주된 형평사 안의 급진 세력을 일망타진하려고 하였던 것으로 짐작된다.

창립 이후 단일 명칭으로 전국적인 조직을 유지하며 수십만 백정의 지지 아래 활동해온 형평사는 일제 식민지 시기에 가장 오랫동안 지속된 사회운동 단체로 기록되었다. 백정의 역사적 경험을 배경으로 사원들은 강한 연대의식과 결속력을 갖고 있었다. 게다가 형평사원들은 전쟁 수행에 필요한 군수 물자인 피혁을 담당하는 전문 집단이었다. 대규모의 피혁회사나 도축장은 자본가들이 장악하고 있었지만, 소규모의 피혁 생산과 거래는 여전히 형평사원들이 맡고 있었다. 1931년 만주사변을 시발로 침략 전쟁을 벌이는 일제는 군수품인 가족 제품의 원활한 공급을 위하여 형평사원들의 협조가 필요하였다. 그렇기 때문에 일제는 진보적 활동가들의 형평사 장악을 우려하였을 것으로 짐작된다.

결국 일제는 전위동맹 사건이라는 날조된 사건을 만들어 냈던 것이다. 수육조합 발족을 둘러싼 사원들의 갈등에서 발각되었다고 하였지만, 실제로는 소장파와 노장파의 대립과 갈등을 이용하여 형평사 안의 진보 세력이 활동하지 못하도록 획책하였던 것이다. 이 사건을 겪으면서 형평운동의 주도권은 온건파에게로 넘어갔고, 진보 세력이 주장하던 노동조합 결성 움직임은 사라졌으며, 다른 사회운동 단체와의 연대 활동도 더 이상 유지되지 않았다. 급기야는 대동사 개칭 이후 일제에 협력하는 이익 집단으로 전락하였다. 일제의 개입과 분열 획책은 분명히 형평운동이 소멸하게 된 여러 요인 가운데 하나였다.

(3) 통제와 대동사의 친일 부역

일제의 통제와 형평운동의 변질은 1935년 이후 대동사 시기에 더욱 뚜렷하게 나타났다. 사원들의 참여가 저조하고 일제의 통제가 심해지면서 대동사는 더 이상 인권 증진 활동을 하지 않은 채 집단 이익에 치중하는, 심지어 일제의 전쟁 수행에 부역하는 전혀 다른 성격의 단체로 전락하였다(김중섭 1994, 286~294). 그 조짐은 이미 1930년대 전반기에 완연하게 나타났다. 제5장에서 살펴본 바와 같이, 1930년대 전반기에 형평운동은 침체되었고, 이념적 급진화로 지도부의 갈등이 심해졌고, 그런 가운데 일부 활동가들은 경제적 권익에 치중하였다. 형평운동의 침체는 조직 감소와 활동 위축으로 나타났다. 이런 상황에서 새로운 전환을 모색하며 1935년 4월 정기전국대회에서 대동사로 명칭을 바꾸었고, 1936년에 총본부를 대전으로 옮겼다. 빚을 갚기 위해서 서울 총본부 건물을 매각하고, 사원들의 경제적 이익을 도모하는 활동 중심으로 바꾼 것이다. 그러면서 대동사는 점점 더 위축되어 갔다.

1936년 1월 대전에서 열린 대동사 임시총회에는 12개 지부에서 온 대의원 19명만이 참석하였다. 의제에는 신분해방 문제도 포함되어 있었지만, '인권 해방'으로부터 '직업운동'으로 전환하였다고 하면서 경제적 이익 보호에 관한 사항을 주로 논의하였다(《조선중앙일보》 1936. 1. 17). 대전 총본부에서 열린 2월의 위원회에는 14개 지역 대의원 26명이 참석하였다. 대동사에서 경영하는 회사를 통해 소가죽을 거래하자는 '우피판매 통제안'이 주로 논의되었다(《동아일보》 1936. 2. 26). 사원들이 생산하는 소가죽을 중간상들이 수집 판매하여 이익을 가로챘는데, 이제는 사원들끼리 판매망을 구축하여 이윤을 지키자는 것이었다. 수익이 높은 가죽 판매 사업에 대동사 조직을 활용하여 경제적 이권을 도모하려는 방안이었다. 이전 형평사 시기에는 진보적 활동가들 중심으로 고리제품을 제작 판매하거나 도축장에서 일하는 저소득층의 사원들을 위한 노동조합 결성을 모색하였는데, 대동사로 개칭된 뒤에는 부유한 사원 중심으로 사업 구상이 이루어졌던 것이다.

이익 집단으로 바뀐 대동사의 성격은 경제적 상호 부조와 자력의 생활 개선을 강조하는 강령으로 나타났고, 활동 내용이 집단 이익을 추구하는 데 치중한 것에서 확인되었다(이용철 2012). 1936년 4월 46개 지부에서 온 120여명의 대의원이 참석한 가운데 대전에서 정기전국대회가 열렸다. 주요 안건은 피혁 무역과 수육상조합 설립 같은 경제적 이익 문제에 관련된 것이었다(《동아일보》 1936. 4. 26; 《조선중앙일보》 1936. 4. 28). 그 해 6월의 대동사 전남연합회 창립대회에서 보듯이 지역 활동도 사원들의 경제적 이익 보호가 주요 관심사였다(《동아일보》 1936. 6. 12). 본부에서도 간부들이 총독부 관리들을 만나 고기 가격 결정에 대동사와 협의할 것을 요구하는 등 경제적 이익을 위한 활동에 치중하였다(《동아일보》 1936. 4. 9, 10).

'인권 해방'으로부터 '직업운동'으로 전환하였다는 언론의 표현대로(《조선중앙일보》 1936. 1. 17), 유력자 중심의 대동사 지도부는 사원들의 경제적 이익 보호에 주력하였다. 지도부 구성도 예전과 크게 달라졌다(김중섭 1994, 291~294). 1936년 1월 대전에서 열린 임시 총회에서 집행위원장 이성순, 부위원장 강상호, 상무집행위원 유공삼, 김동석, 서영석, 집행위원 박유선, 오성환, 천군필, 이학술 등을 선임하였는데, 그 면면을 보면, 옛진주파의 경남 지역 유력자들이 다시 총본부로 돌아와 옛서울파의 중부 지역 활동가들과 함께 임원진을 구성한 모양새였다(《조선중앙일보》 1936. 1. 17; 2. 8). 특히, 1930년대 초 서울 총본부 중앙집행위원장으로 선임되었지만, 집무를 거부하였던 이성순과 1920년대 말 경상형평연맹을 만들어 파벌 조짐을 일으켰던 강상호가 집행위원장과 부위원장을 맡은 것이 제일 두드러진 특색이었다.

옛진주파의 경남 유력자들과 서울 총본부의 노장파 활동가들의 협력 체제는 대동사 기간 내내 지속되었다. 진보적인 소장파가 전위동맹 사건으로 활동을 못하는 상황에서 창립 초기 파벌 대립을 벌이던 진주파와 서울파가 다시 손을 잡고 협력하였던 것이다. 그 양상은 1936년 4월 전국대회에서 선임된 지도부 구성에서도 똑같이 나타났다.[49] 그 즈음 집행위원장 이성순과 부위원장 강상호는 조귀용, 길상수, 김재덕, 이학조, 김종택 등 지역의 유력자들과 함께 일제 총독부를 방문하여 협력을 요청하기도 하였다(《동아일보》 1936. 4. 9, 11). 몇 년 뒤 1939년 4월 전국대회에서는 위원장 장지필, 부위원장 김동석, 상무집행위원 박재희, 최성복, 김홍구 등이

---

49) 일제 경찰 자료는 형평사 간부로서 김종택, 서영석, 김재덕을 포함한 72명이라고 기록하였다(朝鮮總督府警務局 1937, 6권 329).

선출되었다(《동아일보》 1939. 4. 27). 장지필을 비롯하여 옛서울파가 주도권을 되찾은 것처럼 보이지만, 실제로는 옛진주파와 옛서울파의 연합 형태인 대동사의 지도부 구성 기조가 유지되고 있었다. 창립 때부터 형평운동에 참여하던 노장층 활동가들이 대동사로 바뀐 뒤에는 경제적 이권을 위한 활동에 주력하였던 것이다. 형평사 시기에 벌이던 인권 증진 활동은 더 이상 그들의 주요 관심사가 아니었다.

그 즈음 일제는 전쟁 도발을 더욱 확대해갔다. 군국주의 망령 아래 1931년 만주 침략, 1937년 중국과의 전면 전쟁 도발, 1939년 태평양전쟁 확전으로 이어졌다. 국민총동원령을 통하여 식민지 조선의 인적, 물적 자원을 최대한 동원하여 전쟁 수행에 썼다. 많은 한국인들이 강제로 징용이나 징집을 당하였고 위안부로 끌려갔다. 또 공출로 한국인의 생활이 극도로 피폐해졌다. 대지주나 실업인들은 경제적 역량에 맞추어 일제의 전쟁 도발에 협력하였다. 대동사도 전쟁에 필요한 군수품을 조달하고, 전쟁 무기를 헌납하는 사회적 분위기에 부응하여 일제의 정책과 요구에서 적극 협력하며 부역 활동을 벌였다.

1937년 8월 대전에서 열린 대동사 전국대의원회에서는 사원 모금으로 대동호로 명명된 전투기를 헌납하기로 결의하였다. "추석의 전 이익을 대동호로"라는 모토 아래 53,500원을 갹출하기로 목표를 세우고 모금 활동을 벌였다. 그러나 단기간에 거액의 모금은 제대로 되지 않았다(《동아일보》 1937. 9. 8). 지도부의 결정에 사원들이 협조하지 않은 측면도 있었지만, 대개 경제적으로 곤란을 겪고 있었기 때문이다. 그러자 대동사 총본부에서는 비행기 헌납 비용을 모금하기 위하여 지역 순회 활동을 벌였다. 일제 경찰 보고에 따르면, 1937년에 충남의 장지필과 경남 진주의 강상호는 충남과 경남의 각 지역을 순회하며 모금 활동을 독려하였으며, 총본부는 각 지역 지부에 헌금 활동을 독려하는 통지서를 발송하였다.[50] 또 충남 홍성군의 어느 대동사원은 11월 중순까지 모금 활동을 끝내도록 하고, 그 비행기가 날 때 대동사원 모두 국기를 들고 환영하자는 내용의 언동을 하였다. 사원과 부녀자들이 열심히 모금 활동을 벌인다는 보고도 있었다.[51] 강원도 경찰부는 '애국기 조선백정호' 헌납 계획에 따라 이루어진 각 지역의 갹출 상황을 보고하였다.[52] 이렇게 일제 경찰은 모금 활동까지 감시하였던 것이다.

처음 계획하였던 날짜를 지키지 못하였지만, 대동사는 사원들의 모금으로 비행기 '대동호'를 헌납하였다. 1938년 2월에 대동사의 비행기 헌납 운동이 완결되어 장지필 외 4명의 간부가 경비 760원 70전을 공제한 3만 125원 60전을 조선군사령부 애국부를 경유해서 육군성에 헌금하였던 것이다.[53] 그리고 1938년 7월 대전에서 임시총회를 열고, 300명이 참석한 가운데 대대적인 비행기 헌납식을 가졌다(《동아일보》 1938. 7. 7, 11). 이와 같은 대동사의 일제 부역은 총본부뿐만 아니라 지역 차원에서도 자행되었다. 대표적으로 대동사 경북 영천지부장은 1938년 8월에 경기관총 2정 가격 16,000원을 개별적으로 헌납하였다(《동아일보》 1938. 8. 30).

대동사는 일제에 협력하는 한편, 피혁회사 설립 등 집단 이익을 확보하고자 하였다(《동아일보》 1938. 11. 23, 28). 그러나 대동사의 기대대로 진행되지 않았다. 총독부가 가죽 배급회사를 설립하여 피혁 통제를 강화하였고(《동아일보》, 1938. 11. 8), 죽은 가축의 가죽까지 사용 허가를 받도록 규칙을 개정하였던 것이다(《조선일보》 1940.

---

50) 朝鮮總督府警務局(1937), "特殊團體ノ動靜, 大同社ノ飛行機獻納運動"《治安狀況》 제26보~제43보(昭和12年, 1937. 10. 8).

51) 朝鮮總督府警務局(1937), "特殊狀況, 大同號獻納ニ對スル社員ノ言動"《治安狀況》 제26보(昭和12年, 1937. 11. 19).

52) 江原道警察部(1938),《昭和十三年度 治安狀況》

53) 朝鮮總督府警務局(1938), "民心ノ動向, 大同社ノ飛行機獻納運動ノ完結,"《治安狀況》 제44보(昭和13年, 1938. 2. 23).

3. 27). 전쟁이 확산되고, 피혁산업에 대한 일제의 통제가 강화되면서 대동사의 집단 이익 지키기는 더 어렵게 되었다.

1939년 4월 대전에서 열린 대동사 정기전국대회는 불과 50여명의 대의원들이 참석하였다. 해체안을 논의하였지만, 참석자들은 일단 해체를 유보하기로 결의하였다(《동아일보》1939. 4. 27). 대동사가 예전처럼 활동할 것이라고 기대하기는 어려운 상황이었지만, 위원장 장지필, 부위원장 김동석 등 임원을 선출하면서 조직을 유지하였다. 그 뒤의 대동사 흔적은 별로 찾을 수가 없다. 대동사 간부들이 1940년 3월에 총독부를 방문하여 고기값 인상을 건의하였다는 내용이 언론에 보도되었다(《조선일보》1940. 3. 23. 27). 또 1940년의 일제 기록에는 대동사 위원장 이성순이 본부를 대전에서 부산으로 옮기고, 단체 이름도 다시 형평사로 바꾸었다는 내용이 있다.[54] 그러나 그 진위 여부는 확인되지 않고 있다. 이와 같이 대동사가 언제까지 명맥을 유지하였는지 불분명하다. 1940년대 일제 말기의 여러 상황에서 조직을 유지하기가 어려웠을 것이다.

2. 수평사와 일제의 관계

(1) 지배 세력의 융화정책

형평사는 한국의 전통 사회에서 차별받던 집단이면서, 다른 한편 일제 식민지 지배 아래에서 감시와 억압을 받는 대상이었다. 곧, 피차별과 피지배의 이중적 질곡에 있는 상황이었다. 실제로 차별 철폐와 경제적 권익 보호 활동을 벌이는 형평사의 목적을 위하여 통치 집단인 일제는 어떠한 정책적 배려도 하지 않았다. 그러나 부

---

54) 朝鮮軍參謀部,《昭和14年前半期 朝鮮思想運動槪況》(1940년 8월).

락민의 경우는 전혀 달랐다. 부락민은 일본 사회의 구성원으로서 300만에 이르는 무시할 수 없는 규모의 집단이었다. 제2장에서 살펴본 바와 같이 수평사 창립 배경에는 부락민들이 겪는 차별 관습, 열악한 사회 경제적 상황이 있었다. 특히, 1918년 쌀소동을 겪으면서 거세진 부락민의 불만을 잠재우는 것이 일본 정부의 중요한 정책적 과제였다. 이런 점에서 수평사와 일제의 관계는 복합적인 양상을 갖고 있었다.

일본 정부는 기본적으로 관과 유력자를 동원하여 부락 문제를 해결하고자 하였다. 부락의 열악한 생활을 개선하기 위하여 부락개선활동을 벌였고, 부락 차별 의식을 없애기 위하여 융화정책을 시행하였다. 그러나 수평사는 그것을 체제 유지를 위하여 시혜적이며 자비를 베푸는 것이라고 보면서 자력으로 부락해방을 이루고자 하였다. 따라서 수평사는 창립부터 부락개선활동이나 융화정책과 대립하며 경쟁했다. 그렇지만 부락민 입장에서 보면, 수평사 주장대로 독자적인 부락해방을 달성해야 하겠지만, 정부 정책이 지향하는 생활개선의 중요성을 간과할 수 없었다. 이와 같은 복합성을 감안하여 일본 정부의 융화정책을 먼저 살펴보고자 한다.

일본 정부의 융화정책 뿌리는 부락과 사회의 융화, 융합을 통하여 부락 차별을 해소하여야 한다는 오에 다쿠(대강탁, 大江卓)의 주장에 있다. 그리고 지배집단은 부락 문제를 해결하기 위하여 1914년에 제국공도회를 결성하였다. 체제 유지를 전제로 하는 시혜적인 온건한 정책의 시작이었다. 그러나 1918년에 쌀소동을 겪으면서 조금 더 적극적으로 대처하게 되었다. 그런 가운데 1921년 5월에 융화단체인 동애회가 결성되었다(秋定嘉和 2004, 63~64; 部落解放研究所 1989, 중권 202~206).

동애회를 설립한 아리마 요리야스(유마뢰녕, 有馬賴寧)는 귀족 출신으로 도쿄대학 교수였다. 사회민주주의자로서 농민운동에도 관계하던 그는 부락민의 평등을 '인류애'의 실현이라고 표현하면서 차별 철폐를 통한 국민 융화를 도모하였다. 동애회의 지지 기반은 도시 자본가, 귀족, 정계, 언론인 등이었고, 일부 융화단체도 협력하였다. 아리마 요리야스는 동애회가 부락 대중에서 완전히 격리되었던 제국공도회의 온정주의를 대체하는 융화운동의 지도적 조직이 되기를 기대하면서 도쿄를 비롯하여 주요 도시에서 강연회를 여는 등 여러 활동을 벌였다.

그러나 1922년 수평사의 창립으로 새로운 상황이 전개되었다. 아리마는 동애회와 수평사의 지향점이 비슷하다는 점을 강조하며 협력을 모색하였다. 특히, 종래의 시혜적인 융화단체 입장을 비판하는 수평사에 대하여 동애회가 호의적 태도를 보이면서 양측은 협력적인 관계를 갖게 되었다. 일부 지역의 수평사는 아리마를 행사 내빈으로 초빙하였고, 강연회 활동을 지원하였다. 그렇지만 동애회와 수평사의 제휴 활동은 순조롭게 진행되지 않았다. 1924년 도지마 스파이 사건으로 수평사 지도부가 내분을 겪으며 볼셰비키파가 주도권을 잡게 되고, 무산자계급운동 경향이 강해지면서 두 단체의 협력은 유지되지 못하였다. 게다가 정부의 보조금을 받는 동애회는 정부 입장을 무시할 수 없었다.

그 뒤 아리마는 귀족원과 중의원 의원을 중심으로 연구회를 만들어 국회에서 부락 문제의 국책 수립에 관한 결의를 이끌어냈다. 그리고 각 지역의 융화단체를 묶어서 강력한 운동을 전개하기 위한 전국융화연맹을 결성하였다. 1925년 2월에 창립총회를 연 이 단체에 16개의 자주적인 부락개선활동 단체와 관제 융화단체가 참여하였다. 그 가운데는 제국공도회, 중앙사회사업협회 지방개선부, 대화동지회 등도 있었다. 이와 같이 융화연맹은 자주적인 융화단체 연합회 성격의 단체였지만, 동애회와 중앙사회사업협회 지방개선부가 주도하였으며, 부락 문제의 국가적 정책 수립을 목표로 정부나 제국의회에 진정하는 활동을 주로 하였다. 그리고 부락민의 주체적 활동이나 수평운동을 적대시하는 내무성의 융화정책을 비판하는 한편, 부락 차별 철폐를 위하여 국민 각성운동을 전개하였다.

한편, 쌀소동을 겪은 일본 정부는 부락 대책으로 1920년에 부락개선비 5만 엔을 계상하였는데, 1922년의 수평사 결성에 놀라 1923년에는 그 액수를 49만 엔으로 크게 늘렸다. 내무대신은 1923년 8월에 인습에 기초한 차별적인 편견을 근절하고 부락개선사업을 확장하여 국민 상애를 높인다는 훈령을 발령하였다. 그리고 중앙사회사업협회에 지방개선부를 설치하고 융화사업을 전담하는 직원을 두었다. 광역 행정단위인 부현의 융화단체와 함께 융화사업 관계자 강습회, 협의회 개최 같은 초보적인 수준의 활동을 벌이면서 정부 차원의 부락 문제 대응을 시작하였다.

그런데 1925년 9월에 내무성은 중앙사회사업협회 지방개선부를 폐지하고, 그 대신에 중앙융화사업협회를 설립하여 사무실을 내무성 사회국 안에 두었다. 그 협회의 지도 이념은 동애회나 동화연맹과 달리 천황주의적, 국가주의적 색채가 짙었다. 이에 대하여 융화단체가 거센 비판을 하였지만, 오히려 중앙융화사업협회는 전국융화연맹의 가입 요청을 거부하고, 국가주의적 입장에서 부현 융화단체의 통제를 강화해갔다. 그 사이에 아리마의 후원에 의존하던 동애회는 기부금이 줄어들어 재정난에 직면하였고, 제국공도회는 오에 다쿠가 죽은 후 세력이 약화된 상황이었다. 결국 1927년 7월 동애회, 제국공도회는 중앙융화사업협회에 흡수되고, 전국융화연맹은 해체되었다. 그리하여 중앙융화사업협회는 전국의 융화단체를 대표하게 되었다.

중앙융화사업협회에 지방융화단체의 대표자들로 구성된 평의원회를 새로 설치하고, 지방융화단체는 이 단체의 지부 지위를 갖게 되었다. 그리고 예산의 결정권을 평의원회로 이관하고, 각 단체의 활동가들을 받아들여 융화운동의 중심 역할을 하였다. 아울러 국민 융화를 실현하기 위하여 국체 정화를 도모하고, 전국 규모의 계몽 운동을 전개하며 천황제 이념에 충실한 융화사업을 해나갔다. 그렇 지만 적어도 1937년 중일전쟁이 일어나기 전까지는 아리마가 강조 하는 자유, 평등, 개량주의적 신사상이 중앙융화사업협회의 활동에 부분적으로 깔려 있었다.

　이와 같이 일본 정부는 반관반민(半官半民)의 융화단체들을 동원 하여 부락개선활동을 벌였다. 이것은 수평사를 견제하기 위한 것이 기도 하였고, 또 부락 문제가 더 이상 방치할 수 없는 상황이라는 것을 보여주는 것이었다. 부락의 생활 실태는 1920년대 후반에 더 욱 심각해졌다. 국가나 융화사업 단체에서 무시할 수 없는 상황이 어서 1935년에 융화사업 10개년 계획이 만들어지게 되었다. 그에 따라 산업경제 시설, 교육문화 시설, 환경개선 사업, 융화교육연구 회와 융화단체에 대한 국가 지원이 생겨났다. 사업은 중앙융화사업 협회 중심으로 진행되었다. 1937년에 중국 침략과 함께 전쟁이 확 전되면서 일본 정부는 더욱 적극적으로 부락 문제에 개입하여 통제 하려고 하였다.

(2) 긴장과 대립, 감시와 통제, 그리고 타협

　일본 정부는 수평사 창립 이후 지속적으로 통제하려고 하였다. 융화정책을 통하여 회유가 부분적으로 성공하였지만, 수평사 활동 은 기본적으로 일제의 감시와 통제 대상이었다. 특히, 일본 정부는 수평사가 공산당을 비롯한 비합법 활동과 연계되어 있을 것이라는 의구심을 버리지 않았다. 제5장에서 보았듯이, 1924년의 도지마 스파이 사건이나 후쿠오카연대 폭파 사건과 같이 경찰은 끊임없이 수평사를 감시하고, 심지어 조작 사건을 통하여 탄압하였다. 특히, 도지마 스파이 사건을 계기로 공산주의 좌파 세력이 지도부를 장악하고, 노동, 농민, 공산당 운동 등과 밀접한 협력 관계를 갖고 있는 상황에서 일본 정부의 경계는 더욱 심하였다. 이와 같은 경찰의 개입과 탄압은 수평운동의 전개에 커다란 영향을 미쳤다.

일본 정부는 1925년 치안유지법을 제정하여 사회운동 통제를 강화하였다. 1928년 3월에는 이른바 3.15사건으로 지칭되는 대대적인 공산당 탄압 활동을 벌였다. 공산당 당원이나 연루자들을 대거 체포하였는데, 그 가운데는 수평사 간부들도 포함되어 있었다. 그 즈음, 볼셰비키파가 장악하고 있던 수평사 지도부에 대한 비판이 나오고, 분열되었던 활동가들이 재결합하여 수평운동의 활성화를 추진하였다. 그러면서 수평운동의 주도권은 반볼셰비키파로 넘어갔다. 사카모토 세이치로(판본청일랑, 阪本清一郎), 이즈노 리키조(천야리희장, 泉野利喜藏) 등이 조직 재건 목적으로 부현 대표자대회를 개최하였고, 1929년 11월 나고야의 전국대회를 통하여 조직 통합을 실현하였다.

1929년에 세계 공황의 여파로 일본 경제가 크게 침체하면서 부락민들의 삶은 더욱 어려워졌다. 반관반민의 중앙융화사업협회는 부락민의 경제생활을 향상시키기 위한 정책을 실행하였다. 1930년대 초에 일본 정부가 부락개선 정책을 실행하고, 수평사가 비판적이며 적극적으로 수용하면서 부락민위원회 활동이 발전하였다(部落解放研究所 1989, 중권 263~267; 秋定嘉和 2004, 100~102). 그와 같은 변화의 배경에는 일본 정부와 반관반민 단체인 중앙융화사업협회, 그리고 수평사의 역학 관계가 있었다.

1932년 8월 일본 정부는 생활이 곤란한 부락 주민들에게 일자리를 마련해 주는 지방개선 응급시설비를 지급하기로 하였다. 이에 따라 중앙융화사업협회가 부락 경제 갱생운동을 시작하였다. 그런데 수평사는 적절한 대응 방안을 찾으려고 하지 않았다. 이런 상황을 타개하고자 규슈수평사연합회가 독자적으로 부락개선 응급시설비 문제에 대응하였다. 그들은 개선비를 획득하여 유용하게 활용할 수 있다고 주장하면서 획득 활동을 벌였다. 그 결과 수평사가 1933년 2월 지방개선 응급시설비 획득 투쟁을 활동의 핵심 의제로 채택하게 되었다. 이와 같은 전술적 전환 아래 수평사는 부락 개선비의 성격과 사용 내역 등을 폭로하는 한편, 부락민이 그 사용권과 시설 관리권을 쟁취하기 위한 활동을 전개하였다. 그리고 수평사 각 지부는 부락민 총회를 열어 실행위원회를 선출하고, 기초 단위인 정촌(町村)과 광역의 부현 차원에서 실행위원협의회를 조직하여 행정 당국에 개선비 사용을 요구하는 활동을 벌여나갔다.

부락민위원회의 활동은 종래의 수평사 활동 방향과 크게 다른 것이었다. 그때까지 진행해온 차별규탄 투쟁 중심의 활동에서 벗어나 부락민들의 요구에 부응하여 시설, 도로 개보수, 공동목욕탕 건설 같은 생활개선 분야뿐만 아니라 직업 알선, 생업 자금 대부 등 경제 활동 영역에 관심을 기울였다. 정부나 융화단체에 의존하여 부락개선사업을 추진하던 것을 타파하고, 부락민이 주체적으로 쟁취할 것을 강조하였다. 이와 같이 부락민위원회 활동은 융화단체가 주도하는 경제갱생 활동에 대응하기 위하여 추진되었지만, 다른 한편으로는 차별 철폐 활동으로부터 부락민의 경제생활 개선 활동으로 전환함으로써 생활옹호 투쟁을 제도권 안에서 추진하는 타협적 성격을 갖고 있었다. 곧, 부락민의 경제 환경과 부락 시설을 개선함으로써 부락민들의 요구에 부응하며, 아울러 정부 정책을 활용하여 추진 성과를 높이려는 것이었다.

규슈수평사연합회가 주도한 부락민위원회의 활동 성과를 보면서 좌파인 해소파도 점진적인 해소 방안으로 부락민위원회를 수용하였다. 그 즈음 일본공산당은 천황제나 지주제와 같은 봉건 유제의 타도를 강조하는 1932년 테제를 채택하였다. 봉건 유제인 신분 차별 철폐를 목적으로 하는 수평사의 활동을 인정한 셈이다. 기만적인 부락개선사업 및 융화운동의 천황중심주의적 반동을 배격하자고 주장하였지만, 정부 주도 아래 진행되는 부락개선활동의 현실적인 변화와 파급력을 무시할 수 없었다.

이런 가운데 수평사는 부락민위원회를 통하여 부르주아, 지주, 정부가 전액 부담하여 공동목욕탕, 공회당, 탁아소, 보육시설을 설치하고, 그 관리권을 보장해줄 것을 주장하였다. 그리고 무료 진료소, 조산원 같은 보건 시설의 완비, 생업 자금, 저리융자금 대출, 공영주택 증설, 도로, 하천, 상하수도, 불량 주택의 개량 보수 등을 요구하였다. 이와 같은 부락민위원회 활동은 부락민의 일상적인 경제적 요구나 생활 개선 요구를 실현하기 위한 것이었지만, 그 바탕에는 부락 대중을 수평사의 영향 아래 두려는 의도가 깔려 있었다. 그러한 활동 방식은 농민위원회의 경험을 활용한 것으로, 미에, 나라(내량, 奈良), 후쿠오카 등지에서는 어느 정도 정형화된 것이었다.

1930년대 수평운동의 주요 내용이 된 부락민위원회 활동은 1933년의 다카마쓰 차별재판 투쟁이 전국적으로 확산되는 것에 힘입어 더욱 활기를 띠었다. 1934년에는 '부락민위원회'를 '부락위원회'로 개칭하였다. 부락민을 대표하는 위원들의 활동이나 조직으로 오해하는 것을 방지하며, 아울러 부락을 대표하는 위원회라는 점을 명확히 하기 위한 것이었다. 4월에 교토에서 열린 제12회 전국대회에서 "응급 시설비 폐지 반대, 지방개선비 증액, 전액 국고 부담으로 철저한 부락 개량 시설 획득"을 결의하고 부락 안의 활동을 강화하였다. 낮은 생활수준, 신분 편견에 따른 취직, 임금 등의 차별 대우, 직업, 거주, 결혼 등으로 고통과 차별을 겪고 있던 부락민들은 부락개선활동을 더욱 적극적으로 지지하였다. 각 지에서 부락위원회 활동이 활발하게 전개되면서 부락 대표자회의가 응급 시설비

분배 할당 등에 관여하게 되었다. 또 오사카, 나라, 미에, 오카야마 등지에서는 9월의 풍수해 피해에 대한 복구 지원 투쟁을 개선비 투쟁과 연계하여 벌였고, 교토, 야마구치에서는 공동 목욕탕 설치 및 개보수 투쟁을 벌이는 등 지역 상황에 맞는 맞춤형 활동이 이루어졌다.

이와 같은 부락위원회 활동은 수평사 해소론의 오류를 방증해 주는 것이었다. 수평사는 공동체 의식의 유대 관계 위에 만들어졌을 뿐만 아니라 부락민의 공동 권익을 위한 조직으로서, 중단되거나 해체될 수 있는 것이 아니라는 인식이 확산되었다. 또 신분 질서에서 부락 대중을 해방시키기 위한 투쟁으로서, 일반 민중과 피차별 부락 대중을 묶어 주는 결합체의 강화가 필요하다고 인식되었다. 이와 같은 인식 아래 해소론이 공식적으로 폐기되었다.

부락개선비 획득 활동은 생활권 옹호 활동과도 이어지는 것이었다. 아울러 차별에 대한 규탄 활동도 지속하였다. 그 과정에서 수평사 활동가들은 그동안 적대시해왔던 융화단체의 간부들과 협력하게 되었다. 구마모토(웅본, 熊本) 등지에서는 융화 문제 대책 강연회에 두 단체의 간부들이 함께 참석하였으며, 사이타마(기옥, 埼玉), 나라, 히로시마(광도, 廣島) 등지에서는 생활권 옹호 활동에 두 단체가 협력하였다. 《수평신문》은 여전히 "반동 융화단체를 분쇄하자"고 외쳤지만, 일제가 중국 침략 전쟁을 일으킨 1937년 이후 지역 차원에서 두 단체의 협력은 더욱 활발해졌다.

(3) 국가주의와 전쟁 협력

제2차 세계대전의 전조로 중국을 공격할 즈음 국가주의 열풍은 일본 사회 각 부분에 광범위하게 퍼져 있었다. 그런 가운데 수평사 활동가들도 전향하여 국가주의를 주창하기 시작하였다. 감옥에서 전향을 선언한 사이코 만키치(서광만길, 西光万吉)는 수평사 중앙위원 이던 사카모토 세이치로와 요네다 도미(미전부, 米田富)와 함께 1934 년 9월에 전쟁에 협력하는 《가두신문》을 발행했다. 세 사람은 모두 수평사 창립 회원이고, 사회주의 영향을 받아 부락민 자력 해방을 주장하며 사회 개혁 세력과의 연대에 적극적이던 활동가들이었다. 그들이 전향하여 국가주의와 전쟁 협력의 광풍에 휩싸여 적극 활동 하는 가운데 사이코와 사카모토는 대일본국가사회당 결성에 참여 하여 중앙상무위원에 취임하였다. 《가두신문》은 세 사람의 개인신 문 형식이었지만, 대일본국가사회당의 주의 주장을 선전하였다. 또 천황제를 옹호하는 국가사회주의를 주장하면서 군부가 그것을 실 현하는 주체 세력이어야 한다고 인식하며 군부 정권을 구상하였다. 그렇지만 수평사는 대일본국가사회당에 대항하는 입장이었다. 수 평사 활동가 사이의 균열이 점점 가시적으로 드러났다. 그것은 전 시 체제로 바뀌면서 수평사가 군국주의를 표방하는 단체로 바뀌어 가는 전조 현상이었다.

수평사는 1934년 4월 교토에서 열린 제12회 전국대회 이후 지 방개선 응급시설비 폐지를 반대하고, 지방개선비 증액을 요구하는 투쟁을 전개하였다. 1936년 2월에 실시된 의회 선거에 무소속으 로 출마한 수평사 중앙위원장 마쓰모토 지이치로(송본치일랑, 松本治 一郎)가 사회대중당, 전국농민조합, 노동조합의 전폭적인 지지 아래 당선되었다. 이것은 의회에 진출하여 개혁을 도모하려는 수평사 활 동의 결실이었다. 1936년 젊은 청년 장교들이 쿠데타를 시도했던 2.26사건으로 군부가 정치 세력으로 자리잡고, 파시즘이 구체화되 는 상황에서 마쓰모토는 사회대중당과 노농무산협의회(勞農無産協 議會)와 협력하며 반파쇼 활동을 전개하였다. 그러나 사회대중당의 소극성과 노농무산협의회의 분파주의로 반파쇼 통일전선의 전열은

흩어지게 되었다.

한편, 1937년 중일 전쟁이 일어나면서 군부 영향력이 커지고 천황제가 더욱 강화되었다. 그 즈음 융화단체는 융화사업 10개년 계획을 제안하면서 대대적인 선전 활동을 펴고 있었다(部落解放研究所 1989, 중권 281~292; 秋定嘉和 2004, 105~109). 부락의 경제 갱생과 일반인의 부락 차별 관념 철폐를 강조하는 한편, 농업 실행조합이나 공동 작업장, 부락의 복지회관 성격의 인보관(隣保館), 공동목욕탕 등을 설치하고, 주택이나 도로, 하수도 개량 등 환경을 개선하며, 융화교육의 추진, 융화기관의 정비 등을 실시할 것을 요구하였다. 이와 같은 융화사업을 시행하려면 5,000만 엔의 예산이 필요하다는 점도 제시하였다.

그러나 정부는 제1차년도인 1936년에 600만 엔의 예산 요구를 대폭 삭감하여 5분의 1인 124만 엔을 책정하였다. 사회사업 구호비 보조나 실업응급 시설비의 수준이었다. 전쟁 발발 전 최고 액수인 1933년의 237만 엔에 견주어 크게 줄은 액수였다. 전쟁을 준비하는 일본 정부가 군사비 증액 등의 재정 압박으로 대폭 삭감한 탓이었다. 이에 대하여 수평사는 예산은 적고, 현지 부담은 많이 늘어난 점 등을 지적하면서 이 계획이 부락 대중의 불평불만, 요구와 반항을 잠재우기 위하여 항목만 나열하였을 뿐, 실제로는 부락을 위한 특별 지출을 중단하는 것이라고 비판하였다. 중의원인 수평사 지도자 마쓰모토는 융화 예산의 확대를 주장하며 천만 엔을 요구하였다. 수평사도 천만 엔 예산 획득 투쟁을 벌여나갔다. 1937년 3월 도쿄에서 열린 제14회 전국대회의 슬로건은 "개선비 년액 천만 엔 획득, 파쇼 반대, 대중 과세 반대, 봉건적 신분제 폐지"였다.

1931년 만주사변 이후 준전시체제에서 사회운동 탄압이 심해졌다. 특히, 1936년 2.26사건 이후 군부가 권력을 장악하면서 탄압은 더욱 강화되었다. '천황기관설'은 국체에 반하는 것이라고 하면서 의회 중심, 정당 정치의 이론적 기초를 제공한 미노베 다쓰키치(미농부달길, 美濃部達吉) 학설을 정부가 대대적으로 비판하였다. 군부도 이에 가세하였다. 이런 상황은 부락 개선 정책 부실의 해결 방식에도 영향을 미쳤다. 곧, 융화사업 10개년 계획이 제대로 시행되지 않는 것에 대한 경제적, 재정상의 불만이 커지자, 천황주의, 민족 화합 등 정신주의로 해결하려고 하였다. 1937년 중일 전쟁이 발발하자 중앙융화사업협회에서도 내부 대립이 일어났다. 이사장인 아리마는 민본주의 입장이었지만, 회장인 히라누마 키이치로(평소기일랑, 平沼騏一郎)는 전통적인 천황주의 입장을 견지하며 군부를 지지하였다. 히라누마는 물적 시설이나 사업의 중요성을 간과한 채, 군국체제, 거국일치, 천황주의적 민족 화합으로 융화문제를 해결하려고 하였다. 그 결과 융화주의에 내재되어 있던 인격 존중이나 평등관은 유럽의 개인주의에 기초한 것이라는 논조가 확산되었다. 그리고 전체주의적 협동주의 관점에서 융화주의에 내재된 자유주의, 개인주의를 비판하였다(秋定嘉和 2004, 109~110).

1930년대 군부가 주도한 전체주의, 군국주의가 확산되어 가는 사회 분위기에서 부락민을 대표하는 조직이라는 수평사의 위상도 위협받게 되었다. 〈표 9-1〉의 1933년 조직 현황에서 보듯이(秋定嘉和 2004, 108~109), 전국수평사는 329개 단체에 참가자가 33,133명이고, 일본수평사는 25개에 2,019명, 기타 수평사 단체는 34개에 5,338명이었다. 반면에, 융화단체는 235개 86,733명이었다. 부락 관련 조직 가운데 단체 수는 전국수평사가 가장 많았지만, 참가자 수는 융화단체가 더 많았다.

수평사 단체 가운데 일본수평사는 사이타마, 군마 등 간토 지역에서 명맥을 유지하고 있지만 유명무실한 상황이었다. 기타 여러 형태의 수평 단체가 있지만, 수평운동의 주도권은 여전히 규모가 제일 큰 전국수평사가 갖고 있었다.

〈표 9-1〉 수평사 관련 단체 및 융화단체 수(1933년)

청부현(廳府縣)	전국수평사		일본수평사		기타 수평사		합계		융화단체	
	단체수	회원수	단체수	회원수	단체수	회원수	단체수	회원수	단체수	회원수
경시청(警視廳)	1	100					1	100	2	270
교토(京都)	5	200	2	20	1	20	8	240	6	10,700
오사카(大阪)	29	2,321	2	97	3	264	34	2,682	15	5,490
가나가와(神奈川)	-	-					-	-	1	800
효고(兵庫)	31	2,049	1	7	4	700	36	2,756	10	3,988
나가사키(長崎)	1	68					1	68	-	-
사이타마(埼玉)	32	2,937	8	606	5	835	45	4,378	8	279
군마(群馬)	4	971	10	1,209	1	72	15	2,252	-	-
지바(千葉)	1	56					1	56	-	-
이바라키(茨城)	2	158					2	158	-	-
도치키(栃木)	-	-					-	-	7	238
나라(奈良)	25	1,071					25	1,071	25	3,660
미에(三重)	23	1,280					23	1,280	1	6
아이치(愛知)	8	824			1	60	9	884	-	-
시즈오카(靜岡)	8	252					8	252	6	1,800
야마나시(山梨)	-	-			1	35	1	35	1	215
시가(滋賀)	2	26	1	70			3	96	-	-
기후(岐阜)	2	27			4	94	6	121	-	-
나가노(長野)	12	277					12	277	11	2,192
후쿠시마(福島)			1	10			1	10	-	-
후쿠이(福井)	2	454			1	49	3	503	-	-
도야마(富山)	-	-			1	10	1	40	1	729
돗토리(鳥取)	2	65					2	65	-	-
시마네(島根)	-	-					-	-	1	6
오카야마(岡山)	16	2,114			8	216	24	2,330	27	6,475
히로시마(廣島)	1	159					1	159	1	22,395
야마구치(山口)	33	2,609					33	2,609	-	-
와카야마(和歌山)	11	665					11	665	-	-
도쿠시마(德島)	3	153					3	153	20	4,083
가가와(香川)	11	463					11	463	16	9,596
에히메(愛媛)	11	415			1	24	12	439	35	6,523
고치(高知)	-	-					-	-	31	4,900
후쿠오카(福岡)	39	10,646			2	2,917	41	13,563	2	1,280
오이타(大分)	1	20					1	20	-	-
사가(佐賀)	7	561			1	12	8	573	8	1,108
구마모토(熊本)	6	2,192					6	2,192	-	-
합계	329	33,133	25	2,019	34	5,338	388	40,490	235	86,733

그렇지만 융화단체에 참여하는 회원 수가 전국수평사보다 훨씬 많았다. 전국수평사 참가자 수는 융화단체의 40%에도 미치지 못하

였다. 이런 상황에서 전국수평사가 예전과 같은 독보적인 위상을
갖기는 힘들었다.

또한 지역 간의 편차도 컸다. 전국수평사 단체는 전국에 분포되
었지만, 활발하게 활동하는 지역은 여전히 한정되어 있었다. 특히,
간토 지방의 사이타마, 주부지방의 나가노, 긴키 지방의 오사카,
효고, 나라, 와카야마, 미에, 주고쿠 지방의 오카야마, 히로시마,
시코쿠 지방의 가가와, 에히메, 규슈 지방의 후쿠오카, 구마모토
등지를 중심으로 활동이 활발하였다. 반면에, 융화단체는 교토, 오
사카, 효고 등 긴키 지방, 히로시마, 오카야마 등 주고쿠 지방, 그
리고 시코쿠 지방에서 활발하게 활동하였다. 특히, 융화운동의 지
도자나 단체가 활발한 지역에서 융화단체가 압도하는 상황이었다
(秋定嘉和 2004, 107).

전국수평사의 위상이 위협받는 가운데 수평사 내부에서 전향하
는 지도자들이 속출하였다. 간토수평사 활동가들을 위시하여 간사
이 지방에서도 전향자가 나왔다. 앞서 언급한 대로, 나라의 사이코
만키치가 옥중에서 천황제를 타도하고자 하는 공산당의 주장에 반
발하며 전향하였고, 출옥 뒤에는 천황제 사회주의를 받아들여 대일
본국가사회당, 황국농민동맹의 간부를 맡았다. 그리고 수평사 간부
사카모토 세이치로, 요네다 도미 등과 함께 《가두신문》이나 선전물
을 만드는데 협력하였다(朝治武 2008; 2009).

전향하여 일제의 침략 전쟁 확전과 그 바람몰이가 된 국가주의
와 황민(皇民)운동에 적극적으로 참여하는 수평사 지도자들이 곳곳
에서 나타났다. 공산주의운동을 파괴하고 국가주의운동으로 전향
하도록 만드는 데 탄압만이 아니라 회유책도 동원되었다. 하나의
보기가 미에현 수평운동의 지도자로서 농민, 노동, 수평의 3각동
맹을 주장하던 공산주의 계열의 우에다 오토이치(상전음시, 上田音
市)였다. 1933년 3월 미에현의 수평, 농민, 노동운동 관계자 150

명 이상이 검거되는 사건이 일어났을 때 우에다도 9개월 동안 구금되었다. 그는 12월에 기소 보류로 석방된 뒤 같이 검거되었다가 풀려난 부락민들과 함께 황민운동에 적극 참여하였다. 부인회와 청년회를 결성하여 출정 군인을 환송하는 군악대를 조직하고, 전국 신사의 총본산으로 국가신도의 지성소 역할을 하는 이세신궁까지 참배 가서 '황군(일본군)'의 무운장구(武運長久)를 기원하였으며, 관제 국민동원 활동인 익찬운동에도 적극 참여하였다. 이와 같은 미에현의 황민, 군부의 방침을 지원하는 익찬(翼贊) 활동에서 우에다는 핵심적인 위치에 있었다. 그들은 전국수평사가 법적으로 소멸되기 1년 전, 1941년 2월에 자발적으로 형관기를 소각하고 미에현수평사를 해산한 뒤 '부락후생 황민운동 미에현협의회'를 결성하였다(宮本正人 2002).

1937년 3월에 도쿄에서 열린 제14회 수평사 전국대회에서 실정에 맞지 않을 뿐만 아니라 오류라는 이유로 제5차 강령 개정이 이루어졌다. '명확한 계급의식 위에서 운동을 진전시켜 나간다'고 규정한 이전의 강령은 신분 조직인 수평사의 본질에 어긋난다는 것이다. '계급의식'의 강조는 신분인 부락민을 애매하게 만들며 계급적 편향을 낳는다고 비판하며 개정 이유로 삼았다. 그리고 '생활권의 탈환'은 관념적이고 추상적이기 때문에 구체적인 내용을 담는 것이 필요하다는 이유로 삭제되었다. 또, "부락민 자신의 행동으로 절대 해방을 기한다"는 규정도 비판이 가해졌다. 절대 해방은 환상이며, 또 배타적 성격이라고 왜곡해서 이용당할 위험성이 있다는 것이었다. 결국 토의 끝에 "집단적 투쟁을 통해서 정치적, 경제적, 문화적 전 영역에서 인민적 권리와 자유를 옹호 신장하고, 피압박 부락 대중의 절대 해방을 기한다"는 내용의 새 강령을 채택하였다. 그리고 구체적인 활동 내용을 적시한 요구강령을 채택하였다(朝治武 2001, 82~86). 이와 같은 강령 개정은 공산주의 영향을 차단하려는 것이었지만, 또한 부락민의 독자성을 부정하는 것이었다. 이것은 수평사의 방향 전환을 보여주는 조짐이었다.

1937년 7월에 중일 전쟁이 일어나고, 12월에는 일본군이 남경 대학살을 자행하였다. 일본 사회 전체가 전시 체제로 전환되었다. 그에 따라 부락민들의 생활도 크게 바뀌었다. 전쟁으로 부락 산업이 축소되고, 부락 청년들은 장병으로 징집되어 나갔다. 또 일부 부락민들에게는 중국 대륙으로의 이주를 장려하는 활동이 벌어졌다. 부락개선사업의 예산 규모도 축소되었다. 전쟁 수행에 필요하다는 이유로 이와 같은 일련의 변화가 이루어졌다.

일본 사회와 부락 상황이 바뀌어가는 가운데 수평사의 활동 방침도 크게 달라졌다. 일본의 대륙 침략이 본격화되고 전쟁이 확전되면서 수평사의 전쟁 협력도 더욱 가속화되었다. 1937년 9월에 열린 전국수평사 확대중앙위원회에서는 '비상시의 전국수평사운동'이란 이름 아래 새로운 방침을 수립하였다. 그리고 거국일치에 적극 참여하며 출정병사의 유가족 구호 등 전시 체제에 협력한다는 것을 천명하였다. 그 이듬해 3월에는 어떤 경우에도 국가에서 하는 일에 이의를 달지 않는다는 내용의 성명서를 발표하였다. 그리고 4월의 중앙위원회에서는 볼셰비키파의 핵심 활동가였던 마쓰다 기이치(송전희일, 松田喜一) 등이 제안한 국가주의적, 융화 완성을 강조하는 강령 초안을 논의하였다. 운동 방침의 초안에는 국가 총동원의 적극적 협력, 혁신 정책의 절대 지지, 융화정책 지지 등의 내용이 들어 있었다. 6월의 확대중앙위원회에서 "국체(國體) 본의에 철저하고, 국가의 흥륭에 공헌하고, 국민 융화의 완성을 기한다"는 내용의 강령이 채택되었다(朝治武 2001, 86~89). 신성불가침의 천황이 다스리는 나라라는 것을 핵심 가치로 삼는 국가주의가 수평사 활동의 가장 중요한 방침이 된 것이다. 이와 같이 국민 총동원 체제에서 수평사는 다른 단체와 마찬가지로 일제의 주변국 침략 전쟁에 적극 협력하였다.

1938년 3월 일본수평사 아래 있던 간토수평사가 해산을 선언하고 형관기를 소각하였다. 그 해 11월 오사카에서 열린 전국수평사 제15회 전국대회에서 '황군위문 현지 시찰 대표 파견'에 관한 안건을 채택하였다. 대회를 알리는 포스터에는 "국민정신 총동원 협력하자"고 쓰여 있었다. 부락민 이익보다 국가 혁신이라는 정치 과제의 수행을 우선한다고 결의하면서 '혁신'이라는 이름으로 전체주의적 국가 지배 체제의 구축에 적극 참여하기로 하였다. 더 나아가 수평운동과 융화운동의 합체를 계획하였다.

1939년 2월 수평사의 핵심 활동가 기타하라 다이사쿠(북원태작, 北原泰作), 해소론을 주장하던 공산주의 계열의 노자키 세지(야기청이, 野崎淸二), 마쓰다 기이치, 야마모토 마사오(산본정남, 山本正男) 등이 중앙융화사업협회 임원과 협력하여 대화회(大和會)를 결성하였다. 대화회의 목적은 '황국 일본의 새로운 건설,' '신동아건설' 등과 같은 전시 체제 구축을 위하여 부락 협동체를 조직하는 것이었다. 그들은 '부락후생 황국운동'을 이끌면서 수평운동을 자유주의적이며 계급주의적이라고 비판하며 해체를 주장하였다. 1930년대 초에 제기되었던 해소론과 성격이 전혀 다른, 또 하나의 해소론인 셈이었다. 이것은 1922년 수평사 창립 이후 10여 년 동안 자신들이 주장해온 것을 완전히 부정하는 것이었다. 이와 같이 예전의 핵심 활동가들이 전향하는 상황에 대항하여 수평사는 부락후생 황국운동을 무시하며 관련자들을 제명하였다. 그러나 오히려 각 지역 수평사의 핵심 지도자들이 속속 황국운동에 참여하는 실정이었다. 이와 같은 시국의 흐름에서 결국 수평사도 '거국총동원'에 합류하게 되었다.

수평사는 1940년 7월에 천황을 지키는 것을 목적으로 결성되는 근위거국신당(近衛擧國新黨)에 합류하기로 하였다. 그리고 8월에

는 융화단체를 하나로 통합하려는 경찰과 내무성의 의도에 따라 중
앙융화사업협회와의 통합에 잠정적으로 합의하였다. 이와 같은 일
련의 변화가 8월 28일 도쿄에서 열린 제16회 전국대회에 응집되어
나타났다(朝治武 2007). 이 집회의 포스터에는 "융화문제 완전 해결
체제의 수립", "천업익찬(天業翼贊), 대화협동(大和協同), 적자일체(赤
子一體)"가 쓰여 있었다. 이 대회의 주요 안건은 '부락 문제(융화 문
제) 완전 해결 체제 수립'에 관한 것이었다. 내용은 천황 중심의 국
가 신체제의 일익을 담당하는 임무를 강조하는 대화(大和, 야마토)국
민운동의 실천 방안에 관한 것이었다. 대화국민운동이라고 하지만,
실제는 대화보국운동이었고, 천황 중심의 단결을 강조하는 것이었
다. 그들의 목적은 국체 관념의 수립과 전쟁 승리에 있었을 뿐, 부
락민의 권익에 관한 것에는 전혀 관심이 없었다. 곧, 수평사의 마지
막 전국대회가 된 이 집회는 천황이 다스리는 일에 적극 협력한다
는 것을 확인하고, 천황 중심의 나라를 만드는 국가주의를 공식적
으로 채택하는 자리가 되었다.

　근위신당 구성은 대정익찬회(大政翼贊會)의 결성으로 나타났다.
일본 파시즘 체제가 구축되면서 그것은 관제 국민조직으로 변질되
었다. 그와 함께 대화보국운동이 전개되었다. 수평사도 11월에 도
쿄에서 부현 대표자회의를 열어 해소를 결의하고, 대화보국운동에
적극 참여하기로 하였다. 그렇게 수평운동과 융화운동이 결합하면
서 '국민 대화(大和)의 완성'의 모양새가 갖추어지게 되었다. 일제의
침략 전쟁을 정당화하는 구호로 쓰인 '동아시아의 새로운 질서 구
축'이라는 국가 과제의 실현에 적극 참여하면서 수평사라는 조직은
더 이상 존재하지 않게 되었다. 수평사 조직이 사라졌는데도, 그 지
도자들은 부락민을 대표해서 전쟁 수행에 적극 협력하였다. 요컨
대, 1920년대와 30년대에 일제 정책에 반대하며 수평운동을 펼치
던, 심지어 공산주의운동에 열심히 활동하던 수평사 지도자들이 일

제의 침략 전쟁에 적극적인 협력자로 변신하여 활동하였던 것이다.

일제는 침략 전쟁을 '성전(聖戰)'이라고 하면서 그 중심에 천황을 놓고, 국민의 국가 의식을 강화하며 모든 것을 전쟁에 동원하였다. 그리고 일본 창시의 공허한 신화를 이용하여 1940년을 '기원2600년'으로 포장하여 국민총동원에 활용하였다. 그 일환으로 나라현에서 기원 2600주년 봉축 전국융화단체 연합대회가 열렸다. '융화신체제'의 실현을 요구하는 움직임이 생겨나면서 융화단체의 재편이 추진되었다. 그 결과 1941년 6월에 중앙융화사업협회 중심으로 동화봉공회(同和奉公會)가 결성되었다. 그로부터 1926년 12월 천황 히로히토(유인, 裕仁)의 칙어에서 유래된 동화(同和)라는 용어가 융화를 대체하는 행정 용어로 굳어지게 되었다. 곧, 융화운동, 융화사업, 융화교육은 동화운동, 동화사업, 동화교육으로 바뀌어서 현재까지 쓰이고 있다. 동화봉공회는 부현 본부, 시정촌 지회, 부락 지구 실행조합과 같은 위계질서의 통제 체제를 구축하였다. 수평사 간부들도 동화봉공회의 간부가 되었다(部落解放研究所 1989, 중권 338~342).

1941년 12월 일제가 하와이 진주만을 공격하여 태평양 전쟁에 돌입하면서 제2차 세계대전이 본격화되었다. 일제는 국내 치안을 강화하고자 언론 출판 집회 결사 등을 통제하는 법을 제정하였고, 정치단체나 사상단체의 설립과 존속에 허가제를 도입하였다. 이에 따라 수평사는 사상단체로서 존속 불가 방침 아래 자발적인 해체를 강요받았다. 결국 단체 존속 허가를 신청하지 않은 수평사는 1942년 1월 20일에 법적으로 소멸되었다. 이와 같이 국가주의의 사회적 확산과 침략 전쟁이 벌어지는 가운데 창립 정신을 잊은 채 성격이 철저하게 변질되었던 수평사가 사라지게 되었다. 일본수평사는 유명무실하였지만 1월 17일에 해산신청서를 제출하여 자발적으로 해산하였다. 수평사가 소멸된 이후 부락 문제를 담당하는 단체로 동화봉공회가 있었지만, 전쟁 중에 부락 문제가 개선될 여지는 전혀 없었다.

3. 지배 세력과의 관계 비교 이해

형평사는 식민지 지배 세력인 일제 총독부의 통치를 받고 있었고, 수평사는 천황을 정점으로 하는 지배 권력의 통제 아래 있었다. 지금까지 살펴본 바와 같이, 정치적 지배 세력인 일제와의 관계는 형평운동과 수평운동을 둘러싼 바깥 환경의 주요 요소로서 두 단체의 활동과 전개 과정에 커다란 영향을 미쳤다.

한국 사회에서 형평사는 백정 해방을 목적으로 하는 최초의 단체였지만, 식민지 지배 아래 백정 상황은 일제의 관심 대상이 되지 않았다. 오히려 형평사 활동은 통제 대상으로 간주되었다. 백정 차별 철폐와 권익 증진을 목적으로 한 형평사 활동은 기본적으로 차별 관습과 제도에 대항하는 것이었다. 그렇기 때문에 일제는 형평운동의 과녁에서 비켜나 있었다. 그러나 일제는 형평사와 반대 세력 사이의 충돌에서 방관하거나 차별적인 자세를 보이면서 지배 체제를 공고히 하고 치안 유지의 목적에 따라 형평사를 통제하려고 하였다. 이와 같은 일제의 간섭과 통제는 고려혁명당 사건이나 형평청년전위동맹 사건에서 보듯이, 형평운동의 전개 과정에 커다란 영향을 미쳤다.

한편, 부락 문제가 커다란 사회적 쟁점이었던 일본에서는 정부 차원에서 부락 차별의식을 없애고자하는 융화정책이나 관(官)과 부락의 유력자가 주도하는 부락개선활동이 시행되었다. 일본 정부가 수평사 결성에 대응하여 적지만, 예산을 배정하여 부락개선정책을 시행한 것은 식민지 지배를 받는 백정에 대한 정책이 전혀 없었던 것과 크게 대비되었다. 또 융화단체를 통하여 부락의 생활개선을 도모한 것도 유화적인 단체가 없었던 백정의 경우와 다른 점이었다.

수평사는 시혜적이며 자비를 베푸는 듯한 일본 정부의 방식으로는 부락해방을 달성할 수 없다고 비판하며 자력의 부락해방을 목적으로 설정하였다. 그렇기 때문에 처음부터 융화단체와 경쟁해야 하는 수평사는 형평사의 경우보다 더 복잡한 상황에 놓여 있었다. 곧, 차별 관습과 제도, 열악한 환경에 놓여 있는 부락, 시혜적인 부락개선활동을 벌이는 융화단체, 미온적인 융화정책을 펴는 일본 정부, 급진적인 계급 투쟁을 벌이는 사회운동 단체 등 수평사를 둘러싸고 있는 여러 요소가 수평운동 전개의 주요 요인으로 작용하였다.

일제의 침략 전쟁이 본격화한 1930년대에 지배 세력의 간섭과 탄압은 형평운동과 수평운동의 전개에 더욱 커다란 영향을 미쳤다. 일제가 만주사변을 기점으로 중일전쟁, 태평양 전쟁을 일으키며 전시체제로 바뀌어 가면서 두 단체의 성격은 크게 변질되었다. 형평사는 대동사로 바뀐 뒤 인권운동 성격을 상실한 채 이익 집단으로 전락하였고, 더 나아가 일제의 침략 전쟁에 협력하였다. 심지어 사원들로부터 모금하여 전투기 대동호를 헌납하였다.

수평사의 변신은 더욱 뚜렷하였다. 초기에 차별 규탄 활동에 치중하였던 수평사는 부락민의 낙후된 지역 환경과 열악한 경제 상황을 개선하기 위하여 생활옹호 문제로 활동 영역을 확대하였다. 그 가운데 하나가 정부의 부락개선정책에 따라 생활개선, 경제갱생을 도모하는 부락(민)위원회 활동의 참여였다. 그러면서 수평사와 융화단체의 협력이 이루어졌다. 그리고 일제가 침략 전쟁을 벌이면서 국민총동원 체제로 전환되고 군국주의가 확산되며 천황 중심의 파쇼체제가 구축되는 사회적 분위기에서 수평사 핵심 활동가들은 전향하여 전쟁에 협력하는 집단으로 전락하였다. 수평사도 국가주의와 천황제에 충성하는 근위 세력으로 변신하였으며, 급기야는 융화단체와 통합을 모색하였다. 태평양 전쟁을 일으켜 세계대전에 돌입한 1942년 1월 수평사는 단체의 존속허가 불가 방침 속에서 존속허가를 신청하지 않아 자연 소멸되었다.

　요컨대, 형평사와 수평사는 식민지 지배 체제와 군국주의와 천황제의 영향 아래 피차별 집단의 권익 증진이라는 소기의 목적을 상실한 채 전쟁 협력 단체로 전락하였다. 형평사는 대동사로 바뀐 이후에 일제의 전쟁 도발에 적극 협력하였고, 수평사도 제국주의 침략 전쟁을 벌이는 일제의 국민총동원 체제에서 침략국가의 구성원이라는 한계를 벗어나지 못 한 채 국가주의에 따라 적극적인 황민 운동에 참여하였다. 특히, 마쓰모토 지이치로를 비롯한 수평사 지도자들은 인권 활동가로서 일제의 주변국 침략을 비판하거나 거부하지 않았다. 그들은 오히려 일제의 전쟁 수행에 적극 협력하였다 (金靜美 1984; 1989; 1991; 1994). 결국 식민지 지배와 전쟁 도발이라는 시대 상황에서 차별 철폐와 평등 대우를 주장하며 피차별민의 권익 보호 활동을 펴던 형평운동과 수평운동은 좌절하고 말았던 것이다.

제10장 형평사와 수평사의 연대와 협력

한국과 일본은 식민지 지배와 피지배의 관계에 있지만, 형평사와 수평사는 주축 세력의 역사적 사회적 경험이 비슷하고, 또 차별 철폐와 신분 해방의 목적을 공유하고 있었다. 이렇게 비슷한 성격의 두 단체는 창립 초기부터 상호 교류와 협력을 도모하였다. 차별 철폐를 통하여 인권 증진을 실현하고자 한 두 단체의 교류와 연대 활동은 국제 협력의 본보기를 보여주었다. 제10장에서는 두 단체의 연대와 협력 활동을 다루며, 그 역사적 의미를 살펴보고자 한다.

1. 연대와 협력의 발전

(1) 창립과 교류 탐색

1922년에 수평사가, 그 이듬해 형평사가 창립되었다. 한국과 일본이 식민지 지배와 피지배의 관계에 있었지만, 두 단체의 창립은 주축 세력의 유사성으로 처음부터 주목을 받았다. 주축 세력인 백정과 부락민은 전통 사회에서 '버림받은 집단'으로 취급된 비슷한 역사적, 사회적 경험을 갖고 있었다. 또 신분 차별을 철폐하고, 공평한 대우가 이루어지는 평등 사회를 실현하고자 하는 목적도 비슷하였다. 그런 탓으로 두 단체는 창립 초기부터 서로에게 관심을 갖고 교류와 협력을 모색하였다. 평등 사회를 향한 두 단체의 교류와 협력 활동은 당시로서는 유례를 찾기 힘든 인권 증진의 국제적 연대 사례였다. 식민지 지배와 피지배라는 시대 상황에서

이루어진 두 단체의 교류와 협력 활동은 특히 피억압 집단의 국제
연대라는 점에서 더욱 뜻 깊은 역사로 평가된다. 두 단체의 연대
활동을 살펴보면서 비교 연구를 마무리하고자 한다(김중섭 2009,
144~169 참고함).

　형평사와 수평사의 연대와 협력 활동이 언제부터 시작되었는지
는 불분명하다. 우선, 두 단체가 창립되기 전에 백정과 부락민이 교
류하였다거나 협력하였다는 증거는 찾을 수 없다. 조선과 도쿠가
와(덕천, 德川) 시대에 백정과 부락민은 직업이나 사회적 대우가 비
슷하였지만, '버림받은 집단'으로 취급되는 상황에서 교류나 협력
은 불가능하였을 것이다. 그러다가 일제 침략이 본격화되는 상황에
서 부락민들이 조선의 우피(소가죽)를 일본으로 수입하는 사업을 벌
였다(瀧尾英二 1998). 비백정들이 백정의 전래 산업에 침투하여 백정
들의 경제적 기득권이 위협받는 상황에 부락민들도 가담한 것이다.
그렇지만 부락민의 경제 활동으로 백정과 부락민 사이에 갈등이나
충돌이 있었다는 흔적은 찾을 수 없다.

　수평사와 형평사가 1년 시차를 두고 창립되었기 때문에 수평사
가 형평사의 창립에 영향을 미쳤을 것이라는 짐작도 있다. 구성원
들의 배경이나 단체의 목적, 심지어 명칭까지 비슷하였기 때문이
다. 그러나 이 두 단체가 창립 이전에 특별한 관계를 갖고 있었다
는 증거는 찾을 수 없다. 백정이나 부락민은 전통 사회에서 비슷한
사회적 지위와 역사적 경험을 겪으면서 동병상련의 감정을 갖고
있었지만, 단체 결성을 목적으로 협력한 것 같지는 않다. 먼저 결
성된 수평사 측이 형평사 결성에 협력하였을 가능성은 있지만, 실
제로 형평사 창립을 위하여 구체적으로 접촉한 증거는 찾을 수 없
다. 형평사 창립 직전 1923년 3월에 열린 수평사 제2회 전국대회
에서 '수평운동의 국제화에 관한 건'이 제안되어 논의되었고, '수
평사와 조선인의 제휴에 관한 건'이 제출되었지만, 조선에서의 운

동은 정치운동이므로 수평운동에 지장을 줄 것이라는 반대 의견이 있자 의장인 미나미 우메키치(남매길, 南梅吉)가 보류하여 더 이상 논의가 진척되지 않았다(朝治武 2013ㄱ, 170). 그러나 이 집회에는 재일 조선인 단체의 활동가들이 참석하고 있었고(塚崎昌之 2007, 6~12), 그 해 11월에 열린 오사카 조선노동동맹 결성식에 수평사 관계자들이 참석하여 축사를 하였다(金井英樹 2000)는 점에서 식민지 조선에 대한 관심을 갖고 있는 수평사 회원들이 있었을 것으로 짐작된다. 그렇지만 그것이 백정 해방운동에 대한 관심을 의미하는 것은 아니었다.

형평사 창립 이전에 수평사 활동가들이 백정 상황에 관련된 어떤 행동을 취하였다는 증거는 없지만, 수평사 관련 내용이 한국 신문에 보도되었기 때문에 진주의 활동가들은 수평사 창립 소식을 알고 있었을 것이라고 짐작된다. 형평사 창립을 주도한 강상호나 신현수는 지역 언론인이었다. 또 훗날 신현수는 "일본에서도 신평민의 해방운동으로서 수평사 운동이 맹렬히 전개되고 있다. 우리는 수평보다 더 뜻이 깊은 저울(衡)같이 공정한 평등을 주장하는 뜻에서 형평이라고 한 것"이라고 증언하였던 것이다(김용기 1959, 817 재인용). 곧, 수평선처럼 평등한 사회를 지향하고자 한 '수평사(水平社)'에서 영감을 얻었지만, 백정들이 고기 가게에서 항상 사용하는 저울에서 착안하여 '형평사(衡平社)'라고 이름을 붙였다는 것이다. 이런 점에서 수평사 결성이 형평사 창립에 이바지하였다는 추정은 어느 정도 가능하다고 생각한다(김중섭 1988, 254~255).

수평사의 영향으로 형평사가 창립되었다는 짐작은 당시 언론이나 경찰 보고를 통해 더 강화되었다. 형평사 창립 과정을 상세하게 보도한 《조선일보》에는 수평사에 대한 언급이 없지만(《조선일보》 1923. 4. 30), 《동아일보》는 "일본의 수평사운동에 자극된 듯하다"고 짐작하였다. 그러면서 "우리 민족이 일치단결해야 할 때에 하나의 어두운 암영(그림자)을 던지는 것"이라는 입장에서 연혁과 현상이 다르므로 "피상(皮相, 거죽)만 모방하는 것은 경계하고 신중해야 한다"고 주장하였다(《동아일보》1923. 5. 1, 횡설수설). 또 차별은 비백정 측의 잘못이라고 하면서도 백정들의 단체 결성이 필요하지 않다고 하며, 일본 식민지 지배 상황에서 동족끼리 갈등을 벌이는 것을 경계하였다(《동아일보》1923. 5. 4, 횡설수설). 형평사 창립 소식을 비교적 빠르게 보도한 일본 언론도 "수평사의 선동인가! 운동을 시작한 조선의 특수민"(朝日新聞 1923. 5. 3, 신기수 1993, 143 재인용), "형평운동의 개시, 수평사와 같은 주장으로 전조선에 격발하다"(《大阪每日新聞》1923. 5. 1, 秋定嘉和 1974, 54 재인용) 등과 같이 형평사 창립이 수평사와 관련된 것으로 보았다. 한편, 사회 동태를 감시하며 상부 기관에 보고하는 경찰도 일본의 간사이(관서, 關西) 지방에서 활발하게 벌어지고 있는 수평사의 영향으로 형평사가 결성되었다고 보았다(朝鮮總督府警務局 1934(1984); 慶尙北道警察部 1934).

또 '수평'이란 명칭을 붙인 단체도 생겨났다. 1923년 8월 경북 상주에서 결성된 상주수평동맹회이다. 그러나 이것은 지역 유지들이 "계급을 타파하고 만인이 동일한 보조로 평화로 나아가자"는 취지로 발기하여 10월에 창립총회를 가진 단체로서 백정과 무관하였다(《조선일보》1923. 8. 30; 10. 27). 명칭이 유사하여 형평사 본사가 가입을 요구하였지만, 상주수평동맹회에서 거부하여 갈등을 빚기도 하였다(《동아일보》1924. 2. 13). 또 1926년에 별도의 형평사 단체가 상주에 만들어졌다(《조선일보》1926. 4. 27). 요컨대, 상주수평동맹회는 '수평'이란 의미를 활용하였을 뿐 일본의 수평사와 연관이 없었다.

이와 같이 언론과 경찰의 짐작대로 수평운동의 자극을 받아 형평운동이 시작되었는지는 불분명하다. 또 수평사 창립에 대한 백정들의 반응은 알려진 바가 없다. 그러나 형평사 창립 직전에 한국 언론에 자주 보도된 수평사 관련 소식은 역사적 경험이나 사회적 지위가 비슷한 백정들에게 자극제가 되었을 것이다. 대표적으로, 수평사와 국수회의 충돌 사건에 대한 보도를 통하여 부락민과 수평사에 관한 사항이 널리 알려졌다(《조선일보》 1923. 3. 22; 3. 24; 《동아일보》 1923. 3. 21, 22, 24, 25). 《동아일보》는 "수평운동은 하(何)인가, 학대받는 신평민의 사회운동, 수구파 국수회와는 원래 상극"이란 제목 아래 수평사를 다음과 같이 소개하고 있다(《동아일보》 1923. 3. 21).

> 수평사는 소위 신평민 조직으로… 이전에 예다라고 일컫는 백정 같은 차별 받는 사람들… 죄수의 사형집행을 맡겼고… 사람이 아니라고 비인(非人)이라고 하여 보통사람과 혼인과 교제를 금하였고… 명치유신 후에 이 차별을 철폐하고 법률상으로 평민과 같게 되었고… 수평사를 조직하여 사회주의 색채를 가진 운동을 하며… 금월 상순에 경도(京都)에서 대회를 열고 수만 명의 회원이 모여 운동을 전개…

또 보도 내용을 설명하는 "수평사, 운동 문답," 사설 "일본의 수평운동, 계급 투쟁의 일례" 같은 일련의 보도를 통하여 부락민의 역사적 사회적 배경과 수평운동을 소개하였다(《동아일보》 1923. 3. 22). 요컨대, 수평사 측이 형평사 창립에 직접 영향을 미쳤다는 근거는 찾기 어렵지만, 형평사 창립 이전에 수평사 관련 내용이 비교적 상세하게 한국에 알려져서 백정 권익 활동에 대한 관심을 불러일으키는 데 이바지하였을 것으로 짐작된다.

제3장에서 본 바와 같이, 형평사는 진주 지역의 비백정 사회운동가들과 백정 유지들이 협력하여 창립되었다. 1923년 봄 형평사를 조직하기 위하여 진주의 활동가들이 백정들을 찾아다니며 설득하였다는 언론 보도(《조선일보》 1923. 4. 30), 진주 지역의 비백정 선

각자들이 학교를 만들기 위하여 노력하던 중에 백정들의 처지를 알게 되어 그들을 위한 단체를 만들게 되었다는 창립자의 증언(김용기 1959, 816~818), 교육 차별에 분노한 진주지역 백정 유지가 비백정 활동가에게 호소하여 형평사를 만들었다는 일제의 기록(朝鮮總督府警務局 1934(1984); 慶尙北道警察部 1934) 등은 진위 여부가 다소 불분명하다고 하더라도, 백정 문제에 관심을 갖고 있는 진주 지역 사람들이 형평사를 독자적으로 창립하였다는 것을 보여준다.

형평사의 창립과 활동은 전국의 백정들뿐만 아니라 비백정들에게도 커다란 관심거리였다. 앞서 언급한 바와 같이, 언론을 통하여 형평운동이 자세하게 알려지고, 한국뿐만 아니라 일본에 있는 한국의 진보적인 단체나 활동가들이 형평운동에 적극 협력하면서 한일 교류 활동의 한 부분으로 발전하였다. 특히, 유학생 단체인 북성회, 도쿄조선노동동맹회 위원장 손영극, 무정부주의자 박열 등은 제각기 다소 입장 차이가 있지만 형평사 창립에 많은 관심과 기대를 표명하였다(金靜美 1983, 47~48). 제8장에서 언급한 것처럼, 북성회는 1923년 여름 방학을 이용하여 전남 광주, 경남 진주, 김해 등지에서 고국 방문 순회강연을 하면서 형평운동 지지를 표명하였고, 이에 부응하여 진주를 비롯한 여러 지역의 형평사는 북성회 강연을 주관하는 지역 단체 연합 모임에 참여하면서 한일 교류의 기회를 가졌다. 또한 일본인 인권변호사 후세 다쓰지(포시진치, 布施辰治)가 북성회의 김해 강연회에서 축사를 하는 등 한국과 일본의 진보적 지식인들의 교류가 이루어지기도 하였다(《동아일보》 1923. 8. 18; 신기수 1993, 144~145). 그런 가운데 '형평사 주지'의 일부가 일본어로 번역되어 일본에 알려지게 되었다(金靜美 1984, 20~21). 그러면서 수평사 측에서도 형평사 창립 소식과 취지를 알게 되었을 것으로 짐작된다.

한편, 재일 한국인 단체 대표자들이 1922년 교토의 수평사 창립대회에 참가하는 등 재일 한국인과 수평사의 교류가 이루어졌다. 또 그것은 1920년 간토대지진 이후 자행된 재일 한국인에 대한 일제의 탄압과 일본인들의 적대감을 완화하는 데 이바지하였다(신기수 1993, 140~141, 145). 이와 같이 재일 한국인 활동가의 형평사 지지, 형평사와 북성회의 교류, 수평사와 재일 단체의 교류 등이 이루어지면서 형평사와 수평사가 교류하기 좋은 여건이 조성되었다고 판단된다.

(2) 연대 활동의 제1단계 : 상호 지지와 협력 모색

형평사와 수평사의 상호 교류와 협력이 구체적으로 언제부터 시작되었는지는 불분명하다. 단지, 이 문제가 양측의 공식 회의에서 처음 논의된 것은 1924년 초였다(김중섭 2009, 149~164; 大阪人權歷史資料館 1993). 1924년 2월 10일과 11일 부산에서 열린 '형평사 전조선 임시총회'에서 수평사와의 협력 문제가 처음 논의되었다(《동아일보》 1924. 2. 12). 교류 안건의 상정은 수평사와의 교류에 관심이 있었다는 것을 보여주는 것이다. 그렇지만 참석자들은 일본 시찰을 4월로 예정된 제2회 전국대회까지 보류하기로 결정하였다(《동아일보》 1924. 2. 13). 창립된 지 1년도 안 되어 조직이 채 정비되지 않은 상황에서, 특히 파벌 대립 조짐이 보이는 가운데 수평사와의 협력을 추진하기는 어려웠을 것이다.

한편, 수평사도 이 시기에 형평사와의 접촉을 공식 거론하였다. 1924년 3월 3일 교토에서 열린 제3회 전국대회에서 군마현 대표가 형평사와의 연락 추진안을 제안한 것이다. 히라노 쇼켄(평야소검, 平野小劍)의 영향력 아래 있는 군마현의 제안이라는 점에서 히라노 중심의 무정부주의파(아나키스트파)가 훗날 형평사와의 교류를 적

극 추진한 것과 무관치 않다고 짐작된다. 이후 수평사가 어떤 활동
을 추진하였는지는 불분명하지만 형평사와의 교류 의지가 전국대
회 차원에서 확인된 셈이다.

이와 같이 초기부터 두 단체가 교류의 뜻을 갖고 있었던 것은 분
명하다. 그러나 파벌 대립으로 형평사 총본부가 분립되어 있는 상
황에서 협력 활동을 추진하기는 어려웠을 것이다. 그런데도 1924
년 4월 형평사 창립 1주년에 즈음하여 두 단체의 교류가 시작된 것
은 특기할만한 일이었다. 파벌 싸움 탓으로 형평사 제2회 전국대회
가 진주와 서울에서 따로 열렸는데(《조선일보》 1924. 4. 26; 《동아일
보》 1924. 4. 25), 진주대회에서는 수평사 축전이 낭독되고, 서울대
회에는 수평사 관계자가 참석하였던 것이다(《시대일보》 1924. 4. 26,
28).

전국대회에 앞서 서울의 혁신동맹 측은 수평사와의 제휴 필요성
을 인식하고 수평사에게 대표자를 파견하여 강연해줄 것을 요청하
기로 결의하였다(《매일신보》 1924. 4. 24; 《조선일보》 1924. 4. 24). 그
결과인지는 확인할 수 없지만, 오이타(대분, 大分)수평사의 젊은 활
동가 이노하라 히사시게(저원구중, 猪原久重)가 서울대회에 참석하였
다. 장지필 위원장의 소개로 등단한 그는 수평사 강령을 소개하고
부락민 상황과 수평사 창립을 설명하면서 수평사와 형평사의 제휴
에 매진하자고 호소하였다.[55] 그가 수평사의 공식 대표인지는 불분
명하지만, 그의 참석은 두 단체 인적 교류의 효시가 되었다. 이후에
도 그는 장지필을 보좌하였다고 알려졌다(吉井浩存 1924, 492).

한편, 진주대회에서는 수평사 축전을 낭독하였다. 수평사 기관지
《수평신문》 창간호(1924. 6. 20) 보도에 따르면, 일본의 전국수평사
가 1924년 4월 25일 형평사 제2회 대회에 '축사'를 보냈고, 한국의

---

55) 京鍾警(京城鍾路警察署)高秘 제4555호의 4, "衡平社創立一周年紀念祝賀式ノ件"
(1924. 4. 25).

형평사연맹총본부가 메이데이(5월 1일)에 '감사의 답신(謝詞)'을 보내왔다. 수평사 축전 내용은 "형평사와 수평사 사이에는 좁은 해협이 있을 뿐이다… 소위 정신적 노예를 돌파하려고 하는 인류의 깃발을 높이 들고… 함께 진군하자… 형평사 제2회 대회를 축하한다"는 것이었다. 이에 대하여 형평사연맹총본부에서는 "수평사와 함께 손을 잡고 사무 협의를 통하여 우리들이 기대하는 새로운 사회 건설에 돌진하고자 하였는데 그동안 그럴 기회를 갖지 못해 유감이었다. 이번에 보내준 축사(祝詞)와 축전에 감사하며, 또 3월 교토에서 열린 귀사의 결정[56]에 감사하며… 국경을 뛰어넘어 세계동포주의에 입각한 이상사회를 건설하자… 귀사의 열의에 찬 지원을 기대한다"는 답신을 보냈던 것이다. 이날 집회에서 형평사는 "우리들 형평운동과 목적이 같은 수평사와 손잡고 운동에 관한 연락을 도모할 것"을 결의하였다고 하였다(《水平新聞》 1924. 6. 20, 우리말로 옮긴 신기수 1993, 146~147 참조).

형평사 제2회 정기대회를 계기로 양측의 우호적인 교류가 이루어지기 시작한 것은 분명하다. 다만, 형평사 본사의 분립으로 서울대회는 수평사 활동가가 참석하고, 진주대회에서 축전이 낭독되는 혼선이 있었다. 그런 탓으로 진주 측과의 서신 교환에 대하여 논란이 생겨났다. 우선, 사실 관계가 불분명하게 이해되었다. 신기수(1993, 147)와 고숙화(2008, 197)는 서신 교환이 수평사와 형평사혁신동맹 사이에 이루어졌다고 짐작하였다. 그 근거로 수평사가 혁신동맹에 우호적이었다는 정황과 서신 내용을 들었다. 부락민만 회원으로 받아들이는 순혈주의적 수평사가 백정 출신 장지필이 이끄는 혁신동맹에 더 강한 연대감과 동료의식을 갖고, 비백정 출신 지도자들이 이끄는 진주파에게는 경계심을 보였다는 것이다. 이러한 친

---

56) 군마현 대표가 제안한 '형평사와의 연락 추진안'의 가결을 의미하는 것으로 짐작된다.

소 관계는 일본《시사신보(時事新報)》기자의 글(吉井浩存 1924)이나
장지필의 주장을 게재한《수평신문》에서도 알 수 있다. 1924년 7
월 초에 쓴 요시이 고손(길정호존, 吉井浩存)의 형평사 방문기에는 형
평사혁신동맹 서울본부의 장지필을 만나고 난 뒤 형평운동을 이
용하려는 불순분자가 많다는 의견을 피력하였다. 강상호, 정희찬,
신현수는 '순결한 인격자'라고 하였지만, 이 견해는 진주파의 비백
정 출신 지도자들에 대한 것이라고 짐작된다. 그것에 덧붙여 장지
필의 일본 수학과 그의 부친 장덕찬의 이력을 소개하며, 장덕찬이
진주지역 백정들을 이끌고 망건 착용 제한 철폐 운동을 일으킨 지
도자였다고 하였다. 이렇게 요시이 고손은 혁신동맹에 우호적인
입장을 갖고 있었다. 또《수평신문》제2호(《水平新聞》1924. 7. 20)
는 장지필이 백정들이 독자적으로 형평운동을 이끌어야 한다고 주
장하며 수평사와 협력할 것을 희망한다고 보도하였다.[57] 이와 같
이 일본인 언론인의 르포 기사나《수평신문》은 겉으로 드러내지는
않았어도 백정들과 강한 동료의식을 갖고 있는 수평사 관계자들이
백정 출신의 지도자 장지필이 이끄는 혁신동맹 측에 우호적이었다
는 것을 보여주고 있다.

　그러나 수평사가 혁신동맹 측과 서신 교환을 하였다는 주장은 형
평사 지도부의 파벌 다툼에서 비롯된 혼선을 제대로 파악하지 않
아 빚어진 오류라고 생각된다. 제6장에서 보았듯이, 진주파와 서울
파의 파벌 대립이 격화되어 전국대회를 따로 개최하는 상황에서 서
신 교환이 이루어졌다. 수평사가 형평사 본사가 있는 진주로 축전
을 발송하여 진주대회에서 낭독되었다(《시대일보》1924. 4. 28). 그리
고 진주의 형평사연맹총본부가 수평사에 답신을 보냈던 것이다. 그

57) 장지필은 "옛 형평사가 보통민과의 혼합 단체였는데, 이제는 우리들의 해방운동은
　　우리 스스로 해야한다… 수평사는 서울에 본부를 둔 혁신동맹과 협력하기를 바라면서
　　수평사 동지들의 관심을 요청하며 혁신동맹의 건투를 빈다… 백정 이외의 동지들은
　　물러나야 한다"고 주장하였다(《水平新聞》2호, 1924. 7. 20).

런데 수평사와 혁신동맹 측의 관계가 우호적으로 발전한 7월에 일본인 언론인이 형평사를 방문하고, 《수평신문》 2호가 간행된 탓으로 그 이전 4월의 교환 서신까지 둘 사이에 이루어진 것으로 잘못 해석되었다고 짐작된다.

한편, 김정미(金靜美 1984, 25~26)는 축전 교신 자체가 조직 간의 공식 문건 교환이라고 보기 힘들다고 주장하고 있다. 진주파와 서울파의 파벌 대립이 벌어지는 가운데 수평사 축전이 어느 곳으로 보내졌는지 분명하지 않다는 것이다.[58] 그 증거로 형평사 제2회 전국대회가 열리지 않았으며, 또 답신을 보낸 '형평사연맹총본부'라는 조직이 그 시기에 존재하지 않았다는 점을 제시하였다. 그러나 이 주장 역시 형평사 지도부의 파벌 대립과 본사의 분열 상황을 충분히 고려하지 않은 데서 생긴 오류라고 짐작된다. 이 시기에 서울파는 형평사혁신총동맹, 진주파는 형평사연맹총본부라고 이름을 따로 붙이고 전국대회를 서울과 진주에서 따로 개최하였다(《시대일보》 1924. 4. 26, 28; 5. 18). 앞서 언급한 것처럼, 진주의 창립 축하식에서 수평사를 포함한 약 30개 단체에서 보낸 축전이 낭독되었고, 혁신동맹 주최로 서울 천도교 강당에서 열린 창립 축하식에는 수평사 회원 이노하라 히사시게를 비롯하여 많은 내빈이 참석하였다.

요컨대, 1924년 4월 형평사 전국대회에 즈음하여 형평사와 수평사 사이에 교환된 축전과 답신에 대한 논란은 형평사 지도부의 파벌 다툼과 총본부의 분립에서 비롯된 혼동에서 생긴 것이었다. 순혈주의적인 수평사와 달리, 형평사 지도부는 백정과 비백정 출신의 활동가들이 뒤섞여 있었는데, 수평사 관계자들은 형평사의 파벌 대립 상황에서 백정 출신의 지도부가 이끄는 혁신동맹을 지지하는 경

---

58) 신기수(1993, 147)와 이를 인용한 고숙화(2008, 195)는 金靜美(1989)가 이 교신이 허구라고 하였다고 했으나, 이는 착각인 듯하다. 형평사와 수평사의 교류를 연구해 온 김정미는 그 이전 글(1984)에서 이렇게 주장할 뿐, 수평사의 일본 제국주의 협력 사실을 규명하는 글(1989)에서는 이 점을 언급하고 있지 않다.

향을 보였다. 형평사의 상황을 고려하지 않은 채 축전을 보내고 집회에 참석하였기 때문에 혼동이 가중되었다. 이 점을 간과한 탓으로 오해가 빚어졌다고 짐작된다.

형평사와 수평사의 교류와 협력이 시작할 즈음, 형평사 지도부의 파벌 다툼만이 아니라 일제의 감시와 방해도 장애 요인으로 작용하였다. 대표적 사례가 이른바 스파이 사건이었다. 제9장에서 살펴본 바와 같이 1924년 8월 대전에서 파벌 대립을 청산하는 형평사 통일대회가 열렸을 때 동화통신사 대표 도지마 테쓰오(원도철남, 遠島哲男)가 참석하였다. 그런데 그가 경찰 스파이라는 것이 밝혀지면서 형평사와 수평사 양측에 커다란 파장이 일어났다. 형평사나 한국의 사회운동계는 일제 첩자가 수평사 이름을 빌어 형평사 전국대회에 참석하여 정탐하였다는 것 자체에 충격을 받았다. 형평사에 조성되었던 수평사와의 협력 조짐이 급속도로 냉각되었고, 더 나아가 두 단체의 교류에 불신을 갖게 되었다. 단적인 예로, 그 해 10월에 형평사 중앙위원 김경삼이 도지마 테쓰오와 밀약하여 두 단체의 병합 조건으로 1만 원을 받았다는 의혹이 제기되었다(《동아일보》 1924. 10. 23). 이 문제는 형평사 중앙집행위원회의 안건으로 상정될 정도로 분란의 요인이 되었다(《조선일보》 1924. 11. 8). 그러나 김경삼은 곧바로 해명하였다. 도지마가 8월의 전국대회에 왔을 때 동화통신사 조선지사 설치를 계약한 것이 와전된 것이며, 또 개인적 용무로 9월에 일본을 방문한 것이 형평사를 수평사와의 병합시키기 위한 것으로 의심을 받게 되었다는 것이다(《동아일보》 1924. 11. 25). 실제로 그가 수평사를 방문하여 히라노 쇼켄, 요네다 도미(미전부, 米田富) 등 수평사 지도자들을 만나 두 단체의 교류와 협력을 협의하였을 가능성이 있는데(金靜美 1989, 94, 주석 33번), 스파이 사건 탓으로 의혹을 낳았던 것이다. 더 나아가 김경삼의 '부정비밀사건' 배후에 장지필이 있다는 진주파의 의혹 제기로 파벌 조짐이 다시 일어

나기도 하였다(《조선일보》 1925. 3. 18). 이것은 이듬해 4월의 전국대
회에서 다시 거론될 정도로 형평운동에 장애물이 되었다(《조선일보》
1925. 4. 25). 이런 분위기에서 두 단체의 협력 증진을 기대할 수 없
었다.

수평사의 경우에도 스파이 사건은 커다란 파장을 낳았다. 앞서
제6장에서 본 바와 같이 수평사 중앙집행위원회에서 히라노 쇼켄
이 제명되고, 미나미 우메키치가 중앙위원장에서 해임되었다. 이와
같이 스파이 사건은 두 단체의 초기 교류 단계에서 보이지 않는 불
신과 혼선의 요인이 되면서 교류 추진이 파행으로 진행되었다. 그
런데 형평사와 수평사 양측에 모두 불협화음을 일으킨 이 사건은
본질적으로 일제의 간섭과 통제에서 비롯된 것이었다. 끊임없이 밀
착 감시하며 방해하는 일제의 식민지배 상황에서 두 단체의 교류와
협력 활동은 의도대로 진행되지 못하고 불신과 의혹을 받기 쉬웠던
것이다.

그렇지만, 형평사와 수평사 양측이 서로 관심을 완전히 버린 것
은 아니었다. 그 해 9월에 미에(삼중, 三重)현의 수평사와 일본농민
조합의 합동 기관지인 《애국신문(愛國新聞)》(1924. 9. 11)은 형평사
주지를 번역 게재하며 형평운동을 소개하였다(金靜美 1984, 20~21).
그리고 10월에는 시모노세키(하관, 下關)수평사 집행위원 시모다 신
이치(하전신일, 下田新一)과 《관문수평신문(關門水平新聞)》 발행인 가네
시케 세지(금중성치, 金重誠治) 등이 서울의 형평사 본부를 방문하여
제휴를 논의하였고(《시대일보》 1924. 10. 10), 또 12월 27일에 형평
사 모씨가 교토에서 수평사 집행위원장 미나미 우메키치를 만나 다
음 해 3월 형평수평 연합대회를 열기로 계획하였다는 내용의 언론
보도가 있었다(《조선일보》 1924. 12. 29;《동아일보》 1924. 12. 29).

간헐적이지만 끊이지 않은 두 단체의 교류는 1925년에도 지속되
었다. 4월 24일과 25일 서울에서 열린 형평사 전국대회에서 "끝까

지 잘 싸우라"는 수평사 축전이 낭독되었다(《조선일보》 1925. 4. 25.; 《동아일보》 1925. 4. 25). 그 전에 아나키스트 계열의 수평사청년연맹 교토회의에서 시즈오카(정강, 靜岡)의 고야마 몬타로(소산문태랑, 小山 紋太郎)가 두 단체의 연대를 제안하고, 미에의 기타무라 쇼타로(북촌 장태랑, 北村庄太郎), 오사카의 시모사카 마사히데(하판정영, 下阪正英), 교토의 히시노 데지(능야정치, 菱野貞治) 3인을 수평사 대표로 형평사 대회에 보내기로 결의하였다(秋定嘉和 1974. 56). 신기수(1993. 149) 는 이들이 형평사 대회에 참석하였다고 하였지만, 그 여부는 불분 명하다. 대개 수평사 대표가 참석하면 한국 신문에 보도되었는데, 그런 내용을 찾을 수 없기 때문이다. 그렇지만 형평사 전국대회를 계기로 두 단체의 축전 교환이나 인적 교류는 하나의 관례가 되어 1920년대 말까지 계속되었다. 특히, 아나키스트 계열의 수평사 활 동가들이 그러한 협력 활동에 적극적이었다.

그 해 8월에는 형평사가 일본의 사회주의자 나카니시 이노스케 (중서이지조, 中西伊之助)를 서울에 초청하여 간담회를 열었다. 사회 운동 단체 핵심 지도자들을 초대하여 한국과 일본의 사회운동가들 이 교류 기회를 갖기도 했다.[59] 이 자리에서 나카니시는 백정 차별 의 근거가 없다면서 수평사와 형평사의 협력을 강조하였다(秋定嘉 和 1974. 56; 신기수 1993. 150). 또 8월에 예천 형평사 습격 사건이 일어났을 때 재일 한국인 단체들이 예천청년회 등에 항의문을 보냈 는데, 오사카부수평사도 동참하였다(《조선일보》 1925. 8. 27; 신기수 1993. 149).

이와 같이, 형평사와 수평사는 동료의식과 연대감을 갖고 창립 초기부터 교류 확대와 협력 활동을 모색하며 간헐적으로 실행하였 다. 수평사는 전국대회에서 형평사와의 협력을 채택하고 형평사 행

---

59) 京鍾警高秘 제9237호의 1, "衡平社ノ中西等主義者招待二関スル件"(1925. 8. 18).

사에 축하 전문을 보냈고, 또 개인 차원이건 지역 수평사 단체 차원
이건 수평사 관계자들이 간헐적으로 형평사를 방문하였다. 형평사
측에서도 전국대회나 지역 집회에서 수평사와의 교류 건을 안건으
로 다루면서 협력을 모색하였다. 그러나 두 단체를 둘러싸고 있는
안팎 환경 탓으로 교류와 협력 활동은 파행을 겪기도 하였다. 형평
사의 파벌 다툼으로 수평사와 교류를 적극 추진하기 어려웠고, 식
민지 지배 체제에서 일제의 감시와 간섭으로 두 단체의 협력 활동
은 위축되었다. 특히, 스파이 사건과 김경삼의 1만 원 의혹 사건을
겪은 형평사는 그러한 협력 활동에 의혹과 불신을 갖게 되었다. 그
리고 수평사는 아나키스트파가 형평사와의 협력 활동에 적극적이
었지만, 지도부의 내홍 속에 볼셰비키파가 주도권을 가지면서 효과
적인 협력 활동이 추진되지 못하였다.

(3) 연대 활동의 제2단계 : 상호 교류

1925년까지 간헐적으로 이루어지던 형평사와 수평사의 협력 활
동은 1920년대 후반기에 활기를 띄었다. 형평사는 파벌 대립을 해
소하고 조직을 안정시키면서 수평사와의 협력을 더욱 적극 추진하
였다. 임시총회에서 수평사 방문 건을 논의한 김천분사처럼(《동아일
보》1926. 2. 15), 지역 형평사 차원에서 수평사와의 교류에 관심을
보이는 곳도 생겨났다. 1926년 4월의 제4회 전국대회에 수평사와
의 제휴가 안건으로 상정되지는 않았지만, 형평사 사원들의 관심사
항이라는 것을 알 수 있었다.[60] 형평사 본부 관계자가 다음 해 4주
년 기념일에는 수평사와의 제휴가 원만하게 해결될 것이라고 전망

---

60) 신기수(1993, 150)는 수평사와의 제휴 촉진을 결의하였다고 하였으나 전국대회 상
   황을 자세하게 보도한 신문 내용에는 관련 사항을 확인할 수 없다(《동아일보》1926.
   4. 26; 《조선일보》1926. 4. 28).

할 정도로 두 단체의 협력에 대한 기대감이 확산되어 있었다(《동아
일보》 1926. 5. 17).

한편, 수평사도 우익 단체 국수회와의 투쟁, 후쿠오카연대의 차
별 반대 활동과 직소사건, 도쿠가와 저택 방화사건 같은 일을 연이
어 겪었지만, 형평사와의 교류를 공식화하면서 적극적인 태도를 보
였다. 4월 25일 형평사 3주년 기념식에 전국수평사청년연맹, 가가
와(향천, 香川)현수평사, 오사카의 니시하마(서빈, 西浜)수평사 등 여
러 수평사 단체가 축전을 보내주었다.[61] 그리고 5월 2일 후쿠오카
에서 열린 제5회 전국대회에서 교토수평사가 제안한 "형평사와의
연락 촉진의 건"이 채택되었다. 이 회의에는 1924년 9월 1만 원 의
혹 사건에 휘말렸던 김경삼이 형평사 공식 대표로 참석하였다(신기
수 1993, 150). 김경삼은 전국대회를 마친 뒤 여러 지역의 수평사를
순회 방문하였다(秋定嘉和 1974, 56).

두 단체의 교류 활동은 그 뒤 더욱 활발하게 이루어졌다. 특히,
수평사 활동가들의 형평사 방문이 늘어났다. 1926년 6월 중순에
두 단체의 제휴를 위하여 수평사 규슈(구주, 九州)지부의 주요 인사
가 서울을 방문하였다는 소문이 있지만, 그 여부는 확인되지 않았
다(《동아일보》 1926. 6. 18; 《매일신보》 1926. 6. 18). 7월 초에는 형의
종적을 찾기 위하여 서울에 왔다는 간토수평사의 히라노 쇼켄이 형
평사 중앙본부를 방문하였다. 스파이 사건으로 수평사로부터 제명
당한 상황이었지만 수평사청년연맹의 지도자이자 간토 지역 수평
사의 주요 인물인 그의 형평사 방문은 언론의 주목을 받았다(《조선
일보》 1926. 7. 3). 형평사 총본부를 방문하여 "상무집행위원 오성
환, 젊은 투사 임윤재, 형평청년연맹 김동준"을 만난 히라노의 행
적은 경찰의 감시 대상이었다(平野小劍 1926, 20). 언론은 그의 방문
으로 두 단체의 협력 방안이 더 심도있게 논의되리라고 추측하였고

---

61) 京鍾警高秘 제4047호의 1, "衡平社三週年紀念式ニ関スル件" (1926. 4. 25).

《조선일보》1926. 7. 3), 히라노 자신도 형평사 방문 목적을 "형평사
와 수평사의 제휴 문제는 제3회 전국대회에서 나의 제안으로 만장
일치로 가결되었다… 구체적인 실행 방안을 연구 중에 있는데, 제
휴하려면 먼저 실정을 알아야할 것이다… 제휴 문제를 제안한 나로
서 실정을 알고 싶어 온 것"이라고 밝혔다《조선일보》1926. 7. 3).

그러나 수평사도 큰 사건이 계속 이어지는 상황에서 형평사와의
교류에 매진하기 어려웠다. 스파이 사건에서 비롯된 지도부의 교체
와 같은 내부 상황뿐만 아니라 밖으로 세라다촌 습격 사건 등 비부
락민과의 충돌 사건이 끊임없이 일어났다. 1925년 말 군대에서의
부락민 차별 철폐 활동을 벌이는 가운데 경찰 조작으로 생각되는
후쿠오카연대 폭파 기도 사건이 일어나 마쓰모토 지이치로(송본치일
랑, 松本治一郎) 등 수평사 지도자들이 구금되었다. 군대 내 부락민
차별이 사회적 쟁점으로 발전하고 반군부(反軍部) 활동이 전국 곳
곳으로 확산되는 가운데 1926년 말 새로 즉위한 히로히토(유인, 裕
仁) 천왕 앞에서 차별 철폐를 요구하는 직소사건이 일어났다. 이렇
게 일련의 굵직한 사건이 계속 이어지는 상황에서 수평사가 형평사
와 협력 활동을 적극적으로 추진하기는 어려웠을 것으로 짐작된다.
이런 상황에서 예천 사건 때 오사카부수평사가 재일 조선인들의 항
의문 작성에 동참한 것처럼, 형평사가 수평사에 협력하거나 성원한
증거는 찾아볼 수 없다. 수평사와 일제의 대립 구도에서 형평사가
일제에 대항하여 입장을 표명하기 어려웠을 것이다. 또 수평사가
좌우 대립을 겪는 상황에서 형평사가 개입하기 어려웠을 것이다.

그렇지만 파벌 대립을 극복하고 조직 안정을 이룬 형평사는
1926년 말에 수평사 방문을 계획하는 등 협력 활동에 적극적인 태
도를 보였다. 11월의 형평사 중앙집행위원회에서는 상무집행위원
장지필과 김삼봉을 수평사 시찰단으로 선임하고 여비 1,850원을
지출하기로 결의하였다(《중외일보》1926. 12. 1;《조선일보》1926. 12.

2;《동아일보》1926. 12. 2). 그들은 12월 중순에 일본으로 떠날 계획이었고, 이 시찰이 끝나면 1927년 4월 경에는 두 단체의 제휴가 더욱 공고해질 것으로 기대되었다(《중외일보》1926. 12. 2). 이날 회의에서 백정 자신들이 형평운동을 수행하자고 결의한 것으로 보아 활동 방향의 전환을 모색하며 순혈주의 정책을 지향하는 수평사와 연대를 강화하기 위하여 시찰을 계획한 것으로 짐작된다.

이와 같은 형평사와 수평사의 제휴 노력 소식에 대하여 한국 사회에서는 우려가 적지 않았다. 두 단체의 제휴가 필요성은 인정하지만 우려된다는 의견의 언론 사설도 나왔다(《중외일보》1926. 12. 2). 수평사가 역사적으로 형평사보다 한 걸음 앞서 가고, 일본 경제력이 조선보다 우위에 있기 때문에 수평사로부터 지원을 받을 것으로 예상되는데, 그렇게 되면 수평사가 정치 세력화할 때 형평사는 그에 충실할 수 없게 될 것이라는 것이다. 그 바탕에는 수평사에 확산된 사회주의의 영향에 대한 우려가 깔려 있었다. 한편, 두 단체가 정치적으로 다른 입장이기 때문에 합치는 것은 어려울 것이라는 전망도 있었다. 이러한 우려가 작용한 탓인지 확인하기 어렵지만, 형평사 간부들의 수평사 방문은 실행되지 않았다. 그리고 앞서 언급한 바와 같이, 12월 말에 일어난 고려혁명당 사건에 연루된 혐의로 장지필을 비롯한 형평사 관계자들이 이듬해 1월에 체포되어 더 이상 일본 방문은 추진될 수 없었다.

1927년 1월 초 전국수평사 중앙집행위원장에서 해임되었던 미나미 우메키치 중심의 일부 세력이 공산주의 및 무정부주의를 절대 배척하기로 결의하며 일본수평사를 창립하였다는 소식이 한국 언론에 보도되었다(《조선일보》1927. 1. 8). 그 즈음 서울에 온 수평사 상무위원 다카마루 요시오(고환의남, 高丸義男)[62]는 수평 분립이 잘못

---

[62] 신문에는 고환행웅(高丸行雄)으로 표기되어 있으나 3주 뒤에 서울을 방문한 고환의남(高丸義男)의 오기라고 판단된다(《조선일보》1927. 2. 1).

된 소식〔허보, 虛報〕에 지나지 않는다면서 수평사가 스파이 사건을
일으킨 도지마 테쓰오 일파를 축출하였는데, 이때 축출당한 일당이
우경을 표방한 것이라고 해명하였다(《조선일보》1927. 1. 10). 그러나
형평사 측에서는 수평사의 분열이 당혹스러웠을 것으로 짐작된다.
형평사는 수평사의 양 세력과 교류해왔지만, 축출된 세력과의 교류
가 더 활발하였기 때문이다. 1924년 9월에 형평사 간부 김경삼이
일본에 가서 미나미 우메키치, 히라노 쇼켄, 요네다 도미 등을 만난
적이 있고(金靜美 1989, 94, 주석 33번), 또 1926년 7월에는 히라노
쇼켄이 형평사를 방문하는 등 무정부의자(아나키스트) 계열의 간토
수평사나 일본수평사에 속한 이들이 형평사와의 교류 활동에 더 적
극적이었다(秋定嘉和 1974, 57). 그러면서도 형평사는 전국수평사 측
과도 교류해 왔다. 대표자들이 전국대회에 교차하여 참가하고 축전
을 주고 받았다. 또 여러 지역의 수평사 활동가들이 형평사를 방문
하였다. 1927년 1월 수평사 상무집행위원 8인 중 1인이며 시코쿠
(사국, 四國)수평사 위원장인 다카마루 요시오가 형평사 총본부를 방
문하여 장지필을 면담하며 두 단체의 제휴를 모색하였다(《동아일보》
1927. 1. 9;《조선일보》1927. 1. 9). 그를 만났을 때 장지필도 지체되
었던 일본 방문 계획을 2월 중에 추진하기로 하는 등 두 단체의 교
류에 관심을 보였다(《조선일보》1927. 1. 10). 그러나 장지필은 고려
혁명당 사건으로 일본에 갈 수 없었다. 체포된 지 1년 4개월이 지
난 1928년 4월에 무죄로 석방되었지만, 그가 일본을 방문하였다는
자료는 찾을 수 없다.

이와 같이 형평사는 고려혁명당 사건을 겪고, 수평사는 우경화
세력의 조직 분열을 겪었지만, 두 단체의 교류는 완전히 단절되지
않았다. 1927년 1월 31일 다카마루 요시오가 서울을 방문하여[63]

---

63) 秋定嘉和(1974, 56)은 1927년 1월 다카마루 요시오가 형평사를 방문하였다고 적
  었고, 신기수(1993, 150)는 2월 8일 다카마루가 형평사를 방문하여 제휴 방법을 의
  논하였다고 하였다. 香川縣人権・同和教育研究協議會(2012, 128~129)는 다카마루

형평사 간부 이준복(李俊福)[64] 외 수 명을 만나 고려혁명당 사건과
두 단체의 제휴 문제에 관하여 논의하였다(《조선일보》 1927. 2. 1).
그 뒤 3월에 형평사 중앙집행위원 이동환이 형평사 대표 자격으로
일본 간사이 지방의 교토와 오사카, 시코쿠의 가가와 등지의 수평
사를 둘러보았다.[65] 그는 수평운동 실정을 4월에 열린 형평사 창립
4주년 기념식 겸 제5차 정기대회에서 보고하였다. 그 집회에서 후
쿠오카현수평사의 마쓰모토 기요시(송본청, 松本淸)가 내빈으로 축사
를 하였다. 그리고 수평사와의 제휴 안건을 논의하였는데, '시기상
조'라는 이유로 보류되었다(《매일신보》 1927. 4. 26;《조선일보》 1927.
4. 29;《동아일보》 1927. 4. 29). 시기상조가 무엇을 의미하는지는 불
분명하지만, 이동환의 수평사 시찰과 전국대회 보고, 수평사 대표
의 전국대회 축사 등 두 단체의 교류가 활발하게 진행되는 상황에
서 보류 결정은 의외였다. 이에 대해 신기수(1993, 151)는 형평사와
수평사의 차이, 식민지 조선의 상황, 민족 통일 전선인 신간회 중시
등을 감안하여 보류하였을 것이라고 짐작하였다. 이와 달리, 김정
미(金靜美 1989, 97)는 이동환이 식민지 조선과 제국주의 일본의 대
중운동 전개의 객관적 조건이 크게 다르다는 점을 실감하고 두 단
체의 제휴가 시기상조라는 의견을 피력하면서 "수평사가 조선 독립
이라는 과제의 근원성을 제대로 인식하지 않은 채 '연대'를 주장한
다는 것을 일본에 와서 알게 되었기 때문"에 보류하게 되었다고 보
았다. 이동환의 보고 내용은 알려지지 않았지만, 이동환은 수평사

가 1927년 1월 초에 서울을 방문했다가 1월 31일에 재차 방문하였다고 기록하였다.
64) 1920년대 하반기에 형평사 중앙총본부 임원으로 활약한 이춘복(李春福)의 오식이
  라고 짐작된다.
65) 朝鮮總督府警務局(1930ㄴ),《第五十九回帝國議會說明資料 其ノ二》217丁 (金靜美
  1989, 96 재인용). 이동환은 고려혁명당 사건으로 투옥된 장지필 대신 일본을 방문하
  였다고 짐작된다. 그가 교토 칠조북부(七條北部)수평사에서 세 명의 활동가와 어린이
  두 명과 함께 찍은 기념사진에서 그의 행적이 부분적으로 확인된다(部落解放硏究所
  1982).

가 형평사보다 훨씬 조직적으로 활발하게 활동하고 있다는 것을 알
았을 것이다. 그렇다고 하더라도 수평사의 진정성을 의심하여 제
휴를 보류하였다고 볼 근거로 보기는 어렵다고 판단된다. 그 뒤에
도 형평사 지도부가 수평사를 방문하는 등 계속 교류하였기 때문이
다. 오히려 주요 지도자들이 고려혁명당 사건으로 감옥에 있고, 차
별 문제로 일반인들과의 충돌 사건이 빈번하게 일어나고 있었기 때
문에 수평사와의 교류 같은 대외적 협력을 확대하기 어려웠을 것으
로 짐작된다.

  전국대회에서 수평사와의 제휴 안이 채택되지 않았지만, 인적 교
류가 중단되지는 않았다. 1927년 11월의 형평사 중앙위원회는 다
음 달 일본 히로시마(광도, 廣島)에서 열릴 수평사 제6회 전국대회
에 대표자를 파견하기로 결의하였고(《동아일보》1927. 11. 6), 그 뒤
열린 상무위원회에서는 김삼봉을 대표자로 선임하였다(《중외일보》
1927. 11. 27). 김삼봉은 12월 3일 히로시마에서 열린 수평사 전국
대회에 출석하였다(신기수 1993, 152). 한편, 서울의 경찰 당국은 수
평사 전국대회에서 '차별 철폐의 날'을 실시하고 형평사 지지를 결
의할 계획이라는 첩보를 입수하여 경계 수준을 높이고 형평사 감시
를 강화하였다(《중외일보》1927. 12. 8).

  두 단체의 교류는 1928년에 더욱 활발하게 이루어졌다. 4월의
형평사 창립5주년 기념식 겸 제6회 전국대회에서 수평사 제휴에
관한 건이 대외적 문제 의안으로 상정되었다(《조선일보》1928. 4. 21;
《동아일보》1928. 4. 17). 이 집회에서는 나고야에 있는 무정부주의
파의 수평사해방연맹, 도쿄에 있는 전국수평신문사와 수평사간토
연합회 본부에서 온 축전이 낭독되고, 에히메(애원, 愛媛) 출신의 수
평사 중앙위원 도쿠나가 산지(덕영삼이, 德永參二)가 이동환의 통역으
로 두 단체의 제휴 필요성을 강조하는 축사를 하였다. 그의 축사는
차별과 억압을 당하는 일본 부락민의 상황을 설명하는 도중에 임석

경찰이 불온하다면서 금지 명령을 내려 중단되었다.[66] 수평사와의
제휴에 관해서도 시기상조설, 보류설, 비제휴설, 제휴설 등 여러
갈래의 장시간 토론이 있었지만, 58표 대 12표로 제휴하기로 가결
하였다.[67] 이와 같이 1927년과 달리, 1928년의 전국대회는 두 단
체의 협력 활동에 대한 우호적인 분위기와 교류 활동의 추진 의지
를 보여준 자리였다.

그 뒤 5월에 형평사 총본부는 수평사 제7회 정기대회에 대표를
파견하기 위한 협의를 시작하였고, 수평사로부터 초대장이 도착하
자마자 이동환을 대표로 선정하였다. 이동환은 출발을 준비하는 중
에 경찰에 체포되어 조사를 받고 풀려나오는 일도 겪었지만(《중외일
보》 1928. 5. 20, 25, 29), 5월 26일 교토에서 열린 수평사 전국대회
에 형평사 공식 대표로 참석하게 되었다(《水平新聞》 1928. 8. 10). 이
대회에 한국과 일본의 사회단체 대표들이 대거 참석하였다. 식순에
는 재일 조선 노동자, 조선청년동맹 대표의 축사도 포함되어 있었
다(신기수 1993, 152).

이와 같이 1926년부터 1928년까지 활발하게 추진된 두 단체의
인적 교류와 제휴 모색이 1929년부터 줄어들기 시작하였다. 그나
마 1930년대 초까지 교류가 유지되었다. 1929년 1월에 일본 나라
현 고조정(오조정, 五條町)의 오시마(대도, 大島)수평사 기관지에 형평
사 주지를 약간 바꾼 내용이 '형평사 취지서'로 실렸다.[68] 그리고 4
월에 열린 형평사 제7회 기념식에서 여러 수평사 단체가 보낸 축문

---

66) 1928년 형평사 제6회 전국대회의 포스터가 일본에서 발견되어 1993년 형평사 창
   립 70주년에 즈음하여 형평운동기념사업회를 통하여 한국에 전달되었는데, 그 대회
   에 수평사 공식대표로 참가하였던 도쿠나가 산지가 일본으로 갖고 간 것이라는 추정
   이 있다(秋本良次 2002, 492).

67) 京鍾警高秘 제4697호의 6, "朝鮮衡平社第六回全鮮大会状況報告通牒"(1928. 4.
   30).

68) 《火箭》(大島水平社機関誌), 제1호(1929년 1월), (全国統一社, 수평사박물관 홈페
   이지에서 재인용).

가운데 수평사간토연합회본부, 도쿄수평사, 히로시마현수평사본
부 것은 경찰에 압수되고, 가가와현수평사 것만 낭독되었다.[69] 그
뒤 5월에 간행된 형평사 기관지《정진》창간호에 구리스 시치로(율
수칠랑, 栗須七郎)의《수평선언》번역본 광고가 게재되었다. 이와 같
은 일련의 흔적으로 보아 두 단체의 교류가 단절된 것은 아니었다.
그러나 두 단체의 교류에 관한 언론 보도가 크게 줄어들었고, 인적
교류의 흔적은 찾을 수 없게 되었다. 또 1930년 4월 형평사 전국대
회에 일본의 전국수평사총본부, 오사카 수평사니시나루(서성, 西成)
지구, 규슈수평사, 오사카피혁노동조합, 오사카피혁노동조합 양화
공부, 효고현 가와니시(천서, 川西)피혁노동조합 등의 축전과 축문이
왔다는 기록이 있다.[70] 또 형평사는 1930년 12월 오사카에서 열
린 제9회 수평사 전국대회에 축전을 보냈다(《水平新聞》9호, 1931. 1.
26). 1931년에는 4월의 형평사 제9회 전국대회에 수평사총본부에
서 축전이 왔고,[71] 수평사 나고야(명고옥, 名古屋)지부가 전남 영암군
의 차별 사건에 응원을 보냈다는 기록이 있다(《水平新聞》1931. 11.
25). 그 뒤에 두 단체가 교류한 흔적을 찾을 수가 없다. 1930년대
초에 두 단체의 교류와 협력 활동이 줄어든 것은 분명한 사실로 보
인다. 그 요인으로 몇 가지 안팎 상황이 짐작된다.

　우선, 활동의 부진과 방향의 변화였다. 1929년 세계 대공항의
여파로 참여자들의 경제 상황이 어렵게 되고, 형평사와 수평사의
활동이 부진하게 되면서 국제적 연대 활동을 추진하기가 어려웠을
것이다. 또 형평사의 진보적 활동가들이 지도부에 가담하면서 형평
운동이 신분 집단의 인권운동에서 계급 운동으로 바뀌어가는 분위

---

69) 京鍾警高秘 제5346호, "朝鮮衡平社第七回定期大会ノ件" (1929. 4. 25); 제5342호
　　의 2, "衡平社員追悼式ニ干スル件." (1929. 4. 25).

70) 京鍾警高秘 제5596호, "集会取締状況報告 (通報)" (1930. 4. 28).

71) 京鍾警高秘 제5271호, "集会取締状況報告 (通報) (第九回衡平社全鮮大会)" (1931.
　　4. 27)

기에서 수평사와의 협력 문제에 대한 관심이 줄어들었다(《동아일보》 1929. 1. 4). 이 상황에 대하여 이지휘는 "조선의 형평사원은 일반 민중과는 정치적 경제적으로 완전히 동위(同位)에 섰고… 형평사원 과 농민 등과의 투쟁은 순전히 봉건적 관념의 유습이 아직도 남아 있는 연고임… 이 점은 수평운동과 상이(相異)한 것이니, 수평사원 은 아직도 정치적 경제적으로 열등의 지위에 섰는 것이다… 1929 년 4월에 열린 제7회 대회에서… 운동을 대국으로 전환할 것을 결 의하였다. 이제야 형평운동은 대중해방운동의 일익으로서 임무를 수행하게 되었다"고 하였다(이지휘 1930). 한편, 수평사는 볼셰비키 파와 아나키스트파의 대립이 치열하게 전개되고, 공산당 검거를 비 롯하여 일본 정부의 간섭과 통제를 겪고 있는 상황이었다. 이와 같 이 상황의 차이는 있었지만, 형평사와 수평사 모두 방향 전환을 모 색하고 있었기 때문에 국제적 협력 활동을 소홀히 하였을 것으로 보인다. 게다가 제8장에서 보았듯이, 1930년대 초 코민테른의 지 시에 따라 해소론 논쟁이 일어나면서 국제적 협력을 강조하는 두 단체의 연대론은 이론적으로나 실천적으로나 관심을 끌 수 없었다 (秋定嘉和 1974, 57).

그러나 무엇보다도 두 단체의 연대 활동을 방해하는 큰 요인은 일제의 침략 전쟁 확전이었다. 일제가 1931년 만주사변을 시작으 로 중국 대륙 침략, 제2차 세계전쟁으로 확전하는 상황에서 다른 사회운동 단체와 마찬가지로 형평사나 수평사는 감시와 탄압을 피 할 수 없었다. 이런 상황에서 두 단체는 더 이상 예전과 같이 교류 와 협력 활동을 추진할 수 없었다. 결국, 형평사가 1935년 대동사 로 개칭하며 인권운동의 성격을 상실하고, 그 마저 1940년 초 활동 을 중단하였다. 수평사 역시 국가주의의 광풍 속에서 전쟁 수행에 적극 협력하다가 정부의 강압 아래 1942년 1월 단체 등록을 포기 하며 스스로 소멸하였다. 국가주의와 전쟁의 소용돌이 속에서 인권 증진의 국제 연대와 협력 활동은 불가능하였던 것이다.

2. 연대와 협력의 역사적 의미

(1) 피차별과 인권운동

지금까지 살펴본 것처럼, 형평사와 수평사는 반대 세력의 압박, 내부 세력 간의 대립, 일제의 감시와 간섭 등 안팎 환경으로부터 영향을 받으며 활동해왔다. 그런 가운데 이 두 단체가 연대와 협력 활동을 벌인 것은 여러 가지 점에서 역사적 의미가 있다(김중섭 2009, 165~169).

우선, 이 두 단체는 차별 철폐와 평등 대우라는 목적을 공유하고 있었다. 두 단체의 주축 세력인 백정과 부락민은 피차별 집단이었지만, 주체적으로 차별 철폐라는 사회 개혁을 지향하였다. '차별 없는 평등 사회'라는 구체적인 목표를 내건 두 단체의 활동은 전통 사회에서 근대 사회로 나아가는 과정이었다. 차별 철폐는 인권 존중의 핵심적인 사항이다. 평등하고 공정한 대우는 정의로운 사회의 핵심 내용이다. 두 단체가 지향한 인권 존중과 정의로운 사회는 사회 개혁의 보편적 기준이자 가치이다. 이것은 한국이나 일본이라는 특정한 지역만이 아니라 온 인류 사회에 필요한 것이며, 또 실현되어야 할 과제이다. 두 단체는 식민지 지배와 피지배 관계에 있는 모국의 정치적 상황을 극복하며 이 보편적 가치의 실현을 함께 도모하였다는 점에서 이 두 단체의 활동을 더욱 높이 평가하게 된다.

식민지 지배 상황에서, 특히 3.1민족해방운동의 영향 아래 생겨나서 발전한 형평운동은 일제의 감시와 통제에서 벗어날 수 없었다. 이렇게 신분 차별과 식민지 지배라는 이중적 억압을 겪는 상황에서 형평사는 인권 증진의 보편적 가치 실현을 위하여 식민지 지배 세력인 일본 사회 구성원인 수평사와 교류하며 협력과 연대를 도모하였다. 또 수평사는 식민지 지배를 받지는 않았지만, 천황제를 비롯하여 신분 질서 체제를 유지하려는 국가와 사회로부터 억압과 차별을 받았다. 곧, 부락민은 일본 사회의 구성원이었지만, 또 하나의 피차별 집단이라는 모순 상황에서 식민지 지배를 받는 형평사와 교류하며 협력을 모색하였다. 요컨대, 형평사와 수평사는 '한국인'과 '일본인'으로 설정된 피지배와 지배의 관계에서 벗어나 차별 철폐와 평등 사회를 위한 공통 목적을 갖고, 그 목적을 위하여 함께 일하는 '동지 의식'을 공유하며 연대와 협력을 도모하였다. 곧, 피차별민이었지만, 차별 철폐의 목적을 공유하는 '동지'로서 인식하며 연대하였던 것이다. 물론 그 바탕에는 백정과 부락민의 공통된 역사적 경험과 사회적 처지, 특히 직업의 유사성에서 비롯된 '동료 의식'이 깔려 있었다. 역사적 사회적 배경이 비슷한 피차별 집단이 차별 철폐와 평등 대우라는 인권 보호와 증진의 목적을 위하여 동료 의식과 연대감을 갖고 협력 활동을 적극 도모하였다는 것은 두 나라의 역사에서, 또 전(全)지구적 차원에서 기록될 만한 의미 있는 인권 증진 활동이었다고 평가된다.

두 단체의 교류가 구체적인 협력 사업으로 확장되지는 않았다고 하더라도 피차별의 경험과 차별 철폐라는 목적을 공유하면서 식민지 지배와 피지배의 모국 관계를 극복하고 인간의 기본 권리의 가치를 증진하고자 하였다는 점에서 높이 평가될 역사적 활동이었다. 그러나 제9장에서 보았듯이, 1930년대에, 특히 일제가 침략 전쟁을 벌이는 가운데 두 단체의 활동은 크게 변질되는 한계를 보여주었다. 그러면서 두 단체의 연대와 협력의 의미는 완전히 퇴색하였다. 요컨대, 식민지 지배와 전쟁의 시대적 한계를 넘어서지 못하였다는 것도 또 다른 의미의 역사적 반성을 요구한다.

(2) 국제 연대의 역사적 의미

소기의 목적을 충분히 달성하지 못하였지만, 형평사와 수평사의 연대와 협력 활동은 국제적 연대였다는 점에 값진 의미를 찾을 수 있다. 일제 식민 지배라는 한국과 일본의 정치 상황에서 교류를 뛰어 넘어 더 긴밀한 협력 체제로 발전하지 못 하였다고 하더라도, 또 일제의 전쟁 도발 과정에서 두 단체가 원래 목적을 상실한 채 전쟁에 협력하는 오점을 남겼지만, 피차별의 오랜 경험을 갖고 있는 두 단체가 식민지 지배 관계를 뛰어넘어 국제적 연대를 도모한 것은 인권 증진의 국제 협력의 본보기였다. 그 역사적 교훈으로서 다음 몇 가지를 기억하고자 한다.

우선, 활동의 지평을 넓혀 인권의 보편성을 확인하고 실천하고자 한 것이다. 국제 연대는 기본적으로 국경을 뛰어넘는 활동이다. 각 나라의 고유한 가치와 문화가 반드시 인권 친화적이거나 인권의 보편성을 반영하는 것은 아니다. 신분에 기초한 억압과 차별은 한국과 일본의 전통 사회의 고유한 문화와 관습이었지만, 부정할 수 없는 인권 유린이었다. 형평사와 수평사는 국가의 경계를 뛰어 넘어 그러한 차별 관습의 부당함을 지적하며 차별 철폐와 공평한 사회 건설을 위하여 교류하고 협력하였던 것이다. 특히, 형평사와 수평사의 국제 연대는 모국이 식민지 지배와 피지배 상황이었지만, 인권의 보편성을 인식하고 보장하는 사회를 만들고자 한 귀중한 역사이다.

둘째, 전통 사회의 신분 관행 유산을 청산하고 인간의 존엄성과 평등을 보장하는 시대적 과제를 실행하고자 한 점이다. 두 단체의 연대는 주축 세력의 역사적 경험을 극복하고 신분 차별의 부당성을 인식하며 차별 철폐와 평등 대우를 실현하려는 공동의 목표를 갖고 있었다. 곧, 모든 사람이 인간 존엄을 누릴 권리를 갖고 있다는 인

권의 기본 정신에 공감하며, 더 나아가 함께 협력하여 실천하고자
한 것이었다. 이것은 각 나라나 사회가 갖고 있는 반인권적 가치와
문화를 뛰어넘어 인권의 보편성을 실현하며 인권 증진을 향하여 나
아가고자 하는 인류 사회의 귀중한 자산이 될 것이다.

　또한 두 단체의 협력 활동은 안팎 환경의 제약 속에서도 점진적
으로 발전해 가는 모형을 보여주었다. 1924년 형평사 창립 축하
식을 계기로 축사와 답사의 교환이 이루어지면서 시작된 두 단체
의 교류와 협력 활동은 서신 교환, 행사 참여, 인적 교류 같은 방
식으로 점진적으로 발전하였다. 안팎 환경으로부터 끊임없이 영향
을 받았지만, 차별 철폐의 의지를 서로 확인하고, 상대방의 활동을
학습하고, 연대 의식과 상호 후원을 강화하였다. 안팎 환경의 여러
제약을 극복하며 점진적으로 협력 활동을 확대해가는 방식은 일제
의 감시와 통제 아래, 또 여러 제약 가운데 연대 활동의 효과를 높
이기 위한 선택이었을 것이다. 이와 같은 점진적이며 지속적인 협
력 활동 방식은 안팎 환경의 어려움을 극복하는 데 유용하였을 것
으로 판단된다. 이러한 방식으로부터 지혜를 얻을 수 있으리라고
생각된다.

　그러나 두 단체의 활동은 인권 보호와 증진을 위한 국제 협력의
한계를 보여주었다는 것도 또 다른 의미의 교훈이 될 것이다. '인
권'이 보편적 가치로 확고하게 자리 잡지 못하였던 탓으로 두 운동
이 주창해온 인권운동의 성격을 상실하였던 것이다. 경제적 권익
보호를 도모하면서 인권을 집단 이익의 방편으로 인식하는 경향을
보이며 일제의 침략 전쟁에 협력하였다. 심지어 수평사는 국가주의
에 적극 동조하고 황민운동에 참여하였다. 이와 같이 인권을 보편
적인 사회적 가치로 인식하지 못한 탓으로 집단 이익, 국가주의 등
을 추구하면서 인권운동의 성격을 잃고 말았던 것이다. 그러면서
인권운동으로 쌓아온 성과를 훼손하였다. 집단 이익이나 국수주의

가 지배하는 상황에서 신분차별 철폐와 인권 실천의 원래 목표를
상실하면서 국제 연대는 더 이상 유지되기 어려웠다. 곧, 인권의 보
편성의 올바른 인식은 인권 실현의 출발이다. 올바른 인권 인식은
집단, 계급, 국가 등 인권 실행의 다양한 걸림돌을 극복하는 원동력
이라고 판단된다.

　인권 증진을 위한 국제 협력이 요망되는 오늘날의 전지구화 시대
에 형평사와 수평사의 연대와 협력 활동이 남긴 교훈은 인권 방안
모색의 유용한 방침이 될 것이다. 결론적으로, 성과의 여러 한계에
도 불구하고, 안팎 환경의 제약 속에서 이루어진 형평사와 수평사
의 협력 활동은 국제 인권증진 활동의 본보기로서, 인권 보호와 증
진을 위한 국제 협력의 발전과 제도화, 그리고 대등한 국제 관계와
평화의 필요성을 시사하고 있다.

제4부 그 이후의 역사

일제가 침략 전쟁을 확대하자 대동사와 수평사는 더 이상 활동하지 못하고 소멸되었다. 일제 식민지 지배에서 해방된 한국에서는 백정의 자취를 찾을 수 없게 되었는데, 일본에서는 제2차 세계대전이 끝난 뒤에도 부락 차별이 사라지지 않고 사회적 문제로 남아 있다. 제4부 제11장에서는 해방과 종전 이후 백정과 부락민의 역사를 다루고자 한다. 그 뒤 맺음말에서는 형평사와 수평사 활동의 역사적 의미를 평가하고자 한다.

제11장 후사(後史) : 해체 이후의 전개 과정

지금까지 형평운동과 수평운동의 역사를 비교하여 살펴보았다. 제11장에서는 일제 식민지 지배에서 해방된 한국과 제2차 세계대전의 패전을 겪은 일본에서 백정과 부락민의 활동이 어떻게 전개되었나를 다루고자 한다. 한국에서는 백정의 자취를 찾을 수 없다. 그렇지만, 일본에서는 아직도 부락 차별 문제가 반복되어 일어나고 있으며, 그에 대응하여 부락해방운동이 활발하게 전개되고 있다. 두 집단의 역사를 간략하게 살펴보고자 한다. 그리고 마지막으로, 형평운동과 수평운동의 역사적 의미를 간략히 평가하면서 결론을 맺으려고 한다.

1. 해방 이후 형평운동의 유산

1945년 해방 이후 한국에서 형평운동의 흔적은 빠르게 사라졌다. 형평운동의 목적이었던 백정 차별 철폐 문제는 더 이상 사회적 쟁점이 되지 않고 있다. 백정이란 신분 집단이 사라졌기 때문이다. 그러나 그 과정은 다소 복합적인 양상을 보여준다. 형평사 후속 단체인 대동사가 1940년대 초 활동을 중지하면서 자연 소멸된 것으로 짐작된다. 그 후 1964년에 서울 우이동에서 형평사원 후손들이 모여 가칭 평우사(平友社) 발기인회를 가졌다. 그러나 이 모임이 상설 조직의 결성으로 발전되지 않았다. 오늘날 도축업자들의 결사체인 축산기업조합이 있다. 그렇지만 이것은 직업 집단이며 이익 집단의 성격을 갖고 있기 때문에 형평사 후속 조직으로 보기는 어렵다. 백정이나 형평사원 후손으로 구성된 것도 아니고, 형평사를 계승한다는 입장도 아니다. 요컨대, 해방 이후 형평사 후속 조직이 활동한 흔적을 찾을 수 없다.

한편, 해방 이후 사회 환경이 빠르게 바뀌었지만, 전통적 유산이 강하게 남아 있는 지역공동체에서는 주민들의 일상생활에서 신분 관습의 잔재를 엿볼 수 있었다. 양반과 상민의 구별이 언어나 행동거지에 배어 있었다. 그런 상황에서 백정 출신 주민에 대한 업신여김과 차별이 자행되었다. 적어도 1960년대 초까지 그러한 차별 관습의 잔재를 볼 수 있었는데 급격한 사회 변동을 겪으면서 빠르게 사라졌다. 오늘날 한국 사회에서 신분 차별 관습은 거의 찾을 수 없다. 특히, 백정 차별이 그렇다. 백정 차별이 있다면 가해자와 피해자가 있게 마련인데, 그와 관련된 증거가 드러나거나 보고된 사례가 없다. 또 차별은 대상이 존재해야 하는데, 백정의 존재를 파악할 수 없는 상황에서 백정 차별은 일어날 수 없다. 존재를 확인할 수 없는 백정에 대한 차별이 일어난다면, 그 자체가 모순일 것이다. 이런 점에서 한국의 백정 상황은 일상생활에서 차별을 겪고 있는 일본의 부락민 경우와 다르다. 또 카스트 관습에 근거하여 차별이 자행되는 인도의 달리트(Dalit, 불가촉천민) 상황과도 다르다.

한국 사회에서 백정이란 신분 집단, 그리고 그들에 대한 차별 관습은 어떻게 사라졌을까? 지금까지 논의한 바와 같이, 형평운동을 통하여 백정 집단이 차별 관습의 부당함을 인식하게 되고, 또 적극적인 차별 철폐 요구가 차별의 소멸에 일정 수준 이바지하였다. 아울러 지난 수십 년 동안 한국 사회가 급격한 변화를 겪으면서 신분제 유습이 사라지고, 따라서 백정 집단이나 그에 대한 차별도 사라지게 되었다. 특히, 한국 사회에서 일어난 다음과 같은 세 차례의 급격한 변동이 신분과 차별 관습의 소멸에 크게 작용하였을 것이라고 판단된다.

첫째, 일제 말과 해방 초기에 겪은 전쟁과 민족 대이동이다. 그 기간에 많은 사람들이 고향을 떠나 떠돌아다니는 유민으로 전락하였다. 배고픔을 이기기 위해서 만주나 일본으로 갔다. 위안부나 징용으로 끌려간 사람도 부지기수이다. 일제로부터 해방되면서 또 많은 사람들이 이동하였다. 일본이나 만주에 갔던 사람들이 그곳에 눌러 앉는 경우도 있었지만, 대개 한국으로 되돌아왔다. 징용을 당하거나 일자리를 찾아 떠났던 사람들이 돌아오면서 대규모 이동이 일어났다. 둘째는 한국 전쟁의 경험이다. 해방 이후 남북으로 분단되고 왕래가 끊겼다가 전쟁이 터지면서 대이동이 일어났다. 많은 사람들이 정치적 박해를 피하거나 생존을 위해서 이동하였다. 이산가족이 대거 발생했고, 고향을 떠나 타지에 정착한 사람도 많았다. 북쪽에서 남한 지역으로 내려온 '피난민' 집단이 정착한 피난민촌이 도시 곳곳에 생겨났다. 자연스럽게 지역공동체가 크게 바뀌고 동질성이 사라졌다. 사회적 배경도 모른 채 서로 이웃해서 살게 되었고, 일상생활에서 신분 배경은 드러나지 않게 되었다. 세 번째 변동은 1960년대 이후 일어난 산업화와 도시화였다. 그것은 유례없이 빠른 사회 전반의 변화, 특히 지역공동체의 해체를 가져왔다. 산업화와 도시화가 빠르게 진행되면서 농촌의 거주 인구가 크게 줄고, 지역공동체의 결속력이 약화되었다. 농촌을 떠나 도시로 이주한 사람들은 말투를 통해서 출신 지역을 알 수 있을 뿐, 신분 배경은 더 이상 파악할 수 없게 되었다. 아울러 서구 문화와 가치관이 확산되면서 전통 문화와 관습이 빠르게 사라졌고, 신분 배경은 더 이상 사회적 교제의 주요 기준이나 근거가 되지 않았다.

이와 같이 지난 수십 년 동안 급격한 사회 변화를 겪으면서 전통적 방식의 유대 관계가 느슨해지면서 신분 배경은 일상생활뿐만 아니라 사회적 과정에서 파악하기 힘들게 되었으며, 전통 사회의 신분은 더 이상 사회 관계에서 중시되지 않았다. 일본의 부락민 상황을 상정하며 한국에 와서 백정 차별을 찾으려는 사례도 있지만(上原善廣 2006; 網野房子 2013), 한국인의 사회생활에서 볼 때 그 시도 자체가 이해되지 않는 상황인 것이다.

그러면 백정의 존재는 한국인의 의식 세계에서 완전히 사라졌나? '상놈'을 차별하는 전근대적 사고방식을 갖고 있다면, 조선 사회의 천민 집단인 백정에 대한 편견이나 선입견을 그대로 갖고 있을 가능성이 크다. 그러나 일상생활에서 백정 집단의 존재를 파악할 수 없는 상황에서 그들에 대한 편견이나 차별 의식은 실제로 적용되지 않고, 단지 관념적으로 남아 있는 것이다. 관념 세계에서 백정을 천민으로 간주하고, 또 피차별 신분 집단이었다는 역사적 사실에서 비롯된 부정적 이미지를 갖고 있다. 예를 들어, 생명을 뺏는 직업 집단이라는 이미지를 이용하여 살육자를 비난할 때 '인간 백정'이라고 표현하는 것을 보게 된다. '백정' 호칭의 폐기를 주장하며 차별 철폐와 평등한 대우를 실현하고자 한 형평운동의 역사나, 조선 사회에서 백정의 사회적 지위와 역할을 올바로 이해한다면, 이와 같은 표현이 부적절하며 잘못된 것이라는 것을 알게 될 것이다. 백정의 개념이나 사회적 지위를 제대로 이해한다면, 또 신분 차별의 부당한 역사를 제대로 인식한다면, 그런 표현을 안 쓰게 될 것이다.

이와 같이 관념적 수준이지만, 역사적 몰이해로 백정에 대한 편견이나 차별 의식이 남아 있기 때문에 백정 후손들은 선조의 신분을 드러내기를 원치 않을 것이라고 짐작된다. 조상이 백정이었고, 또 형평운동가였다고 자부하면서 신분 배경을 드러내는 형평사원 후손을 보기 어렵다. 이 연구를 위한 조사 과정에서 형평사원 후손들, 특히, 노년층은 아직도 예전의 피해의식, 또 그 앙금을 가슴에 담고 있는 것을 느낄 수 있었다. 형평운동의 역사적 가치를 인식하지 못한 탓도 있지만, 백정 차별에 대한 경험이나 의식이 남아 있다

426 제4부 그 이후의 역사

고 판단하기 때문이다.

백정 후손의 '슬픔'은 아직도 사라지지 않은 것이다. 겉으로는 백정이나 신분이 사라진 것 같지만, 의식 가운데 아직도 신분제의 잔재가 남아 있기 때문이다. 형평사가 주장하던 차별 철폐와 평등 대우, 더 나아가 인권의 참의미가 진정으로 실현되지 않고 있다고 판단된다. 억압과 굴욕으로부터 벗어나 사람답게 존중받으며 사는 사회를 만들고자 한 형평운동의 역사를 올바로 이해하면 백정에 대한 편견이나 차별 의식을 더 이상 용납하지 않을 것이다. 그렇게 되면 자연히 형평사원 후손들도 선조들의 활동을 자랑스럽게 생각하게 될 것이다. 또한 모든 사람이 차별받지 않고 인간 존엄을 누리며 평등 대우를 받아야 하는 인간의 기본 권리를 올바로 이해하고, 그런 사회를 만드는 데 적극 참여하는 사회적 분위기가 만들어질 것이다.

오늘날 한국 사회에서조차 형평운동의 역사는 널리 알려지지 않은 듯하다. 인권 발전에 기여한 역사적 평가는 아직도 미흡하다고 판단된다. 그래도 형평사가 처음 창립된 진주에서 형평운동의 역사를 기억하고, 차별 철폐의 정신을 되살리자는 시민들의 활동이 벌어진 것은 의미 있다고 생각된다. 그 활동은 형평운동의 역사가 거의 잊혀진 듯한 1992년, 진주 지역 시민들이 '형평운동70주년기념사업회'(1년 뒤 형평운동기념사업회로 개칭)를 결성하면서부터 시작되었다(김중섭 2006). 그 단체의 목표는 형평운동의 자취가 사라지고, 그 역사가 거의 기억되지 않는 상황을 자성하면서 차별 철폐와 공평한 대우를 주창한 형평운동의 정신을 되살리고 기리려는 것이었다. 창립 취지문은 그 목표를 다음과 같이 표현하고 있다.

> 형평사를 만들고 키웠던 정신은 과거만의 것이 아닙니다. 민주화로 나아가는 오늘의 정신이고, 서로를 사랑하며 똑같이 사람답게 살고자 하는 인

류의 영원한 정신입니다.[72]

　이렇게 차별 없고, 평등한 대우를 강조한 형평운동의 정신을 살리고 실천하려는 활동이 진주에서 되살아났다. 진주 시민들이 형평사가 진주에서 창립되었다는 역사적 사실에 긍지를 갖고, 그 역사를 되살리며, 그 정신을 실현하고자 한 것이다. 형평사 창립 70주년인 1993년에 국제학술회의를 열어 형평운동을 재평가하는 기회를 가졌다(형평운동70주년기념사업회 엮음 1993). 1996년에 진주 시내에 형평운동 기념탑을 건립하여 인간 평등과 존엄을 강조한 형평운동의 역사를 되새기는 교육현장으로 활용하고 있다(김중섭 2006). 아울러 일본의 부락해방운동 관계자들을 중심으로 인권 증진의 국제 교류와 협력을 추진하면서 차별 없는 사회를 소망한 형평사와 수평사의 역사를 이해하는 지평을 넓혀가고 있다.

　형평운동 기념탑 준공에 즈음하여 개최된 '진주인권회의'는 형평운동 정신에 따라 진주의 인권 상황을 살펴보는 자리가 되었다. 이것을 기회로 진주를 인권도시로 만들자는 움직임이 일어났다. 인권에 기반을 둔 지역공동체를 건설하려는 시민단체 활동의 바탕에는 '형평운동의 메카' 진주에 대한 자긍심이 깔려 있었다. 이제 형평운동은 과거의 역사적 사실에 머무르지 않고, 오늘날의 진주 사람들에게 진주를 인권 관점에서 살펴보는 디딤돌이 되고 있다. 또 그 정신에 어울리는 지역공동체를 만들어가려는 의지를 일깨우는 촉매제 역할을 하고 있다. 이와 같이 형평운동은 진주뿐만 아니라 한국 사회에서 과거의 역사적 사실로서 현재에 살아있으면서, 또 사람 존중과 인간 사랑의 정신이 실현되는 미래 사회를 만들어가는 역사적 자산으로 활용되고 있다.

---

72) "창립 취지문" 《형평운동》(형평운동70주년기념사업회 소식지 1호, 1992. 10. 6).

2. 종전 이후 수평운동의 유산

형평운동의 흔적을 찾을 수 없는 한국의 경우와 달리, 일본에서
는 지금도 부락민 집단이 존재하고, 부락 차별이 자행되고 있다. 그
렇기 때문에 수평운동의 뜻과 교훈은 지금도 유용하게 활용되며,
일본 사회의 변화를 요구하는 활동의 초석이 되고 있다. 수평운동
의 유산을 기리며 수평사를 계승하는 활동이 제2차 세계대전이 끝
난 직후부터 지금까지 계속되고 있다(村越末男 1986; 部落解放 · 人權
硏究所 엮음 2011; 大阪人權博物館 2010). 1945년 8월 전쟁에서 패하
고, 미국의 통치를 받고 있는 가운데 부락해방운동의 재건을 위한
움직임이 시작되었다. 그 결과 1946년 2월 수평운동과 융화운동의
관계자들이 교토에 모여 부락해방전국위원회를 결성하였다. 위원
장에 마쓰모토 지이치로(송본치일랑, 松本治一郎), 서기장에 이모토 린
시(정원린지, 井元麟之)를 선임하였다. 그들은 모두 수평사의 핵심 지
도자였다. 이 조직은 1955년 제10회 전국대회에서 부락해방동맹
으로 이름을 바꾸어 지금까지 부락해방운동을 주도하고 있다. 그
밖에도 부락해방운동을 펼치는 단체는 일본공산당 계열의 전국부
락해방운동연합회, 보수 계열의 전국자유동화회(全國自由同和會) 등
여럿 있다.
오늘날에도 부락해방운동은 다양한 과제를 안고 있다. 제일로,
부락 차별이 여전히 사회 전반에 지속되고 있다. 전쟁이 끝난 뒤 일
본 사회를 뒤흔드는 부락 차별 사건이 연이어 일어났다. 그에 대한
규탄 투쟁도 계속되었다. 그 가운데 하나가 1951년 잡지《오르 로
맨스》에 게재된 소설 〈특수부락〉을 둘러싼 투쟁 활동이었다. 이 소
설은 교토 시내 '특수부락'의 열악한 상황을 과장하여 표현하며 부
락과 조선인이 반사회적 존재라는 차별의식을 노골적으로 드러냈
다. 이 사건을 계기로 부락해방단체는 부락 실태 조사를 요구하며,

그것을 방치한 행정당국의 책임을 묻는 활동을 전개하였다.

1963년 5월에 일어난 사이타마현 사야마(협산, 狹山) 차별 사건에서도 부락 차별 의식과 사회적 편견을 여실히 보여주었다. 이 사건의 발단은 그 지역에서 일어난 여고생 살인 사건이었다. 경찰은 인근 부락의 24세 청년 이시카와 가즈오(석천일웅, 石川一雄)를 살해 혐의자로 체포하였다. 그런데 그 청년을 체포한 혐의는 살인 사건과 전혀 관계없는 사건이었다. 그러면서 그 청년은 1개월여 동안 구금 상태로 살인 자백을 강요받았다. 그리고 1심 재판은 그가 쓰지도 않은 '협박문'을 근거로 사형을 언도하였다. 재판정에 제출된 물적 증거가 그 청년과 관련이 없다는 것이 밝혀졌지만, 유죄로 선고한 것이다. 이것은 부락민에 대한 편견과 차별에서 비롯된 것이라고 판단되어 부락해방동맹 중심으로 전국적인 항의 집회가 열렸다. 당사자를 비롯하여 변호인들은 무죄를 주장하였지만, 1974년 10월 도쿄 고등법원도 무기징역을 선고하였다. 1994년 12월, 31년 7개월 만에 가출옥한 이 청년은 지금까지도 무죄를 주장하며 끊임없이 재심청구 활동을 벌이고 있다.

또 하나의 대표적 사례는 1975년 11월에 발각된 이른바 《부락지명총감(部落地名總鑑)》 차별 사건이다(友永健三 2006). 전국 약 5,300개의 부락 이름, 위치, 호수, 주요 직업 등을 기록한 책자가 발각되었는데, 조사 결과, 기업이나 대학, 개인 등 연 220곳에서 구입한 것으로 드러났다. 일부 회사에서는 '인사극비(人事極秘)'로 분류하여 사용하였다. 거주 지역, 가계 등을 통하여 부락민을 파악하여 결혼이나 채용 과정에 차별한 것이다. 또 부동산 구입 등에 이용하였을 것으로 짐작되었다. 흥신소나 탐정회사 등이 제작한 것으로 짐작되는 이런 책자가 확인된 것만도 최소 8종이나 되었다. 이 사건은 부락 출신에 대한 차별과 편견이 아직도 사회 전반에 깔려 있다는 것을 보여주었다. 지명총감이 발각된 것을 계기로 차별 규탄 집회가 부락해방 단체 중심으로 전국에서 일어났다. 오사카, 교토, 후쿠오카, 도쿄, 효고 등지에서는《부락지명총감》을 구입한 기업들이 잘못과 문제의 심각성을 깨닫고 부락 문제 개선 등 인권 증진을 도모하는 '동화 · 인권문제 기업연락회'를 결성하였다(友永健三 2006, 31).

그러나 차별 사건은 쉽게 근절되지 않았다. 연구 결과, 결혼, 채용, 부동산 매매 등의 과정에서 부락 차별이 심한 것으로 나타났다(奥田均 2006; 2007). 토지나 주택 등 부락 지역의 부동산 가격이 다른 지역에 견주어 현저하게 낮았다. 부락민과 혈연관계 맺는 것을 부정적으로 보아 부락민과의 결혼을 반대하는 사례가 끊임없이 일어났다. 또 직장, 지역, 학교 등에서 부락 차별 사례가 끊임없이 보고되었다(部落解放 · 人権政策確立要求中央実行委員会 엮음 2010). 취직이나 승진에서 부락 출신에 대한 부정적 통념이 사라지지 않았고, 사회단체 가입이나 토지 거래 등에서 차별이 자행되었다(정광하 2000). 심지어 2005년 12월부터 2006년에 걸쳐서 3종의《부락지명총감》이 또 발견되었다. 2006년 9월에는《전자판 부락지명총감》이 발각되었고, 2007년 7월에는 차별 웹사이트가 발각되었다. 인터넷에 부락 소재지를 유포하는 등 사회 변화에 따라 방식이나 형태를 달리한 부락 차별 행위가 계속 일어났다.

이와 같은 부락 차별에 대처하여 다양한 부락해방운동이 전개되고 있다. 1953년 10월에 오사카에서 결성된 전국동화교육연구협의회는 교직원 노동조합 등과 함께 동화교육을 담당하고 있다. 앞서 언급한 바와 같이 1955년 8월에 단체 이름을 바꾼 부락해방동맹은 위원장에 마쓰모토 지이치로, 서기장에 오카야마의 노자키 세지(野崎清二)를 선임한 이후 부락해방 활동을 조직적으로 이끌어 갔다. 1956년 3월에 제1회 부락해방 전국부인집회, 그 이듬해 7월에는 제1회 부락해방 전국청년집회가 열리는 등 각 부문의 부락민 조직 활동이 활발하게 전개되었다. 또 각 지역에 부락해방동맹 지부를 결성하여 전국적인 유기적 연결망을 구축하면서 지역 차원의 부락해방 활동을 이끌어갔다.

조직뿐만 아니라 활동 내용에서도 커다란 발전이 이루어졌다. 특히, 부락 문제 해결의 국가 책임과 역할을 강조하는 활동이 활발하게 일어났다. 1958년 1월에 부락해방을 위한 국가 대책 수립을 요청하는 전국대표자회의가 열렸다. 참석자들은 낙후된 지역 환경, 부락민들의 생활 곤란, 낮은 취업률과 교육 수준 같은 부락 문제의 근원이 사회적 차별과 편견에 있다면서 국가 차원의 대책 마련을 요구하였다. 특히, 부락민을 비롯한 사회 구성원의 의식 개혁교육과 부락민의 생활권 보호와 증진을 위한 정책 수립의 필요성을 강조하였다. 이에 따라 1963년에 동화대책심의회가 구성되었다. 이 심의회에서 2년 동안의 활동을 결산 정리하여 1965년에 정부에 답신을 보냈고, 이에 근거하여 1969년 7월에 동화대책사업특별조치법이 한시법으로 제정되었다. 비로소 부락 문제를 해결하기 위한 법적 근거가 마련된 것이다. 이 법은 1982년 3월 지역개선대책 특별조치법으로 계승되었다가, 1987년 3월에는 지역개선대책 특정 사업에 관한 국가의 재정상의 특별 조치 법률로 변경되었고, 1997년 3월에 일부 개정되는 일련의 과정을 거치면서 부락해방운동의 활성화에 크게 이바지하였다. 이와 같은 법률적 지원 근거가 2002년 3월에 종료되었다.

한편, 부락해방운동 단체는 전국뿐만 아니라 광역과 지역 차원에서 부락민들의 구심점 역할을 하면서 차별 철폐와 생활 개선을 위한 다양한 활동을 주체적으로 주도하였다. 부락민을 대상으로 글을 가르치는 비인가 학교인 '식자학급'을 개설하고, 지역공동체 단위로 다양한 학습회, 연구회, 취미활동반 등을 운영하며 공동체 의식과 인권의식을 높이고자 하였다. 이와 함께 지자체의 행정 조

직은 조례를 제정하고 정책을 수립하여 부락 차별 철폐와 인권 증
진을 도모하였다. 또 행정 당국, 교육 기관, 부락해방 시민단체,
기업 등은 활동 효과를 높이기 위하여 지역 차원의 협력 체제를 구
축하였다. 앞서 언급한 것처럼 1975년 11월에《부락지명총람》차
별사건이 발각되자 기업 중심의 조직을 결성하여 부락 차별 대책
과 인권 증진을 위한 방안을 추진하였다. 지자체 차원에서는 부락
차별 철폐를 위한 방안을 모색하며 정책의 법적 근거인 조례를 제
정하여 활동의 연속성을 보장하는 제도화를 도모하였다. 예를 들
어, 오사카부는 1985년 3월에 신원 조회 등에 악용하지 못하도록
부락 차별 조사를 규제하는 조례를 제정하였고, 도쿠시마(덕도, 德
島)현 아난(아남, 阿南)시는 1993년 6월에 전국 최초로 부락 차별
철폐와 인권 증진을 위한 조례를 제정하여 인권 중심의 지역 사회
를 구축하기 위한 법적 근거를 마련하였다. 지자체의 인권조례는
부락 차별 철폐 활동과 동화교육 실시 등 인권 증진을 위한 정책
과 활동의 법적, 행정적 근거가 되었다. 1990년대 말부터 부락해
방운동 단체는 활동 영역을 확장하여 지역 사회의 인권 증진을 모
색하였다. 그 가운데 하나로 인권 마을만들기 운동을 적극적으로
전개하여 일상생활에서의 인권 존중을 구현하는 지역공동체를 만
들고자 하였다(김중섭 2014ㄴ). 이와 같은 부락해방 활동과 행정 지
원은 부락민을 비롯한 일본 사회의 인권 증진에 크게 이바지하였
다.
　요컨대, 수평사 유산은 부락해방 활동을 이끄는 토대로 활용되
었다. 백정의 흔적을 찾을 수 없고, 형평운동의 유산을 계승하려
는 활동이 진주 지역에 한정되어 이루어지고 있는 한국 상황과 달
리, 부락 차별이 남아 있는 일본에서는 수평운동의 유산을 계승한
부락해방운동이 활발하게 전개되고 있다. 오늘날의 부락 차별이나
부락해방운동은 깊이 있게 논의되어야 할 과제이다. 시대적 변화

에 따라 부락해방 활동이 어떤 형태로 발전하는지 탐구하면서 새로운 상황에 적절하게 대처하며 인권이 보장되는 사회를 건설하는 것은 수평운동의 유산을 올바르게 기리는 일이 될 것이다.

맺음말: 평등 사회를 향하여

형평운동과 수평운동의 역사적 평가는 관점에 따라 다양할 것이다. 가장 주목되는 것은 선구적인 인권운동이라는 점이다. 모든 사람이 똑같은 인간으로 존엄을 누리며, 차별받지 않으며, 평등하게 살 권리를 보장하는 사회를 만드는 것, 곧 인권의 보편성 실현은 오늘날 인류 사회가 지향하는 목표 가운데 핵심 사항이다. 지금까지 살펴본 바와 같이, 차별 철폐와 평등 대우를 보장하는 사회를 만들기 위한 형평사와 수평사의 활동은 인권 보장과 증진을 실천한 대표적인 사례였다. 곧, 신분제에 바탕을 둔 전통 사회에서 평등 사회를 지향하는 근대 사회로 이행하는 과정에 일어난 이 두 단체의 활동은 인간 존엄과 인권 보장의 미래 사회를 향하여 나아가고자 한 것이었다. 따라서 형평운동과 수평운동은 한국과 일본의 인권 발전의 대표적인 사례로 평가되고 있다.

이 두 운동은 신분 차별 문제를 사회적 쟁점으로 만드는 데 성공하였다. 피차별집단인 백정과 부락민이 주체적으로 차별 관습에 적극 저항하며 평등 사회를 만들고자 한 노력은 신분제의 잔재에 대한 도전이었으며, 평등 사회를 향한 구체적 실천 활동이었다. 또 관념적이거나 형식적인 구호가 아니라 인간 존엄과 평등 대우를 일상 생활에서 실천하면서 사회 제도로 확립하려고 한 것이었다. 이와 같은 형평운동과 수평운동의 유산은 백정이나 부락민 공동체뿐만 아니라 인류 사회 전체의 권익을 위한 것이었다. 특정한 개인이나 집단의 사사로운 이익을 위한 것이 아니라 사회 구성원 모두를 위한 것이었다. 모든 사람이 함께 사람답게 서로 배려하며 살고자 하는 공동체 건설에 특히 유용한 것이다.

형평운동과 수평운동은 전국 조직을 통하여 성공적으로 전개되었다. 형평사와 수평사가 빠르게 발전하여 활동할 수 있던 원동력은 피차별 당사자인 백정과 부락민 집단의 적극적인 참여였다. 오랜 기간, 적어도 조선 500년 동안, 또 도쿠가와 막부 260년 동안, 차별과 억압을 받아 온 인권침해의 당사자들이 주체적인 인권 증진의 행위자가 되었다는 점에서 커다란 의미가 있다. 이것은 주체적으로 자기 결정권을 행사하는 시민 집단으로 성장하는 데 필요한 핵심 요소이다. 이렇게 인권운동의 선구적 활동으로, 또 주체적인 자기 결정의 시민 집단으로 발전하는 모습인 형평운동과 수평운동은 차별 문제를 뛰어 넘어 생활권 영역으로 인권 실행의 지평을 넓히는 데 이바지하였다. 곧, 전통적인 차별 철폐와 평등 대우, 공평한 사회 참여 등과 같은 자유권 영역뿐만 아니라 경제 활동의 권익 보호 등 오늘날의 사회권 영역까지 확장하여 활동하였던 것이다. 특히, 수평운동은 거주 지역의 생활 여건 향상 등 부락 개선사업에 적극적으로 참여하여 실질적인 성과를 도모하였다. 그 과정에서 두 단체는 다양한 이념 갈등을 겪기도 하고, 경제적 집단 이익을 추구하는 한계를 보이기도 하고, 또 일제의 침략 전쟁에 협조하는 반인권적인 활동을 벌이는 시대적 한계를 벗어나지 못하기도 하였다. 곧, 형평사의 후속 단체인 대동사가 일제 식민지 통치 아래에서 지배 세력에 부역하며 침략 전쟁에 협력하였고, 수평사는 천황 중심의 국수주의와 국가주의에 매몰되어 침략 전쟁에 적극 협력하는 반인권적인 역사적 오류를 범하였다. 대동사의 반민족적 행위나, 전체주의적 군국주의에 대한 황국 신민화에 적극적으로 협조한 수평사의 변질은 형평사원과 부락민들이 인권 증진 활동을 하면서 쌓은 공헌을 무너뜨리는 것이었다. 이것은 시대 상황에서 비롯된 안타까운 결과였지만, 또한 지도부의 역사 인식 부족을 보여주는 것이었다.

이와 같은 한계와 오류가 있지만, 형평운동과 수평운동이 신분 차별 관습이 일상화된 전통 사회의 유산을 극복하고 평등 사회를 건설하기 위하여 주체적 활동하여 이룬 성과는 높이 평가될 것이다. 이것은 차별 문제에 경각심을 불러일으키고 평등하고 정의로운 사회를 향한 사회적 목표를 실현하고자 한 사례이기 때문이다. 요컨대, 형평운동과 수평운동은 모두 한국과 일본의 신분 해방과 인권운동을 이끌며, 구성원들의 권익 보호와 주체적 참여를 통하여 공동체운동을 실천한 본보기였다. 사회적 차별을 없애고 모든 사람이 평등하게 사는 사회를 만들려고 한 두 단체의 목표와 활동은 오늘날에도 여전히 절실하게 요구된다. 인권 보호와 증진의 사회적 노력이 필요한 오늘날의 상황에 두 단체의 활동은 좋은 본보기가 될 것이다. 또한 인권의 시대로 일컬어지며 인권의 전지구화가 활발한 오늘날 상황에서 두 단체의 국제 협력과 연대 활동은 국제인권운동의 귀중한 역사적 자산이 될 것이다. 이 두 단체의 역사가 모든 사람이 차별 없이 평등하게 대우받는 사회를 만들고자 하는 인류의 염원을 구현하는 디딤돌이 되고, 또 성찰하는 잣대가 되기를 기대한다.

도움 받은 문헌

〈1차 자료〉
《경국대전》
《고려사》
《조선왕조실록》

〈신문 자료〉
《경남일보》
《京城日報》(일본어)
《大阪每日新聞》(일본어)
《대한매일신보》
《독립신문》
《동아일보》
《매일신보》
《水平新聞》(일본어, 수평사 기관지)
《시대일보》
《愛國新聞》(일본어, 미에현 수평사와 일본농민조합 합동 기관지)
《정진(正進)》(조선형평사 총본부 기관지)
《조선일보》
《조선중앙일보》
《朝日新聞》(일본어)
《중앙공중보》
《중외일보》
《척후대(斥候隊)》(북성회 기관지)
《황성신문》

〈조선총독부 자료〉
江原道警察部(1938),《昭和十三年度 治安狀況》(1938).
京畿道警察部(1925),《治安狀況 その一》(1925. 5.).
京畿道警察部(1929),《治安狀況》(1929. 5.).
京畿道警察部(1931),《治安狀況》(1931. 7.).
慶尙北道警察部(1934),《高等警察要史》.
京城地方法院(1930. 3. 12),《思想ニ関スル情報綴》 제3책, "全朝鮮衡平社第
    八回定期大會召集의件"(朝鮮衡平社總本部).

京城地方法院(1930. 3. 24), 《思想問題ニ関スル情報綴》第三册 "衡平社ニュース發送ノ件"(朝鮮衡平社總本部 機關紙発行準備委員会《뉴~쓰》).

京城地方法院検事局(1929. 6. 4), 《思想問題ニ関スル調査書類》 "月捐金 독촉의 件"(朝鮮衡平社総本部).

京城地方法院検事局(1929. 9. 13), 《思想問題ニ関スル調査書類》 "순회위원 출장의 관한 건"(朝鮮衡平社総本部).

京城地方法院検事局(1929. 9. 13), 《思想問題ニ関スル調査書類》 "第二回中央執行員会願末書"(朝鮮衡平社総本部).

京城地方法院検事局(1930. 4. 25), 《思想ニ関スル情報綴》 第五册, "衡平社印刷文ニ関スル件"(第八回定期大会 記念式 執行委員会 及 常務執行委員会에 関한 顛末)(衡平社總本部).

京鍾警(京城鍾路警察署)高秘(1924. 4. 25) 제4555호의 4, "衡平社創立一周年紀念祝賀式ノ件."

京鍾警高秘(1924. 4. 26) 제4555호의 5, "衡平社革新同盟總會ノ件".

京鍾警高秘(1925. 4. 25) 제4639호의 1, "衡平社大会ニ関スル件".

京鍾警高秘(1925. 4. 26) 제4639호의 2, "衡平社第二周年創立紀念祝賀式ノ件".

京鍾警高秘(1925. 4. 27) 제4639호의 3, "衡平社中央執行委員会ニ関スル件".

京鍾警高秘(1925. 8. 18) 제9237호의 1, "衡平社ノ中西等主義者招待ニ関スル件".

京鍾警高秘(1925. 8. 20) 제9307호의 1, "醴泉衡平社事件対策集会ニ干スル件".

京鍾警高秘(1925. 9. 3) 제8946호의 1, "衡平運動ト北風系主義者ノ行動ニ関スル件".

京鍾警高秘(1925. 9. 18) 제10506호의 2, "衡平社幹部歓迎会ニ関スル件".

京鍾警高秘(1926. 4. 25) 제4047호의 1, "衡平社三週年紀念式ニ関スル件".

京鍾警高秘(1928. 4. 30) 제4697호의 6, "朝鮮衡平社第六回全鮮大会状況報告通牒".

京鍾警高秘(1928. 12. 5) 제16352호, "衡平忠南産業株式会社設立趣旨書配布ニ関スル件".

京鍾警高秘(1929. 4. 2) 제(불명)호, "朝鮮衡平社ポスター印刷ニ関スル件".

京鍾警高秘(1929. 4. 5) 제4131호, "衡平社本部通文発送ノ件".

京鍾警高秘(1929. 4. 10) 제4522호, "衡平社本部印刷文ニ関スル件".

京鍾警高秘(1929. 4. 10) 제4524호, "衡平社全鮮大会準備金ニ関スル件".

京鍾警高秘(1929. 4. 25) 제5342호의 2, "衡平社員追悼式ニ干スル件".

京鍾警高秘(1929. 4. 25) 제5346호, "朝鮮衡平社第七回定期大会ノ件".

京鍾警高秘(1929. 4. 26) 제5385호, "朝鮮衡平社第一回中央執行委員会ノ件".

京鍾警高秘(1929. 4. 26) 제5389호, "朝鮮衡平社第七回紀念式ニ干スル件".

京鍾警高秘(1929. 6. 15) 제7930호, "朝鮮衡平社宣言綱領規約印刷ニ関スル件".

京鍾警高秘(1930. 4. 28) 제5596호, "集会取締状況報告(通報)".

京鍾警高秘(1930. 5. 30) 제7982호, "集会取締状況報告(通報)".

京鍾警高秘(1930. 6. 9) 제8641호, "集会取締状況報告(通報)".

京鍾警高秘(1930. 6. 10) 제8815호, "集会取締状況報告(通報)".
京鍾警高秘(1930. 12. 11) 제17444호, "団体解散ニ関スル件".
京鍾警高秘(1931. 1. 17) 제529호, "集会取締状況報告(通報)".
京鍾警高秘(1931. 4. 27) 제5271호, "集会取締状況報告(通報)(第九回衡平社全鮮
　　大会)".
京鍾警高秘(1931. 4. 28) 제5388호, "衡平社幹部ノ動静ニ関スル件".
朝鮮軍參謀部(1940. 8월), 《昭和14年前半期 朝鮮思想運動槪況》.
朝鮮總督府(1926), 《朝鮮の群衆》 조사자료 16집.
朝鮮總督府(1927), 《朝鮮人の思想と性格》 조사자료 20집.
朝鮮總督府(1933), 《朝鮮の聚落》(중), 조사자료 39집.
朝鮮總督府警務局(1924), 《治安狀況, 大正13年12월》.
朝鮮總督府警務局(1927; 1984), 《朝鮮の治安狀況》(朴慶植 해설)(東京, 不二出版社).
朝鮮總督府警務局(1930ㄱ; 1984), 《朝鮮の治安狀況》(朴慶植 해설)(東京, 不二出版社).
朝鮮總督府警務局(1930ㄴ), 《第五十九回帝國議會說明資料 其ノ二》217丁.
朝鮮總督府警務局(1933, 1935, 1938), 《最近に於ける朝鮮治安狀況》(우리말 옮
　　김). 《日帝植民統治 秘史》(김봉우 옮김)(서울, 청아출판사, 1989).
朝鮮總督府警務局(1934; 1984), 《最近に於ける朝鮮の治安狀況》(우리말 옮김).
　　竝木眞人 (외), 《1930년대 민족해방운동: 일제 파쇼하의 투쟁 사례 연구》(서
　　울, 거름), 13~122쪽.
朝鮮總督府警務局(1937), 《高等警察報》6권.
朝鮮總督府警務局(1937. 10. 8), "特殊團體ノ動靜, 大同社ノ飛行機獻納運動,"
　　《治安狀況》 제26보.
朝鮮總督府警務局(1937. 11. 19), "特殊狀況, 大同號獻納ニ對スル社員ノ言動,"
　　《治安狀況》 제26보.
朝鮮總督府警務局(1938. 2. 23), "民心ノ動向, 大同社ノ飛行機獻納運動ノ完
　　結,"《治安狀況》 제44보.
朝鮮總督府警務局保安課(1927), 《治安狀況, 昭和2年12월》.

〈한글 참고문헌〉
강만길(1984), 《韓國現代史》(서울, 창작과 비평사).
강만길(姜萬吉, 1964), "鮮初 白丁考,"《史學硏究》(한국사학회) 18호, 491~526쪽.
강정태(姜正泰, 1981), "日帝下의 衡平社 運動, 1923~1935: 急進派와 穩健派
　　의 對立을 中心으로"(고려대학교 교육대학원 석사학위논문).
강창석(1993), "형평사운동 연구,"《동의사학》 7·8합집, 25~77쪽.
고숙화(高淑和, 1984), "衡平社에 對한 一硏究: 創立背景과 初創期(1923~1925)
　　衡平社를 中心으로,"《史學硏究》(한국사학회) 38호, 645~690쪽.
고숙화(1989), "日帝下 衡平社 硏究: 1926년 이후의 衡平社를 중심으로,"《史
　　學硏究》40호, 327~362쪽.
고숙화(1992), "'醴泉事件'을 통해 본 日帝下의 衡平運動,"《水邨 朴永錫 敎授

440

華甲 紀念 韓民族 獨立運動史 論叢》(논총간행위원회), 275~292쪽.

고숙화(1993), "일제하 사회운동과 형평운동의 연관 관계," 형평운동70주년기념사업회 엮음, 《형평운동의 재인식》(서울, 도서출판 솔), 155~190쪽.

고숙화(1996), 《일제하 형평운동사 연구》(이화여자대학교 박사학위 논문).

고숙화(2008), 《형평운동》(천안, 독립기념관 한국독립운동사연구소).

권승덕(權承德, 1931), "형평사의 해소운동은 어떠케 되었는가,"《별건곤》제40호.

김덕한(金德漢, 1924), "衡平社의 內訌과 衡平運動에 對한 批判,"《開闢》5권 8호, 39~42쪽.

김동진(金東珍, 2009), "朝鮮前期 白丁에 대한 齊民化 政策의 成果,"《역사민속학회》(한국역사민속학회) 제29호, 69~106쪽.

김동진(2011), "1528년 안동(安東) 부북(府北) 주촌호적(周村戶籍) 단편(斷片)에 나타난 협거(挾居) 신백정(新白丁)의 삶,"《고문서연구》(한국고문서학회) 제39집, 59~103쪽.

김동진(2012), "16세기 星州地方 白丁系列 家系의 社會經濟的 位相 變動,"《역사와 담론》(호서사학회) 61집, 251~297쪽.

김선미(2006), "이종률의 혁명운동과 민족혁명론의 형성,"《지역과 역사》(부경역사연구소) 18집, 55~118쪽.

김영대(金永大, 1978), 《實錄 衡平》(서울, 松山出版社).

김영모(金泳謨, 1982), 《韓國社會階級研究》(서울, 一潮閣).

김용기(金龍基, 1959), "衡平運動의 發展," 慶尙南道誌 編纂委員會 엮음, 《慶尙南道誌》상권(부산) 810~824쪽.

김의환(金義煥, 1967), "日帝治下의 衡平運動 攷: 賤民(白丁)의 近代로의 解消過程과 그 運動,"《鄕土 서울》(서울, 特別市 市史編纂委員會) 31호, 51~90쪽.

김의환(1968), "日帝下의 衡平運動,"《韓國思想》(韓國思想研究會) 9집. 177~208쪽.

김일수(2003), "일제강점기 '예천형평사 사건'과 경북 예천지역 사회운동,"《안동사학》(안동사학회) 제8집, 197~218쪽.

김재영(2006), "1920년대 호남지방 형평사의 창립과 조직,"《역사학연구》(호남사학회) 26권, 85~111쪽.

김재영(2007ㄱ), 《일제 강점기 형평운동의 지역적 전개》(전남대학교 박사학위 논문).

김재영(2007ㄴ), "1920년대 호남지방 형평사의 활동,"《역사학연구》(호남사학회) 29권, 237~278쪽.

김재영(2009), "형평사와 보천교",《신종교연구》(한국신종교학회) 21집, 267~288쪽.

김정미(1984), "19세기 말에서 20세기 초기에 있어서의 백정(白丁)," 姜在彦 외 엮음, 《한국 근대 사회와 사상》, 김정희 옮김(서울, 중원문화사), 191~226쪽.

김준엽·김창순(金俊燁·金昌順, 1973), 《韓國 共産主義運動史》전5권(서울, 고려대학교 출판부).

김중섭(1988), "1920년대 형평운동의 형성 과정: 진주지역을 중심으로,"《東

方學志》(연세대학교 국학연구원) 59집, 231~273쪽.

김중섭(1992ㄱ), "일제침략기 형평운동의 지도 세력: 그 성격과 변화,"《東方學志》(연세대학교 국학연구원) 76집, 103~134쪽.

김중섭(1992ㄴ), "사회운동의 발전과 사회통제: 일제 침략기의 사례를 중심으로,"《사회학연구》일곱째책, 291~326쪽.

김중섭(1993), "형평운동의 지향과 전략," 형평운동70주년기념사업회 엮음,《형평운동의 재인식》(서울, 솔출판사), 103~136쪽.

김중섭(1994),《형평운동연구: 일제침략기 백정의 사회사》(서울, 민영사).

김중섭(1996), "일제하 3.1운동과 지역 사회운동의 발전: 진주 지역을 중심으로,"《한국사회학》30집(여름), 359~387쪽.

김중섭(2001),《형평운동》(서울, 지식산업사). 일본어 번역 金仲燮(2003),《衡平運動: 朝鮮の被差別民 · 白丁, その歷史とたたかい》(오사카, 解放出版社).

김중섭(2006), "진주지역 인권운동의 발전: 그 기원과 방안,"《사회과학연구》24집 1호(경상대학교 사회과학연구원), 7~40쪽.

김중섭(2009), "한국 형평사와 일본 수평사의 인권 증진 협력 활동 연구,"《사회와 역사》(한국사회사학회) 84집, 133~175쪽.

김중섭(2012),《사회운동의 시대: 일제침략기 지역 공동체의 역사사회학》(서울, 북코리아).

김중섭(2013), "'조선시대 백정'의 기원에 대한 역사사회학적 고찰,"《東方學志》(연세대학교 국학연구원) 164집(12월), 139~161쪽.

김중섭(2014ㄱ), "조선 전기 백정 정책과 사회적 지위: 통합, 배제, 통제의 삼중주,"《조선시대사학보》(조선시대사학회) 68집(3월), 45~80쪽.

김중섭(2014ㄴ), "한국의 백정과 일본의 피차별 부락민의 비교 연구,"《현상과 인식》(한국인문사회과학회) 38권 1/2호, 87~114쪽.

김태준(金台俊, 1936), "'白丁'의 史的 考察,"《批判》4권 3호(4월), 111~114쪽.

니어리, 이안 J.(Ian J. Neary, 1993), "형평사와 수평사: 동아시아의 인권 투쟁", 형평운동70주년기념사업회 엮음,《형평운동의 재인식》(서울, 도서출판 솔), 191~214쪽.

달레, 샤를르(1874; 1979),《한국 천주교회사》상권, 안응렬 · 최석우 역주(왜관, 분도출판사).

동아일보사 엮음(1989),《3.1運動과 民族 統一》(서울, 동아일보사).

동아일보사(東亞日報社 엮음, 1969),《3.1運動 50周年 紀念論集》(서울, 동아일보사).

문철영(1991), "고려말, 조선초 백정의 신분과 차역,"《한국사론》(서울대학교 국사학과) 26집, 59~90쪽.

박경식(朴慶植, 1986),《日本帝國主義의 朝鮮支配》(서울, 청아출판사).

박세경(2009), "1920년대 朝鮮과 日本의 身分解放運動: 衡平社와 水平社를 중심으로,"《일본근대학연구》(한국일본근대학회) 23호, 123~136쪽.

박영신(1981), "사회운동으로서의 삼일운동의 구조와 과정: 사회학적 역사 인식의 기초 작업으로서,"《변동의 사회학》(서울, 학문과 사상사), 113~143쪽.

442

박은식(朴殷植, 1920; 1975), 《韓國獨立運動之血史》南晚星 옮김(서울, 瑞文堂).

박종성(2003), 《백정과 기생: 조선천민사의 두 얼굴》(서울, 서울대학교 출판부).

박평산(朴平山, 1929), "衡平運動의 意義와 歷史的 考察,"《正進》1권 1호, 11~17쪽.

박평산(1931), "衡平運動의 今後",《批判》1권 2호(6월), 54~55쪽.

서지은(2008), "조선후기 연희자의 교섭양상,"《실천민속학연구》(실천민속학회) 제11호, 265~291쪽.

신기수(1993), "형평사와 수평사의 교류," 형평운동70주년기념사업회 엮음, 《형평운동의 재인식》(서울, 도서출판 솔), 137~155쪽.

신용하(愼鏞廈, 1982), 《朝鮮土地調査事業 硏究》(서울, 지식산업사).

신용하(1985), "3.1獨立運動의 社會史,"《韓國民族獨立運動史 硏究》(서울, 乙酉文化社).

안병직(安秉直, 1975), 《3.1운동》(서울, 한국일보사).

안병희(1929), "衡平運動의 精神,"《正進》창간호, 4~11쪽.

오성환(吳成煥, 1925), "衡平運動의 敎訓: 農民에 對한 惡感은 없다,"《新民》5호(9월), 57~58쪽.

오지영(吳知泳, 1940; 1973), 《東學史》(서울, 문선각).

오환일(1997), "한말 백정에 대한 수탈과 백정층의 동향,"《사학연구》(한국사학회) 제54호, 169~200쪽.

옥성득(2003), "무어의 복음주의 선교 신학,"《한국기독교와 역사》(한국기독교역사연구소) 19호, 31~76쪽.

유창규(1997), "고려의 백정 농민,"《전남사학》(호남사학회) 제11집, 227~250쪽.

윤병석·신용하·안병직 엮음(1977), 《韓國近代史論》1~3권(서울, 지식산업사).

이동환(李東煥, 1931), "衡平社 第九回 全國大會評,"《批判》1권 2호, 36~43쪽.

이만규(1947, 1949; 1991), 《조선교육사》1, 2권(서울, 거름).

이양코(동환)(1931), "衡平社 慶南道支部 聯合會를 보고,"《批判》1권 3·4호 (7·8월), 73~75쪽.

이용철(李龍哲, 2012), "衡平社의 성격변화와 쇠퇴,"《한국근현대사연구》(한국근현대사학회) 62집, 176~212쪽.

이우성(李佑成, 1962), "閑人·白丁의 新解釋,"《역사학보》(역사학회) 19집, 53~89쪽.

이준구(李俊九, 1997), "朝鮮後期 白丁의 存在樣相: 大邱府 西上面 路下里 白丁 部落을 중심으로,"《大邱史學》(대구사학회) 53집, 91~122쪽.

이준구(1998ㄱ), "朝鮮前期 白丁의 犯罪相과 齊民化 施策,"《大邱史學》(대구사학회) 56집, 103~140쪽.

이준구(1998ㄴ), "조선후기(朝鮮後期) 경상도(慶尙道) 단성지역(丹城地域) 백정(白丁)의 존재양상(存在樣相): 단성장적(丹城帳籍)을 중심으로,"《朝鮮史硏究》(조선사연구회) 7집, 63~101쪽.

이준구(2000ㄱ), "조선중기 編戶白丁의 존재와 그 성격,"《韓國中世史論叢》(李

樹健敎授停年紀念 論叢刊行委員會), 405~439쪽.

이준구(2000ㄴ), "조선시대 白丁의 前身 楊水尺, 才人, 禾尺, 韃靼: 그 내력과 삶의 모습을 중심으로,"《朝鮮史硏究》(조선사연구회) 9집, 1~31쪽.

이준구(2001), "조선후기 마을을 이루고 산 고리백정의 존재양상:《대구부호구장적(大丘府戶口帳籍)》을 중심으로,"《조선사연구》(조선사연구회) 10집, 337~367쪽.

이준구(2002), "조선전기 白丁의 習俗과 사회·경제적 처지,"崔承熙敎授停年紀念 論文集刊行委員會 엮음,《朝鮮의 政治와 社會》(서울, 집문당), 565~587쪽.

이준구(2008), "대한제국기 도한(屠漢, 백정(白丁))의 호구(戶口) 양상과 사회, 경제적 처지,"《대구사학》(대구사학회) 92집, 193~225쪽.

이지휘(李之輝, 1930), "조선사회운동(6)"(《동아일보》1930. 1. 8).

일본부락해방연구소(2010),《일본 부락의 역사: 차별과 싸워온 천민들의 이야기》(최종길 옮김)(서울, 어문학사).

임순만(1993), "기독교 전파가 백정 공동체에 미친 영향," 형평운동70주년기념사업회 엮음,《형평운동의 재인식》(서울, 도서출판 솔), 65~102쪽.

장적파(張赤波, 1923), "朝鮮 衡平運動의 蹶起: 日本 水平運動의 發展" 1~8(《조선일보》1923. 6. 21~28).

정광하(2000), "일본의 부락차별 현상과 극복 대책에 관한 연구,"《한국정치외교사 논총》21집 2호(한국정치사학회), 371~400쪽.

정교(鄭喬, 1899; 1957),《大韓季年史》(서울, 國史編纂委員會).

정약용(1830),《목민심서》.

정진석(鄭晉錫, 1990),《한국언론사》(서울, 나남).

정혜선(2001),《일본 공산주의운동과 천황제》(서울, 국학자료원).

정혜선(2008),《한국인의 일본사》(서울, 현암사).

조기준(趙璣濬, 1973),《韓國資本主義 成立史論》(서울, 大旺社).

조미은(趙美恩, 1995ㄱ),"朝鮮衡平社 經濟活動 硏究,"《성신사학》(서울성신여자대학교 사학과) 12·13집 (1995. 12.), 99~130쪽.

조미은(1995ㄴ), "서울에서의 朝鮮衡平社 活動,"《鄕土서울》(서울특별시사 편찬위원회) 55호, 185~254쪽.

조휘각(1995), "형평사의 민권운동 연구,"《국민윤리연구》(한국국민윤리학회) 34호, 617~652쪽.

조휘각(1999), "1920년대 자유 평등운동 연구: 형평사의 활동을 중심으로,"《윤리연구》(한국국민윤리학회) 제42호, 225~247쪽.

지수걸(1989), "3.1운동의 역사적 의의와 오늘의 교훈," 한국역사연구회·역사문제연구소 엮음,《3.1민족해방운동 연구》(서울, 청년사), 11~37쪽.

지승종(池承鍾, 1995),《朝鮮前期 奴婢身分硏究》(서울, 일조각).

진덕규(陳德奎, 1976), "衡平運動의 自由主義的 改革思想에 대한 認識,"《韓國政治學會報》10집, 169~181쪽.

진주교회사 연혁위원회(1930),《晉州面 玉峯里 耶蘇敎 長老會 沿革史》(晉州).

차천자(車賤者, 1924), "白丁 社會의 暗澹한 生活狀을 擧論하야 衡平 戰線의 統一을 促함," 《開闢》 5권 7호, 39~45쪽.

최경순(崔京洵, 2012), "1920년대 전국수평사와 일본기독교계의 상호인식: '해방의 복음'과 '증오의 복음'을 중심으로," 《동양사학연구》(동양사학회) 120집, 351~381쪽.

최영성(2006), "일제시기의 형평운동과 자유주의: '신분 해방운동'의 성격이 지닌 의미를 중심으로," 《한국철학논집》(한국철학사연구회) 제19집, 451~475쪽.

한국역사연구회 · 역사문제연구소 엮음(1989), 《3 · 1민족해방운동연구》(서울, 청년사).

한사원(글쓴이 모름, 1929), "나의 追憶," 《正進》 창간호, 30~34쪽.

한희숙(韓嬉淑, 1991), "15세기 사회와 농민 15세기 도적활동의 사회적 조명," 《역사와 현실》(한국역사연구회) 5집, 136~157쪽.

한희숙(1998), "朝鮮 中宗代 盜賊의 활동과 그 특징," 《역사학보》(역사학회) 157집, 1~41쪽.

한희숙(1999), "朝鮮 太宗 · 世宗代 白丁의 생활상과 도적 활동," 《한국사학보》(고려사학회) 6집, 271~305쪽.

형평운동70주년기념사업회 엮음(1993), 《형평운동의 현대적 재인식》(서울, 솔출판사).

〈일본어 참고문헌〉

関口寛(2009ㄱ), "全国水平社の創立と初期水平運動," 黒川みどり 엮음, 《部落史研究からの発信》 제2권(근대편)(大阪, 解放出版社), 201 · 214쪽.

関口寛(2009ㄴ), "初期水平運動とボルシェヴィズム: 全國水平社靑年同盟の結成," 黒川みどり · 藤野豊 엮음, 《近現代部落史: 再編される差別の構造》(東京, 有志舍), 195~223쪽.

久保在久(2002ㄱ), "南梅吉, 信念の運動家," 水平社博物館 엮음, 《全国水平社を支えた人びと》(大阪, 解放出版社), 121~134쪽.

久保在久(2002ㄴ), "共産主義者 · 中川誠三と全國水平社靑年同盟: '裁判調書'よりみた," 秋定嘉和 · 朝治武 엮음, 《近代日本と水平社》(大阪, 解放出版社), 454~473쪽.

駒井忠之(2002), "全国水平社創立期における阪本清一郎," 《水平社博物館研究紀要》 제4호, 1~26쪽.

宮崎芳彦(2002), "平野小劍, 民族と階級の對立," 水平社博物館 엮음, 《全国水平社を支えた人びと》(大阪, 解放出版社), 9~26쪽.

宮本正人(2002), "戰前 · 戰中の三重縣松阪と上田音市," 秋定嘉和 · 朝治武 엮음, 《近代日本と水平社》(大阪, 解放出版社), 517~540쪽.

今西龍(1918), "朝鮮白丁考," 《藝文》 9권 4호, 327~363쪽.

今村鞆(1914), 《朝鮮風俗集》(서울, 斯道館).

吉田文茂(1986), "高知縣水平社運動の軌跡," 部落解放研究所 엮음, 《水平社運動史論》(大阪, 解放出版社), 286~320쪽.

金靜美(1983), "朝鮮の被差別民'白丁': 日帝下における生活と解放運動," 《喊聲》(七四書房) 5호, 44~62쪽.

金靜美(1984), "衡平運動の過去と未來: 衡平社創建60周年にあたつて," 《差別とたたかう文化》13권, 19~31쪽.

金靜美(1989), "朝鮮獨立, 反差別, 反天皇制: 衡平社と水平社の連帶の基軸はなにか," 《思想》786호, 86~124쪽.

金靜美(1991), "'侵略戰爭そのものをあるがままに受容する'とはどうことなのか," 《部落解放研究》第79호, 97~130쪽.

金靜美(1994), 《水平運動史研究: 民族差別批判》(東京, 現代企劃室).

金仲燮(2003), 《衡平運動: 朝鮮の被差別民・白丁, その歷史とたたかい》(오사카, 解放出版社).

金仲燮(2013), "衡平社と水平社の比較: 創立期の類似性と差異," 《紀要》(和歌山人權研究所) 제4호, 155~174쪽.

金井英樹(2000), "朝鮮の被差別民と衡平社運動: 水平社との交流ノート," 《水平社博物館研究紀要》第2호, 46~75쪽.

吉井浩存(1924; 1977), "衡平運動を訪ねて," 《自由》제1권 2호, 部落問題研究所 엮음, 《水平運動史の研究》第2卷 資料篇(京都, 部落問題研究所 出版部), 289~292쪽.

大阪人權歷史資料舘(1993), 《衡平社と水平社: 朝鮮と日本の反差別運動》(衡平社創立七十周年記念).

大阪人權博物館(2010), 《ビジュアル部落史》(大阪, 解放出版社).

網野房子(2013), "朝鮮半島の被差別民・白丁をめぐる覺書: 韓國現地調査から," 《專修大學人文科學研究所月報》第262호, 1~16쪽.

柏本守人(1926), "白丁の差別撤廢運動: 朝鮮衡平社について," 《東洋》29권 3호, 38~47쪽.

福岡縣人權研究所(2003), 《松本治一郎》(福岡, 西日本新聞社).

部落問題研究所 엮음(1977), 《水平社運動史の研究》第2권 자료편 상(京都, 部落問題研究所出版部, 1977).

部落問題研究所 엮음(1985), 《部落の歷史と解放運動: 前近代篇》(京都, 部落問題研究所).

部落問題研究所 엮음(1986), 《部落の歷史と解放運動: 近・現代篇》(京都, 部落問題研究所).

部落解放・人權研究所 엮음(2002), 《水平社宣言・綱領》(大阪, 解放出版社).

部落解放・人權研究所 엮음(2008), 《'部落問題の今'をめぐる若手研究者の國際ワークショップとシンポジウム》(자료집).

部落解放・人權研究所 엮음(2011), 《部落解放運動の歩み100項》(大阪, 解放出版社, 2011).

446

部落解放研究所(1982),《寫眞記錄 全國水平社 60年史》.

部落解放研究所(1986),《水平社運動史論》(大阪, 解放出版社).

部落解放研究所(1989),《部落解放史: 熱と光を》상, 중, 하권(大阪, 解放出版社).

部落解放研究所(1997),《部落解放人権法令資料集(第2版)》(大阪, 解放出版社).

部落解放・人権政策確立要求中央実行委員会 (엮음)(2010),《全国のあいつぐ差別事件(2010年度版)》(大阪, 解放出版社).

寺木伸明(2000),《近世身分と被差別民の諸相》(大阪, 解放出版社).

寺木伸明(2009), "近世身分制," 寺木伸明・中尾健次 엮음,《部落史研究からの発信》第1권(전근대편)(大阪, 解放出版社), 90~106쪽.

寺木伸明・中尾健次 엮음(2009),《部落史研究からの発信》第1권(전근대편)(大阪, 解放出版社).

上杉聰(1990),《天皇制と部落差別》(東京, 三一書房).

上杉聰(2009), "明治維新と賤民廃止令," 黒川みどり 엮음,《部落史研究からの発信》第 2 권(근대편)(大阪, 解放出版社), 16~30쪽.

上杉聰(2011),《新装版 部落を襲った一揆》(大阪, 解放出版社).

上原善廣(2006),《コリアン部落: 幻の韓國被差別民 白丁を探して》(東京, ミリオン出版).

徐知伶(2011), "植民地期朝鮮における衡平運動の研究: 日本の水平運動から觀點"(桃山學院大學大學院 博士學位).

手島一雄(2012), "水平社宣言への道程," 朝治武・守安敏司 엮음,《水平社宣言の熱と光》(大阪, 解放出版社), 18~67쪽.

守安敏司(2000), "阪本數枝:《日記》のなかの'自立'," 水平社博物館 엮음,《全国水平社を支えた人びと》(大阪, 解放出版社), 199~214쪽.

守安敏司(2009), "水平社運動の展開," 黒川みどり 엮음,《部落史研究からの発信》第 2 권(근대편)(大阪, 解放出版社), 215~235쪽.

守安敏司(2012), "水平社宣言を問う意味," 朝治武・守安敏司 엮음,《水平社宣言の熱と光》(大阪, 解放出版社), 7~17쪽.

水平社博物館 엮음(2002),《全国水平社を支えた人びと》(大阪, 解放出版社).

辛基秀(1984), "證言, 水平社と衡平社の交流,"《差別とたたかう文化》13권, 32~43쪽.

辛基秀(1992), "水平社と衡平社の連帯,"《解放教育》제284호.

岩崎繼生(1932), "朝鮮の白丁階級: 特殊部落一形態,"《朝鮮》(조선총독부) 211호, 73~91쪽.

塩谷隆弘(2002), "系若柳子: 歴史の一瞬を驅け抜ける," 水平社博物館 엮음,《全国水平社を支えた人びと》(大阪, 解放出版社), 157~172쪽.

鈴木裕子(2002ㄱ), "高橋くら子: 光芒を放つ絶對平等の思想," 水平社博物館 엮음,《全国水平社を支えた人びと》(大阪, 解放出版社), 73~94쪽.

鈴木裕子(2002ㄴ), "西田ハル: 風を切って進む'九州のローザ'," 水平社博物館 엮음,《全国水平社を支えた人びと》(大阪, 解放出版社), 245~258쪽.

奥田均(2006),《土地差別: 部落問題を考える》(大阪, 解放出版社).

奥田均(2007),《結婚差別: データで讀む現實と課題》(大阪, 解放出版社).

瀧尾英二(1998), "朝鮮牛と日本の皮革産業, 抄"(人權圖書館・廣島青丘文庫), 필사본.

友永健三(2006),《いま, 改めて《部落地名総鑑》差別事件を問う》(大阪, 解放出版社).

友永健三・渡辺俊雄 엮음(2009),《部落史研究からの発信》제3권(현대편)(大阪, 解放出版社).

李覺鐘(1923), "朝鮮の特殊部落,"《朝鮮》(조선총독부), 104호, 116~130쪽.

斎藤勇(2002), "愛知地方における部落問題と水平社運動,"秋定嘉和・朝治武 엮음,《近代日本と水平社》(大阪, 解放出版社), 243~263쪽.

鮎貝房之進(1932), "白丁, 附水尺, 禾尺, 楊水尺,"《雜攷》5집(1932).

朝鮮衡平社總本部(1927), "朝鮮衡平運動の梗概,"《朝鮮及朝鮮民族》1집(서울, 朝鮮思想通信社), 166~169쪽.

朝治武・守安敏司 엮음(2012),《水平社宣言の熱と光》(大阪, 解放出版社).

朝治武(2001),《水平社の原像: 部落, 差別, 解放, 運動, 組織, 人間》(大阪, 解放出版社).

朝治武(2007), "全國水平社消滅をめぐる對抗と分岐,"《水平社博物館研究紀要》제9호, 39~112쪽.

朝治武(2008),《アジア・太平洋戦争全国水平社》(大阪, 解放出版社).

朝治武(2009), "アジア・太平洋戦争期の部落問題,"黒川みどり 엮음,《部落史研究からの発信》제2권(근대편)(大阪, 解放出版社), 280~296쪽.

朝治武(2012), "水平社宣言の歴史的意義,"朝治武・守安敏司 엮음,《水平社宣言の熱と光》(大阪, 解放出版社), 68~113쪽.

朝治武(2013ㄱ),《差別と反逆: 平野小劍の生涯》(東京, 筑摩書房).

朝治武(2013ㄴ), "全國水平社解消論,"《部落解放》686호, 108~117쪽.

朝治武・守安敏司 엮음(2012),《水平社宣言の熱と光》(大阪, 解放出版社).

佐野學(1921), "特殊部落解放論,"《解放》7월호.

仲林弘次(2001), "全国水平社創立メンバー駒井喜作の生涯,"《水平社博物館研究紀要》제3호, 17~56쪽.

仲林弘次(2002), "駒井喜作, 初期水平社運動の先鋒者,"水平社博物館 엮음,《全国水平社を支えた人びと》(大阪, 解放出版社), 215~230쪽.

中山英一(2002), "信濃同仁會と長野縣水平社,"秋定嘉和・朝治武 엮음,《近代日本と水平社》(大阪, 解放出版社), 220~242쪽.

増田智一(2002), "全四国水平社の軌跡,"秋定嘉和・朝治武 엮음,《近代日本と水平社》(大阪, 解放出版社), 362~385쪽.

池川英勝 옮김, 秋定嘉和 해설(1971~1972), "東亞日報(1923~1928年)にみられる朝鮮衡平運動記事"1~3,《朝鮮學報》60집(1971. 7.), 62집(1972. 1.), 64집(1972. 7.).

448

池川英勝(1974), "朝鮮衡平運動史年表," 《部落解放研究》 3호, 51～94쪽.

池川英勝(1977), "朝鮮 衡平社運動について," 《朝鮮學報》 83권, 141～162쪽.

池川英勝(1978), "朝鮮衡平運動の史的展開: 後期運動を通じて," 《朝鮮學報》 88집, 73～101쪽.

村山智順(1926), 《朝鮮の群衆》 朝鮮總督府 조사자료 16집(조선총독부).

村越末男(1986), 《部落解放のあゆみ》(大阪, 解放出版社).

塚崎昌之(2007), "水平社・衡平社との交流を進めた在阪朝鮮人: アナ系の人 の活動を中心に," 《水平社博物館研究紀要》 第9호, 1～38쪽.

秋本良次(2002), "愛媛縣水平社の緒戰を飾った二人の戰士," 秋定嘉和・朝治武 엮음, 《近代日本と水平社》(大阪, 解放出版社), 474～495쪽.

秋定嘉和(1974), "朝鮮衡平社運動: 日本の水平社運動と關連して," 《部落解放》 52호, 45～57쪽.

秋定嘉和(1986), "水平運動におけるアナ・ボル対立について," 部落解放研究 所 엮음, 《水平社運動史論》(大阪, 解放出版社), 40～66쪽.

秋定嘉和(1993), 《近代と被差別部落》(大阪, 解放出版社).

秋定嘉和(2004), 《部落の歴史: 近代》(大阪, 解放出版社).

秋定嘉和(2006), 《近代日本の水平運動と融和運動》(大阪, 解放出版社).

秋定嘉和・朝治武 엮음(2002), 《近代日本と水平社》(大阪, 解放出版社).

平野小劍(1926), "朝鮮衡平社を訪ねて: 鮮滿旅行記の一節," 《同愛》 37호, 20～23쪽.

平野小劍(1927), "朝鮮衡平運動の概觀," 《人類愛》 2권, 202～227쪽.

香川人権研究所 엮음(2004), 《高松結婚差別裁判の真相》(香川人権研究所).

香川縣人権・同和教育研究協議會(2012), 《香川の部落史》(香川縣同教50周年記念 誌, 別冊).

《火箭》(大島水平社機関誌), 제 1 호(1929. 1.)(全国統一社).

黒川みどり(2002), "被差別部落と性差別," 秋定嘉和・朝治武 엮음(大阪, 解放出 版社), 53～78쪽.

黒川みどり(2004), 《地域史のなかの部落問題: 近代三重の場合》(大阪, 解放出 版社).

黒川みどり 엮음(2009), 《部落史研究からの発信》 제 2 권(근대편)(大阪, 解放出 版社).

黒川みどり・藤野豊 엮음(2009), 《近現代部落史: 再編される差別の構造》(東 京, 有志舎).

〈영어 참고문헌〉

Kim, Joong-Seop(1989), "Social Equity and Collective Action: The Social History of the Korean Paekjong under Japanese Colonial Rule"(박사 학위 논문, Hull University).

Kim, Joong-Seop(1999), "In Search of Human Rights: The Paekchong Movement in Colonial Korea," Gi-Wook Shin · Michael Robinson 엮음, *Colonial Modernity in Korea*(Cambridge, London, Harvard University Asia Center, 1999), 311~335쪽(한국어 번역본, 한만희 옮김 《한국의 식민지 근대성》 삼인, 2006).

Kim, Joong-Seop(2003), *The Korean Paekjong under Japanese Rule: The Quest for Equality and Human Rights*(London, Routledge Curzon).

Moore, S. F.(1898), "The Butchers of Korea," The Korean Repository, 5권, 127~132쪽.

Neary, Ian(1987), "The Paekjong and the Hyongpyongsa: The Untouchables of Korea and Their Struggle for Liberation," *Immigrants and Minorities*, 6권 2호, 117~150쪽.

Neary, Ian(1989), *Political Protest and Social Control in Pre~War Japan: The Origins of Buraku Liberation*(Manchester, Manchester University Press).

Neary, Ian(2010), *The Buraku Issue and Modern Japan: The Career of Matsumoto Jiichiro*(Abingdon, Routledge).

Passin, Herbert(1956), "The Paekchong of Korea: A Brief Social History," *Monumenta Nipponica* 12권 1~2호, 27~72쪽.

Rhim, Soon Man(1974), "The Paekjong: Untouchables of Korea," *Journal of Oriental Studies*(Hong Kong) 12권, 30~40쪽.

Robertson, A. H. · J. G. Merrills(1996), *Human Rights in the World*(4 판)(Manchester, Manchester University Press).

Scholes, Nellier(1909), "Good out of Evil," *The Chronicle: Our Missionary Mailbag*(유인물).

Shaw, William(1991), "Between Class and Nation: The Equalization Society of the 1920s," William Shaw 엮음, *Human rights in Korea: Historical and Policy Perspectives*(Cambridge and London, Harvard University Press), 91~111쪽.

Shaw, William 엮음(1991), *Human rights in Korea*(Cambridge and London, Harvard University Press).

450

자료 목록

〈자료 1〉형평사 주지(主旨)(1923년)

公平은 社會의 根本이요 愛情은 人類의 本良이라. 然하므로 我等은 階級을 打破하여 侮辱的 稱號를 廢止하며 敎育을 奬勵하야 우리도 참사람이 되기를 期함이 本社의 主旨이라.

今我 — 朝鮮의 우리 白丁은 如何한 地位와 如何한 壓迫에 처하엿는가. 過去를 回想하면 終日 痛哭에 血淚를 難禁할바라. 이에 地位와 條件 問題 等을 提起할 餘暇도 없이 目前의 壓迫을 絶叫함이 우리의 實情이요, 이 問題를 先決함이 우리의 急務로 認定할 것은 的確한 지라.

卑하며 貧하며 劣하며 弱하며 賤하며 屈하는 者 — 누구인가? 噫라. 우리 白丁이 아닌가! 그런데 如此한 悲劇에 對한 이 社會의 態度는 如何한가? 所謂 知識階級에서 壓迫과 蔑視만 하엿도다. 이 社會에서 우리 白丁의 沿革을 아는가 모르는가? 決코 賤待를 받을 우리가 아닐지라. 職業의 別이 있다 하면 禽獸의 목숨을 뺏는 者— 우리의 白丁뿐이 아니인가 하노라.

本社는 時代의 要求보다도 社會의 實情에 應하여 創立되얏슬뿐 아니라 우리도 朝鮮民族 1千萬 중의 一人이라 愛情으로써 相互扶助하야 生活의 安定을 꾀

하여 共同의 存策을 期코자 玆에 四十餘萬이 團結하야 本社의 目的된 바 그 主
旨를 闡明(천명)히 標榜코자 하노라.

朝鮮 慶南 晉州
衡平社 發起人 一同

출처:《조선일보》1923년 4월 30일.

[오늘날 글체로 바꿈]

　공평은 사회의 근본이요 애정은 인류의 본량이라. 그러므로 우리는 계급을
타파하며, 모욕적 칭호를 폐지하며, 교육을 장려하야 우리는 참사람이 되기를
기약함이 본사의 주지이라.

　오늘 우리들 ― 조선의 우리 백정은 여하한 지위와 여하한 압박에 처하였는
가! 과거를 회상하면 종일 통곡의 피눈물을 금치 못할 바라. 이에 곡절과 조건
문제 등을 제기할 여가도 없이 목전의 압박을 절규함이 우리의 실정이요, 이
문제를 선결함이 우리의 급무로 인정할 것은 적확한 지라.

　낮으며 가난하여 열등하며 약하며 천하며 굴종하는 자 누구인가? 슬프다!
우리 백정이 아닌가! 그런데 여차한 비극에 대한 이 사회의 태도는 여하한가?
소위 지식 계급에서 압박과 멸시만 하였도다. 이 사회에서 우리 백정의 연혁을
아는가 모르는가? 결코 천대를 받을 우리가 아닐지라. 직업의 구별이 있다 하
면 금수의 목숨을 뺏는 자 ― 우리 백정뿐이 아닌가 하노라.

　본사는 시대의 요구보다도 사회의 실정에 응하여 창립되얏슬뿐 아니라 우리
조선민족 이천만 중의 한사람이라도 애정으로써 단결하여 부조하야 생활의 안
정을 꾀하며 공동의 존립책을 꾀하고자 이에 사십 여 만이 단결하여 본사를 세
우고 그 주지를 천명하여 표방코자 하노라.

조선 경남 진주
형평사 발기인 일동

〈자료 2〉 동인회 격문(同人會 檄文)(1923년)

熱狂하라 白丁階級아!

勇躍하라 白丁階級아!

우리는 다 가튼 사람으로 過去 모든 不合理한 制度에 犧牲이 되야 永年屢代
長吁短歎과 悲憤嗚咽속에서 冤抑한 生活을 하여 오든 白丁階級이 안인가. 우
리는 橫暴한 强者階級에게 발피고 깍기고 빨리며 賤待를 밧어오든 白丁階級이
안인가.

생각하여 보라, 우리는 그 惡魔와 如한 各色階級으로부터 無理한 虐待를 밧
을 때마다 呼訴할 곳도 업시 父子 서로 붓들고 母女 서로 껴안어 피눈물이 흐
르도록 얼마나 울엇는가.

우리는 한번 奮起하여 이 骨髓에 맺친 설음을 洗滌하고 祖先의 孤魂을 伸冤
하는 同時에 어엽분 우리의 子女로 하야금 오는 世上의 主人公이 되게 하지 아
니치 못할지라.

그럼으로 우리는 이 深遠하고 重大한 意味에서 今般《同人會》를 組織코자
來30日(陰4月 15日) 午後8時 裡里天道敎會館內에서 創立總會를 開催하니 우리
는 男女老幼를 勿論하고 이날을 期約하야 靈肉一致의 團結로써 永遠无窮한 天
國生活을 開拓합시다.

蹶起하라 白丁階級아!

忌憚마라 白丁階級아!

출처:《동아일보》1923년 5월 18일.

〈자료 3〉 서광회 선전문(曙光會 宣傳文)(1923년)

白丁階級아 奮起하라

白丁階級아 覺醒하라

權利업고 義務업는 白丁 階級아, 눈물없고 웃음없는 白丁 階級아, 過去의
歷史를 溯考(소고)하고 現在의 生活을 詳察(상찰)하라. 그 歷史와 그 生活이 果
然 엇더한가를? 歷史가 잇다하면 血淚의 歷史요, 生活이 잇다하면 慘憺의 生
活이엿다.

白丁! 白丁! 不合理의 代名詞, 不自然의 代名詞, 侮辱의 別名, 虐待의 別名인

백정이라는 名稱下에서 人權의 蹂躪, 經濟의 搾取, 知識의 落伍, 道德의 缺陷을
當하야 왓다. 아! 果然 이것이 征服階級 (兩班階級)의 罪이냐, 被征服階級(白丁
階級)의 罪이냐. 否라 桎梏의 制度에도 잇으며 傳統的 習慣에도 잇도다.

　우리 人類 社會가 無機體가 아니요 有機體이라 하면 白丁階級도 有機體이
오, 人類 社會가 固定體가 아니오 流動體이라 하면 白丁階級도 流動體이다. 그
러므로 우리는 此 進化 法則에 依하야 向上하려 한다. 여기에서 權利를 恢復하
고 自由를 解放하려고 桎梏的 制度를 脫出하며 傳統的 習慣을 打破하야 同民
族的 差別을 撤廢하려는 同時에 侮蔑的인 白丁이라는 名詞를 撤廢하야 우리의
歷史를 一層 新鮮케 하며 우리의 生活을 一層 眞善美케하랴 한다.

　白丁階級아 結束하라

　白丁階級아 自助하라

출처:《조선일보》1923년 5월 26일;《동아일보》1923년 5월 26일.

〈자료 4〉 형평사 사칙(衡平社 社則)(1923년)

第一條　本社를 衡平社라 稱함.

第二條　本社의 位置는 晋州에 置함.

　　　　但 各道에는 支社, 郡에는 分社를 치함.

第三條　本社는 階級打破, 侮辱的 稱號 廢止, 教育獎勵, 相互의 親睦을 目的
　　　　으로 한다.

第四條　本社員의 資格은 朝鮮人은 何人을 不問하고 入社할 수 있다.

第五條　本社員은 選擧및 被選擧權과 아울러 決議權을 가진다.

第六條　本社員의 義務는 如在함.

　第一項　入社金一圓 社費 每月 二十錢으로 한다.

　第二項　品行方正.

　第三項　第3條를 實行하는데 一心團結할 것.

第七條　本社의 任員은 如在함.

　　　委員 五人 財務 一人 幹部 三人 書記 一人 理事 若千人 顧問 若千人.

第八條　委員은 委員會를 組織한다.

第九條　幹事는 委員의 指揮에 應하여 事務를 處理한다.

第十條　理事는 理事會를 組織하여 重大事項을 評議하고 各狀況을 委員에게

報告한다.
第十一條 財務는 本社의 財務를 掌理한다.
　　　　但 金錢出納에는 委員會의 承諾을 얻어서 處理한다.
第十二條 顧問은 本社의 發展을 贊成한다.
第十三條 任員의 任期는 一個年으로 한다.
　　　　但 再選할 수 있다.
第十四條 支分社의 規則은 本社社則을 準用한다.
第十五條 各支分社는 每月 該地方의 狀況을 報告한다.
　　　　但 緊急事故인 때는 卽報한다.
第十六條 本社의 集會는 定期總會와 臨時總會는 委員會에서 會에서 必要하다
고 認定할 때 이를 召集한다.
　　1. 本會의 總會는 代表者에 의해 이를 열고 會員百에 대하여 一名의 代表
를 選定한다.
　　2. 代表의 選擧는 本社와 支分社의 各總會에서 이를 定한다.
第十七條 本社의 經費는 社員의 義務金 其他 贊助金으로서 한다.
第十八條 本社의 社則은 總會에서 半數以上의 決議에 의해 增減할 수 있다.
　　　　但 不備의 事項은 委員會의 決議를 準用함.
第十九條 衡平中學을 設立하고 衡平雜誌의 發刊을 圖함.

〈세 칙〉

1. 夜學 又는 書學講習所를 增設하고 新聞雜誌의 購讀을 獎勵하고 隨時 講演
을 하여 相互知識을 啓發케 한다.
2. 酒色및 賭技을 禁한다.
3. 風紀를 紊亂케 하는 行爲를 禁한다.
4. 勤儉質素를 주로 하고 相互扶助의 美風을 助長한다.
5. 本社員中 疾病 又는 天災에 걸린 者로서 그 情狀이 불상한 者에게는 本社
理事會의 決議에 의해 이를 救護한다.
6. 본사원중 상을 만났을 때에는 이사회의 결의에 의해 弔慰하고 一般社員에
周知시켜 相互 弔慰의 道를 行케 한다.

출처:《매일신보》1923년 5월 15일; 김의환(1967, 61~63)

〈자료 5〉 수평사 창립대회 강령 및 선언(1922년)

〈강 령〉

하나, 특수부락민은 부락민 스스로의 행동을 통해 완전한 해방을 쟁취한다.
하나, 우리 특수부락민은 경제활동의 자유와 직업의 자유를 사회에 요구하며
이를 기필코 획득한다.
하나, 우리는 인간성의 원리를 깨달아 인류 최고의 완성을 향해 매진한다.

〈선 언〉

전국에 산재하는 우리 특수부락민이여, 단결하라.

　오랜 세월 학대 받은 형제들이여, 과거 반세기 동안 우리를 위해 많은 사람
들이 온갖 방법으로 전개한 운동이 이렇다 할 성과를 조금도 거두지 못 한 것
은 우리와 사람들이 그 모든 운동을 통해 언제나 인간을 모독했기 때문에 내려
진 벌이다. 그리고 인간을 망치는 것과도 같았던 이들 운동이 도리어 많은 형
제를 타락시켰음을 상기한다면, 지금 우리 가운데서 인간에 대한 존경을 바탕
으로 스스로를 해방시키기 위한 집단운동이 일어나게 된 것은 오히려 필연적
이다.
　형제여, 우리의 선조는 자유와 평등을 갈망하고 실행하는 사람들이었다. 비
열한 계급정책의 희생자이자 남자다운 산업적 순교자였다. 짐승의 가죽을 벗
기는 보수로 우리 인간의 생가죽은 벗겨지고, 짐승의 심장을 가르는 대가로 인
간의 따뜻한 심장이 찢기며, 하찮게 뱉어내는 조소의 침으로 얼룩져야 했던 저
주의 밤 그 악몽 가운데서도, 당당할 수 있는 인간의 피는 마르지 않았다. 그
렇다, 우리는 그 피를 이어받아 인간이 신을 대신하는 시대를 만난 것이다. 희
생자가 스스로의 낙인을 떨쳐낼 때가 왔다. 순교자가 스스로의 가시관을 축복
할 때가 왔다.
　우리가 에타라는 사실에 긍지를 느낄 수 있는 때가 온 것이다.
　우리는 결코 비굴한 말과 겁먹은 행위로 선조를 욕되게 하거나 인간을 모독
해서는 안 된다. 인간 세상이 냉혹할 때 그것이 얼마나 차가운지, 인간을 망치
는 일이 무엇인지 잘 아는 우리는 여기 인생의 뜨거운 힘과 빛을 진심으로 갈
구하고 예찬하는 바이다.

456

그리하여 이 자리에 수평사는 탄생했다.
인간 세상에 열정 있으라, 인간에게 빛이 있으라.

1922년 3월 3일
수평사

출처: 部落解放 · 人權研究所 엮음(2002), 《水平社宣言 · 綱領》(大阪, 解放出版社).

〈자료 6〉 전국수평사 조직 규약(1925년)

〈제1장 명칭 및 목적〉
제1조 본 단체는 전국수평사라고 칭하고, 본부를 오사카(대판)시에 둔다.
제2조 본 단체는 본 단체의 강령에 기초하고, 특수 부락민의 완전한 해방을 목적으로 하는 특수 부락민으로 조직한다.
제3조 본 단체는 전 항의 목적을 달성하기 위해서 아래의 사업을 행한다.
 1. 각종의 연구, 1. 각종의 조사, 1. 각종의 출판, 1. 강습회, 1. 연설회

〈제2장 기관〉
제4조 본 단체에 아래의 기관을 설치한다.
 전국대회, 중앙위원회, 특별위원회, 연합회위원회, 부현(府縣)수평사위원회, 정촌(町村)수평사위원회
제5조
 1. 전국대회는 본 단체의 최고기관으로 하고, 중앙위원회 및 각 정촌수평사, 및 중앙위원회의 인정을 받은 청년, 부인, 소년, 소녀 수평사의 대의원으로 조직한다. 단, 중앙위원은 발언권만을 갖는다.
 2. 전국대회는 매년 1회 개최하고, 중앙위원회에 의해 소집되고, 개최지 및 일시는 중앙위원회에 의해 결정하여 발표된다. 단, 전항 이외의 경우와 다른 중앙위원회, 혹은 특별위원회의 요구에 의해 중앙위원회가 그 필요를 인정할 경우, 또는 전국 각 정촌 수평사, 청년, 부인 소년, 소녀 수평사, 총 수의 3분의 2이상의 요구가 있을 때에는 임시전국대회를 개최할 수 있다.
 3. 대의원 선출의 경우는 유지원 10명에 대하여 1명으로 하고, 이하 20명이 늘어날 때 마다 1명을 증가시키고, 3명을 한도로 한다. 유지원 10명 이상 있지 않으면 대의원을 선출할 수 없다.

제6조

　1. 중앙위원회는 전국대회부터 차기 대회에 이르는 최고기관으로 하고, 대회의 결의에 기초하여 제반 사항의 사무를 처리하고, 대회에 대하여 책임을 진다.

　2. 중앙위원회는 전국대회에 있어서 각 연합회로부터 선출된 약간 명의 중앙위원에 의해서 조직된다. 단, 청년 및 부인 수평사는 천명 이상의 유지원이 있을 경우는 연합체를 조직할 수 있다.

　3. 연합회 조직은 부칙에 의해서 정한다.

　4. 중앙위원의 임기는 대회로부터 차기 대회까지로 한다.

　5. 중앙위원에 결원이 생길 경우에는 중앙위원회의 요구에 의해서 그 결원 연합회의 위원에 대한 결원을 보결 선출한다.

　6. 중앙위원회는 전국적인 협의가 필요할 때는 각 부현수평사위원회의 책임 있는 대표자를 소집할 수 있다.

　7. 중앙위원회는 그 통제 하에 아래의 전문 부서를 설치한다.

　　1. 조사부, 1. 조직부, 1. 출판부, 1. 정치부

　8. 중앙위원회는 각 전문부의 위원을 임명하고, 각 부의 규약을 정한다.

　9. 중앙위원회는 3개월에 1회 이상 중앙위원회의장의 소집에 의해서 개최하는 것으로 한다.

　10. 중앙위원회는 상임이사 약간 명을 선정한다.

　11. 이사는 각 사무를 분장하고, 중앙위원회에 대하여 책임을 지고, 중앙위원회의 승인에 의해서 유급위원을 두는 것으로 한다.

제7조

　1. 지방 고유의 특수한 사건이 발생할 경우는 부현수평사위원회 혹은 정촌수평사위원회에 중앙위원 2명을 덧붙여 특별위원회를 조직할 수 있다.

　2. 특별위원회는 각 사건에 관하여 필요하다고 인정될 경우는 임시전국대회를 중앙위원회에 요구할 수 있다.

　3.특별위원회는 각 사건이 종료될 때는 해산한다.

제8조 1. 연합회위원회는 부현수평사의 대표자에 의해서 조직한다.

　2. 부현수평사위원회는 해당 부현 내에 있어서의 정촌수평사, 청년, 부인, 소년, 소녀 수평사의 대표자 각 1명에 의해서 조직하고, 부현 내에 있어서의 사무를 처리하고 매달 1회 이상 정례회를 개최하고, 그 사정을 중앙위원회에 보고한다.

　3. 부현위원 30명 이상이 될 때는 시군을 단위로 해서 분할할 수 있다. 단,

그때는 부현위원회 아래에 시군위원회가 존재하는 것으로 하고 부현위원회는 시군위원회의 대표자에 의해서 조직되는 것으로 한다.
제9조 각 정촌 수평사, 청년, 부인, 소년, 소녀 수평사는 소정의 위원을 선출하고 위원회를 조직한다. 위원회는 각 수평사의 서무를 처리한다.

〈제3장 조직〉
제10조 각 부락 내에 3명 이상의 유지원 있을 경우에는 부현위원회의 승인을 경유하여 수평사를 설치할 수 있다.
제11조 각 부현에 있어서 3개 이상의 수평사가 있을 경우에는 중앙위원회의 승인을 경유하여 부현수평사를 조직한다. 단, 2개 이하의 경우는 중앙위원회에 있어서 특별한 승인을 경유하여 설치할 수 있다.
제12조 각 부현수평사는 중앙위원 선출의 할당 현 별로 대응해서 연합회를 조직한다.
제13조 각 정촌수평사, 부현수평사 및 연합회 세칙은 정촌수평사에 있어서는 유지원에 의해서, 부현수평사에 있어서는 정촌 대표자에 의해서, 연합회에 있어서는 부현 대표자에 의해서 결정되고, 중앙위원회의 승인을 경유하는 것으로 한다.
제14조
  1. 전국수평사의 경비는 연 액금10전을 각 정촌 수평사 유지원으로부터 모집하는 것으로 충당한다. 단, 유지비는 매년 6월, 12월의 2기에 걸쳐 모집하고, 각 정촌수평사로부터 납입한다.
  2. 연합회비는 연합회에서, 부현수평사비는 부현수평사에서, 정촌수평사비는 그 유지원에 의해서 결정한다.

제5장 유지원
제15조
  1. 유지원이라고 하는 것은 전국수평사의 선언, 강령, 결의 및 규약을 승인하고, 각 정촌 수평사에 신청하고, 그 승낙을 필요로 한다.
  2. 유지원은 연 액금 10전을 유지비로서 전국수평사에 납입하는 것으로 한다.
  3. 각 정촌 수평사 유지원은 정촌 수평사위원의 선거 및 피선거권을 갖는다.

제6장 부칙
제16조 중앙위원회는 전국수평사의 취지에 반대하고, 규율을 흩뜨리고, 결의

를 유린하고, 부정한 행위를 하는 자는 운동의 권외에 둔다.

제17조 본 대회 이전에 있어서의 각 부현수평사본부 및 지방연맹은 해산하고, 본 규약에 의한 정당한 방법을 이행해야만 하는 것으로 한다.

제18조 연합회 구역은 아래와 같이 정한다.

    간사이연합회(関西; 오사카, 효고, 와카야마),

    긴키연합회(近畿; 교토, 나라),

    고세연합회(江勢; 미에, 시가),

    주고쿠연합회(中国; 오카야마, 히로시마, 야마구치, 시마네, 돗토리),

    규슈연합회(전규슈),

    시코쿠연합회(전시코쿠),

    쥬부연합회(中部; 기후, 아이치, 시즈오카, 나가노, 니카타, 도야마, 이시카와, 후쿠이),

    간토연합회(関東; 군마, 사이타마, 도치키, 지바, 도쿄, 가나가와, 야마나시, 오우 지방)

    청년단체

제19조 본 규약의 개정은 대회 출석대의원 3분의 2 이상의 찬성을 요한다.

대정 14년(1925년) 5월 8일

전국수평사

출처: 朝治武(2001, 141~146)

〈자료 7〉 형평사와 수평사 연표

	형평사	수평사
1871		8. 28. 천민 철폐령 포고. 10.13~21. 히메지 등지에서 부락해방반대 　　　소요 발생.
1873		5.~6. 오카야마, 후쿠오카 등지에서 부락해 　　　방 반대 소요 발생.
1894	7.　　갑오개혁. 신분철폐 공표.	
1918		7.~8. 쌀소동 일어남. 전국의 부락 대중 참가.
1919	3. 1. '3.1민족해방운동' 전국적으로 일어남.	
1921		11.　　나라현 가시와라에 수평사 창립사무소 　　　설치. 창립 취지서《좋은 날을 위하여》 　　　발행.
1922		2. 21. 오사카에서 열린 대일본평등회의 동포 　　　차별철폐 대회에서 수평사 대회 참가 　　　호소. 3.　3. 교토에서 전국수평사 창립대회 개최. 　　　선언, 결의, 강령 채택. 4.　2. 교토부수평사 창립대회. 4. 14. 사이타마현수평사 창립대회. 4. 21. 미에현수평사 창립대회. 5. 10. 나라현수평사 창립대회. 5. 15. 나라현 다이쇼촌 심상고등소학교에서 　　　차별 사건 일어남. 7.　3. 나라현 주와소년수평사 창립총회. 7. 13. 전국수평사 기관지《수평》창간. 8.　5. 오사카부수평사 창립대회. 10.　　나라현 정토진종 승려 흑의동맹 조직. 11. 10. 아이치현수평사 창립대회. 11. 28. 고베수평사 창립대회.
1923	4. 24. 진주에서 형평사 발기회 개최. 이튿 　　　날 발기총회 개최. 5. 11. 전북 이리에서 동인회 발기회 개최. 5. 13. 진주에서 형평사 창립 축하식 개최. 5. 20. 전북 김제에서 서광회 발기회 개최 　　　(7. 1. 형평사 김제분사로 명칭 변 　　　경). 5. 20. 대구지사 총회 개최. 각 지역 분사 　　　설치 결의. 5. 21. 대전에서 충청, 전라지역 대표가 참 　　　석한 형평사 남조선대회 개최. 5. 24. 진주에서 반형평운동 발생, 농청 대 　　　표자들 소고기 불매운동 전개. 6. 18. 진주의 노동공제회 중재로 반형평운 　　　동 해결. 8. 14. 김해에서 형평사 반대하여 형평분사 　　　와 사원 거주 지역 습격.	3. 2~3. 교토에서 제2회 전국대회 개최. 전 국소년소녀수평사 및 전국부인수평사 설립 등 가결. 3. 17~20. 나라현에서 국수회와의 충돌 일어 남. 3. 23. 군마현에서 간토수평사 창립대회. 3. 31. 시즈오카현수평사 창립대회. 5. 10. 야마구치현수평사 창립대회. 5. 10. 오카야마현수평사 창립대회. 5. 17. 와카야마현수평사 창립대회. 6. 17. 사가현수평사 창립대회. 7.　1. 후쿠오카현수평사 창립대회. 7. 18. 구마모토현수평사 창립대회. 7. 30. 히로시마현수평사 창립대회. 8.　5. 도치키현수평사 창립대회. 11. 1. 전국수평사청년동맹 결성대회.

	9. 24. 김해의 반형평운동 해결. 11. 7. 대전에서 형평 대표자대회 개최. 내년 3월 진주에서 대전으로 본사 이전 결의.	
1924	2. 10~11. 부산에서 형평사 전국대회 개최. 차별 철폐, 본사이전 연기 등 결의. 2. 13. 대전에서 형평사 혁신동맹 준비회 개최. 남북 분열 조짐 보임. 3. 12. 천안에서 형평사 혁신동맹 창립총회 개최. 3. 31. 진주에서 형평청년회 창립. 4. 25. 진주와 서울에서 제2회 전국 대회와 창립 1주년 기념식 개최. 7. 9. 천안군 입장면 학술 강습소에서 사원 자녀 차별 사건 일어남. 8. 15. 대전에서 형평사 통일대회 개최. 도지마 테쓰오 참석. 8. 25. 마산에서 대전대회에 불만을 가진 경남 사원들 집회 가짐. 12. 하순 형평사 기관지《세광》창간호 압수당함.	2. 15. 전국수평사청년동맹 기관지《선민》창간 (1925. 8. 15.《청년대중》으로 바꿈). 3. 1. 미에현에서 수평사 일농현 공동기관지《애국신문》창간. 3. 3. 교토에서 제3회 전국대회 개최. 도쿠가와 일가에 대한 작위 반납 권고. 형평운동과의 연락 건 등 가결. 3. 9. 전국수평사 청년연맹 창립. 3. 30. 오이타현수평사 창립대회. 4. 15. 이바라키현수평사 창립대회. 4. 23. 나가노현수평사 창립대회. 6. 20. 전국수평사 기관지《수평신문》창간. 7. 10. 기후현수평사 창립대회. 7. 11. 가가와현수평사 창립대회. 9. 20. 시코쿠수평사 창립대회. 12. 1~2. 오사카에서 부현위원장 회의 개최. 도지마 스파이 사건에 관련된 혐의로 임원 징계 결의. 본부를 오사카로 이전 등 결정.
1925	1. 10. 서울 총본부에서 정위단(正衛團) 창립총회. 3. 12. 진주에서 정행단(正行團) 조직. 4. 24~25. 서울 시천교당에서 형평사 제3회 정기 전국대회와 창립 2주년 기념식 개최. 5. 25. 진주에서 일반인들이 수육판매조합 결성. 8. 4. 대전에서 전조선 형평학우회 열림. 8. 9~13. 경북 예천형평분사 창립 2주년 기념식. 주민들이 분사 사무실과 사원 거주 지역 습격. 사상 최대의 반형평운동 일어남. 12. 16. 서울의 중앙총본부에서 형평청년연맹 발기회 열림.	1. 18. 군마현 세라다촌 습격 사건 일어남. 5. 4. 야마나시현수평사 창립대회. 5. 7~8. 오사카에서 제4회 전국대회 개최. 정치교육 보급 건 등 결의. 5. 15. 나고야에서 전국수평사 자유청년연맹 조직 준비회. 10월에 자유청년협의회로 개칭. 9. 22. 중앙융화사업협회 창립.
1926	4. 10. 진주에서 형평사 경남도연합회 창립총회 가짐. 4. 24~25. 서울 시천교당에서 형평사 제4회 정기전국대회와 창립 제3주년 기념식 개최. 8. 10. 대전에서 형평학우회 정기총회 개최. 9. 1. 형평청년연맹이 지방순회 강연단 파견. 11. 27. 형평사 중앙집행위원회 개최. 장지필, 김삼봉을 일본 수평사 시찰단으로 선임.	5. 2~3. 후쿠오카에서 제5회 전국대회 개최. 강령 일부 개정. 수평사 교육 방침 등 결의. 9. 히라노 쇼켄 등이 전국수평사 해방연맹을 결성. 10. 후쿠오카연대 규탄 투쟁. 11. 12. 후쿠오카연대 폭파 음모사건으로 마쓰모토 지이치로 등 검거됨.

462

1927	1. 8. 일본 수평사 집행위원 다카마루 요시오 형평사 총본부 방문. 1. 20. 고려혁명당 사건으로 형평사 간부 체포되어 신의주로 이송됨. 3. 형평사 중앙집행위원 이동환 일본 방문. 4. 24~25. 서울 시천교당에서 제5회 정기 전국대회와 창립 4주년 기념식 개최. 9. 12. 전주에서 전북형평대회 열림. 9. 30. 전(수)강원도 형평대회 발기회 가짐.	1. 5. 교토에서 미나미 우메키치 등이 일본수평사 창립. 11. 19. 나고야 연병장의 천황관병식에서 기타하라 다이사쿠가 군대 안의 차별 철폐 직소. 12. 3~4. 히로시마에서 제6회 전국대회 개최. 기타하라 직소문제 대책 건 등 결의 및 선언 채택.
1928	3. 13. 경남형평대회와 형평청년 경남도연맹 창립 대회 가짐. 4. 20. 고려혁명당 사건 1심 언도. 4. 24~25. 서울 천도교 기념관에서 형평사 제6회 정기전국대회와 창립 5주년 기념식 개최. 4. 26. 형평청년연맹 제4회 정기대회에서 해산 결의. 10. 18. 고려혁명당 사건 2심 언도.	1. 25. 중앙위원회 군대내 차별 대책 등 협의. 5. 26~27. 교토에서 제7회 전국대회 개최. 6. 5. 나가사키현수평사 창립. 7. 2. 나라현수평사 운동 방침에 관하여 제창. 7. 15. 나라현에서 부현대표자회의 운동 방침 등 협의.
1929	1. 11. 충남 온양에서 형평산업주식회사 창립총회 개최. 4. 24. 서울 천도교 기념관에서 제 7회 정기 전국대회와 형평사 창립 6주년 기념식 열림. 11. 15. 경남 대표자들 부산지부에서 모임. 파벌 갈등 조짐 되살아남.	11. 4. 나고야에서 제8회 전국대회 개최. 생활권 탈환 주창. 융화사업단체와의 투쟁 건 등 가결. 수평사해방연맹 해산 성명. 12. 23. 전간토수평사 대표자회의 수평사 간토연합회로 발전 해소.
1930	2. 22. 중앙상무집행위원회에서 기관지 발행 결의. 4. 24~25. 서울 천도교 기념관에서 제8회 정기전국대회와 창립 제7회 기념식 개최.	6. 28. 와카야마현 다나베무라소년단 결성. 12. 5. 오사카에서 제9회 전국대회 개최. 청년부 설치, 총본부 이전 건 등 가결.
1931	3. 20. 수원분사에서 형평사 해소 제안. 도부노동조합 결성 결의. 4. 24~25. 서울 천도교 기념관에서 제9회 정기전국대회와 창립 제8주년 기념식 개최. 5. 24. 경남 의령에서 제2회 경남도연합회 대회 열림. 7. 3~4. 강릉에서 형평 강원도 대회 개최. 해소안 부결됨. 9. 2. 청주에서 충북도 연합회 열림. 10. 30. 서울 본부에서 형평사 임시대회 열림	5. 16. 확대중앙위원회 강령 일부 개정. 12. 10. 나라현에서 제10회 전국대회 개최. 규슈연합회가 제안한 '전국수평사 해소 제의'를 둘러싼 격론 벌어짐. 실업반대 투쟁 등 결의.
1932	1. 형평사 기관지《정진(正進)》발간. 4. 24~25. 서울 천도교 기념관에서 제10회 정기전국대회와 창립 제9주년 기념식 열림.	3. 23. 수평사해소투쟁위원회 결성. 5. 8. 수평사해소투쟁위원회《수평사운동의 비판 : 전국수평사 해소론》발행.
1933	1. 24. 전남 광주 경찰서에서 '형평청년 전위동맹' 사건 관련자 검거 시작. 4. 24~25. 서울 총본부 사무실에서 제11회 정기전국대회와 창립 제10주년 기념식 열림. 7. 31. 광주 경찰서가 '형평청년 전위동맹' 혐의자 검찰 송치.	3. 3. 후쿠오카에서 제11회 전국대회 개최. 소비조합 촉진에 관한 건 등 결의. 3. 4. 전국수평사 제1회 중앙위원회 개최. 부락민위원회 활동 등 전국대회에서 위임한 운동 방침 결정. 6. 3. 다카마쓰 지방재판소의 차별 재판 유죄 판결. 7. 3. 전국수평사 중앙상임위원회, 다카마쓰 지방재판소의 차별 재판 전국 규탄투쟁 방침 결정. 이후 차별 재판 규탄투쟁이 전국적으로 전개됨.

1934	4. 24~25. 서울 천도교당에서 제12회 정기 전국대회와 창립 제11주년 기념식 열림. 12. 28. 광주 검사국에서 형평청년 전위동 맹 사건 예심 종결.	4. 13~14. 교토에서 제12회 전국대회 개최. 전국부락조사, 농민전선 통일운동 지 지, 차별규탄 투쟁 등을 결의.
1935	4. 24. 서울 중앙기독청년회 대강당에서 제 13회 정기 전국대회 개최. 대동사로 개칭. 11. 27. 광주법원에서 형평청년 전위동맹 사건 제1회 공판 열림.	5. 4~5. 오사카에서 제13회 전국대회 개최. 부락개선비 증액 요구 운동 제창. 6. 24~25. 전국융화사업협회 개최. 융화사업 완성 10개년 계획 가결. 10. 23~26. 중앙사회사업협회 제8회 전국사 회사업대회 개최. 융화사업 완성 10개 년계획 지지 결의.
1936	3. 20. 광주법원에서 형평청년 전위동맹 사 건 언도. 4. 24. 대전에서 대동사 전국대회 열림. 6. 1. 대구복심법원에서 형평청년 전위동 맹 사건 공판 시작. 11. 21. 대구복심법원에서 형평청년 전위동 맹 사건 전원 무죄 언도.	2. 20. 마쓰모토 지이치로 중의원 선거에 출 마, 당선.
1937		3. 3. 도쿄에서 제14회 전국대회 개최. 융화 사업완성 10개년 계획 반대 등 결의. 강령 개정.
1938	4. 25. 대동사 부산지부에서 창립 15주년 기념식 가짐. 7. 8. 대전에서 대동사 임시대회 열림. 이 튿날 비행기 '대동호' 헌납식 가짐.	6. 15. 오사카에서 전국수평사 중앙위원회 개 최. 강령 개정. 운동방침 대강, 실천 요 강 결정. 11. 23. 오사카에서 제15회 전국대회 개최. 황 군 위문, 현지 시찰 대표 파견 등 결의.
1939	4. 24. 대전에서 대동사 전체대회 가짐	7. 14. 중앙융화사업협회 10개년 계획 개정.
1940	대동사를 형평사로 개칭(?). 본부를 대전에 서 부산으로 옮김(?).	4. 3. 부락후생 황민운동 발족. 8. 28. 도쿄에서 제16회 전국대회 개최. 부락 문제 완전 해결 체제 수립, 거국총동원 대화(大和)운동 결의. 11. 3. 도쿄에서 대화보국운동 발족 대회.
1941		6. 25. 중앙융화사업협회, 동화봉공회로 개칭 개편.
1942		1. 20. 전국수평사 법적으로 소멸.
1946		2. 19. 부락해방전국위원회 결성.
1964	평우사 발기인회	

464

찾아보기

472